btb
Aus Freude am Lesen

btb

Buch

Joachim Kaiser, Deutschlands renommiertester Musikkritiker, stellt 100 Meisterwerke der klassischen Musik vor – berühmte Kompositionen aus vier Jahrhunderten, die zum unverzichtbaren Repertoire der Klassik gehören. Ob Bach oder Berg, Mozart oder Mahler, Vivaldi oder Verdi: kurz und werknah, kompetent und sprachlich locker führt Kaiser den Musikliebhaber in die jeweiligen Musikstücke ein. Wissenswertes über den Komponisten, sein zeitliches Umfeld und seine Wirkkraft ergänzen seine Ausführungen und bieten dem Laien wie dem Kenner der klassischen Musik einen unvergleichbaren Zugang zu den schönsten Kompositionen vom Barock bis zur Moderne.

Autor

Joachim Kaiser wurde 1928 in Ostpreußen geboren. Er studierte Musikwissenschaft, Germanistik, Philosophie und Soziologie, war Mitglied der »Gruppe 47« und begann 1951 seine journalistische Laufbahn als Theater-, Literatur- und Musikkritiker. Heute ist er Professor an der Hochschule für Musik und Darstellende Künste in Stuttgart und leitender Redakteur bei der *Süddeutschen Zeitung.* Er schrieb zahlreiche Bücher über Musik und ihre Interpreten und gestaltet Radiosendungen.

Joachim Kaiser bei btb

Leben mit Wagner (72563)

Joachim Kaiser

Kaisers Klassik

100 Meisterwerke der Musik

btb

Umwelthinweis:
Alle bedruckten Materialien dieses Taschenbuches sind chlorfrei und umweltschonend.

btb Taschenbücher erscheinen im Goldmann Verlag, einem Unternehmen der Verlagsgruppe Random House.

1. Auflage
Genehmigte Taschenbuchausgabe August 2001

Lizenzausgabe mit Genehmigung des Schneekluth Verlags
Umschlaggestaltung: Design Team München
KR · Herstellung: Augustin Wiesbeck
Made in Germany
ISBN 3-442-72766-9
www.btb-verlag.de

Inhalt

Vorwort

1.

Es gibt einen Standardsatz, den Opernfreunde und Konzertbesucher wie eine Beschwörung aussprechen, wenn sie sich verweigern wollen. Wann äußern sie diesen ominösen Satz? Nun, falls sie das Pech haben, nach einer fesselnden Wagner-Aufführung oder während eines schwungvollen Beethoven-Konzerts ausgerechnet einem vermeintlichen Fachmann, im Härtefall gar einem gestrengen Herrn Musikkritiker, in die Arme zu laufen. Dann sagen sie stets: »Ich liebe Musik, aber ich verstehe nichts von ihr.« Und sind entwischt.

Früher ließ ich mich durch diesen Satz täuschen. Wer ihn äußert, glaubte ich, der wolle bescheiden mitteilen, er halte sich nicht für einen Fachmann, er nehme Musik mit Gefühl und Seele auf, statt sie kühl rational zu analysieren und zu bewerten. Mittlerweile begreife ich die Äußerung besser. Jemand, der offenbar freiwillig und gern Konzerte besucht, für Opern schwärmt, Schallplatten hortet – der hat nämlich durchaus einen Eindruck, in dem bildet sich gewiss ein Gefühlsurteil. Manchmal vielleicht ein richtigeres, zutreffenderes, als jene hochgestochenen Bewertungen, wie sie Fachleute, von Theorien erfüllt oder auch verstört, ausbrüten. Der leidenschaftliche Laie, der auf die Botschaft großer Musik mit emotionaler Hingabe reagiert (unmusikalisch, unsachlich verhielte er sich, wenn er die eigene Subjektivität nicht einbezöge, er ist schließlich Mensch und kein Messinstrument), ein solcher Laie fühlt schon, was ihn packt, was ihn kalt lässt, wo er Passion spürt und wo nur leeres Geklingel. Trotzdem zieht er sich manchmal zwanghaft auf die Formel zurück, er liebe Musik, verstehe aber nichts von ihr… Warum? Meine Antwort: Dabei handelt es sich um eine Schutzbehauptung. Um

Selbstschutz. Wer etwas erlebt hat, möchte sich seinen Eindruck nicht gleich zerreden lassen. Als »Laie« ist man einem routinierten Profi natürlich terminologisch unterlegen. Darum flieht der engagierte Amateur, gerade wenn er feiner empfindet, musikalischer hört als ein Profi, der an das Hantieren mit Begriffen und technischen Standards gewöhnt ist, vor verbaler Vergewaltigung in die Formel, er liebe, aber er verstehe nicht. Als ob nicht »Lieben« durchaus etwas mit »Erkennen« zu tun hätte. Die alten Griechen hatten sogar ein Wort, das beides zugleich meinte.

II.

Nun muss man sich keineswegs in schreckliche theoretische Unkosten stürzen, um fähig zu sein, einen eigenen Musikeindruck nicht nur zu haben, irgendwie zu empfinden – sondern auch andeutungsweise vernünftig in Worte umsetzen zu können. Ohnehin spürt, wer mit großer Musik zwischen Monteverdi und Verdi, zwischen Bach und Berg irgend einmal in Kontakt kam, dass diese Werke viel zu schön, lebendig, aufregend, herzbewegend, ja »unter die Haut gehend« sind, als dass sie nicht doch dazu verlockten, über ihre Fülle zu reflektieren, Verschiedenheiten zu fixieren, die offenbare Vielfalt der Interpretationsmöglichkeiten zu bedenken. Musik: was für eine reine, den abnutzenden Alltagsrealitäten dank ihrer Kunstsprache so wunderbar entzogene tönende Welt! Viele Musikfreunde, die etwas von der Würde dieser Welt ahnen, die vielleicht sogar neidvoll mit ansehen, wie sicher und kundig sich die Musikprofis in dieser Welt zu bewegen scheinen, sehnen sich auch nach einem Zugang. Einer Initiation. Einer hilfreichen Information, die weder zuviel voraussetzt noch hochgestochen abschreckt.

Darum entstand die Woche für Woche in der *Bunten* erscheinende Kolumne *Kaisers Klassik*. Eine Serie für Leser guten Willens. So journalistisch gemacht wie möglich – und nah an den Werken wie nötig. Ein Wagnis. Das überraschenderweise viel mehr Leser zu schätzen wussten, verfolgten, sich sogar ausschnitten (und auch in Plattengeschäften ungeduldig nach den empfohlenen CDs fahndeten), als pessimistische Kulturkritiker je unterstellt hätten. In einer Wüste aus Steinen modisch-munterer Betriebsamkeit, die für sofortiges Vergessenwerden produziert wird, sehnen sich nicht wenige nach dem Brot einer eben nicht nur für baldigen Verbrauch bestimmten großen Musik.

III.

Jede Serie hat ihre Gesetze und entwickelt sie weiter. Mir liegt daran, dem Leser gewisse Informationen in Form einer Geschichte, einer Anekdote oder einer These so darzubieten (»unterzujubeln«), dass er gar nicht merkt, wie er etwas lernt, sondern ein bisschen Spaß an der Anekdote oder an der handfesten These empfindet. Dann ist er gewonnen. Doch neben dem Stoff – »wie entstand das Werk?« –, neben dem Erklärungsversuch – »was hat es zu bedeuten?« – muss der Leser diesseits einer solchen passiven Haltung des braven Aufnehmens auch die Chance zum selbstständigen, ja widersprechenden, aufbegehrenden eigenen Urteilen haben. Sonst wendet er sich doch bald gähnend ab. Diese Provokation zum eigenen Urteil sollen meine wohlerwogenen Schallplattentips besorgen. Ich behaupte über die Werke und ihre Herrlichkeiten dies und das. Aber ich wäre widerlegt, wenn die von mir als »fesselndste« Interpretationen in wertender Reihenfolge genannten Schallplatten für den Hörer nicht halten, was mein einführender Text versprach; wenn meine Leser keine Beziehung spürten zwischen den geliebten Werken und den gelobten Interpretationen. Oft genug werden berühmte oder auch entlegene CDs hier ja nicht bloß genannt, vorgestellt, sondern ich belege konkret – mit präziser Angabe von Minute und Sekunde –, wo und wie sich das Besondere abspielt. Damit möchte ich nicht der Wunschkonzertbegeisterung für »schöne Stellen« Konkurrenz machen (obwohl »schöne«, aufschlussreiche Stellen auch keineswegs verachtenswert – nur eben nicht das Ganze sind). Sondern ich will mit derartigen Stichprobenmomenten die Neugier von Lesern und Hörern aktivieren. Donnerwetter, soll der Leser sagen, was da in der Durchführung des Kopfsatzes von Beethovens *Symphonie Nr. 9* passiert, wenn Furtwängler sie gestaltet! (»Wer's nachprüfen möchte: Take 1, nach 9.32« – heißt es dazu in unserer allerersten Kolumne.) Vielleicht kann jene Emotionsgewissheit, die sich in Kunst meist ganz plötzlich herstellt (im Zusammenhang mit einem besonderen Satz oder Wort oder Kontrast), vielleicht kann solche Emotionsgewissheit sich mit Hilfe von konkreten, oft minuziösen Hinweisen ergeben und den Leser dazu bringen, dass er mehr, dass er das Ganze, dass er auch die Abweichungen oder interpretatorischen Variationen kennen lernen will. Dann wäre er gewonnen.

IV.

Es ist nicht leicht, »leicht« zu schreiben und dabei etwas zugleich Persönliches und sachlich Stimmiges zu bieten. Wenn von Musik die Rede ist, kann ich auf Ausdrücke wie »chromatisch« oder »Mollparallele« nicht völlig verzichten, falls ich nicht nur blumige Umschreibungen liefern möchte, sondern Mitteilungen über spezifisch Komponiertes. Aber der Terminus technicus lässt sich auch bieten und zugleich unauffällig umschreiben. Dann kapiert der Leser, ohne zu merken, dass er zugleich lernt. Vielleicht habe ich manchmal jüngeren Interessenten den Zugang erschwert, indem ich – wo es um die fesselndsten Interpretationen ging – weniger auf perfekte Tonqualität achtete als auf geistig-interpretatorische Qualität. Künstler wie Lotte Lehmann, wie Furtwängler, wie Cortot, Solomon, Rachmaninow, deren Aufnahmen oft älter sind als ein halbes Jahrhundert (und die manchmal klingen, als habe in dumpfem Keller eine Gießkanne als Mikrofon gedient), werden hier nicht aus bloßer Erinnerungspietät genannt – sondern weil mir die schöpferischen Leistungen mancher Giganten nach wie vor unüberholt scheinen.

Nun bin ich aber nicht so weit gegangen, auch Langspielplatten zu empfehlen (und nicht bloß CDs). Dies aus einer ganz praktischen Erwägung: Viele, zumal jüngere Interessenten besitzen keine Geräte mehr, um Langspielplatten oder gar die alten Schellackaufnahmen mit 78 Umdrehungen pro Minute abzuspielen. So beschränkte ich mich, manchmal seufzend, auf CDs. Viele wichtige Interpretationen liegen aber nur auf Langspielplatte vor, sind auf CD nicht existent oder greifbar.

V.

Diese Klassikkolumne erschien seit mehr als zwei Jahren Woche für Woche. Mich braucht nun niemand sehr daran zu erinnern, wie kurz eine Woche ist. Man denkt, man hätte seine Pflicht getan, plant eine Reise, einen Ferienaufenthalt: Sogleich erhebt sich wieder lautes Weheklagen der Nachschub fordernden Redaktion. Die Beschränkung auf Kürze mag für die Leser angenehm sein. Mein alter Verleger und Freund Dr. Albrecht Knaus versicherte mir sogar (gehässig lachend), endlich müsse ich mich konzentrieren, könne Gott sei Dank aus Platzgründen meiner Manie der drei Pünktchen nicht mehr nachgeben. (Alte Verleger sind so hässlich…) Die immer gleiche Kolumnenlänge hat grausame Konsequenz: Ich kann über Wagners *Parsifal* nicht eine einzige Zeile mehr schreiben als über Chopins *Ballade g-Moll* oder Ravels *Bolero*. Na und? Nun, die *Parsifal*-Partitur ist fast 900 Seiten stark, die Handlung tiefgründig, verwickelt, symbolschwer, die Musik zarter als der blechgepanzerte *Ring des Nibelungen*, voller Klangwunder und Abgründe. Chopins *Ballade*, ein geniales Werk, dauert nicht einmal so lange wie das Vorspiel zum ersten *Parsifal*-Akt. Das schafft Probleme der Beschränkung, der Auswahl, des Weglassens.

Sie sind nur lösbar unter der Voraussetzung, dass hier keineswegs »erschöpfend« informiert werden kann und soll. Mein Ziel ist vielmehr: In einem Rahmen, wie ihn meines Wissens noch nie eine Illustrierte Woche für Woche der Sache großer Musik zur Verfügung stellte, möchte ich einem großen Publikum einige zentrale Thesen und Hinweise liebevoll anbieten. Auf dieses »Angebot« haben die Leser mit Äußerungen, Fragen, Erweiterungswünschen und Komplimenten reagiert und gedankt, die zu den ermutigendsten, rührendsten Erfahrungen meines publizistischen Lebens gehören.

Dieses Buch bündelt die ersten 100 *Kaisers-Klassik*-Kolumnen. Erweiterungen, Korrekturen, Berichtigungen und behutsame Versachlichungen habe ich stillschweigend vorgenommen. Eine völlige Vereinheitlichung der Darbietungsform ließ sich nicht erreichen, wäre auch nicht wünschenswert gewesen, weil auch eine solche Kolumne erst allmählich ihre Form, ihren Ton findet – und ihn auch nicht allzu starr beibehalten darf. Über die *Dreigroschenoper* von Weill und Brecht redet man anders als über die *Psalmensymphonie* von Strawinsky oder die *Haydn-Quartette* von Mozart.

Immerhin haben viele Leser dankbar versichert, *Kaisers Klassik* sei ihrer Ansicht nach auf dem richtigen Wege. Dafür möchte ich mit der Versicherung danken, dass diese Reihe und Reise weitergehen wird, solange sie Spaß macht.

München, im Januar 1997 *Joachim Kaiser*

1

Ludwig van Beethoven

Symphonie d-Moll Nr. 9

für Orchester, Chor und Gesangssolisten op. 125

Die berühmteste Symphonie der Musikgeschichte. Wie sie entstand und was sie bedeutet …

Ein Ausnahmeereignis. Wenn wir armen Erdenbürger festlich feiern wollen, erklingt Beethovens *Neunte*. Sie beginnt als Instrumentalstück. Aber im Schlusssatz erweitert der Komponist die Form. Aus Musik wird gleichsam Weltanschauungsmusik. Nachdem die Hauptthemen aller vorangegangenen Sätze noch einmal Revue passiert haben, unterbricht ein Bariton: »O Freunde, nicht diese Töne!« Plötzlich braust festlicher Chorklang. Beethoven komponierte im Variationsfinale einige Strophen aus Friedrich von Schillers *Ode an die Freude*: »Freude, schöner Götterfunken«. In einer riesigen Kantate für Soli, Chor und Orchester schwärmt der alte, einsame, taube Beethoven: »Seid umschlungen, Millionen. Diesen Kuss der ganzen Welt!«

Die Menschheit begriff seine Botschaft. Auch wer die *Neunte* nie bewusst hörte, kennt zumindest den Pophit *Song of Joy*, mit dem Miguel Ríos, der pfiffige spanische Beethoven-Verwerter, bestimmt mehr verdiente als Beethoven. Denn von den 2200 Gulden, die Beethoven bei der öffentlichen Uraufführung 1824 in Wien einnahm, gingen über 2000 Gulden als Unkosten weg (Verwaltung, Notenkopierer, Plakatmaler und so weiter). Beethoven erlitt vor Enttäuschung einen Ohnmachtsanfall, glaubte sich von aller Welt betrogen. Grausames Künstlerpech: dem Komponisten höchster Freude bescherte die Uraufführung tiefe Verbitterung …

Schon als 22-jähriger lernte Beethoven Schillers Freudenhymnus kennen und wollte ihn komponieren. Doch es sollten mehr als 30 Jahre vergehen, bis die *Symphonie*, in welche Erfahrungen und Leiden eines Komponistenlebens eingingen, dann endlich 1824 fertig war.

Vage, undeutlich, leer, als seien wir noch vor der Erschaffung der Welt, dämmert der Beginn des ersten Satzes. Kurze Motivfetzen in den Violinen. Allmählich verdichten sie sich. Dann erst ist in gezacktem Fortissimo jene Gestalt da, die den ganzen Satz beherrscht. Wunderbare Entwicklungen, neue Gedanken, doch auch Verlangsamungen, Ritardandi. Der Satz endet in erhabener, abgründiger Trauermarsch-Finsternis. Eine Tragödie. Nicht die »Themen« sind das Wichtigste, sondern ihr Werden, ihr Schicksal.

Rasend-Rasches folgt als zweiter Satz. Ein Scherzo über einen einzigen charakteristischen, am Anfang isoliert vorgestellten Rhythmus.

Vom Adagio der *Neunten* darf man nur mit leiser Stimme reden. Für Musikliebhaber ist es ein Heiligtum. Dem langsamen Hauptthema steht eine etwas beschwingtere Andante-Melodie gegenüber. Plötzlich hält der melodische Fluss inne. Feierliche Posaunenklänge. Sie verheißen: Es kommt noch etwas Besonderes! Und dann, nachdem das Adagio lyrisch ausklang, drängt die Musik zu diesem Besonderen: zum Wort, zum freudebrausenden Chorfinale.

Wenn Sie Beethovens Neunte *mögen …*

… aber zur Abwechslung etwas Anderes, Ähnliches hören wollen, so gibt es kaum Musik gleichen Ranges. Beethovens so genannte *Chorfantasie* (für Klavier, Chor und Orchester) wird oft als Vorstudie zur *Neunten* verstanden, besitzt aber doch nicht deren riesige seelische Dimensionen. Im Hinblick auf den symphonischen Anspruch könnte man Anton Bruckners *Symphonie Nr. 3* (auch in d-Moll, wie Beethovens *Neunte*) nennen sowie Gustav Mahlers *Symphonien Nr. 2* und *Nr. 3*, die kantatenhafte Chorfinale haben. Nur tönt bei Bruckner wie bei Mahler viel wagnersche Orchesterkunst und Harmonik mit. Wagner seinerseits war freilich von Beethovens *Neunter* ausgegangen.

Die fesselndsten Interpretationen von Beethovens Neunter

Die nach wie vor gewaltigste und tiefgründigste Deutung der *Symphonie Nr. 9* stammt von Wilhelm Furtwängler. Es ist der Mitschnitt eines Konzerts mit den Berliner Philharmonikern aus dem Jahr 1942. Ungeheuerlich, wie nach der aberwitzig fesselnden Durchführung des Kopfsatzes das Hauptthema in Dur wiedererscheint – aber von den Pauken förmlich zerschlagen wird. (Wer's nachprüfen möchte: Take 1, nach 9.32.) So auf Leben und Tod wurde wohl doch nur während des Krieges musiziert, wo jedes Konzert vielleicht das letzte war. Elektroakustisch weit besser: Furtwänglers Bayreuther *Neunte*, Eröffnungskonzert von 1951.

Mag Leonard Bernstein auch für das »Mystische« in Beethovens *Neunter* nicht ganz soviel Sinn gehabt haben wie Furtwängler – er war, als genialer schöpferischer und nachschöpferischer Künstler, doch so tief in Beethovens Musik, dass er den herben, tragischen Verlauf zwingend sinnfällig zu machen wusste, die Vitalität des Scherzos mit beispiellosem Elan begriff. Und die Wiener Philharmoniker waren wohl doch sein liebstes Orchester.

Bei Nikolaus Harnoncourt und dem jungen Chamber Orchestra of Europe begegnen wir einem modernen (was keineswegs heißen muss: langweilig sachlichen) Beethoven. An die Stelle von Furtwänglers »Titanismus« oder von Bernsteins weltumarmendem Furor tritt hier fanatische Exaktheit.

Vieles glaubt man neu, wie zum ersten Mal, zu hören: So passioniert meidet Harnoncourt verschlampte Traditionalismen, so genau phrasierend vergegenwärtigt er die Partitur, beflügelt er seine Gesangssolisten.

Who's who

Ludwig van Beethoven, getauft am 17. Dezember 1770 in Bonn, gestorben am 26. März 1827 in Wien, deutscher Komponist

Fantasie für Klavier, Chor und Orchester c-Moll op. 80 (1808) — Adagio – Finale. Allegro – Presto

Symphonie für Sopran, Alt, Tenor, Bass, Chor und Orchester d-Moll Nr. 9 op. 125 (1824) — 1. Satz: Allegro ma non troppo, un poco maestoso; 2. Satz: Molto vivace; 3. Satz: Adagio molto e cantabile – Andante moderato; 4. Satz: Presto – Allegro assai

Leonard Bernstein, geboren am 25. August 1918 in Lawrence (MA), gestorben am 14. Oktober 1990 in New York, amerikanischer Dirigent und Komponist

Anton Bruckner →Kaisers Klassik Nr. 39

Symphonie d-Moll Nr. 3 (1872) — 1. Satz: Mehr langsam. Misterioso; 2. Satz: Adagio. Bewegt, quasi andante; 3. Satz: Ziemlich schnell; 4. Satz: Allegro

Wilhelm Furtwängler, geboren am 25. Januar 1886 in Berlin, gestorben am 30. November 1954 in Ebersteinburg (heute zu Baden-Baden), deutscher Dirigent und Komponist

Nikolaus Harnoncourt, geboren am 6. Dezember 1929 in Berlin, österreichischer Dirigent, Cellist und Musikwissenschaftler

Gustav Mahler →Kaisers Klassik Nr. 9

Symphonie für Sopran, Alt, Chor und Orchester c-Moll Nr. 2 »Auferstehungssymphonie« (1894) — 1. Satz: Allegro maestoso; 2. Satz: Andante moderato; 3. Satz: In ruhig fließender Bewegung; 4. Satz: »Urlicht«. Sehr feierlich; 5. Satz: Im Tempo des Scherzos – Kräftig – Langsam. Misterioso

Symphonie für Alt, Chor und Orchester d-Moll Nr. 3 (1894) — I. Teil, 1. Satz: Kräftig, entschieden; II. Teil, 2. Satz: Tempo di minuetto. Sehr mäßig; 3. Satz: Comodo. Scherzando. Ohne Hast; 4. Satz: Sehr langsam. Misterioso; 5. Satz: Lustig im Tempo und keck im Ausdruck; 6. Satz: Langsam. Ruhevoll. Empfunden

Miguel Ríos, geboren am 7. Juni 1944 in Granada, spanischer Popsänger

Friedrich von Schiller, geboren am 10. November 1759 in Marbach am Neckar, gestorben am 9. Mai 1805 in Weimar, deutscher Dichter

An die Freude, Ode (1785)

Richard Wagner →Kaisers Klassik Nr. 5

2

Wolfgang Amadeus Mozart

Die Hochzeit des Figaro

Opera buffa in vier Akten KV 492

Geistvollste und beschwingteste, herzlichste und wirbelndste komische Oper des Musiktheaters. Wie die Oper entstand und was sie bedeutet…

Umfragen lehren es: Weit vor Bach, Beethoven, Wagner und auch Gershwin ist Mozart der Lieblingskomponist unserer Gegenwart. Und unter Mozarts Opern wird wiederum der *Figaro* als die allerschönste verehrt. Den Vornamen Susanne haben viele opernvernarrte Mütter ihren Töchtern nur deshalb gegeben, weil hier Susanna die Hauptfigur ist. Als Geliebte und Verlobte Figaros reagiert sie rasch, instinktsicher, souverän. Am Ende darf sie denn auch mit Figaro glücklich sein – und der junge Graf Almaviva mit seiner schmerzlich geprüften Gattin, die er um Susannas willen so gern betrogen hätte.

Doch nicht die kecke Handlung macht den Rang dieser Opera buffa aus, sondern das, was Mozarts Musik ihr hinzufügt. Scheint der Text nur einen Ehekrach im Hause Almaviva vorzuführen, dann fragt die Musik, in herrlichen symphonischen und gesanglich-choralhaften Steigerungen, nach dem Schicksal der Unschuld in dieser Welt. Am Ende muss der Mächtige niederknien und um Verzeihung bitten. Für eine Glückssekunde darf die Menschheit aufatmen.

Figaros Hochzeit ist das Kind einer glücklichen Ehe erlauchter europäischer Geister. Der brillante französische Dramatiker Pierre Augustin Caron de Beaumarchais schrieb sein fünfaktiges Drama *Der tolle Tag oder Figaros Hochzeit* und setzte die Pariser Uraufführung 1784 durch. Ein Sensationserfolg. »Figaro, das war die Revolution auf dem Marsch«, befand Napoleon später. Mozart komponierte in Wien begeistert das vieraktige Opernlibretto, das ihm der Italiener Lorenzo Da Ponte aus der französischen Vorlage erarbeitet hatte. 1786 fand unter Mozarts Leitung die Uraufführung in Wien statt.

Man muss genau hinhören (und sich unbedingt vorher mit dem Text vertraut machen). Die geniale, gefährlich leise beginnende Presto-Ouvertüre fängt an mit einer unruhig asymmetrischen siebentaktigen Gestalt, der eine enge, trillerähnliche Sekundbewegung zugrunde liegt. Diese kehrt später während bedrohlicher Momente unauffällig wieder.

In der ersten Szene misst Figaro den Raum fürs Ehebett aus. Susanna erkennt, warum das Zimmer so verdächtig günstig liegt. Falls das Glöckchen läutet und ihr Mann weg muss, wäre der Graf blitzschnell zur Stelle. Jetzt beginnt Figaros Widerstand. »Will der Herr Graf ein Tänzchen nun wagen.« Doch mitten in dieser Kavatina zögert er: Nicht mit Gewalt, sondern lieber doch nur mit List möchte er sich wehren.

Da ist noch der junge, von Pubertät gebeutelte und in die Liebe verliebte Cherubino; da intrigieren zwei ältere Figuren gegen Figaro, die sich dann Gott sei Dank als die Eltern des Findelkinds Figaro herausstellen. Mozart erfindet unwiderstehlich effektvolle Aktschlüsse: riesige (Ketten-)Finali, in denen mannigfache Charaktere, Tempi, musikalische Formen genial zusammengefügt erscheinen.

Die Oper besingt die leidenschaftliche und vitale Liebe junger Leute mit heiterem Esprit. Am Ende sind alle glücklich – auch die Zuhörer.

Wenn Sie Mozarts Figaro *mögen …*

… und begierig sind auf etwas Ähnliches, dann gibt es eigentlich nur zwei Möglichkeiten. Nämlich zum einen Mozarts (später entstandene) Opera buffa *Così fan tutte*, die etwas abgezirkelter, »artifizieller«, nicht ganz so überraschungsreich und wirbelnd ist wie der *Figaro*. Und zum andern die entzückende *Heimliche Ehe* (1792) von Domenico Cimarosa, die Mozart heiter-empfindsam ins Neapolitanische zu transponieren scheint – dabei freilich wenig weiß von den Depressionen und Halbschatten der mozartschen Seele.

Die fesselndsten Interpretationen von Mozarts Figaro

Erich Kleiber: Wiener Philharmoniker: Mit Cesare Siepi als Figaro, Lisa della Casa als Gräfin, Hilde Güden als Susanna. Aufgenommen 1955. Wohl doch die spannungsvollste, natürlichste, am wenigsten forcierte *Figaro*-Aufnahme. Kleiber hat Schärfe, Elastizität und Witz: Er übertreibt weder das Komische noch das Tiefgründige, weil er Mozart vertraut und mit hochdisziplinierter Kunst, ohne »Drücker«, vergegenwärtigt. Siepi als Figaro, Güden als Susanna ragen aus einem hochkarätigen Ensemble hervor.

Herbert von Karajan: Wiener Philharmoniker: Mit Tom Krause als Graf, Anna Tomowa-Sintow als Gräfin, José Van Dam als Figaro und Ileana Cotrubas als Susanna. Aufgenommen 1979. Karajan dirigiert hier einen eleganten Mozart-Stil – manchmal auch aggressiver und pointierter als Kleiber in seiner unübertrefflich »klassischen« Interpretation. In dieser Aufnahme werden die Erkenntnisse der neuen Mozart-Gesamtausgabe ernst genommen: So singt im großen C-Dur-Terzett nicht die Susanna angstvoll erregte Koloraturen, sondern richtigerweise die Gräfin, die ja viel heftigeren Grund zu furchtsamer Erregung hat.

Karl Böhm: Salzburger Festspielmitschnitt mit Dietrich Fischer-Dieskau als Graf Almaviva, Elisabeth Schwarzkopf als Gräfin, Irmgard Seefried als Susanna und Christa Ludwig als Cherubino. Aufgenommen: 30. Juli 1957. Große Namen aus dem Reich der Gesangskunst – Fischer-Dieskau und die Schwarzkopf – prägen diese temperamentvolle Interpretation. Unter Böhm »stand« das Tempo beeindruckend. Schon wegen des Cherubino der Ludwig muß man auch diese Aufnahme lieben.

Who's who

Johann Sebastian Bach →Kaisers Klassik Nr. 14

Pierre Augustin Caron de Beaumarchais, geboren am 24. Januar 1732 in Paris, gestorben am 18. Mai 1799 in Paris, französischer Bühnenschriftsteller

La Folle journée ou Le Mariage de Figaro (Der tolle Tag oder Figaros Hochzeit), Komödie (1778)

Ludwig van Beethoven →Kaisers Klassik Nr. 1

Karl Böhm, geboren am 28. August 1894 in Graz, gestorben am 14. August 1981 in Salzburg, österreichischer Dirigent

Lisa della Casa, geboren am 2. Februar 1919 in Burgdorf (bei Bern), schweizerische Sängerin

Domenico Cimarosa, geboren am 17. Dezember 1749 in Aversa (bei Neapel), gestorben am 11. Januar 1801 in Venedig, italienischer Komponist

Il matrimonio segreto (Die heimliche Ehe), Dramma giocoso per musica in zwei Akten; Text: Giovanni Bertati nach George Colman dem Älteren; Uraufführung: Wien, 7. Februar 1792

Ileana Cotrubas, geboren am 9. Juni 1939 in Galaţi, rumänische Sängerin (Sopran)

Dietrich Fischer-Dieskau, geboren am 28. Mai 1925 in Berlin, deutscher Sänger (Bariton)

George Gershwin, geboren am 26. September 1898 in Brooklyn (heute zu New York), gestorben am 11. Juli 1937 in Beverly Hills (CA), amerikanischer Komponist

Hilde Güden, geboren am 15. September 1917 in Wien, gestorben am 17. September 1988 in Wien, österreichische Sängerin (Sopran)

Herbert von Karajan, geboren am 5. April 1908 in Salzburg, gestorben am 16. Juli 1989 in Anif (bei Salzburg), österreichischer Dirigent

Erich Kleiber, geboren am 5. August 1890 in Wien, gestorben am 27. Januar 1956 in Zürich, österreichischer Dirigent

Tom Krause, geboren am 5. Juli 1934 in Helsinki, finnischer Sänger (Bassbariton)

Christa Ludwig, geboren am 16. März 1928 in Berlin, österreichische Sängerin (Mezzosopran)

Wolfgang Amadeus Mozart (eigentlich Johannes Chrysostomus Wolfgang Gottlieb Mozart), geboren am 27. Januar 1756 in Salzburg, gestorben am 5. Dezember 1791 in Wien, österreichischer Komponist

Le nozze di Figaro (Die Hochzeit des Figaro), Commedia per musica in vier Akten KV 492; Text: Lorenzo Da Ponte (eigentlich Emanuele Conegliano) nach Pierre Augustin Caron de Beaumarchais; Uraufführung: Wien, 1. Mai 1786

Così fan tutte ossia La scuola degli amanti (So machen's alle oder Die Schule der Liebenden), Dramma giocoso in zwei Akten KV 588; Text: Lorenzo Da Ponte (eigentlich Emanuele Conegliano); Uraufführung: Wien, 26. Januar 1790; →Kaisers Klassik Nr. 56

Elisabeth Schwarzkopf, geboren am 9. Dezember 1915 in Jarocin (bei Posen), deutsche Sängerin (Sopran)

Irmgard Seefried, geboren am 9. Oktober 1919 in Köngetried (Allgäu), gestorben am 24. November 1988 in Wien, österreichische Sängerin (Sopran) deutscher Herkunft

Cesare Siepi, geboren am 10. Februar 1923 in Mailand, italienischer Sänger (Bass)

Anna Tomowa-Sintow, geboren am 22. September 1941 in Stara Sagora, bulgarische Sängerin (Sopran)

José van Dam (eigtl. Joseph van Damme), geboren am 25. August 1940 in Brüssel, belgischer Sänger (Bassbariton)

Richard Wagner →Kaisers Klassik Nr. 5

3
Antonio Vivaldi
Die vier Jahreszeiten
Vier Konzerte für Solovioline und Streichorchester

Populärster, meistgeliebter Violinkonzert-Zyklus des italienischen Barocks. Wie die Jahreszeiten *entstand und was sie bedeuten …*

Vivaldis *Vier Jahreszeiten* haben erreicht, was sonst nur ganz wenigen Kompositionen der so genannten »E«-Musik glückte. Diese – als Programmmusik den Jahresablauf schildernden – vier Violinkonzerte sind so populär geworden wie sonst vielleicht noch Wolfgang Amadeus Mozarts *Serenade »Eine kleine Nachtmusik«* oder Antonín Dvořáks *Symphonie »Aus der Neuen Welt«*.

Vivaldi schrieb als Opernunternehmer, Kapellmeister, Instrumentallehrer hauptsächlich für Venedig zahlreiche Opern und unübersehbar viele Instrumentalkonzerte. Zwar war er zum Priester geweiht, doch das heilige Amt übte der temperamentvolle rothaarige Mann (»il prete rosso«, also »roter Priester«, wurde Vivaldi spöttisch von seinen Landsleuten genannt) höchstens ein Jahr aus. Ihm machte Musik mehr Spaß – und der von ihm glänzend entwickelte Typus des italienischen Violinkonzerts setzte sich rasch in ganz Europa durch. Johann Sebastian Bach schätzte Vivaldi, bearbeitete die Konzerte des italienischen Kollegen zum eigenen Gebrauch. Gewiss: Bach fielen weitaus mehr verschiedene Formen, Aufbauschemata ein als Vivaldi, von dem Igor Strawinsky hämisch witzelte, dieser Vivaldi habe eigentlich nur ein Violinkonzert geschrieben – aber das 600-mal …

Gerade die *Vier Jahreszeiten* beweisen jedoch, dass Strawinsky mit seinem Spott im Unrecht war. Sie sind nämlich etwas ganz Besonderes, denn sie gestalten mit minuziösen Texthinweisen ein Programm. Jedem der vier Konzerte stellt Vivaldi ein Gedicht voran. Dessen Inhalt wird dann naturalistisch genau vertont.

Im ersten Konzert, dem *Frühling*, ahmt die Solovioline den freien, trillernden Gesang der Vögel nach. Im langsamen Satz schläft ein Hirte, das Laub raschelt zart. Die Melodie ist betörend schön. Sie wird freilich durch Bratschentöne gestört: Das sei der »bellende Hund«. Manchmal möchte man dem verfluchten Köter den Hals abdrehen: so süß ist die von ihm verbellte Melodie.

Im *Sommer* ruft der Kuckuck konzertant seine Terz, Mensch und Tier schmachten in der Hitze, Stürme vernichten das Korn.

Über den *Herbst* hat Vivaldi günstigere Nachrichten. Da feiern betrunkene Bauern schwungvoll, geht man lustig auf die Jagd.

Im *Winter* endlich, dem vierten Konzert, knirscht das Eis, klappern vor Kälte die Zähne. Vivaldi führt zudem vor, wieviel Angst und Spaß das Schlittschuhlaufen bereitet.

Die Konzerte muten der Solovioline enorme Virtuosität zu: Doppelgriffe, brillante Passagen, weite Kantilenen. Naivität mischt sich mit Magie. Schlecht interpretiert sind die *Vier Jahreszeiten* banal – gut gespielt aber ein Wunder.

Wer Vivaldis Vier Jahreszeiten *mag*…

… und Appetit auf Barockmusik ähnlicher Art bekommt, dem wäre anzuraten, sich Vivaldis *Konzert für vier Soloviolinen* zu beschaffen. Und zu vergleichen, wie Bach dieses hochdramatische Violinkonzert in ein *Konzert für vier Soloklaviere* plus Orchester verwandelt hat! Diese bachsche Bearbeitung ist berühmt geworden als Hintergrundmusik zum Film *Die schrecklichen Kinder*. Jean-Pierre Melville hat ihn 1950 nach Jean Cocteaus Roman *Les Enfants terribles* gedreht.

Die fesselndsten Interpretationen von Vivaldis Vier Jahreszeiten

Wiktoria Mullowa hat – zusammen mit dem Dirigenten Claudio Abbado und dem Chamber Orchestra of Europe – eine virtuose und sehr stilsichere authentische Darbietung der vier Konzerte vorgelegt. Der Ton des Barockorchesters mit Cembalo und hübschen kleinen Freiheiten bleibt gewahrt. Die Solistin verfügt über eine kühle, zupackende Virtuosität. Man scheut sich überhaupt nicht, Vivaldis realistische Malerei, wie den störend bellenden Hund oder das hässlich knirschende Wintereis, unbeschönigt vorzuführen.

Anne-Sophie Mutter, Herbert von Karajan und die Berliner Philharmoniker geben eine hochdifferenzierte, betörend schöne Deutung der Vivaldi-Konzerte. Man spielt weniger herb und barockstreng als vielmehr üppig, zart, sensibel. Die Reinheit des erlesenen Geigenspiels der Anne-Sophie Mutter ist unvergleichlich und kann süchtig machen. Da darf kein Köter laut dazwischen bellen. Luxuriöse Schönheit im Geist des 19. Jahrhunderts triumphiert.

Für Leute, die Vivaldis brillante rhythmische Erfindung lieben, aber des erlesenen Geigenspiels mal ein bisschen überdrüssig sind – für die gibt es einen kuriosen Ausweg! Die Gruppe »Percussion Projekt Rostock« bietet nämlich die *Vier Jahreszeiten* in einer Adaption für fünf Marimbafone (von Thomas Widiger) an. Ein Witz – aber kein schlechter. Man hört es und denkt lächelnd: »Es geht auch anders, doch so geht es auch.«

Claudio Abbado, geboren am 26. Juni 1933 in Mailand, italienischer Dirigent

Johann Sebastian Bach →Kaisers Klassik Nr. 14

Konzert für vier Cembali und Streicher a-Moll BWV 1065 (1714?) — 1. Satz: Allegro; 2. Satz: Largo; 3. Satz: Allegro

Jean Cocteau, geboren am 5. Juli 1889 in Maisons-Laffitte (bei Paris), gestorben am 11. Oktober 1963 in Milly-la-Forêt (bei Paris), französischer Schriftsteller, Graphiker und Filmregisseur

Les Enfants terribles (Die schrecklichen Kinder), Roman (1929)

Antonín Dvořák

Symphonie e-Moll Nr. 9 »Z nového světa (Aus der Neuen Welt)« op. 95 →Kaisers Klassik Nr. 21

Herbert von Karajan, geboren am 5. April 1908 in Salzburg, gestorben am 16. Juli 1989 in Anif (bei Salzburg), österreichischer Dirigent

Jean-Pierre Melville (eigtl. Jean-Pierre Grumbach), geboren am 20. Oktober 1917 in Paris, gestorben am 2. August 1973 in Paris, französischer Filmregisseur

Les Enfants terribles (Die schrecklichen Kinder), Film (1950), Drehbuch: Jean Cocteau

Wolfgang Amadeus Mozart

Serenade G-Dur Nr. 13 »Eine kleine Nachtmusik« KV 525 →Kaisers Klassik Nr. 31

Wiktoria Mullowa, geboren am 27. November 1959 in Moskau, russische Geigerin

Anne-Sophie Mutter, geboren am 29. Juni 1963 in Rheinfelden (Baden), deutsche Geigerin

Igor Strawinsky →Kaisers Klassik Nr. 30

Antonio Vivaldi, geboren am 4. März 1678 in Venedig, gestorben am 28. Juli 1741 in Wien, italienischer Komponist und Geiger

Concerto für vier Violinen und Streicher h-Moll (1711)

Le quattro stagioni (Die vier Jahreszeiten) op. 8 (1725) — 1: *Concerto E-Dur »La primavera (Der Frühling)«*; 2: *Concerto g-Moll »L'estate (Der Sommer)«*; 3: *Concerto F-Dur »L'autumno (Der Herbst)«*; 4: *Concerto f-Moll »L'inverno (Der Winter)«*

4
Frédéric Chopin
Klaviersonate b-Moll Nr. 2
(mit dem Trauermarsch) op. 35

Vehementeste, düsterste Klaviersonate der Romantik. Chopins künstlerische Auseinandersetzung mit dem Tod. Wie sie entstand und was sie bedeutet …

Im 19. Jahrhundert galt die große Sonate als ausgesprochen »deutsche« Musikform. Und wenn Chopin, jener polnische Komponist und Pianist, der die Seele des Klaviers zum Sprechen zu bringen vermochte, Polonaisen, Mazurken, Nocturnes oder Walzer schrieb – dann gewann er damit sogleich allgemeine Beliebtheit. Doch »Sonaten« mochte die akademische Musikwelt diesem zugleich sensiblen und stolzen Polen eigentlich nicht zutrauen.

Chopin wurde nur 39 Jahre alt. Er verbrachte die ersten 20 Jahre seines Lebens als bewunderter, enorm frühreifer Pianist und Komponist in Warschau, die verbleibenden 19 in Paris, wohin er wegen der Besetzung Warschaus durch die Russen geflohen war. Chopin gehört also gleichermaßen zur polnischen wie zur französischen Musikgeschichte. Als Chopins *»Trauermarsch«-Sonate* herauskam, wunderte sich der Chopin-Enthusiast Robert Schumann sehr. Schumann hatte zwar einst Chopin in einer Rezension schwungvoll begrüßt: »Hut ab, ihr Herren, ein Genie« – doch die Sonate verstörte ihn. Das sei eher eine »Caprice«. Chopin habe da »vier seiner tollsten Kinder« zusammengekoppelt. Hier irrte Schumann. Die melodiös und kühn inspirierte Sonate ist mit zwingender Logik um ihre Mitte – den berühmten »Trauermarsch« – gefügt. Der Trauermarsch war vor den übrigen

Sätzen entstanden, 1837. Erst 1839 kamen die anderen Sätze hinzu.

Die *»Sonata funèbre«* ist trotz dieser langen Entstehungszeit eine erhabene Ganzheit. Nach finster-langsamen Einleitungstakten beginnt der Kopfsatz mit einer erregten, panisch wiederholten und gesteigerten kleinen Terz, einer Mollterz. Daraus bildet sich das große erste Thema. Ihm korrespondiert eine herrliche Melodie, ein zweites Thema, das auf einer großen Terz basiert. Diese lyrische Gestalt erhebt sich unwiderstehlich sehnsuchtsvoll über alle Finsternis, alles Leid. In der Durchführung – nach etwa drei Minuten – kämpfen lyrische und tragische Gesten fesselnd miteinander. In majestätischem Dur endet der erste Satz.

Der zweite Satz, ein phantastisches Scherzo, beginnt ekstatisch und trotzig wiederum in Moll. Doch der gesangvolle Mittelteil des Scherzos mündet auch in ruhiges Dur.

Dann folgt der »Trauermarsch«, der alles ins Düstere zwingt. Er wurde zur meistgespielten, von Blaskapellen bei Begräbnissen vorgetragenen, Trauermusik der Musikgeschichte. »Nun trinkt er kei-heinen Rotwein mehr«, skandierten die Trauernden insgeheim zur Melodie, wenn wieder einmal zu Chopins Tönen ein alter Kamerad zu Grabe getragen wurde. Man hört in diesem Trauermarsch Trommelwirbel und Salven, ein erhaben monotones Schreiten und eine paradiesisch tröstliche Melodie im Trio.

Was darauf als Finale folgt, ist nicht mehr fasslich. Leise Prestotriolen. Über Kategorien wie »Trost« oder auch »Verzweiflung« scheint diese fürchterliche Musik hinaus. Fahl, gestaltlos, wahnsinnig und umtriebig reagiert das Finale auf die Todesbotschaft des Trauermarsches. Der Satz ist kaum spielbar. Ganz leise bleiben, monoton, gleichsam seelisch tot: wie sollen lebende Interpreten das schaffen?

Wenn Sie Chopins Klaviersonate b-Moll *mögen ...*

Wer die herbe polnische Poesie der *»Trauermarsch«-Sonate* liebt und Klaviermusik von ähnlicher Noblesse hören möchte, dem ließe sich Chopins *Sonate h-Moll* op. 58 empfehlen, das strahlend-vitale Gegenstück zur *Sonate b-Moll*. Oder auch Chopins *Klavierkonzert f-Moll*, dessen Mittelsatz ein dramatisches Rezitativ enthält. Ludwig van Beethovens *»Trauermarsch«-Sonate« As-Dur* op. 26 (die Chopin gekannt hat und die ihn vielleicht anregte) wäre auch zu nennen: gleichviel, ob man beeindruckt die Unterschiede feststellen oder eben die Ähnlichkeiten studieren möchte, die sich infolge des Trauermarsch-Charakters ergeben.

Die fesselndsten Interpretationen von Chopins Klaviersonate b-Moll

Arthur Rubinstein, im polnischen Lodz geboren, in Berlin ausgebildet, ein stolzer Pole und hinreißend witziger Weltbürger, gleichermaßen in Paris wie New York zu Hause – Rubinstein hat eine herrlich entflammte, lebensvolle, großartig sonore Interpretation der *»Trauermarsch«-Sonate* eingespielt. Er galt als größter Chopin-Interpret seiner Zeit. Die Aufnahme entstand 1946. Überwältigend alles Gesangliche, Herzliche und Atmende.

Vladimir Horowitz hat Chopins *»Trauermarsch«-Sonate* mehrfach eingespielt. Mit der ersten Interpretation von 1950 (bei RCA) war er später unzufrieden. Trotz geradezu dämonisch virtuosen Klavierspiels schien sie ihm doch zu zuchtlos wild. Die zweite, hier empfohlene Aufnahme entstand 1962. Sie ist ekstatisch, ungeheuer farbig, virtuos. Horowitz vermag sogar die Entsetzensmonotonie des Finales darzustellen. Da wird nur zu verständlich, warum Horowitz seine Fans so faszinierte.

Sergei Rachmaninow ist nicht nur einer der großen russischen Komponisten des 20. Jahrhunderts gewesen, sondern auch ein unnachahmlich vornehmer, subtiler Pianist. Seine Einspielung der *»Trauermarsch«-Sonate* von 1930 wurde berühmt, weil Rachmaninow den Trauermarsch als Szene gestaltete: Das beginnt leise, wie aus der Ferne, steigert sich machtvoll, verschwindet wieder. Die Monotonie des Finales hielt Rachmaninow nicht aus: Er zauberte aus Chopins Passagen sinnige Melodien heraus...

Who's who

Ludwig van Beethoven →Kaisers Klassik Nr. 1

Klaviersonate As-Dur Nr. 12 op. 26 — 1. Satz: Andante con variazioni; 2. Satz: Scherzo. Allegro molto; 3. Satz: Marcia funebre sulla morte d'un eroe; 4. Satz: Allegro

Frédéric Chopin (auch Fryderyk Chopin), geboren am 1. März (oder 22. Februar?) 1810 in Zelazowa-Wola (bei Warschau), gestorben am 17. Oktober 1849 in Paris, polnischer Komponist und Pianist

Klaviersonate b-Moll Nr. 2 op. 35 (1839) — 1. Satz: Grave – Doppio movimento; 2. Satz: Scherzo. Presto ma non troppo; 3. Satz: Marche funèbre. Lento; 4. Satz: Finale. Presto

Klaviersonate h-Moll Nr. 3 op. 58 (1844) — 1. Satz: Allegro maestoso; 2. Satz: Scherzo. Molto vivace; 3. Satz: Largo; 4. Satz: Finale. Presto non tanto

Konzert für Klavier und Orchester f-Moll Nr. 2 op. 21 →Kaisers Klassik Nr. 94

Vladimir Horowitz (eigentlich Wladimir Samoilowitsch Gorowiz), geboren am 1. Oktober 1903 in Berditschew, gestorben am 5. November 1989 in New York, amerikanischer Pianist ukrainischer Herkunft

Sergei Wassiljewitsch Rachmaninow →Kaisers Klassik Nr. 96

Arthur Rubinstein, geboren am 28. Januar 1887 in Lodz, gestorben am 20. Dezember 1982 in Genf, amerikanischer Pianist polnischer Herkunft

Robert Schumann →Kaisers Klassik Nr. 8

5

Richard Wagner

Tristan und Isolde

Handlung in drei Aufzügen

Leidenschaftliche, sehnsuchtsvoll hochromantische Oper über Liebe und Tod. Wie die Oper entstand und was sie bedeutet…

Wenn es um *Tristan und Isolde* geht, dann fangen die Wagnerianer an zu schwärmen. Und die Wagner-Feinde, die gern über die angeblich deutschtümelnden *Meistersinger von Nürnberg* spotten oder über den »*Ring*, der nie gelungen« – sie senken zumindest die Stimme. *Tristan und Isolde* gilt als gewaltigste Darstellung sinnlich-übersinnlicher Liebe, die je in Töne gesetzt wurde. Als der Philosoph Friedrich Nietzsche schon tief mit Wagner zerstritten war, schrieb er begeistert: »Von dem Augenblick, wo es einen Klavierauszug des *Tristan* gab… war ich Wagnerianer. Ich suche noch heute nach einem Werk von gleich gefährlicher Faszination, von einer gleich schauerlichen und süßen Unendlichkeit…«

Wagner ging im *Tristan* aufs Ganze. Er war bereits bekannter Opernkomponist, hatte wegen revolutionärer Umtriebe emigrieren müssen, arbeitete im Exil am *Ring des Nibelungen*. Er verzweifelte, je mit dem (vier Musikdramen umfassenden) Riesenprojekt fertig zu werden. Und verliebte sich in Mathilde, die schöne junge Frau seines reichen Gönners Otto Wesendonck.

Eigentlich wollte Wagner endlich wieder mit etwas Gesanglichem, Wirkungsvollem die Bühnen der Welt erreichen. Aber sein Genius zwang ihn zu heikelster, fast unaufführbar anspruchsvoller Kunst.

Das Vorspiel steht an der Schwelle zur modernen Musik.

Schwebende Dissonanzen, Pausen voller Unendlichkeit, sehnsüchtiges chromatisch-enges Melos. Der erste Akt gehört dann Isolde. Sie wütet hochdramatisch – weil Tristan sie als kühler Brautwerber zur Ehe mit dem müden König Marke holt. Die Begegnung zwischen Tristan und Isolde, zu den Klängen eines gleichsam höfischen, nur eben düster gesteigerten Menuetts – »Herr Tristan, trete nah« –, bereitet Tod und Selbstmord vor. Statt des Todestranks reicht Isoldes mitleidige Magd Brangäne einen Liebestrank. Ekstatisch sinken sich Isolde und Tristan in die Arme.

Im zweiten Akt herrscht Nacht. Bei der Begegnung im Park wird die Musik so rasend wild, als sei ein Orgasmus komponiert. Dann vereinigen sich in zartem Übergang die Stimmen der Liebenden zum Kanon: »O sink hernieder, Nacht der Liebe.« Was die beiden einst trennte, ist die heikle Vorgeschichte. Isolde hat einst Tristan, den Mörder ihres Verlobten, töten wollen – aber nicht töten können. Weil er sie von seinem Krankenlager mitleidheischend anblickte? Oder weil er sie abschätzig gemustert hat, ob sie als Frau des Königs Marke in Frage käme? Vielleicht auch, weil er sich damals, seiner höfischen Karriere wegen, nicht zur ihm kaum bewussten Liebe bekannte. Jetzt im zweiten Akt ist alles gut. Aber die Wirklichkeit, »der böse Tag«, holt die beiden ein. Tristan wird verwundet.

Der Schlussaufzug gilt Tristans Not, seinen Fieberphantasien, seinem Warten auf Isolde. Endlich erscheint sie. Tristan stirbt in ihren Armen. Sie folgt ihm, verklärt den Liebestod suchend und findend.

Wenn Sie Wagners Tristan und Isolde *mögen …*

… und andere Opern von solcher leidenschaftlichen Kraft kennen lernen wollen, dann ist die Auswahl nicht groß. Die *Walküre* aus Wagners Tetralogie *Der Ring des Nibelungen* ließe sich empfehlen, in einigem Abstand auch Giuseppe Verdis *Otello*. Gaetano Donizettis *Liebestrank* hingegen hat zwar gleichfalls mit dieser für *Tristan und Isolde* so wichtigen erotisierenden Flüssigkeit zu tun – ist aber keineswegs tragisch, sondern eine entzückende, harmlose komische Oper.

Die fesselndsten Interpretationen von Wagners Tristan und Isolde

Wilhelm Furtwängler hat zusammen mit Ludwig Suthaus (Tristan), Kirsten Flagstad (Isolde) und dem Philharmonia Orchestra 1952 die nach wie vor gewaltigste Deutung dieser symphonischen Oper geboten. Ungeheuerlich, wie er die fahle Verzweiflungsstimmung zu Beginn des dritten Akts trifft, wie dann Tristan und das Orchester die »traurige Weise« zur Wahnsinnsmusik steigern. Oder wie Isolde am Anfang rast. Der junge Dietrich Fischer-Dieskau gab einen liebenswerten Kurwenal.

Carlos Kleiber, der sich auf Konzert- und Opernpodien leider so rar macht, gilt als bester *Tristan*-Dirigent der Gegenwart. Seine Aufnahme von 1982 mit René Kollo und der wunderbar lyrischen Isolde von Margaret Price bevorzugt manchmal das Orchester (Staatskapelle Dresden) und hält zumal Kollos Tenor etwas zu sehr im akustischen Hintergrund. Das stört im dritten Akt – aber im zweiten triumphiert Kleibers vitale poetische Vergegenwärtigungskraft.

Mindestens ein Jahrzehnt lang waren unter Karl Böhms Leitung Wolfgang Windgassen und die strahlend-kräftige hochdramatische Birgit Nilsson das berühmteste *Tristan*-Team der Opernwelt. Der Mitschnitt einer Bayreuther Festspiel-Aufführung von 1966 hält große Kunst fest: Es ist eine herzliche, natürliche, von zarter Trauer und wildem Schmerz erfüllte Interpretation.

Karl Böhm, geboren am 28. August 1894 in Graz, gestorben am 14. August 1981 in Salzburg, österreichischer Dirigent

Gaetano Donizetti, geboren am 29. November 1797 in Bergamo, gestorben am 8. April 1848 in Bergamo, italienischer Komponist

L'elisir d'amore (Der Liebestrank), Melodramma in zwei Akten; Text: Felice Romani nach Eugène Scribe; Uraufführung: Mailand, 12. Mai 1832

Dietrich Fischer-Dieskau, geboren am 28. Mai 1925 in Berlin, deutscher Sänger (Bariton)

Kirsten Flagstad, geboren am 12. Juli 1895 in Hamar (Hedmark), gestorben am 7. Oktober 1962 in Oslo, norwegische Sängerin (Sopran) und Theaterleiterin

Wilhelm Furtwängler, geboren am 25. Januar 1886 in Berlin, gestorben am 30. November 1954 in Ebersteinburg (heute zu Baden-Baden), deutscher Dirigent und Komponist

Carlos Kleiber, geboren am 3. Juli 1930 in Berlin, argentinischer Dirigent österreichischer Herkunft

René Kollo, geboren am 20. November 1937 in Berlin, deutscher Sänger (Tenor) und Theaterleiter

Friedrich Nietzsche, geboren am 15. Oktober 1844 in Röcken (bei Lützen), gestorben am 25. August 1900 in Weimar, deutscher Philosoph und Philologe

Birgit Nilsson, geboren am 17. Mai 1918 in Karup (bei Kristianstad), schwedische Sängerin (Sopran)

Margaret Price, geboren am 13. April 1941 in Blackwood (Monmouth), britische Sängerin (Sopran)

Ludwig Suthaus, geboren am 12. Dezember 1906 in Köln, gestorben am 7. September 1971 in Berlin, deutscher Sänger (Tenor)

Giuseppe Verdi

Otello →Kaisers Klassik Nr. 90

RICHARD WAGNER, geboren am 22. Mai 1813 in Leipzig, gestorben am 13. Februar 1883 in Venedig, deutscher Komponist

Die Meistersinger von Nürnberg →KAISERS KLASSIK NR. 83

Der Ring des Nibelungen →KAISERS KLASSIK NR. 15–18

Tristan und Isolde, Handlung in drei Aufzügen; Text: Richard Wagner nach Gottfried von Straßburg; Uraufführung: München, 10. Juni 1865

MATHILDE WESENDONCK (geborene Agnes Luckemeyer), geboren am 23. Dezember 1828 in Elberfeld (heute zu Wuppertal), gestorben am 31. August 1902 in Traunblick (Salzkammergut), deutsche Schriftstellerin, Freundin Richard Wagners

OTTO WESENDONCK, geboren am 16. März 1815 in Elberfeld (heute zu Wuppertal), gestorben am 18. November 1896 in Berlin, deutscher Kaufmann

WOLFGANG WINDGASSEN, geboren am 26. Juni 1914 in Annemasse (bei Genf), gestorben am 8. September 1974 in Stuttgart, deutscher Sänger (Tenor) und Regisseur

6

Bedřich Smetana

Die Moldau

Symphonische Dichtung aus dem Zyklus »Mein Vaterland«

Mitreißende und melodienselige symphonische Dichtung. Erklärt und verklärt einen Fluss – die strömende Seele der Tschechei. Wie Die Moldau *entstand und was sie bedeutet …*

Rührend zu denken, dass Smetana fast taub war, als er *Die Moldau* komponierte – diese schönste und patriotischste Tondichtung, die je einem Fluss gewidmet wurde. *Die Moldau* soll eigentlich nicht allein fließen und tönen, sondern ist Bestandteil des großen sechsteiligen symphonischen Zyklus *Mein Vaterland*. In diesen sechs symphonischen Dichtungen demonstriert Smetana, wie leidenschaftlich er mit jener tschechischen Nationalbewegung fühlte, die im 19. Jahrhundert endlich die völkische Selbständigkeit der seit Jahrhunderten unterdrückten Einwohner Böhmens und Mährens herbeiführen wollte.

Die Moldau wurde weitaus populärer als die übrigen fünf Stücke des *Mein Vaterland*-Zyklus, weil sie so überwältigend sinnfällig und unwiderstehlich melodisch geriet. Kein fühlender Mensch kann sich dem Zauber dieser slawisch-böhmischen Melodien entziehen – ihrer zugleich naiven und melancholischen Herzlichkeit. Bereits der Anfang ist ein kleines Wunder. Man hört, wie aus rieselnden Quellen – Flöten eilen sanft geschäftig – allmählich eine immer vollere Bewegung entsteht. »Bächlein vereinigen sich zu einem Strom«: So erklärte in einer kurzen Inhaltsangabe Smetana diesen poetischen Beginn. Den Strom selbst symbolisiert dann eine zugleich innig und erhaben inspirierte Melodie. Wer sie einmal erlebt und verstanden hat, vergisst sie so leicht nicht mehr.

Die Moldau fließt in Moll. Zwar können gelehrte Musikliebhaber gewiss feststellen, dass *Die Moldau* fast genauso beginnt wie der letzte Satz von Franz Schuberts kleiner *Klaviersonate a-Moll* – gleichwohl wird niemand leugnen, wie »böhmisch« die Harmonik dieser Musik ins Ohr geht. Kaum ist aus den Quellen der lebendige und majestätische Strom geworden, hören wir, wie die Moldau an einer »Waldjagd« vorbeifließt: Ein Fanfarenmotiv der Hörner macht das deutlich, wobei der Glanz der Musik verrät, wieviel Smetana von Richard Wagner gelernt hat, den er so sehr bewunderte. Wagners Rhein fließt freilich philosophischer als Smetanas Moldau. Die nämlich kommt, kaum ist die »Waldjagd« zerstoben, auch an einer »Hochzeit auf dem Lande« vorbei, wo man schwungvoll Polka tanzt. Danach tönt die Musik himmlisch zart und weicht bis nach As-Dur aus. Elfen im Mondschein. Weiter geht es, vorbei an gefährlichen Stromschnellen, an Felsen und Burgen. Der Strom wird immer breiter und majestätischer.

Endlich erreichen die wirbelnden Wellen Prag, die alte Burg Vyšehrad am Rande der Stadt, in der sich so manches schicksalsträchtige Ereignis der tschechischen Geschichte zutrug und die für Smetana symbolischer Ausdruck seines Vaterlands gewesen ist.

In ihrer Mischung aus Sinnfälligkeit und Originalität liegt der Zauber dieser Musik. Mit dem Formschema der traditionellen »klassischen« Symphonie hat *Die Moldau* nichts mehr zu tun. Diese »symphonische Dichtung« gewinnt ihre eigenständige und einzigartige Gestalt aus den Abenteuern eines Flusses, die sich genial selbstverständlich im Fließen großer Orchestermusik ausdrücken.

Wer Smetanas Moldau *mag…*

… den müssen nicht nur die übrigen fünf Teile des Zyklus *Mein Vaterland*, sondern auch Smetanas *Streichquartett »Aus meinem Leben«* interessieren. Da schildert der Komponist liebevoll die frühen Phasen seiner Jugend und entsetzt jenen schrillen hohen Ton, der sein Gehörleiden symbolisiert. Wem es allerdings hauptsächlich darauf ankommt, Wasser symphonisch rauschen zu hören, der sollte es einmal mit dem Beginn von Wagners *Rheingold* oder Claude Debussys *La Mer* versuchen.

Die fesselndsten Interpretationen von Smetanas Moldau

Rafael Kubelik, im tschechischen Býchory als Sohn des berühmten Prager Violinvirtuosen Jan Kubelík geboren, hat als Dirigent das böhmische Idiom der »Moldau« ganz selbstverständlich und natürlich im Handgelenk. Wenn er, langjähriger Chef des Symphonieorchesters des Bayerischen Rundfunks, mit seinen Münchner Musikern diese Tondichtung vorführt, dann ergibt sich eine unsentimentale, bezaubernde und herzliche Richtigkeit.

Ferenc Fricsay steigerte 1960 mit den Berliner Philharmonikern eine prächtige Aufführung der *Moldau* zu einem Stück großer, temperamentvoller, festlicher Symphonik: mitreißender Schwung, heller Glanz. Manchmal klingt es durchaus preußisch-straff. Aber das bekommt der *Moldau* nicht schlecht; und die Gefahr alles Biedermeierlich-Anekdotischen ist wahrlich gebannt.

Die *Moldau*-Interpretation, die Antal Dorati mit dem Amsterdamer Concertgebouw Orkest bietet, ist die jüngste der hier genannten Einspielungen – und doch die weitaus langsamste! Dorati lässt den Fluss ganz gemächlich entstehen – er wagt ruhiges Gefühl, bietet eine klassisch maßvolle, manchmal gefährlich episch-»breite« Wiedergabe. Die *Moldau* hält das erstaunlicherweise genauso gut aus wie Fricsays Temperament. Dauert unter Doratis Händen freilich mehr als zwei Minuten länger.

Who's who

Claude Debussy, geboren am 22. August 1862 in Saint-Germain-en-Laye (bei Paris), gestorben am 25. März 1918 in Paris, französischer Komponist

La Mer. Trois esquisses symphoniques (Das Meer. Drei symphonische Skizzen) (1905) — 1: De l'aube à midi sur la mer. Très lent; 2: Jeux de vagues. Allegro; 3: Dialogue du vent et de la mer. Animé et tumultueux

Antal Dorati (eigentlich Antal Doráti), geboren am 9. April 1906 in Budapest, gestorben am 13. November 1988 in Gerzensee (bei Bern), amerikanischer Dirigent ungarischer Herkunft

Ferenc Fricsay, geboren am 9. August 1914 in Budapest, gestorben am 20. Februar 1963 in Basel, österreichischer Dirigent ungarischer Herkunft

Jan Kubelík, geboren am 5. Juli 1880 in Michle (bei Prag), gestorben am 5. Dezember 1940 in Prag, tschechischer Geiger

Rafael Kubelik (eigentlich Rafael Kubelík), geboren am 29. Juni 1914 in Beichor (bei Kolin, Mittelböhmen), gestorben am 11. August 1996 in Kastanienbaum (bei Luzern), schweizerischer Dirigent tschechischer Herkunft

Bedřich Smetana, geboren am 2. März 1824 in Leitomischl (Ostböhmen), gestorben am 12. Mai 1884 in Prag, tschechischer Komponist

Má vlast (Mein Vaterland), Zyklus symphonischer Dichtungen — 1: *Vyšehrad* (1874); 2: *Vltava* (*Die Moldau*; 1874); 3: *Šárka* (1875); 4: *Z Českych luhů a hájů* (*Aus Böhmens Hain und Flur*; 1875); 5: *Tábor* (1878); 6: *Blaník* (1879)

Quartett für zwei Violinen, Viola und Violoncello e-Moll Nr. 1 »Z mého život (Aus meinem Leben)« (1876) →Kaisers Klassik Nr. 79

Franz Schubert →Kaisers Klassik Nr. 7
Klaviersonate a-Moll Nr. 15 op. 143 D. 784 (1823) — 1. Satz: Allegro giusto; 2. Satz: Andante; 3. Satz: Allegro vivace

Richard Wagner
Der Ring des Nibelungen →Kaisers Klassik Nr. 15–18

7
Franz Schubert
Die schöne Müllerin
Liederzyklus D. 795

Betörend melodischer Liederzyklus nach Texten von Wilhelm Müller. Aus 20 Liedern bestehende Geschichte einer glücklich beginnenden, unselig endenden Liebe. Wie Die schöne Müllerin *entstand und was sie bedeutet …*

So schön, so herzbewegend Kunstlieder auch sein können: manchmal packt selbst die genialsten Lied-Erfinder der Ehrgeiz, mehr zu geben als nur die »kleine Form« des klavierbegleiteten Sololieds. Dann werden Lieder zu einer Geschichte gebündelt. So entstanden die großen »Liederzyklen« der deutschen Klassik und Romantik, um die uns die ganze Welt beneidet. Denn das melodienfrohe, herzliche, von den Aufschwüngen und Abgründen der Menschenseele tönende Kunstlied ist ein typisch deutscher Gegenstand. Dergleichen gibt es in solcher Vollendung anderswo kaum.

Ludwig van Beethoven komponierte den ersten erwähnenswerten Liederzyklus *(An die ferne Geliebte)*. Dann folgte sogleich Schubert mit den Höhepunkten dieser Gattung: nämlich der *Schönen Müllerin* von 1823 und der *Winterreise*, die Schubert 1827 komponierte, ein Jahr vor seinem so tragisch frühen Tod im 31. Lebensjahr.

Die schöne Müllerin beginnt heiter. »Das Wandern ist des Müllers Lust«, erfahren wir in vielen munteren Strophen: das »Wa-ha-ha-haha-ha-handern«. Die Melodie kann sich gar nicht genugtun im Ausschmücken dieses Glücksgefühls. Bald, im zweiten Lied schon, hört die naturburschenhafte Fröhlichkeit auf. Der neben dem Bach wandernde Müller fühlt sich sonderbar: »Ich weiß nicht, wie mir wurde...« Die Musik gleitet unversehens ins Moll. Dabei besteht zur Trauer nicht der mindeste Anlass. Denn der Bach führt unseren Müllerburschen zu einer Mühle samt wunderschöner Müllerin. Der Müllerbursch verliebt sich innig, aber ängstlich. Das sechste Lied, *Der Neugierige*, enthält ein überwältigendes langsames Zwiegespräch zwischen dem Müller und dem Bach: »O Bächlein meiner Liebe, was bist du wunderlich! Will's ja nicht weitersagen, sag Bächlein, liebt sie mich?« Die schmerzlich zwischen Hell und Dunkel schwankende Adagiomelodie ist ein zartes Schubert-Wunder. Zunächst geht offenbar alles gut für unseren jungen Mann. »Ich schnitt es gern in alle Rinden ein... dein ist mein Herz und soll es ewig bleiben.« In seiner Verliebtheit übertreibt er so, dass die Verse seiner *Ungeduld* oft parodiert wurden. (»In alle Marzipane möcht ich's drücken / Und spicken gern in alle Hasenrücken«, spöttelte Hanns von Gumppenberg.) Das elfte Lied heißt *Mein!*. Die Geschichte scheint also glücklich zu verlaufen. Aber vorher hat es einen seltsamen *Tränenregen* gegeben – und statt für den Müllerburschen interessiert sich die Müllerin – man kann die junge Frau sogar ein wenig verstehen – allmählich für einen kräftigen Jäger. Dessen Grün ist *Die liebe Farbe* – und zugleich für den eifersüchtigen Müllerburschen Symbol des Todeswunsches. In diesem beispiellos melancholischen 16. Lied erklingt in der Klavierbegleitung über 500-mal (!) unauffällig entsetzlich der gleiche Ton. Die letzten drei Lieder des Zyklus – *Trockne Blumen*, *Der Müller und der Bach*, *Des Baches Wiegenlied* – drücken manisch-depressive Verzweiflung und Wiener Todessehnsucht so inständig und diskret aus, wie nur ein Schubert dergleichen zu komponieren vermochte.

Wenn Sie Schuberts Schöne Müllerin *mögen …*

Wem irgendwann einmal aufging, wie unermesslich bewegend Schuberts *Schöne Müllerin* ist, der dürfte leicht dazu zu bringen sein, sich auch Schuberts (weit herberem, abgründigerem) Zyklus *Winterreise* zu widmen und darüber hinaus all die schubertschen Lieder in sein Leben hineinzunehmen, die vom Wandern handeln, vom Bach, vom Mond, von Liebesglück und Einsamkeit. Gustav Mahlers Zyklus *Lieder eines fahrenden Gesellen* ist dem schubertschen Vorbild spätromantisch verwandt. Auch da geht es um unglückliche Liebe und unermessliche Verzweiflung.

Die fesselndsten Interpretationen von Schuberts Schöner Müllerin

Ohne Dietrich Fischer-Dieskaus unvergleichliche Vergegenwärtigungskraft hätte es in den Jahrzehnten nach 1945 die weltweite Renaissance, den »Boom« des deutschen Kunstlieds nicht gegeben. Dieser Bariton hat Schuberts Zyklus immer wieder neu empfunden und gestaltet. Stets so ausdrucksstark, als ob die Lieder gerade in ihm entstünden. Wer *Die liebe Farbe* oder die fast brahmssche Herbheit von *Des Baches Wiegenlied* nie von Fischer-Dieskau gehört hat, ahnt nicht, welche seelischen Abenteuer sich in Schubert-Liedern verbergen. Als Fischer-Dieskau *Die schöne Müllerin* 1962 mit dem Begleiter Gerald Moore aufnahm, war seine Stimme noch frisch und jung.

Der Sänger Fritz Wunderlich besaß nicht eine Baritonstimme wie Fischer-Dieskau, sondern war ein vehement strahlender lyrischer Tenor. In der *Schönen Müllerin* sang Wunderlich beispielsweise die *Ungeduld* so heldisch leuchtend, wie nur ein Tenor es vermag. Seinen Freunden gegenüber vertrat der 1966 als 36-jähriger infolge eines Unfalls verstorbene Wunderlich denn auch die Meinung, Schubert habe *Die schöne Müllerin* eigentlich für Tenöre komponiert. Ihm glaubte man es.

Der Bariton Olaf Bär gehört einer neuen Sängergeneration an. Seine Interpretation der *Schönen Müllerin* entstand 1986. Der Künstler meidet alle Überladenheit, scheut sich vor übermäßig ausdeutendem Deklamieren. Wir hören eine zurückhaltende und darum berührende Wiedergabe von Schuberts unerschöpflichen Liedern. Man versteht jedes Wort – und Geoffrey Parsons am Flügel begleitet höchst kompetent.

Who's who

Olaf Bär, geboren am 19. Dezember 1957 in Dresden, deutscher Sänger (Bariton)

Ludwig van Beethoven →Kaisers Klassik Nr. 1

An die ferne Geliebte. Ein Liederkreis von Alois Jeitteles für Gesang und Pianoforte op. 98 (1816) — 1: Auf dem Hügel sitz' ich spähend; 2: Wo die Berge so blau; 3: Leichte Segler in den Höhen; 4: Diese Wolken in den Höhen; 5: Es kehret der Maien, es blühet die Au; 6: Nimm sie hin denn diese Lieder

Johannes Brahms →Kaisers Klassik Nr. 10

Dietrich Fischer-Dieskau, geboren am 28. Mai 1925 in Berlin, deutscher Sänger (Bariton)

Hanns Freiherr von Gumppenberg, geboren am 4. Dezember 1866 in Landshut, gestorben am 29. März 1928 in München, deutscher Schriftsteller und Kritiker

Gustav Mahler →Kaisers Klassik Nr. 9

Lieder eines fahrenden Gesellen für Singstimme und Orchester, Texte: Gustav Mahler und aus »Des Knaben Wunderhorn« (1884) — 1: Wenn mein Schatz Hochzeit macht; 2: Ging heut' morgen übers Feld; 3: Ich hab' ein glühend Messer; 4: Die zwei blauen Augen von meinem Schatz

Gerald Moore, geboren am 30. Juli 1899 in Watford (Hertfordshire), gestorben am 13. März 1987 in Buckinghamshire, britischer Pianist

Wilhelm Müller (genannt Griechen-Müller), geboren am 7. Oktober 1794 in Dessau, gestorben am 30. September 1827 in Dessau, deutscher Dichter

Geoffrey Parsons, geboren am 15. Juni 1929 in Sydney, australischer Pianist

Franz Schubert, geboren am 31. Januar 1797 in Lichtental (heute zu Wien), gestorben am 19. November 1828 in Wien, österreichischer Komponist

Die schöne Müllerin. Ein Zyklus von Liedern von Wilhelm Müller op. 25 D. 795 (1823) — 1: Das Wandern; 2: Wohin?; 3: Halt!; 4: Danksagung an den Bach; 5: Am Feierabend; 6: Der Neugierige; 7: Ungeduld; 8: Morgengruß; 9: Des Müllers Blumen; 10: Tränenregen; 11: Mein!; 12: Pause; 13: Mit dem grünen Lautenbande; 14: Der Jäger; 15: Eifersucht und Stolz; 16: Die liebe Farbe; 17: Die böse Farbe; 18: Trockne Blumen; 19: Der Müller und der Bach; 20: Des Baches Wiegenlied

Winterreise →Kaisers Klassik Nr. 42

Fritz Wunderlich, geboren am 26. September 1930 in Kusel (bei Kaiserslautern), gestorben am 17. September 1966 in Heidelberg, deutscher Sänger (Tenor)

8

Robert Schumann

Carnaval

Zyklus für Klavier op. 9

Glänzender, romantisch schwungvoller Tanzzyklus. Auf einer wirbelnden Weltbühne lässt Schumann sich selber doppelt auftreten – als schwärmerischer Eusebius und als mutwilliger Florestan. Dazu porträtiert er hier manche Figuren, die er liebte oder bewunderte: seine Clara, aber auch Chopin und Paganini. Wie der Carnaval *entstand und was er bedeutet …*

Als Schumann 24 Jahre alt war, dachte er noch nicht allzu passioniert an Clara, die Tochter seines Lehrers Friedrich Wieck. Er kannte sie, bewunderte sie als blutjunge 15-jährige Virtuosin. Doch dass jene Clara Wieck die große Liebe und Erfüllung seines Lebens werden würde, machte sich der junge, genial frühbegabte Feuergeist Schumann kaum klar: Er verlobte sich mit einer anderen Schülerin seines gestrengen Lehrers Wieck, mit Ernestine, der Pflegetochter des Freiherrn von Fricken aus Asch in Böhmen. Übrigens soll Ernestine in Wahrheit dieses Flöte spielenden Aristokraten uneheliche Tochter und zugleich seine »Gespielin« gewesen sein.

Wir wüssten heute kaum etwas von besagter Dame, hätte Schumann nicht sie und vor allem ihren Wohnort unsterblich gemacht. Der Städtename Asch, bestehend aus den vier Buchstaben A-Es-C-H (oder auch As-C-H), ging in viele Nummern des *Carnaval* als immer wieder benutzte Tonfolge ein, als Urmaterial.

Schwungvoller, weltläufiger, kontrastreicher komponierte Schumann nie. Es beginnt mit einem festlichen Vorspiel, das sich aus einem markanten Auftakt entwickelt. Zwei donnernde Akkorde: kurz – lang! Das wiederholt sich, wird beschleunigt, wächst, nein: explodiert zu einer grandiosen Tonleiter aus Fortissimoakkorden.

Die Weltbühne, die von dieser Musik hingezaubert wird, hat nichts Provinzielles, Verdruckstes. Auch in Paris oder Petersburg konnte 1834 niemand brillanter für Klavier schreiben als unser Schumann aus Zwickau. Im *Carnaval* macht er sogar Witze! Gleich die erste Nummer: Der »Pierrot« stolpert heftig laut im eigentlich unbetonten Taktteil seiner Perioden (scheint ganz offenbar beschwipst). Dann spricht Clara alias »Chiarina« ihr Machtwort. Frédéric Chopin, den Schumann für Deutschland entdeckt hat, taucht auf; Niccolò Paganini brilliert mit rasenden Sechzehnteln.

Schumann, in seiner romantischen Spaltung als einerseits seelenvoller Eusebius und andererseits kecker Florestan, zeigt sich natürlich auch. Zwischen Florestan und der »Coquette« funkt es. Ein Beinaheroman beginnt. Ihre Themen verbinden sich. Zudringliche Masken brausen störend dazwischen. Aber dann kommt es doch zum wunderbar tönenden »Aveu« – zum zarten »Geständnis«. Übermütig, wie später leider nie mehr, komponiert Schumann sogar eine »Pause« in das Geschehen. Eine Musiknummer, wo paradoxerweise vorbereitend wiederholt wird, was schon mal war. Zum großartigen Beschluss donnern mit Hilfe eines altdeutschen Volkslieds die revolutionären »Davidsbündler« ihren Marsch gegen die »Philister«. Die Musik ist bei alledem so wirbelnd ekstatisch, dass Schumann später zurückzuckte. Sein anspruchsvolles, enorm geistesgegenwärtiges Jugendwerk wurde ihm wohl unheimlich. Dafür liebt und bewundert es die Nachwelt um so mehr.

Wenn Sie Schumanns Carnaval *mögen …*

… dann werden Sie umstandslos auch für einige ähnliche Tanzzyklen Schumanns schwärmen: für die *Papillons* op. 2, für die *Davidsbündlertänze* op. 6, vielleicht sogar für den etwas schwächeren *Faschingsschwank aus Wien* op. 26. Und falls es ein anderer Komponist sein darf: *La Valse* von Maurice Ravel sollte man auch nicht verachten und seine *Valses nobles et sentimentales* schon gar nicht.

Die fesselndsten Interpretationen von Schumanns Carnaval

Von den großen Pianisten unseres Jahrhunderts spielte niemand »deutscher« als Claudio Arrau, der in Chile geboren worden war. Er konnte Akkorde mit bewunderungswürdiger Kraft und Innenspannung abtönen, konnte mit größter, gleichwohl kontrollierter Vehemenz Ludwig van Beethoven, Johannes Brahms und vor allem Schumann spielen. Seine *Carnaval*-Interpretation aus dem Jahre 1966 ist fesselnd und plastisch. Noch heftiger, rascher, mitreißender meisterte Arrau das Stück in einer sehr viel früheren Aufnahme von 1939, die bei EMI-Classics herauskam.

Das musikalische Frankreich hat schon immer für Schumanns chevaleresken Schwung und seine sensible Lyrik geschwärmt – während die Briten eher Felix Mendelssohn Bartholdy bevorzugten. Alfred Cortots Schumann-Einspielungen sind Dokumente geistvoller, ritterlicher französischer Schumann-Bewunderung. Freier, phantastischer, persönlicher, bizarrer und poetisch-nobler dürfte der *Carnaval* kaum zu interpretieren sein. Erstaunlich, dass nicht »junge« Pianisten, sondern eher ältere Herren Poesie und Glanz dieser Musik so überzeugend darzustellen wissen. Cortot war 1928, als er den *Carnaval* einspielte, 51 Jahre alt.

Alle Pianisten, Fachleute und Klavierprofis sind sich einig: Besser, weltläufiger, virtuoser und eleganter, als einst Sergei Rachmaninow in einer legendären Aufnahme aus dem Jahre 1929 den *Carnaval* bewältigte, habe niemand Schumanns

Meisterwerk interpretiert. Nur der gestrenge Arrau tadelte einige Eigenmächtigkeiten, die sich der Pianist und Komponist Rachmaninow gegenüber seinem Kollegen Schumann herausnahm. Aber auch diese Eigenmächtigkeiten haben petersburgische Eleganz und rachmaninowsche Allüre …

Who's who

Claudio Arrau, geboren am 6. Februar 1903 in Chillán, gestorben am 9. Juni 1991 in Mürzzuschlag (Steiermark), chilenischer Pianist

Ludwig van Beethoven →Kaisers Klassik Nr. 1

Johannes Brahms →Kaisers Klassik Nr. 10

Frédéric Chopin →Kaisers Klassik Nr. 4

Alfred Cortot, geboren am 26. September 1877 in Nyon (Waadt), gestorben am 15. Juni 1962 in Lausanne, französischer Pianist

Ernestine von Fricken, geboren am 7. September 1816 in Neuberg (bei Asch, Westböhmen), gestorben am 13. November 1844 in Asch, Verlobte Robert Schumanns

Ignaz Ferdinand Freiherr von Fricken, geboren um 1790, österreichischer Hauptmann

Felix Mendelssohn Bartholdy →Kaisers Klassik Nr. 28

Niccolò Paganini, geboren am 27. Oktober 1782 in Genua, gestorben am 27. Mai 1840 in Nizza, italienischer Geiger und Komponist

Sergei Wassiljewitsch Rachmaninow →Kaisers Klassik Nr. 96

Maurice Ravel →Kaisers Klassik Nr. 19

La Valse. Poème chorégraphique (Walzer. Choreographische Dichtung) für Orchester (1920) — Mouvement de valse viennoise

Valses nobles et sentimentales (Würde- und gefühlvolle Walzer) für Klavier (1911) — 1: Modéré, très franc; 2: Assez lent, avec une expression intense; 3: Modéré; 4: Assez animé; 5: Presque lent, dans un sentiment intime; 6: Vif; 7: Moins vif; 8: Epilogue. Lent

CLARA SCHUMANN (geborene Wieck), geboren am 13. September 1819 in Leipzig, gestorben am 20. Mai 1896 in Frankfurt am Main, deutsche Pianistin und Komponistin

ROBERT SCHUMANN, geboren am 8. Juni 1810 in Zwickau, gestorben am 29. Juli 1856 in Endenich (heute zu Bonn), deutscher Komponist

Carnaval. Scènes mignonnes sur quatre notes (Karneval. Nette Szenen über vier Noten) für Klavier op. 9 (1834) — Préambule – Pierrot – Arlequin – Valse noble – Eusebius – Florestan – Coquette – Replique – Papillons – A.S.C.H. S.C.H.A. (Lettres dansantes) – Chiarina – Chopin – Estrella – Reconnaissance – Pantalon et Colombine – Valse allemande – Paganini – Aveu – Promenade – Pause – Marche des »Davidsbündler« contre les philistins

Davidsbündlertänze. Achtzehn Charakterstücke für Klavier op. 6 (1837)

Faschingsschwank aus Wien. Phantasiebilder für Klavier op. 26 (1839) — 1: Allegro; 2: Romanze; 3: Scherzino; 4: Intermezzo; 5: Finale

Papillons für Klavier op. 2 (1831)

FRIEDRICH WIECK, geboren am 18. August 1785 in Pretsch (bei Wittenberg), gestorben am 6. Oktober 1873 in Loschwitz (bei Dresden), deutscher Musikpädagoge

9
Gustav Mahler
Symphonie cis-Moll Nr. 5

Keine klassisch ausgewogene Komposition – sondern wilder Seelenroman zwischen Trauermarsch, rasendem Ausbruch, panisch gesteigertem Scherzo, träumerisch gesanglichem Adagietto und beinahe heiterem Finale. Feine Musikfreunde mögen diese Bekenntnissymphonie fast geschmacklos finden. Aber langweilen dürfte sie niemanden. Wie die Symphonie entstand und was sie bedeutet...

Mahlers *Fünfte* hat fünf Sätze, dauert eine Stunde und 15 Minuten lang. Das mag manchen Hörer erschrecken, abschrecken, vielleicht sogar mit Entsetzen erfüllen. Aber gerade das komponierte »Entsetzen« ist es, was diese zwischen 1901 und 1903 entstandene – die namenlosen Schrecken unseres Jahrhunderts visionär vorwegnehmende – Symphonie so spannend macht wie einen Kriminalroman der Seele. Der große Komponist und Dirigent Mahler war, als er seine *Fünfte* vollendete, 43 Jahre alt.

Der erste Satz beginnt mit einer schmetternden Fanfare. Ein finsterer Trauermarsch in cis-Moll, dem weiche, fast schluchzende Klagegesten antworten. Der Mittelteil solcher Trauermärsche ist meist tröstlich-melodisch gehalten, langsam und begütigend. Nicht bei Mahler. Da wird die Musik rasend-rasch. Keinerlei christliche oder jüdische Ergebung ins Sterbenmüssen. Sondern Panik, Raserei. Es erhebt sich »ein Geschrei des Entsetzens vor Schlimmerem als dem Tod«. Von solchen Ausbrüchen hatte sich die Musik vor Mahler kaum etwas träumen lassen. Dergleichen konnte wohl doch erst im 20. Jahrhundert komponiert werden.

Dem Trauermarsch folgt (»Stürmisch bewegt. Mit größter Vehemenz«) ein wüster a-Moll-Satz, der Heftigkeit, Schlagergesten und Melodisches zusammenzwingt. Am Ende scheint ein Choralthema im *fff* den »Höhepunkt« und sogar Trost zu bringen – aber der Choral zerfällt, und das »Virtuosenstück der Verzweiflung« verklingt fahl.

Der dritte Satz heißt »Scherzo«. Er fängt munter an. Wendet sich dann mehr und mehr ins Lyrische. Walzerhaftes, Ländler, eine schmerzlich schöne Melodie des Horns, wunderbar romantisch, traurig, märchenfern und zart. Da flieht ein Bewusstsein, eine gequälte Seele für eine Traumsekunde in die Tiefen der Kindheit. Aber all die schönen Themen dürfen nicht bleiben: Sie werden nahezu systematisch zermahlen in den Mühlen symphonisch auskomponierten Entsetzens. Dieses »Scherzo« – fast ein Hornkonzert – ist über 800 Takte lang, gleichwohl nicht langweilig.

Vorletzter Satz und Finale sind über den Schreckenston hinaus. Im vierten Satz, im Adagietto, gibt Mahler eine symphonische Paraphrase seines lyrischen Liedes *Ich bin der Welt abhanden gekommen*. In diesem Adagietto muss die Blechbatterie der Bläser, samt den Holzbläsern, schweigen: Nur die Violinen verströmen sich in ihrer unendlichen Melodie, zur Begleitung der Harfe und der tiefen Streicher. Wer Luchino Viscontis Film *Tod in Venedig* kennt, hat dieses Adagietto als faszinierend schöne Filmmusik erlebt.

Das beschwingte Finale versucht nach alledem Zusammenfassung, Krönung und Trost zu sein. Doch Höllenfahrten gelangen Mahler fast immer überzeugender als tröstliche Beschwörungen irdischer oder himmlischer Paradiese. Vielleicht kann man es auch anders formulieren: Was im ersten, zweiten und dritten Satz laut wurde, danach gibt es in der symphonischen Welt des 20. Jahrhunderts keinen Trost mehr.

Wenn Sie Mahlers Fünfte *mögen …*

… dann brauchen Sie vor keinem noch so riesigen spätromantischen symphonischen Koloss mehr Angst zu haben. Dann wird Ihnen auch Mahlers *»Tragische« Symphonie Nr. 6* imponieren oder die *Siebente* mit dem grandiosen Kopfsatz und den beiden »Nachtstücken«. Da Mahler Anton Bruckner bewunderte und manches von ihm gelernt hat, kämen auch Bruckners *Symphonien Nr. 8* und *Nr. 9* in Frage. Oder Pjotr Tschaikowskis *»Pathétique«*, die, als hätte der Komponist sein Requiem geschrieben, verzweifelte Todesmusik enthält.

Die fesselndsten Interpretationen von Mahlers Fünfter

Leonard Bernstein, der selber – wie Mahler – Komponist, Dirigent, Jude gewesen ist und sich darum Mahler wesensverwandt fühlen durfte, hat die *Fünfte* beispiellos aufregend dirigiert. Hat sie gleichsam erzählt wie einen riesigen Roman, hat vorgeführt, wie im Trauermarsch aller »stolzen Trauer« der Boden unter den Füßen weggezogen wird, wie das Hornthema im dritten Satz als Mischung erklingen kann aus geheimem Märchen und verlorenem Choral. Bernstein identifizierte sich so rückhaltlos mit Mahler, dass seine Interpretation mit den Wiener Philharmonikern in ihrer Art unübertrefflich wirkt.

Bruno Walter, der 1947 mit dem New York Philharmonic Orchestra eine Einspielung von Mahlers *Fünfter* dirigierte, hat Mahler noch gut gekannt. Er war Schüler und Briefpartner des 1911 gestorbenen Komponisten. Walters Mahler-Interpretationen haben darum den dokumentarischen Wert eines Vermächtnisses. So verstand jemand Mahler, der aus dem Umkreis, aus dem Geheimnis dieses Genius kam. Den »stürmisch bewegten« zweiten Satz nimmt Walter noch rascher als der expressive Bernstein.

John Barbirolli war es, der sich für Mahler einsetzte, als die deutschen Stardirigenten – Karl Böhm, Wilhelm Furtwängler, Herbert von Karajan – Mahlers Symphonien weder schätzen noch dirigieren mochten. Barbirolli demonstriert einen fast theatralisch-zirkushaften Schwung, große Vertrautheit mit Mahlers Idiom und selbstverständliche Beherrschung des Orchesterapparats. Seine Tempi sind nicht extrem – aber die Musik »spricht« unter seinen Händen überzeugend, wenn er das New Philharmonia Orchestra London leitet.

Who's who

Sir John Barbirolli (eigentlich Giovanni Battista Barbirolli), geboren am 2. Dezember 1899 in London, gestorben am 29. Juli 1970 in London, britischer Dirigent italienisch-französischer Herkunft

Leonard Bernstein, geboren am 25. August 1918 in Lawrence (MA), gestorben am 14. Oktober 1990 in New York, amerikanischer Dirigent und Komponist

Karl Böhm, geboren am 28. August 1894 in Graz, gestorben am 14. August 1981 in Salzburg, österreichischer Dirigent

Anton Bruckner→Kaisers Klassik Nr. 39
Symphonie c-Moll Nr. 8 (1887) — 1. Satz: Allegro moderato; 2. Satz: Scherzo. Allegro moderato; 3. Satz: Adagio. Feierlich langsam; doch nicht schleppend; 4. Satz: Finale. Feierlich, nicht schnell
Symphonie d-Moll Nr. 9 (unvollendet; 1894) — 1. Satz: Feierlich. Misterioso; 2. Satz: Scherzo. Bewegt, lebhaft; 3. Satz: Adagio. Langsam, feierlich

Wilhelm Furtwängler, geboren am 25. Januar 1886 in Berlin, gestorben am 30. November 1954 in Ebersteinburg (heute zu Baden-Baden), deutscher Dirigent und Komponist

Herbert von Karajan, geboren am 5. April 1908 in Salzburg, gestorben am 16. Juli 1989 in Anif (bei Salzburg), österreichischer Dirigent

Gustav Mahler, geboren am 7. Juli 1860 in Kalischt (Südmähren), gestorben am 18. Mai 1911 in Wien, österreichischer Komponist

Ich bin der Welt abhanden gekommen, Lied für Singstimme und Orchester, Text: Friedrich Rückert (1901)

Symphonie cis-Moll Nr. 5 (1903) — I. Abteilung, 1. Satz: Trauermarsch. In gemessenem Schritt. Streng. Wie ein Kondukt; 2. Satz: Stürmisch bewegt. Mit größter Vehemenz; II. Abteilung, 3. Satz: Scherzo. Kräftig, nicht zu schnell; III. Abteilung, 4. Satz: Adagietto. Sehr langsam; 5. Satz: Rondo-Finale. Allegro

Symphonie a-Moll Nr. 6 »Tragische« (1904) — 1. Satz: Allegro energico, ma non troppo. Heftig, aber markig; 2. Satz: Scherzo. Wuchtig; 3. Satz: Andante moderato; 4. Satz: Finale. Allegro moderato

Symphonie e-Moll Nr. 7 (1905) — 1. Satz: Langsam; 2. Satz: Nachtmusik. Allegro moderato; 3. Satz: Scherzo. Schattenhaft; 4. Satz: Nachtmusik. Andante amoroso; 5. Satz: Rondo-Finale

Pjotr Iljitsch Tschaikowski

Symphonie h-Moll Nr. 6 »Pathétique« op. 74 →Kaisers Klassik Nr. 41

Luchino Visconti, geboren am 2. November 1906 in Mailand, gestorben am 17. März 1976 in Rom, italienischer Filmregisseur

Morte a Venezia (Tod in Venedig), Film (1971), Drehbuch: Luchino Visconti und Nicola Bandalucco nach Thomas Mann

Bruno Walter (eigentlich Bruno Walter Schlesinger), geboren am 15. September 1876 in Berlin, gestorben am 17. Februar 1962 in Beverly Hills (CA), amerikanischer Dirigent deutscher Herkunft

10

Johannes Brahms

Violinkonzert D-Dur

op. 77

Das vielleicht nobelste und herbste, das schwerste und erfüllteste Violinkonzert der gesamten klassisch-romantischen Literatur. Eine gewaltige, aber auch lohnende Herausforderung an jeden Geiger, jede Geigerin. Wie das Konzert entstand und was es bedeutet…

In Pörtschach am Wörthersee, wo Brahms gern seine Sommerurlaube verbrachte, fielen dem Komponisten besonders tief inspirierte, lyrisch-erhabene Melodien ein. Und die Fähigkeit, dramatisch logische Verläufe zwingend zu gestalten, lag ihm ohnehin im Blut. Unter so glücklichen Umständen entstand 1878 in Pörtschach das *Violinkonzert*. Brahms war damals 45 Jahre alt.

Brahms fühlte sich »eigentlich« als Pianist. Darum bat er seinen Freund, den berühmten Geiger Joseph Joachim, um Rat in allen Violinfragen. Einen Rat, den der knurrige Brahms dann übrigens meist nicht befolgte, zumal Joachims Vorschläge fast immer nur auf violinistische Erleichterungen hinausliefen, die Brahms – allem Konventionellen, Harmlos-Virtuosen und Gängigen abgeneigt – verwarf. So entstand ein gefürchtet schweres Konzert nicht für, sondern, wie man damals spöttelte, gegen die Violine.

Über solche Vorbehalte sind mittlerweile die großen Geiger und Freunde musikalischer Klassik hinaus. Sie wissen: es gibt kein Violinkonzert, in dem sich innige subjektive Beseeltheit und grandiose symphonische Dramatik so faszinierend mischen wie in diesem Meisterwerk. Freilich: das Stück ist auch für heutige Geiger noch sehr schwer! Und die Entscheidung, ob ein Solist den enormen technischen wie seelischen Anforderungen des Violinparts gewachsen sei, fällt unerbittlich gleich zu Beginn.

Am Anfang, im Vorspiel, breitet das Orchester sonor die Themen aus, die dann später erweitert und dramatisiert werden. Nach dem gut zweieinhalb Minuten langen Orchestervorspiel, das auf eine rhythmisch aufputschende Beschleunigung hinausläuft, ist es dann aber soweit: Die Violine beginnt mit vehement rasch in die Höhe rasenden Quintolen (statt vier Sechzehntel fünf Sechzehntel auf einen Schlag) ihren ersten Einsatz. Es ist der großartigste rhapsodisch freie Sologeigenauftritt, der für ein Violinkonzert je komponiert wurde. Den Quintolen folgen erregte Oktaven und Synkopen. Dann wird die Geige lyrischer, zarter. Und nach einem riesigen Ritardando darf sie endlich – über dem Orchester in höchster Höhe – das Hauptthema zugleich innig und königlich vortragen... In der Durchführung beginnt die Geige schwerblütig-meditativ. Gleich aber muss sie wüste Riesensprünge (Nonen) ausführen gegen gehaltene Akkorde des Orchesters: als ob ein verzweifelter Gefangener gegen Mauern rase. Herzbewegend schön der lyrische Schluss des Kopfsatzes: Nach der Solokadenz beschenkt Brahms die Violine mit wehmütig Abschied nehmender Poesie.

Dem folgt ein lyrischer, im Mittelteil rhetorischer langsamer Satz – und abschließend ein ungarisch gewürztes Finale, wie Brahms es liebte, wenn er mal Ferien machen wollte von seinem Problem-Ich.

Wenn Sie Brahms' Violinkonzert *mögen...*

Wer die Kraft und Fülle von Brahms' *Violinkonzert* liebt, der schätzt Musik von großer symphonischer Kraft und dramatischem Gewicht. Ihm wäre eher zum *Klavierkonzert Nr. 2* (B-Dur op. 83) oder zur Welt der brahmsschen Symphonien zu raten als zu den doch recht andersartigen, in ihrer Weise wahrlich auch bedeutungsvollen romantischen Violinkonzerten von Felix Mendelssohn Bartholdy, Max Bruch oder Pjotr Tschaikowski. »Lieben Sie Brahms?«, fragte Françoise Sagan. Sie wusste: Wer Brahms liebt, ist nämlich sehr verwöhnt.

Die fesselndsten Interpretationen von Brahms' Violinkonzert

Kennt man Brahms' *Violinkonzert* nicht in der atemberaubend dramatischen, grandios kraftvollen und stolzen Interpretation von Ginette Neveu, dann weiß man schwerlich, welch herbe Gewalt, welch vitale Kraft in diesem Stück stecken. Viele jüngere Musikfreunde wissen von der genialen Geigerin nichts, weil Ginette Neveu 1949 bei einem Flugzeugabsturz ums Leben kam, noch nicht einmal 30 Jahre alt. Die Schallplatteneinspielungen, die sie hinterließ, sind Heiligtümer aller Violinfreunde. Den ersten Einsatz in Brahms' *Konzert*, die Dramatik der Durchführung, meisterte sie mit überwältigender Vehemenz und Poesie.

David Oistrachs Interpretation des *Violinkonzerts* hat weder die Erhitztheit der Ginette Neveu noch die Virtuosität von Jascha Heifetz, noch die Überempfindsamkeit von Itzhak Perlman. Oistrach brauchte nicht zu forcieren: Mit nobler Gelassenheit und Kunst zeigt er sich allen brahmsschen Anforderungen souverän und expressiv gewachsen.

Anne-Sophie Mutter macht Brahms zum leuchtenden Ausdruckswunder. Man erliegt der einzigartigen Reinheit ihrer Tongebung, der hochmusikalischen Subtilität ihrer Phrasierung. Geigenspiel von solcher Vollendung hat es in Deutschland jahrzehntelang nicht mehr gegeben. Und Anne-Sophie Mutter war noch blutjung, als sie, entdeckt und gefördert von Herbert von Karajan, Brahms' *Konzert* zum erstenmal auf Schallplatten fixierte.

JOHANNES BRAHMS, geboren am 7. Mai 1833 in Hamburg, gestorben am 3. April 1897 in Wien, deutscher Komponist

Konzert für Klavier und Orchester B-Dur Nr. 2 op. 83 →KAISERS KLASSIK NR. 23

Konzert für Violine und Orchester D-Dur op. 77 (1879) — 1. Satz: Allegro non troppo; 2. Satz: Adagio; 3. Satz: Allegro giocoso, ma non troppo vivace

MAX BRUCH, geboren am 6. Januar 1838 in Köln, gestorben am 2. Oktober 1920 in Berlin-Friedenau, deutscher Komponist

Konzert für Violine und Orchester g-Moll Nr. 1 op. 26 (1866) — 1. Satz: Vorspiel. Allegro moderato; 2. Satz: Adagio; 3. Satz: Finale. Allegro energico

JASCHA HEIFETZ (eigentlich Iossif Robertowitsch Cheifez), geboren am 2. Februar 1901 in Wilna, gestorben am 10. Dezember 1987 in Los Angeles, amerikanischer Geiger russischer Herkunft

JOSEPH JOACHIM, geboren am 28. Juni 1831 in Kittsee (bei Preßburg), gestorben am 15. August 1907 in Berlin, deutscher Geiger, Dirigent und Komponist

HERBERT VON KARAJAN, geboren am 5. April 1908 in Salzburg, gestorben am 16. Juli 1989 in Anif (bei Salzburg), österreichischer Dirigent

FELIX MENDELSSOHN BARTHOLDY

Konzert für Violine und Orchester e-Moll op. 64 →KAISERS KLASSIK NR. 28

ANNE-SOPHIE MUTTER, geboren am 29. Juni 1963 in Rheinfelden (Baden), deutsche Geigerin

GINETTE NEVEU, geboren am 11. August 1919 in Paris, gestorben am 28. Oktober 1949 bei einem Flugzeugabsturz über San Miguel (Azoren), französische Geigerin

DAVID OISTRACH (eigentlich Dawid Fjodorowitsch Oistrach), geboren am 30. September 1908 in Odessa, gestorben am 24. Oktober 1974 in Amsterdam, russischer Geiger

ITZHAK PERLMAN, geboren am 31. August 1945 in Tel Aviv, israelisch-amerikanischer Geiger

Françoise Sagan (eigentlich Françoise Quoirez), geboren am 21. Juni 1935 in Cajarc (Lot), französische Schriftstellerin

Aimez-vous Brahms? (Lieben Sie Brahms?), Roman (1959)

Pjotr Iljitsch Tschaikowski →Kaisers Klassik Nr. 41

Konzert für Violine und Orchester D-Dur op. 35 (1878) — 1. Satz: Allegro moderato; 2. Satz: Canzonetta. Andante; 3. Satz: Finale. Allegro vivacissimo

11

Franz Schubert

Der Tod und das Mädchen

Streichquartett d-Moll Nr. 14 D. 810

Eines der berühmtesten Werke der Gattung Streichquartett. Gehört zum Düstersten und Erfülltesten, was Schubert je komponierte. Ein faszinierendes Mollwerk: geprägt von der Spannung zwischen sanfter Todesmagie, panischer Sterbensangst und inniger Sehnsucht nach der Süße des Lebens. Wie das Quartett *entstand und was es bedeutet…*

Dem Mittelsatz verdankt dieses grandiose Werk seinen Namen. Denn Schubert, der sein *Quartett* 1824 komponierte, griff im langsamen Satz, einem Variationssatz, auf ein Lied zurück, das er 1817 über eine Dichtung von Matthias Claudius komponiert hatte: *Der Tod und das Mädchen*. Das Lied begann angstvoll: »Vorüber! ach vorüber! geh' wilder Knochen-Mann. Ich bin noch jung, geh' Lieber! und rühre mich nicht an.« Diesem Angstausbruch antwortet bei Claudius der Tod besänftigend: »Gib deine Hand, du schön und zart Gebild! bin Freund, und komme nicht zu strafen. Sei gutes Muts! ich bin nicht wild, sollst sanft in meinen Armen schlafen.«

Zu diesen betörend-freundlichen Worten des Todes hat Schubert herrliche Klavierharmonien von abgründig magischer Zaubertiefe erfunden. Ebendiese Harmonien sowohl des Liedvorspiels wie der freundlichen Todverkündigung machte Schubert also 1824 zum Thema seines Variationssatzes. Überirdisch ruhig der Beginn. Dann die Variationen: von leiser Angst, Atemnot, panischer Hast und rätselvollem Todesfrieden erfüllt. Es ist klar: Diesem Variationssatz verdankt das *Streichquartett* seinen Beinamen *»Der Tod und das Mädchen«*.

Aber kann man auch die übrigen Sätze des erregten, ausdrucksvollen *Streichquartetts* als Schuberts Auseinandersetzung mit dem Tod deuten? Dergleichen lässt sich gewiss nie »beweisen« Aber es spricht viel, ja eigentlich alles dafür! Schon der bemerkenswerte Umstand, dass alle übrigen Sätze des Werks, also Kopfsatz, Scherzo und Finale, auch in Moll stehen, demonstriert doch, wie ernst es Schubert mit dieser Komposition war, die er nach schwerer Lebenskrise niederschrieb. Auch bestehen Verbindungen zwischen diesen drei Sätzen – ein punktierter Rhythmus zum Beispiel, der sich als Todesrhythmus erweist –, die den Schluss nahelegen, hier beziehe sich alles auf ein Hauptthema, nämlich auf den Tod – von dem halt die richtigen Wiener noch mehr fasziniert scheinen als alle übrige Welt.

Am Ende des Kopfsatzes, dessen Beginn von jagender Vehemenz erfüllt ist und dessen Gesangsthema wie ein sehnsüchtiger Traum vom Lebensglück tönt, liefert Schubert gleichsam doch einen Beweis dafür, dass die Musik vom Tod handele. Er zitiert nämlich den berühmten »Todesrhythmus« aus Wolfgang Amadeus Mozarts *Don Giovanni*. Bei Mozart kommt dieser Rhythmus im ersten Teil der Ouvertüre vor. Und wenn in der Finalszene des Schlussakts der tapfere Sünder in die Hölle geholt wird, legt sich der Rhythmus dem Don Giovanni wie eine entsetzliche Klammer ums Herz. Bei Mozart – und bei Schubert! – erscheint besagter Todesrhythmus tongleich in d-Moll.

Das Scherzo des *Streichquartetts* donnert wild punktiert. Sein Mittelteil aber verzaubert den beibehaltenen Todesrhythmus zum sehnsüchtig schönen Schubert-Lied.

Aus dem atemlos dahinjagenden Prestofinale tönt verzweifelte Eile. »Spute dich, Chronos«. Oder: so, im Sauseschritt, rast das Leben vorbei.

Wenn Sie Schuberts Der Tod und das Mädchen *mögen...*

Musik von solcher Fülle, Kühnheit und strömenden Natürlichkelt, wie sie Schuberts *»Tod und das Mädchen«-Streichquartett* bietet, dürfte wohl nur noch in anderen Werken Schuberts anzutreffen sein; damit können selbst Ludwig van Beethoven und Johannes Brahms nicht konkurrieren. Wer sich also nach dem *Quartett d-Moll* etwas anderes, aber Gleichartiges wünscht, dem sei geraten zu Schuberts *Streichquartetten a-Moll* und *G-Dur*. Und zu Schuberts *»großer« Symphonie C-Dur*.

Die fesselndsten Interpretationen von Schuberts Der Tod und das Mädchen

Das Alban-Berg-Quartett, das berühmteste Streichquartett der Gegenwart, hasst alle Sentimentalität, alle verzerrende Süßlichkeit und unangebrachte Harmlosigkeit. Diese Wiener Musiker bieten einen herben Schubert. Sie spielen scharf, analytisch, aber nicht mechanisch-objektiv, sondern aufregend und intelligent expressiv. Die düstere Gewalt Schuberts liegt ihnen am Herzen, sie demonstrieren mit großer Wachheit und Ehrlichkeit, wie »modern« diese schubertsche Musik sein kann.

Das Emerson String Quartet besteht erst seit 1976 und gehört doch zu den aufregendsten Kammermusikvereinigungen unserer Zeit. Erster und zweiter Geiger – Eugene Drucker, Philip Setzer – sind im Rang gleich, wechseln ab, je nachdem, welches Stück man interpretiert. Das Finale des *d-Moll-Quartetts* spielen die Amerikaner in ungeheuerlich, ja haarsträubend raschem (Weltrekord-)Tempo. Gleichwohl bleiben sie der Musik nichts schuldig. Gesträubten Haars erlebt man Schuberts komponierte Panik mit.

Das Budapester Streichquartett war bereits in der ersten Hälfte unseres Jahrhunderts weltbekannt. Die Budapester spielten Schuberts *Tod und das Mädchen* 1954 ein. Man spürt die große Erfahrung, den Traditionshintergrund in jeder Einzelheit. Gewiss musiziert das Emerson String Quartet vehementer, durchtrainierter, virtuoser. Aber Kunst und Kultur der Budapester haben wahrlich auch ihr Unverwechselbares und ihre Existenzberechtigung.

Who's who

Alban-Berg-Quartett: Günter Pichler (*1940), Klaus Mätzl (*1940) und Gerhard Schulz, Violine; Hatto Beyerle (*1941) und Thomas Kakuska, Viola; Valentin Erben (*1945), Violoncello

Ludwig van Beethoven →Kaisers Klassik Nr. 1

Johannes Brahms →Kaisers Klassik Nr. 10

Budapest String Quartet: Emil Hauser (*1893), Alfred Indig, István Ipolyi, Imre Pogányi, Josef Roisman (1900–1974) und Alexander Schneider (1908–1993), Violine; Boris Kroyt (1898–1969), Viola; Hary Són (*1880) und Mischa Schneider (*1904), Violoncello

Matthias Claudius, geboren am 15. August 1740 in Reinfeld (Holstein), gestorben am 21. Januar 1815 in Hamburg, deutscher Dichter

Der Tod und das Mädchen, Gedicht (1775)

Emerson String Quartet: Eugene Drucker (*1952) und Philip Setzer (*1951), Violine; Lawrence Dutton (*1954), Viola; David Finckel (*1951), Violoncello

Wolfgang Amadeus Mozart

Il dissoluto punito ossia Il Don Giovanni →Kaisers Klassik Nr. 88

Franz Schubert, geboren am 31. Januar 1797 in Lichtental (heute zu Wien), gestorben am 19. November 1828 in Wien, österreichischer Komponist

Quartett für zwei Violinen, Viola und Violoncello a-Moll Nr. 13 »Rosamunde-Quartett« op. 29,1 D. 804 (1824) — 1. Satz: Allegro ma non troppo; 2. Satz: Andante; 3. Satz: Menuetto. Allegretto; 4. Satz: Allegro moderato

Quartett für zwei Violinen, Viola und Violoncello d-Moll Nr. 14 »Der Tod und das Mädchen« D. 810 (1824) — 1. Satz: Allegro; 2. Satz: Andante con moto; 3. Satz: Scherzo. Allegro molto; 4. Satz: Presto

Quartett für zwei Violinen, Viola und Violoncello G-Dur Nr. 15 D. 887 (1826) — 1. Satz: Allegro molto moderato; 2. Satz: Andante un poco mosso: 3. Satz: Scherzo. Allegro vivace; 4. Satz: Allegro assai

Symphonie C-Dur Nr. 9 (eigentlich Nr. 8) D. 944 →KAISERS KLASSIK NR. 34

Der Tod und das Mädchen, Lied für Singstimme und Klavier, Text: Matthias Claudius, op. 7,3 D. 531 (1817)

12

Georg Friedrich Händel

Der Messias
Oratorium für Gesang, Soli, Chor und Orchester

Wie Händels berühmteste Komposition entstand und was sie bedeutet …

Große Tage unvergleichlicher schöpferischer Berauschtheit müssen es für Händel gewesen sein, als er zwischen dem 22. August und dem 14. September 1741, also in wirklich nur dreieinhalb Wochen, seinen *Messias* komponierte. Händel war damals kein übersprudelnder junger Künstler mehr, der schöpferisch-eruptiv etwas aus sich herausschleudert, sondern immerhin schon ein 56-jähriger Mann, dem ein solches Wunder der Raschheit und Inspiration gelang. Was er bei seiner Arbeit fühlte, hat er enthusiastisch bekannt. »Ich glaubte«, so Händel, »ich sähe alle Himmel offen vor mir und Gott selbst.« Vieles von dieser hingerissenen Begeisterung vibriert unüberhörbar und hinreißend mit im melodischen, packenden Schwung der *Messias*-Musik.

Der Messias ist für den Konzertsaal komponiert, nicht für die Kirche. Er ist auch an keinen bestimmten kirchlichen Termin gebunden – ja nicht einmal an eine dramatische Handlung, wie doch Johann Sebastian Bachs Passionen. Im ersten Teil vertont Händel große betrachtende und prophetische Texte aus dem *Alten Testament*; dazu die Weihnachtsgeschichte aus dem *Lukas-Evangelium*. Der zweite Teil wählt herbere, schmerzlichere, aber auch überschwänglich jubelnde Texte aus der Bibel. Kein Erzähler, keine Handlung: immer geht es um das Erscheinen des Messias, die Angst einer sündigen Welt vor dem Kommen Gottes, geht es um das Opfer des Lammes und die Erlösung einer gefallenen Menschheit. Gewaltige Chöre, herzlich melodische Soloarien, ein expressiv begleitendes Orchester.

Nach dem Orchestervorspiel beginnt der Tenor innig: »Tröste dich.« Viertelnote, punktierter Rhythmus, Grundton. Das ist die geheime rhythmische Keimzelle. Später, beim »Wunderbar«, beim »Friedefürst«, beim »Hebt euer Haupt« oder im »Halleluja«, wird dieser anfangs zart angedeutete Rhythmus festlich wiederkehren. Das chorische Mollstück »Er wird reinigen und läutern seine Priester« klingt fast erheiternd sachlich. Dass auch unter Priestern Schlampereien vorkommen, dass Gott der Herr beim Bodenpersonal für Ordnung und Glanz sorgen muss: Händels Musik nimmt es mit einem souveränen Achselzucken hin. So ist das eben. Dann aber drängt die frohe Botschaft heran: italienisch beschwingt. »Es ist uns ein Kind geboren«, wobei Händel vergnügt auf ein italienisches Liebesduett zurückgriff. Nach der Weihnachtsgeschichte bildet das Duett »Er weidet seine Schafe« den melodisch-betörend schönen Höhepunkt. Unaufhaltsam, herrlich inspiriert, zielt alles aufs »Halleluja« hin, das Ende des zweiten Teils. Danach bietet der Schlussteil kaum eine Steigerung mehr.

Als ein englischer Aristokrat Händel gratulierte, er habe »edle Unterhaltung« geboten, erwiderte Händel, es täte ihm leid, wenn er die Menschen nur »unterhalten« hätte. Er wollte sie vielmehr »bessern«. König Georg II. begriff richtiger, was Händel meinte. Als das »Halleluja« erklang, erhob sich der König ehrfürchtig von seinem Platz. Seitdem ist dieses unwiderstehliche Stück gleichsam die spirituelle englische Nationalhymne. Wenn es erklingt, wenn es die Herzen erhebt, dann erheben sich in England auch die Zuhörer – jedesmal, bis auf den heutigen Tag.

Wenn Sie Händels Messias *mögen …*

… und wenn Sie aufgeschlossen sind für das Melos und die Allüre großer barocker Chorkunst, dann hat Händel noch manches für Sie bereit aus der Zeit seiner großen späten Oratorien, nachdem der Sachse Händel in London mit Opernunternehmungen Pech gehabt hatte. Nämlich: die Oratorien *Saul*, *Israel in Ägypten* und das etwas früher entstandene *Alexanderfest*, wo die Musik sich hymnisch selber feiert.

Die fesselndsten Interpretationen von Händels Messias

Deutschen Hörern, die Zugang zum *Messias* finden möchten, wäre Karl Richters schöne, manchmal romantisch-expressive Einspielung aus den sechziger Jahren zu empfehlen. Und zwar nicht nur, weil Richter, sein Münchener Bach-Chor und seine Solisten den *Messias* in deutschen Bibeltexten singen, sondern auch deshalb, weil Richter so unvergleichlich beseelt Händels Melos gestaltete. Dass Händel plastisch, mit großem Bogen und Atem dargeboten werden muss, männlich und nobel, weiß Richter natürlich. Aber auch was kaum jemand weiß: nämlich, dass diesen abstrakt schönen Meloslinien ein Mikroausdruck eingegeben werden muss, der die Schönheit vor Leere bewahrt.

Es gibt seit Händels Tagen eine große, liebevoll gepflegte englische Chortradition. Neville Marriner, das Orchester und der Chor von St. Martin-in-the-Fields demonstrieren die Stärken und Eigentümlichkeiten dieser Tradition in virtuoser Manier. Elly Ameling (Sopran), Anna Reynolds (Alt), Philip Langridge (Tenor) und Gwynne Howell (Bass) stellen ein hochkarätiges Solistenquartett dar. Man spürt, dass »ihr« Händel den Engländern Herzenssache ist.

Trevor Pinnock und The English Concert and Choir bieten eine schöne, auf Originalklang und Originalinstrumente bedachte, im Geist historischer Werktreue erarbeitete *Messias*-Interpretation. Schlechte oder mittelmäßige Instrumentalisten, die sich der »Original«-Instrumente bedienten, haben die Idee des historisch getreuen Musizierens ein wenig in Verruf gebracht. Ausgezeichnete englische Interpreten wie Pinnock und seine Musiker haben sie wieder gerechtfertigt. Diese keineswegs historisierend akademisch-langweilige Einspielung beweist es.

Who's who

Elly Ameling, geboren am 8. Februar 1938 in Rotterdam, niederländische Sängerin (Sopran)

Johann Sebastian Bach→Kaisers Klassik Nr. 14
Johannespassion BWV 245 (1724)
Matthäuspassion BWV 244 (1727–36)

Georg II., König von Grossbritannien und Hannover (seit 1727), geboren am 10. November 1683 in Herrenhausen (heute zu Hannover), gestorben am 25. Oktober 1760 in London

Georg Friedrich Händel, geboren am 23. Februar 1685 in Halle (Saale), gestorben am 14. April 1759 in London, deutscher Komponist
Alexander's Feast or The Power of Music (Alexanders Fest oder Die Macht der Musik), Ode in zwei Teilen, Text: John Dryden (1736)
Israel in Egypt (Israel in Ägypten), Oratorium in zwei Teilen, Texte aus den Psalmen 78, 105 und 106 (1738
The Messiah (Der Messias), Oratorium in drei Teilen, Text: Charles Jennens (1741)
Saul, Oratorium in drei Akten, Text: Charles Jennens (1738)

Gwynne Howell, geboren am 13. Juni 1938 in Gorseinon (Wales), britischer Sänger (Bass)

Philip Langridge, geboren am 16. Dezember 1939 in Hawkhurst (Kent), britischer Sänger (Tenor)

Sir Neville Marriner, geboren am 15. April 1924 in Lincoln, britischer Dirigent und Geiger

Trevor Pinnock, geboren am 16. Dezember 1946 in Canterbury, britischer Cembalist und Dirigent

Anna Reynolds, geboren am 4. Oktober 1931 in Canterbury, britische Sängerin (Mezzosopran)

Karl Richter, geboren am 15. Oktober 1926 in Plauen (Vogtland), gestorben am 15. Februar 1981 in München, deutscher Organist und Dirigent

13

Ludwig van Beethoven

Klaviersonate c-Moll Nr. 32

op. 111

Von Richard Wagner bewundert, von Thomas Mann im 8. Kapitel des Dr.-Faustus-*Romans enthusiastisch erläutert. Wie diese letzte Klaviersonate Beethovens entstand und was sie bedeutet …*

Im Jahre 1795 legte Beethoven, 25-jährig, drei Klaviersonaten vor, denen er die Ehre einer Opuszahl, einer »Werk«-Zahl also, zubilligte. Das waren die Sonaten op. 2. Deren erste, die so genannte »kleine« *Sonate f-Moll*, beginnt mit dem Ton C. Zwischen 1795 und 1803 komponierte Beethoven – er war ja vorzüglicher und erfolgreicher Pianist – immerhin 18 Klaviersonaten, in denen er die Möglichkeiten dessen aufzeigte, was große Sonaten als Kunstwerke, logische Organismen und tiefgründige Bekenntnisse sein und bedeuten können. Allmählich werden die zeitlichen und stilistischen Abstände zwischen den dann folgenden Sonaten immer größer. Das Opus 111, die 32. und letzte Sonate, komponierte ein gänzlich ertaubter 52-jähriger Einsamer. Dieses Sonatentestament schließt mit dem Ton C, sodass man den unvergleichlich reichen Werkkosmos der 32 beethovenschen Klaviersonaten als eine phantastische Reise von C zu C bezeichnen kann.

Opus 111 beginnt mit einer »Maestoso«-Einleitung. Sie ist Mysterium und pianistischer Psychotest zugleich. Denn diese Einleitung setzt sich zusammen aus drei grundverschiedenen Charakteren: am Anfang heftige Oktavsprünge, dramatisch donnernde Akkorde, gezackte punktierte Rhythmen. Dann, statt der wilden Sprünge, immer leisere, dämmernde Akkordfortschreitungen. »Mystische« Musik. Vom Beginn bleibt gerade noch der punktierte Rhythmus geheimnisvoll erhalten. Den Schluss der »Maestoso«-Einleitung bildet eine ruhige, tragisch-bestimmte c-Moll-Melodie. Ihr folgt das leidenschaftliche »Allegro con brio«.

Jeder dieser drei Einleitungsteile beansprucht höchste Intensität. So wird die Musik zum »Charaktertest für Pianisten«. Für die einen ist der gezackt-dramatische Anfang am wichtigsten, die andern versenken sich in die »mystische« Fortschreitung, die dritten haben vor allem den Einleitungsschluss und das Allegroziel im Sinn. Kaum ein Pianist, der hier nicht verriete, worauf es ihm ankommt und wie er fühlt…

Das »Allegro con brio« entwickelt besessen sein Kopfmotiv: c-es-h. Die Musik steigert sich zum vielstimmigen Toben, zu riesigen Akkordsprüngen. Hin und wieder keuchende Ritardandi. Zweimal erscheint eine lyrische Kontrastgestalt, nach der es nur um so wütender weitergeht, bis der Satz in seltsam ausgebranntem C-Dur schließt.

Dem zerklüfteten Allegro folgt ein Variationssatz, den alle Beethoven-Bewunderer als Heiligtum verehren. Eine vollkommen schlichte »Arietta«-Melodie. Die Variationen bereichern die Bewegung bis hin zu einem synkopisch-erhitzten Kraftstück. Igor Strawinsky bezeichnete es lächelnd als »Boogie-Woogie«-Variation. Danach riesige ätherische Doppelvariationen, in welchen die schlichte Melodie verklärt, zerstäubt und grandios gesteigert erscheint. Ganz zart und unauffällig wird auch auf das »Freude, schöner Götterfunken« aus der *Symphonie Nr. 9* angespielt. So nahm Beethoven Abschied von der Klaviersonate.

Wenn Sie Beethovens Opus 111 mögen…

… werden Sie nicht Ruhe geben und finden, bis Sie sich das ganze »Spätwerk« Beethovens erobert haben: die ein wenig lyrischeren, tiefsinnigen *Klaviersonaten* op. 109 und op. 110, die ungeheuer anspruchsvolle, in ihrer Weise unvergleichliche *»Große Sonate für das Hammerklavier«* op. 106 – und vor allem Beethovens *Diabelli-Variationen* op. 120. Die spirituelle Fülle dieser Kunst ist nicht ganz leicht zu haben. Man muss Konzentration, Ruhe und Lebenszeit investieren. Doch wenn man dazu bereit ist, spürt man, dass in unserer Welt kaum eine Investition lohnender sein kann.

Die fesselndsten Interpretationen von Beethovens Opus 111

Da Beethovens Sonaten den berühmtesten Werkkosmos der Klaviermusik darstellen und Opus 111 wiederum als ein Höhepunkt dieses Kosmos gilt, geben alle großen Pianisten zwischen Alfred Brendel und Arturo Benedetti Michelangeli, zwischen Wilhelm Backhaus und Maurizio Pollini ihr Bestes und Engagiertestes. Die Ariettavariationen hat wohl kein Künstler tiefsinniger, erhabener, glühender und durchdachter dargeboten als Claudio Arrau – der Chilene war, aber »deutscher« spielte als alle Deutschen.

Mit hellwacher rhythmischer unverzärtelter Empfindung und kraft eines dynamischen Elans, der wirklich von keinerlei blutleeren »Spätstil«-Überlegungen gebremst wurde, hat Friedrich Gulda immer wieder Beethovens Sonaten-»Testament« zu vergegenwärtigen gewusst. Es gibt in seiner Interpretation – von Beethoven durchaus vorgeschriebene – Beschleunigungen und Ekstasen, die so phantastisch und vehement herauskommen, wie man es im vermeintlich »frommen« Bezirk des letzten Beethoven wirklich nicht erwartet.

Der englische Pianist Solomon gehört zu den größten Beethoven-Interpreten des Jahrhunderts. Man kennt ihn wenig, weil der Künstler während der fünfziger Jahre an einer Lähmung erkrankte – und deshalb am Siegeszug der Langspielplatte nicht teilzunehmen vermochte. Nun liegen Solomons Interpretationen, von alten Platten überspielt, neu aufbereitet vor. Sie sind von wunderbarer Ernsthaftigkeit: rein, herb, tiefgründig. Man kennt die Abgründe der »Maestoso«-Einleitung von Beethovens *Klaviersonate* op. 111 kaum, wenn man sie nicht in Solomons Interpretation gehört hat.

Who's who

Claudio Arrau, geboren am 6. Februar 1903 in Chillán, gestorben am 9. Juni 1991 in Mürzzuschlag (Steiermark), chilenischer Pianist

Wilhelm Backhaus, geboren am 26. März 1884 in Leipzig, gestorben am 5. Juli 1969 in Villach, deutscher Pianist

Ludwig van Beethoven, getauft am 17. Dezember 1770 in Bonn, gestorben am 26. März 1827 in Wien, deutscher Komponist

Klaviersonate f-Moll Nr. 1 op. 2,1 (1795) — 1. Satz: Allegro; 2. Satz: Adagio; 3. Satz: Menuetto. Allegretto; 4. Satz: Prestissimo

Klaviersonate A-Dur Nr. 2 op. 2,2 (1795) — 1. Satz: Allegro vivace; 2. Satz: Largo appassionato; 3. Satz: Scherzo. Allegretto; 4. Satz: Rondo. Grazioso

Klaviersonate C-Dur Nr. 3 op. 2,3 (1795) — 1. Satz: Allegro con brio; 2. Satz: Adagio; 3. Satz: Scherzo. Allegro; 4. Satz: Allegro assai

Klaviersonate B-Dur Nr. 29 »Große Sonate für das Hammerklavier« op. 106 (1818) — 1. Satz: Allegro; 2. Satz: Scherzo. Assai vivace; 3. Satz: Adagio sostenuto. Appassionato e con molto sentimento; 4. Satz: Largo – Allegro risoluto

Klaviersonate E-Dur Nr. 30 op. 109 (1820) — 1. Satz: Vivace, ma non troppo – Adagio espressivo – Tempo I; 2. Satz: Prestissimo; 3. Satz: Gesangvoll, mit innigster Empfindung – Var. I–VI

Klaviersonate As-Dur Nr. 31 op. 110 (1821) — 1. Satz: Moderato cantabile molto espressivo; 2. Satz: Allegro molto; 3. Satz: Adagio ma non troppo – Fuga. Allegro ma non troppo

Klaviersonate c-Moll Nr. 32 op. 111 (1822) — 1. Satz: Maestoso – Allegro con brio ed appassionato; 2. Satz: Arietta. Adagio molto semplice e cantabile

Symphonie für Sopran, Alt, Tenor, Bass, Chor und Orchester d-Moll Nr. 9 op. 125 →KAISERS KLASSIK NR. 1

Dreiunddreißig Veränderungen für Klavier über einen Walzer von Anton Diabelli op. 120 →KAISERS KLASSIK NR. 87

ARTURO BENEDETTI MICHELANGELI, geboren am 5. Januar 1920 in Brescia, gestorben am 12. Juni 1995 in Lugano, italienischer Pianist

SIR ALFRED BRENDEL, geboren am 5. Januar 1931 in Wiesenberg (Nordmähren), österreichischer Pianist

FRIEDRICH GULDA, geboren am 16. Mai 1930 in Wien, österreichischer Pianist

THOMAS MANN, geboren am 6. Juni 1875 in Lübeck, gestorben am 12. August 1955 in Zürich, deutscher Schriftsteller

Doktor Faustus. Das Leben des deutschen Tonsetzers Adrian Leverkühn, erzählt von einem Freunde, Roman (1947)

MAURIZIO POLLINI, geboren am 5. Januar 1942 in Mailand, italienischer Pianist

SOLOMON (eigentlich Solomon Cutner), geboren am 9. August 1902 in London, gestorben am 2. Februar 1988 in London, britischer Pianist

IGOR STRAWINSKY →KAISERS KLASSIK Nr. 30

RICHARD WAGNER →KAISERS KLASSIK Nr. 5

14

Johann Sebastian Bach

Goldberg-Variationen

Aria mit 30 Veränderungen

Schönstes, heiterstes und tiefsinnigstes Variationswerk der Barockzeit. Unerschöpflich einfallsreich, sprühend virtuos, zärtlich und auch derb, demonstriert der »alte« Bach 1742 in dieser geheimnisreichen, melodiösen »Aria mit verschiedenen Veränderungen«, dass er mehr konnte als je ein Komponist vor ihm oder nach ihm. Wie dieses Wunder entstand und was es bedeutet …

Ein gutwilliger, für ernste Musik aufgeschlossener Leser, der sich nur eben in Bachs Instrumentalmusik nicht auskennt – ein solcher Leser dürfte ängstlich zurückschaudern, weil er hier gebeten, nein: beschworen wird, doch Bachs *Goldberg-Variationen* eine Chance zu geben. Klingt Bach nicht wie eine explodierte Nähmaschine, wenn er auf einem Cembalo abschnurrt, oder wie tiftelige Mathematik, wenn er auf dem Flügel exekutiert wird – mag sich unser leidgeprüfter Leser verstohlen fragen. Erfährt er dann gar, wie genau diese Variationen durchkalkuliert sind – jede dritte ist ja ein zweistimmiger Kanon verschiedener Machart; die insgesamt 30 Variationen setzen bei Nr. 16 zu ihrem zweiten, noch expressiveren Teil an; im letzten Stück bringt Bach übermütig zwei Handwerksburschenlieder unter –, dann denkt besagter Leser bestimmt kleinmütig: So was höre und verstehe ich doch alles nicht. Mögen Spezialisten damit selig werden.

Meine Antwort: Bange machen gilt nicht. Bitte vor der Resignation wenigstens vier Stichproben riskieren. Sich nämlich aus Glenn Goulds früher, übermütiger Einspielung die graziös getupfte 19. Variation anhören, die souverän virtuose 20., die unermesslich traurige 25. und die lustig überschäumende 26. Variation. (Auf Goulds früherer CD: Take 20, 21, 26 und 27.) Wen das nicht fasziniert, dessen Paradiese müssen auf einem fernen, bach- und musikfremden Kontinent liegen.

Doch den allermeisten *Goldberg*-Probierern dürfte es so ergehen wie dem alten Grafen Hermann Carl von Keyserlingk. Der litt an Schlaflosigkeit. Sein Hauspianist namens Goldberg war ein Schüler Bachs. So kam der ehemalige russische Gesandte Keyserlingk auf die Idee, Bach solle doch für den Goldberg einige Klavierstücke »sanften und etwas munteren Charakters« schreiben, von denen der Graf in seinen schlaflosen Nächten aufgeheitert zu werden hoffte. Bach tat das. Der begeisterte Graf konnte sich dann an »seinen« Variationen nicht satt hören – und als kinderreicher 57-jähriger Familienvater hatte Bach für die 100 Dukaten Honorar bestimmt Verwendung.

Dass die Variationen für einen Kranken, dem sie seelisch helfen sollten, komponiert wurden, könnte erklären, warum sie so wohltuend nobel sind in ihrem Temperament, so diskret in ihrem abgründigen Schmerz, so heiter-trostreich in ihrer Fülle. Sie stellen gewiss eines der frühesten und genialsten Beispiele erhabener Musiktherapie dar. Am Schluss, nachdem das Thema Abenteuer unendlicher Vielfalt erlebt hat, erklingt es noch einmal in seiner ruhig-beredten Anfangsgestalt. Doch dann wissen wir, welcher unermessliche Reichtum in ihm steckt.

Wenn Sie Bachs Goldberg-Variationen *mögen …*

… werden Sie auch Bachs andere instrumentale Variationswerke in Ihr Leben hineinnehmen wollen: etwa die überwältigende Chaconne für Violine solo aus der *Partita d-Moll*. Oder die majestätische *Passacaglia c-Moll* für Orgel. Chaconne und Passacaglia sind nämlich auch Variationsformen – nur eben nicht bloß über eine Melodie, sondern vor allem über einen Bass samt melodischer Gestalt. An Variationszyklen für Klavier, die den *Goldberg-Variationen* gleichkommen, gibt es höchstens noch Ludwig van Beethovens *Diabelli-Variationen* und die *Händel-Variationen* von Johannes Brahms.

Die fesselndsten Interpretationen von Bachs Goldberg-Variationen

Kein Künstler hat sich leidenschaftlicher und mit größerer öffentlicher Wirkung für Bachs *Goldberg-Variationen* eingesetzt als der geniale kanadische Pianist Glenn Gould. Mit hinreißendem Temperament, brillanter Klarheit, freiem Gefühl spielte der 22-jährige das Werk auf einem phänomenalen technisch-pianistischen Niveau ein! Später hielt er seine Interpretation für überschätzt – und bot das Werk 50-jährig noch einmal. Die langsamen Variationen diesmal weniger »romantisch«, die raschen voller Bezüge und gewichtiger Zusammenhänge. Schwer zu entscheiden, was »besser« ist. Schwungvoller jedenfalls klingt die frühere Einspielung.

Wanda Landowska war die berühmteste Cembalistin des 20. Jahrhunderts. Die Polin spielte temperamentvoller, überschäumender als irgendein anderer Cembalointerpret. Auch sie hat die *Goldberg-Variationen* mehrfach eingespielt: Ihre Pariser Aufnahme von 1935 ist stürmisch, tief und heiter-temperamentvoll. Kein Wunder, dass der Dirigent Arthur Nikisch Wanda Landowska – die als 71-jährige noch eine Interpretation vorlegte – eine »Bach-Bacchantin« nannte.

Der Pianist Claudio Arrau unternahm während der dreißiger Jahre in Berlin das Wagnis, Bachs gesamtes Klavierwerk zyklisch auf einem modernen Flügel vorzutragen. Als Arrau nach Amerika emigrierte, spielte er in New York die *Goldberg-Variationen* ein. Eine Interpretation – mit genauem Stilbewusstsein und wunderbarem Fingerpedal gemeistert –, die erst Jahrzehnte später herauskam. Der alte Meister befand gerührt: Es sei doch möglich, Bach auf dem Konzertflügel wiederzugeben. Ja, wenn man so spielen konnte wie er…

Who's who

Claudio Arrau, geboren am 6. Februar 1903 in Chillán, gestorben am 9. Juni 1991 in Mürzzuschlag (Steiermark), chilenischer Pianist

Johann Sebastian Bach, geboren am 21. März 1685 in Eisenach, gestorben am 28. Juli 1750 in Leipzig, deutscher Komponist

Aria mit verschiedenen Veränderungen »Goldberg-Variationen« (aus: *Klavierübung* 2. Teil) BWV 988 (1742)

Partita für Violine solo d-Moll Nr. 2 BWV 1004 →Kaisers Klassik Nr. 38

Passacaglia und Doppelfuge für Orgel c-Moll BWV 582 (um 1705)

Ludwig van Beethoven

Dreiunddreißig Veränderungen für Klavier über einen Walzer von Anton Diabelli op. 120 →Kaisers Klassik Nr. 87

Johannes Brahms →Kaisers Klassik Nr. 10

Fünfundzwanzig Variationen und Fuge für Klavier über ein Thema von Georg Friedrich Händel op. 24 (1861) — Aria – Var. I–XXV – Fuga

Johann Goldberg, getauft am 14. März 1727 in Danzig, gestorben am 13. April 1756 in Dresden, deutscher Cembalist

Glenn Gould, geboren am 25. September 1932 in Toronto, gestorben am 4. Oktober 1982 in Toronto, kanadischer Pianist

Hermann Carl Reichsgraf von Keyserlingk, geboren 1696, gestorben 1764 in Warschau, russischer Diplomat

Wanda Landowska, geboren am 5. Juli 1877 in Warschau, gestorben am 16. August 1959 in Lakeville (CT), polnische Cembalistin und Pianistin

Arthur Nikisch, geboren am 12. Oktober 1855 in Lébénye (Ungarn), gestorben am 23. Januar 1922 in Leipzig, deutscher Dirigent

15
Richard Wagner
Der Ring des Nibelungen
Ein Bühnenfestspiel für drei Tage und einen Vorabend
Vorabend: Das Rheingold

Märchenhafter, mythenschwerer Beginn der Ring-*Tetralogie. Menschen treten noch nicht auf, wohl aber Nixen, Götter, Riesen, Zwerge. Wagners vielleicht konsequentestes, intelligentestes, darum am wenigsten populäres Musikdrama. Orchester und Handlung schildern, wie das Goldene Zeitalter endet, wie ein Gedemütigter aus Ressentiments zum Diktator wird. Ein Meisterwerk, das seine Leitmotive vorführt und deren Bezeichnungszauber entfaltet. Wie* Das Rheingold *entstand und was es bedeutet…*

Eigentlich hatte Wagner ja nur den Siegfried in einer großen, revolutionär gestimmten Oper vorführen wollen. Aber der bereits fertige Text – *Siegfrieds Tod* – ließ sich nicht recht komponieren. Da war zuviel Vorgeschichte zu bewältigen. Plötzlich ging Wagner das einzig Mögliche auf: Um auf seine radikal neue Weise musikdramatisch komponieren zu können, musste er mit dem Anfang anfangen. Mit dem radikalen Beginn aller Dinge. Also: mit dem *Rheingold*-Vorabend.

Wir sind auf dem Grunde des Rheins. Ein tiefer Es-Ton knurrt kaum erkennbar. Langsam strebt die Musik in die Höhe: Allmählich bildet sich das Motiv des »Werdens«. Im lebhaft fließenden Wasser tummeln sich drei Rheintöchter. Sie sollen Gold bewachen, sind aber leichtsinnige Nixen, denen es mehr Spaß bereitet, einen lüsternen hässlichen Kerl namens Alberich »anzumachen«, ihn aber, kaum glaubt er sich »erhört«, grell lachend zu verstoßen. (»Hurenaquarium« nannten Antiwagnerianer diese Anfangsszene.) Alberich leidet wütend. Und entschließt sich – wie so manche Karrieristen –, die Liebe zu verfluchen, das Rheingold zu rauben, es zum Macht gewährenden Ring umzuschmelzen und nur noch an Herrschaft zu denken. Hohnlachend enteilt Alberich mit dem Gold. Traurige Nacht liegt nun über der Tiefe des Rheins. Wir spüren: das goldene Zeitalter ist zu Ende. In den Bergwerkstiefen seines Nibelheim wird Alberich zum grausamen Diktator. Wagner zeigt beeindruckend, nicht, dass jemand böse *ist* – sondern wie er es *wird* … Hämmernd beschwört die Musik dazu die Hölle des Industriezeitalters. In diese Hölle schleichen Wotan und der gerissene Halbgott Loge. Sie wollen Alberich den Ring (samt Tarnhelm und Nibelungenschatz) entwenden. Wotan braucht das alles, um die beiden Riesen zu bezahlen, die ihm Walhall erbauten. Als Bauherr hat sich Wotan nämlich auf ziemlich krumme Sachen eingelassen, ja den Riesen sogar die Göttin der Jugend, die schöne Freia, als Honorar versprochen. Während die Riesen mit Freia abziehen, altern die Götter, schwankend und fahl, was die Musik wunderbar mitleidig schildert. Ein Glück, dass die Riesen sich auch mit Ring und Nibelungenschatz zufrieden geben. Was nun? Der Riese Fafner besitzt den Ring. Alberichs rachsüchtiger Hass droht. Da kommt Wotan – Loriot tadelte übrigens, er habe in Inszenierungen der letzten Jahrzehnte den Wotan schon so oft mit einer Aktentasche erlebt, nun möchte er ihn auch mal wieder mit einem Speer sehen – ein großer Gedanke: das in hellem Trompeten-C-Dur leuchtende Schwertmotiv. Was dieses Motiv meint, ob sich Wotans daran geknüpfte Pläne erfüllen: Alles das beantwortet die *Walküre*.

Wenn Sie Wagners Rheingold *mögen …*

Das *Rheingold* als *Ring*-Vorabend ist Bestandteil einer einzigartigen, unvergleichlichen Riesenschöpfung. Aus anderen Bereichen lässt sich darum kaum etwas empfehlen, was diesem

Musikdrama gleicht. Natürlich liegt es nahe, dem *Rheingold*-Begeisterten *Walküre*, *Siegfried* und *Götterdämmerung* ans Herz zu legen. Wen das Natürliche und Flüssige dieser Musik fasziniert, der wird an Claude Debussys *La Mer* oder Bedřich Smetanas *Moldau* seine Freude haben. Und gewiss auch an Debussys impressionistisch naturerfüllter Oper *Pelleas und Melisande*, in der es gleichfalls auf jedes Wort ankommt.

Die fesselndsten Interpretationen von Wagners Rheingold

Weil das *Rheingold* so anspruchsvoll ist – und die langweiligste Oper der Welt sein kann, wenn man nicht wirklich jedes Argument kapiert, jede Absicht dieses erstaunlich politischen Stückes begreift –, darum werden Einspielungen des *Rheingolds* immer nur zusammen mit dem des ganzen *Ringes* unternommen. Gerade im *Rheingold* kommen die Vorzüge der Georg-Solti-Einspielung mit den Wiener Philharmonikern faszinierend heraus: die Angst der Frauen, wenn Freia an die Riesen verkauft werden soll, die melancholische Finsternis über dem Rhein, nachdem Alberich das Gold geraubt hat, und der Schreckenslärm im Nibelheim.

Herbert von Karajan hat in seinen Salzburger Osterfestspielen gerade bei seiner *Rheingold*-Produktion eine glückliche Hand bewiesen. Bei ihm stand die Entwicklung Alberichs – wie man Diktator wird – fesselnd im Mittelpunkt dank Zoltán Kelemens Kraft und Kunst. Die Berliner Philharmoniker, ohne alle Opernroutine, machten aus der leuchtenden Fortissimo-Seligkeit der ersten *Rheingold*-Szene mit den im schäumenden Wasser jubelnden Rheintöchtern ein großartiges Tongemälde. Wie gut sich dieses Orchester einst mit seinem Chef verstanden hat – bis der Zwist kam, der Altersstarrsinn. Übrigens war der Wotan für Dietrich Fischer-Dieskaus Stimme doch eine Nummer zu groß.

Wilhelm Furtwänglers 1953 in Rom mitgeschnittene *Rheingold*-Interpretation leidet unter elektroakustischen Schwächen und auch unter der Wagner-Ferne des römischen Orchesters. Das alles vermag Furtwänglers große, hingebungsvolle Dirigierkunst zwar auszugleichen – doch man kann keineswegs behaupten, diese Aufnahme sei eindeutig besser als die *Rheingold*-Interpretationen von Daniel Barenboim, James Levine, Joseph Keilberth oder Wolfgang Sawallisch. Hervorgehoben wird sie hier, weil Furtwängler 1953 noch Sänger aufzubieten hatte – Julius Patzak, Elisabeth Grümmer, den jungen Wolfgang Windgassen und den jungen Gustav Neidlinger –, deren Kunst auch heute überzeugt und sogar wehmütig stimmt. Nicht überall findet »Fortschritt« statt...

Who's who

Daniel Barenboim, geboren am 15. November 1942 in Buenos Aires, israelischer Pianist und Dirigent

Vicco von Bülow (eigentlich Bernhard Viktor von Bülow; Pseudonym Loriot), geboren am 12. November 1923 in Brandenburg (Havel), deutscher Cartoonist und Regisseur

Claude Debussy, geboren am 22. August 1862 in Saint-Germain-en-Laye (bei Paris), gestorben am 25. März 1918 in Paris, französischer Komponist

La Mer. Trois esquisses symphoniques (Das Meer. Drei symphonische Skizzen) (1905) — 1: De l'aube à midi sur la mer. Très lent; 2: Jeux de vagues. Allegro; 3: Dialogue du vent et de la mer. Animé et tumultueux

Pelléas et Mélisande (Pelleas und Melisande), Drame-lyrique in fünf Akten; Text: Maurice Maeterlinck; Uraufführung: Paris, 30. April 1902

Dietrich Fischer-Dieskau, geboren am 28. Mai 1925 in Berlin, deutscher Sänger (Bariton)

Wilhelm Furtwängler, geboren am 25. Januar 1886 in Berlin, gestorben am 30. November 1954 in Ebersteinburg (heute zu Baden-Baden), deutscher Dirigent und Komponist

Elisabeth Grümmer, geboren am 31. März 1911 in Niederjeutz (Moselle), gestorben am 6. November 1986 in Warendorf (bei Münster), deutsche Sängerin (Sopran)

Herbert von Karajan, geboren am 5. April 1908 in Salzburg, gestorben am 16. Juli 1989 in Anif (bei Salzburg), österreichischer Dirigent

Joseph Keilberth, geboren am 19. April 1908 in Karlsruhe, gestorben am 20. Juli 1968 in München, deutscher Dirigent

Zoltán Kelemen, geboren am 12. März 1926 in Budapest, gestorben am 9. Mai 1979 in Zürich, ungarischer Sänger (Bass)

James Levine, geboren am 23. Juni 1943 in Cincinnati (OH), amerikanischer Dirigent und Pianist

Gustav Neidlinger, geboren am 21. März 1910 in Mainz, gestorben am 26. Dezember 1991 in Bad Ems, deutscher Sänger (Bariton)

Julius Patzak, geboren am 9. April 1898 in Wien, gestorben am 26. Januar 1974 in Rottach-Egern (Tegernsee), österreichischer Sänger (Tenor)

Wolfgang Sawallisch, geboren am 26. August 1923 in München, deutscher Dirigent

Bedřich Smetana

Má vlast (Mein Vaterland), Zyklus symphonischer Dichtungen →Kaisers Klassik Nr. 6

Sir Georg Solti (eigentlich György Solti), geboren am 21. Oktober 1912 in Budapest, britischer Dirigent ungarischer Herkunft

Richard Wagner, geboren am 22. Mai 1813 in Leipzig, gestorben am 13. Februar 1883 in Venedig, deutscher Komponist

Der Ring des Nibelungen, Ein Bühnenfestspiel für drei Tage und einen Vorabend; Text: Richard Wagner — Vorabend: *Das Rheingold*, 1 Akt; Uraufführung: München, 22. September 1869 — 1. Tag: *Die Walküre*, 3 Akte; Uraufführung: München, 26. Juni 1870 — 2. Tag: *Siegfried*, 3 Akte; Uraufführung: Bayreuth, 16. August 1876 — 3. Tag: *Götterdämmerung*, 3 Akte; Uraufführung: Bayreuth, 17. August 1876

Siegfrieds Tod, Dramenentwurf (1848)

Wolfgang Windgassen, geboren am 26. Juni 1914 in Annemasse (bei Genf), gestorben am 8. September 1974 in Stuttgart, deutscher Sänger (Tenor) und Regisseur

16
Richard Wagner
Der Ring des Nibelungen
Ein Bühnenfestspiel für drei Tage und einen Vorabend
Erster Tag: Die Walküre

Ein Werk wilder Leidenschaft. Siegmund und Sieglinde, zwei Wotanskinder, nehmen Ehebruch samt Inzest rauschhaft in Kauf, müssen bitter dafür büßen. Denn Wotan wird von seiner rechthaberischen und rechthabenden Gattin dazu gezwungen, den Ehebrecher Siegmund, der Walhalls Rettung hätte bewirken sollen, zu bestrafen. Nun möchte Wotan germanisch-depressiv nur mehr »Das Ende«. Wie Die Walküre *entstand und was sie bedeutet …*

Im Exil 1851, in ständiger Geldnot, entschloss sich Wagner zur Ausarbeitung der *Ring*-Tetralogie. Also dazu, ein offensichtlich unaufführbares vierteiliges Mammutwerk zu dichten und zu komponieren. Nach den Göttern, Riesen, Zwergen und Nixen des *Rheingold*-Vorabends treten in der *Walküre* erstmals Menschen auf.

Zu Anfang donnert ein gottgewolltes mythologisches Gewitter, vor dem der zu Tode erschöpfte Siegmund in irgendein Haus flieht. Sieglinde – Ehefrau eines unangenehmen Macho namens Hunding – findet den Fremden im Wohnzimmer. Eine faszinierende Liebesgeschichte beginnt. Die Leitmotive der beiden umschlingen sich, lange bevor die Gestalten selber es tun. Beide, Siegmund und Sieglinde, sind in herber Not, sind ohne Zukunftsperspektiven, sind rückhaltlos couragiert. Und Zwillingsgeschwister sind sie auch, ähneln sich in ihrem Trotz, ihrer funkelnden Unbedingtheit. Wenn sie einander als Geschwister erkannt haben, ist der Inzest für sie keine Schranke, sondern ein Schub: »So blühe denn, Wälsungenblut!«, schreit Siegmund, bevor er Sieglinde derart heftig an sich reißt, dass der Vorhang zum ersten Aktschluss gar nicht schnell genug fallen kann.

Im zweiten Akt Flucht. Sieglinde muss verzweifelt miterleben, dass Geliebter und Ehemann aufeinander losgehen – und dass Siegmund, weil Wotan es so will, fällt. Vorher hatte die Walküre Siegmund feierlich den Tod verkündet und den germanischen Himmel versprochen. Aber Siegmund – menschlichster Held der Tetralogie – zog den Walhallwonnen die herbe Erde und seine Sieglinde vor (die ihm nicht nach Walhall hätte folgen dürfen).

Zu den musikalischen Höhepunkten des überreichen Werkes gehört, wie Sieglinde im ersten Akt ihrer Leidensgeschichte erzählt, wie Siegmund im zweiten Akt magisch-schicksalhaft der Tod verkündet wird, wie Wotan sich von der verstoßenen Walküre zärtlich ergriffen verabschiedet. Der verzweifelten Sieglinde bedeutet Brünnhilde, sie trage ein Kind von Siegmund unter dem Herzen. Ekstatisch jubelnd möchte Sieglinde nun weiterleben. Im Orchester erklingt das stolze »Siegfried«-Motiv. Und alle wissen, wer der nächste Held dieser riesigen Geschichte sein wird.

Wenn Sie Wagners Walküre *mögen …*

… dann sind Sie aufgeschlossen für Opernkunst höchsten Niveaus, die von Leidenschaften handelt und Machtpolitik. Neben der ekstatischen *Walküre* kann einschränkungslos nur *Tristan und Isolde* bestehen, dazu vielleicht noch von Giuseppe Verdi der *Don Carlos*, der *Otello*, der *Maskenball*. Wer gern Geschwistern zuschaut und zuhört, dem sei überdies die erheblich harmlosere Märchenoper des Wagnerianers Engelbert Humperdinck ans Herz gelegt; sie heißt *Hänsel und Gretel* und entstand 1893, zehn Jahre nach Wagners Tod.

Die fesselndsten Interpretationen von Wagners Walküre

Wilhelm Furtwängler plante 1954 eine Studioeinspielung des gesamten *Rings* mit den Wiener Philharmonikern. Doch es entstand nur die einzigartig ausdrucksvolle, in den Orchestervorspielen die Konkurrenz förmlich deklassierende Aufnahme der *Walküre*. Furtwängler starb im November 1954, konnte sein *Ring*-Projekt nicht vollenden. Diese *Walküre* freilich – mit Martha Mödl, Leonie Rysanek, Ludwig Suthaus und Ferdinand Frantz in den Hauptrollen – vibriert vor Spannung, zarter Herzlichkeit, wohldisponierter Größe.

Unter Wagnerianern herrscht Übereinstimmung, dass Lotte Lehmann und Lauritz Melchior nach wie vor unübertroffene Interpreten dramatischer Wagner-Partien sind. Darum gilt der von Bruno Walter 1935 in Wien aufgenommene erste *Walküre*-Akt als ein Glücksfall. So wie Lotte Lehmann Trauer und Rachetraum der Sieglinde zu gestalten wusste, wie Melchior Siegmunds Verliebtheit bot – so konnten das die Künstler der folgenden Generationen leider doch nicht. Darum sei diese Aufnahme rückhaltlos empfohlen, obwohl sie ein Torso blieb. Wegen der idiotischen »Rasse«-Gesetze der Nazis musste die Aufnahme abgebrochen und dann mit anderen Künstlern weitergeführt werden.

Birgit Nilsson als Walküre, Hans Hotter als Wotan, Christa Ludwig als Göttergattin Fricka und die auch hier glanzvoll aufspielenden Wiener Philharmoniker: das sind Hauptstärken von Georg Soltis *Walküre*, die im Rahmen der trefflichen Gesamteinspielung 1965 herauskam. Solti bot eine explosive *Walküre* (während Herbert von Karajan in seiner Salzburger Interpretation mehr das Intime, Kammermusikalische unterstrich).

Ferdinand Frantz, geboren am 8. Februar 1906 in Kassel, gestorben am 25. Mai 1959 in München, deutscher Sänger (Bariton)

Wilhelm Furtwängler, geboren am 25. Januar 1886 in Berlin, gestorben am 30. November 1954 in Ebersteinburg (heute zu Baden-Baden), deutscher Dirigent und Komponist

Hans Hotter, geboren am 19. Januar 1909 in Offenbach am Main, deutscher Sänger (Bariton)

Engelbert Humperdinck, geboren am 1. September 1854 in Siegburg, gestorben am 27. September 1921 in Neustrelitz, deutscher Komponist

Hänsel und Gretel, Märchenspiel in drei Bildern; Text: Adelheid Wette (geborene Humperdinck) nach Jacob und Wilhelm Grimm; Uraufführung: Weimar, 23. Dezember 1893

Herbert von Karajan, geboren am 5. April 1908 in Salzburg, gestorben am 16. Juli 1989 in Anif (bei Salzburg), österreichischer Dirigent

Lotte Lehmann, geboren am 27. Februar 1888 in Perleberg (bei Schwerin), gestorben am 26. August 1976 in Santa Barbara (CA), amerikanische Sängerin deutscher Herkunft (Sopran)

Christa Ludwig, geboren am 16. März 1928 in Berlin, österreichische Sängerin (Mezzosopran)

Lauritz Melchior, geboren am 20. März 1890 in Kopenhagen, gestorben am 19. März 1973 in Santa Monica (CA), amerikanischer Sänger (Tenor) dänischer Herkunft

Martha Mödl, geboren am 22. März 1912 in Nürnberg, deutsche Sängerin (Sopran)

Birgit Nilsson, geboren am 17. Mai 1918 in Karup (bei Kristianstad), schwedische Sängerin (Sopran)

Leonie Rysanek, geboren am 14. November 1926 in Wien, österreichische Sängerin (Sopran)

Sir Georg Solti (eigentlich György Solti), geboren am 21. Oktober 1912 in Budapest, britischer Dirigent ungarischer Herkunft

Ludwig Suthaus, geboren am 12. Dezember 1906 in Köln, gestorben am 7. September 1971 in Berlin, deutscher Sänger (Tenor)

Giuseppe Verdi

Un ballo in maschera →Kaisers Klassik Nr. 48

Don Carlos, Opéra in fünf Akten; Text: Joseph Méry (eigentlich Joseph Pierre Agnès) und Camille Du Locle nach Friedrich von Schiller; Uraufführung: Paris, 11. März 1867

Otello →Kaisers Klassik Nr. 90

Richard Wagner

Tristan und Isolde →Kaisers Klassik Nr. 5

Bruno Walter (eigentlich Bruno Walter Schlesinger), geboren am 15. September 1876 in Berlin, gestorben am 17. Februar 1962 in Beverly Hills (CA), amerikanischer Dirigent deutscher Herkunft

17

Richard Wagner

Der Ring des Nibelungen

Ein Bühnenfestspiel für drei Tage und einen Vorabend
Zweiter Tag: Siegfried

»Jung Siegfried war ein stolzer Knab', ging von des Vaters Burg hinab« – diese Verse von Ludwig Uhland sang man im 19. Jahrhundert vergnügt. Beim problemzerfurchten Tragiker Wagner darf Siegfried nicht nur Märchenheld sein: Da benimmt sich der Jüngling auch wie eine blonde Bestie, fühlt sich artfremdem Zwergengesindel biologisch überlegen. Liebt ekstatisch – und verrät die Geliebte dann in der Götterdämmerung. *Was den jungen Siegfried betrifft, so lachen wir über ein Naturburschen-Scherzo, fühlen Mitleid mit dem Vaterlosen, den alle ausnutzen, und bestaunen am Ende den Helden und Brünnhilde als erste »freie Menschen« der Tetralogie. Wie der* Siegfried *entstand und was er bedeutet …*

Wagner liebte seinen Siegfried. Wir Heutigen haben es nicht so leicht mit dem Siegfried-Humor. Natürlich versteht man, dass ein kräftiger, völlig ungebildeter, aber keineswegs dummer junger Kerl sich aggressiv wehrt, wenn er sich von lauter alten Säcken umgeben sieht, die seine heldische Potenz für ihre Zwecke ausnutzen möchten. Doch die aggressive Rohheit, mit der Siegfried seinen verachteten Pflegevater, den Schmied Mime, behandelt – »ich kann dich ja nicht leiden, vergiss das nicht so leicht« –, ist unheimlich. Und Siegfrieds Wunsch: »Beim Genick möcht' ich den Nicker packen, den Garaus geben dem garst'gen Zwicker«, darf man denn doch nicht zum munteren jugendlichen Temperamentsausbruch verharmlosen, verklären. Wobei man freilich beachten muss, dass Mime plant, den Jungen zu ermorden, wenn der nur erst den Lindwurm erlegt und den Nibelungenschatz gewonnen hat.

Mit Gewalt erzwingt Siegfried die Auskunft, wer denn nun wirklich sein Vater und seine Mutter gewesen seien. Da erklingen die traurigen Themen der *Walküre* wieder. Mime erzählt, wie Sieglinde an Siegfrieds Geburt vor seiner Höhle starb. »Ich half so gut ich konnt. Groß war die Not.« Nun will der Junge in den Wald hinaus, das »Fürchten« lernen, den Drachen erschlagen. Er jagt Mime weg, sinnt unter einer Linde während des poetisch tönenden »Waldwebens« bekümmert nach, wie wohl sein Vater aussah und seine Mutter.

Wagner hat da eine Frage komponiert, die auch seine eigene Seele schicksalhaft bedrängte. Ganz sicher konnte er seiner Identität nie sein – ob sein frühverstorbener Vater oder sein heißgeliebter Pflegevater nun sein Erzeuger gewesen wäre. Darum sind in Wagners Werken so viele Figuren vaterlos: Siegfried und Siegmund aus dem *Ring* kennen ihren Vater nicht – Tristan und Parsifal haben ihre Väter vor der Geburt verloren. Nun war für Siegfried nur noch der Drache zu besiegen, sodann der Großvater Wotan wegzuschieben, der sich ironisch in den Weg stellte. Erst beim Erwachen des Eros, angesichts der liebenden Frau: da lernt dieser germanische Held das »Fürchten«! Danach dürfen zwei freie Menschen – die erlöste Brünnhilde und der stürmische Siegfried – auf dem Gipfel der Welt triumphieren: »Leuchtende Liebe, lachender Tod«. 1857 stockte Wagner im zweiten Akt. Ein neuerworbener Pessimismus hemmte ihn, der *Ring* wurde ihm lästig. Plötzlich lockte *Tristan*. Erst zwölf Jahre später wurde mit größerer symphonischer Gewalt der dritte *Siegfried*-Akt grandios zum optimistischen Ende gebracht.

Wenn Sie Wagners Siegfried *mögen …*

Wer je wenn schon nicht gleich Drachenblut, so doch wenigstens bei Wagner tönendes Siegfried-Blut geleckt hat, will unbedingt wissen: Wie geht es weiter? Er wird also neugierig sein auf die finsteren Wonnen der *Götterdämmerung*. Wer jedoch nur Lust hat auf strahlende Helden, die Abenteuer bestehen müssen, dem könnte man auch zum *Lohengrin* raten. Ja, sogar zu Wolfgang Amadeus Mozarts *Zauberflöte*, die mit Wagners *Siegfried* zwar wirklich nicht die musikdramatische Sprache, wohl aber das Märchenhafte und Naiv-Abenteuerliche gemein hat.

Die fesselndsten Interpretationen von Wagners Siegfried

Wolfgang Windgassen und die metallisch strahlende Birgit Nilsson sind im neuen Bayreuth das berühmteste Paar Siegfried/Brünnhilde gewesen – in Wieland Wagners unvergesslicher symbolischer Inszenierung. Der Dirigent Karl Böhm hat die Liebesraserei der beiden am Ende des dritten Akts damals nicht nur als erotischen Taumel geboten, sondern als eine Erlösung aus existentieller Not. Mit Theo Adam (Wotan) und Gustav Neidlinger (Alberich) wurde die große Bayreuther Ära der sechziger Jahre in einer Originalaufnahme der Festspiele von 1967 beeindruckend festgehalten.

Auch Georg Solti – dessen Schallplatteneinspielung alles in allem doch die gelungenste *Ring*-Produktion ist, die wir besitzen – hatte Windgassen und Nilsson als Liebespaar. Aber es ist aufregend zu vergleichen, wieviel vehementer, schattenloser, »heldischer« die beiden Stimmen in der (früheren) Solti-Aufnahme klingen als bei Böhm, wo zarte Farben hinzukamen. Bei Solti ist alles akustisch präzise durchdisponiert und musikalisch vital durchartikuliert. Sein Wotan war der gedankenvolle Hans Hotter.

Nach dem zweiten Weltkrieg waren einige großartige dramatische und hochdramatische Frauenstimmen zu erleben und zu bewundern. Für die Siegfried-Partie aber galt und gilt nach wie vor Lauritz Melchior als nahezu unübertrefflich. So kommt dem akustisch recht kümmerlichen Mitschnitt einer New Yorker Aufführung vom 30. Januar 1937 dokumentarische Bedeutung zu. Neben Melchior wirkten berühmte Wagner-Stars der dreißiger Jahre mit – und trotz mancher Ungleichmäßigkeiten und Nebengeräusche hören wir beeindruckt, wie temperamentvoll und kompetent einst Wagner gedient wurde.

Who's who

Theo Adam, geboren am 1. August 1926 in Dresden, deutscher Sänger (Bass)

Karl Böhm, geboren am 28. August 1894 in Graz, gestorben am 14. August 1981 in Salzburg, österreichischer Dirigent

Ludwig Geyer, geboren am 21. Januar 1779 in Eisleben, gestorben am 30. September 1821 in Dresden, deutscher Schauspieler, Maler und Bühnenschriftsteller, Stiefvater Richard Wagners

Hans Hotter, geboren am 19. Januar 1909 in Offenbach am Main, deutscher Sänger (Bariton)

Lauritz Melchior, geboren am 20. März 1890 in Kopenhagen, gestorben am 19. März 1973 in Santa Monica (CA), amerikanischer Sänger (Tenor) dänischer Herkunft

Wolfgang Amadeus Mozart
Die Zauberflöte →Kaisers Klassik Nr. 45

Gustav Neidlinger, geboren am 21. März 1910 in Mainz, gestorben am 26. Dezember 1991 in Bad Ems, deutscher Sänger (Bariton)

Birgit Nilsson, geboren am 17. Mai 1918 in Karup (bei Kristianstad), schwedische Sängerin (Sopran)

Sir Georg Solti (eigentlich György Solti), geboren am 21. Oktober 1912 in Budapest, britischer Dirigent ungarischer Herkunft

Ludwig Uhland, geboren am 26. April 1787 in Tübingen, gestorben am 13. November 1862 in Tübingen, deutscher Dichter

Friedrich Wagner, geboren am 18. Juni 1770 in Leipzig, gestorben am 22. November 1813 in Leipzig, deutscher Polizeiaktuar, Vater Richard Wagners

Richard Wagner

Lohengrin →Kaisers Klassik Nr. 71
Parsifal →Kaisers Klassik Nr. 99
Tristan und Isolde →Kaisers Klassik Nr. 5

Wieland Wagner, geboren am 5. Januar 1917 in Bayreuth, gestorben am 17. Oktober 1966 in München, deutscher Bühnenbildner und Regisseur, Enkel Richard Wagners, Sohn Siegfried Wagners

Wolfgang Windgassen, geboren am 26. Juni 1914 in Annemasse (bei Genf), gestorben am 8. September 1974 in Stuttgart, deutscher Sänger (Tenor) und Regisseur

18

Richard Wagner

Der Ring des Nibelungen

Ein Bühnenfestspiel für drei Tage und einen Vorabend
Dritter Tag: Götterdämmerung

Ausnahmeereignis der Kunstgeschichte. Unvergleichlich herbes, düsteres Musikdrama. Der übermütige junge Siegfried wird in der Götterdämmerung *infolge eines Vergessenstranks zum Intrigenopfer und zum Verräter. Seine Geliebte, Brünnhilde, hasst ihn darum, willigt in seine Ermordung ein – bevor sie die Intrige durchschaut. Dann liebt sie Siegfried wieder, folgt ihm wie eine indische Witwe in den Tod, entzündet Walhall. Und die alten Götter um Wotan verbrennen stoisch zu Asche. Die Rheintöchter aber erhalten den Ring zurück.*

Im ekstatischen Liebesduett am Ende des *Siegfried* sang Brünnhilde, die *Götterdämmerung* vorwegnehmend: »Fahr hin, Walhalls leuchtende Welt…! Nacht der Vernichtung, neble herein!« In der *Götterdämmerung* dann verstricken sich auch Siegfried und Brünnhilde (sie hatten doch die ersten »freien« Menschen sein wollen) tragisch in die Intrigenhandlung. Alle wichtigen Figuren, alle Protagonisten müssen am Ende sterben. Alle, außer Alberich, der aber auch nicht ans Ziel seiner Wünsche kommt. Während der letzten Takte erklingt im Orchester Sieglindes Liebesthema aus dem zweiten *Walküre*-Akt. Es verspricht den staunend zuschauenden Menschen ein schöneres Leben, falls sie nur der ewigen Liebeskraft vertrauen…

Wagner schwankte lange, wie der *Ring* enden solle. Er entwarf nicht weniger als fünf verschiedene Textschlüsse. Zuviel gelebtes Leben, zu viele Energien und Gedanken waren eben doch in das riesige Werk eingegangen. Was aber in den 26 Jahren zwischen 1848 und 1874 entsteht, während der Künstler selber mancherlei Wandlung durchmacht, das kann auf keine knappe, handliche Formel mehr gebracht werden. Das ist vielfältig und vieldeutig wie das Leben selbst.

Will man in diese komponierte Welt hinein, sollte man sie wohl nicht zuerst mit Verstand zu entschlüsseln, sondern mit dem Gefühl zu erfassen versuchen. Da gibt es am Anfang des zweiten Akts ein genial instrumentiertes Vorspiel. Danach beschwört, indoktriniert Alberich seinen schlafenden, träumenden Sohn, den finsteren Hagen, zum Kampf gegen Siegfried. Es klingt, etwa in Georg Soltis Gesamteinspielung (CD 11, Take 10 und 11), großartig bannend, beklemmend, erhaben. Wer das einmal erfühlt hat, kommt von dieser Kunst nicht wieder los. Wenn freilich der manipulierte Siegfried sich dazu hergibt, Brünnhilde für König Gunther zu besiegen und zu zähmen, dann macht uns Wagners klirrend mitleidlose, grausame Musik zu Komplizen des Schicksals. Später lehrt diese Musik wieder Mitleid: mit Brünnhildes Entsetzen, ihrer Rachewut, ihrem souveränen Opferschluss.

Wotans aberwitziges Ende im brennenden Walhall nimmt Adolf Hitlers Führerbunker-Tod von 1945 geradezu gespenstisch vorweg. Ein englischer Musikkritiker sagte zu mir nach einer Aufführung ergriffen, was viele meiner Kollegen kaum mehr zu denken wagen würden: »Große Kunst. Große deutsche Kunst.«

Wenn Sie Wagners Götterdämmerung *mögen …*

Die *Götterdämmerung* lieben heißt, eine tönende Welt bewundern, in der alles auf die Spitze ekstatischer Finsternis, dissonanter Verzerrung, düsterer tragischer Verhängnishaftigkeit getrieben scheint. Dem lässt sich – im Bereich des Musiktheaters – am ehesten der dritte *Tristan*-Akt oder auch Wagners *Parsifal* (wo alle Dunkelheiten impressionistisch zarter, weniger leitmotivgepanzert klingen) an die Seite stellen. Auch das Rachedrama *Elektra* von Richard Strauss dürfte *Götterdämmerungs*-Bewunderer nicht allzusehr enttäuschen. Falls es nicht unbedingt »Musikdrama« sein muss, so kämen auch Gustav Mahlers *Symphonie Nr. 6* oder Wagners »große Oper« *Rienzi* als vergleichbare Antithesen in Frage.

Die fesselndsten Interpretationen von Wagners Götterdämmerung

Georg Soltis Gesamteinspielung von Wagners *Ring des Nibelungen* ist die erste (zwischen 1958 und 1965) mit großer tontechnischer Sorgfalt hergestellte Studioproduktion des Riesenwerks gewesen. Weil Solti die Wiener Philharmoniker, die grandiose Birgit Nilsson, Christa Ludwig und überhaupt ein Sängerensemble enormen Rangs mithalfen, gelang gerade die Wucht der *Götterdämmerung* so beeindruckend, dass man Soltis *Ring* als eine, alles in allem, nach wie vor unübertroffene Interpretationsleistung empfehlen kann.

Herbert von Karajan wollte in Salzburg eine Art Gegen-Bayreuth schaffen, weil ihm die allzu großen Freiheiten des in Bayreuth Regie führenden Wagner-Enkels Wieland Wagner missfielen. Das große Plus seiner wunderbar sensiblen, musikalisch mit größtem Raffinement produzierten Interpretationen waren die Berliner Philharmoniker. Ein von keiner Opernroutine versehrtes, dem Symphoniker Wagner mit äußerster Kraft und Kunst dienendes reines Konzertorchester. Zu Soltis Vitalität bietet Karajans Sensibilität eine ungemein fesselnde Alternative.

Die expressive Sopranistin Martha Mödl als Brünnhilde, Ludwig Suthaus als Siegfried und Josef Greindl als Hagen: das waren die Trümpfe von Wilhelm Furtwänglers 1953 für den italienischen Rundfunk »live« (aktweise) aufgenommenen *Ring des Nibelungen*. Aber der wichtigste, größte Vorzug war natürlich die Kunst des Tragikers Furtwängler selber, die der *Götterdämmerung*, trotz mancher Schwächen und Ungleichmäßigkeiten, immer wieder eine unwiderstehlich faszinierende Kraft verleiht.

Who's who

Wilhelm Furtwängler, geboren am 25. Januar 1886 in Berlin, gestorben am 30. November 1954 in Ebersteinburg (heute zu Baden-Baden), deutscher Dirigent und Komponist

Josef Greindl, geboren am 23. Dezember 1912 in München, gestorben am 16. April 1993 in Wien, deutscher Sänger (Bass)

Adolf Hitler, geboren am 20. April 1889 in Braunau am Inn, gestorben am 30. April 1945 in Berlin, österreichisch-deutscher Politiker

Herbert von Karajan, geboren am 5. April 1908 in Salzburg, gestorben am 16. Juli 1989 in Anif (bei Salzburg), österreichischer Dirigent

Christa Ludwig, geboren am 16. März 1928 in Berlin, österreichische Sängerin (Mezzosopran)

Gustav Mahler →Kaisers Klassik Nr. 9

Symphonie a-Moll Nr. 6 »Tragische« (1904) — 1. Satz: Allegro energico, ma non troppo. Heftig, aber markig; 2. Satz: Scherzo. Wuchtig; 3. Satz: Andante moderato; 4. Satz: Finale. Allegro moderato

Martha Mödl, geboren am 22. März 1912 in Nürnberg, deutsche Sängerin (Sopran)

Birgit Nilsson, geboren am 17. Mai 1918 in Karup (bei Kristianstad), schwedische Sängerin (Sopran)

Sir Georg Solti (eigentlich György Solti), geboren am 21. Oktober 1912 in Budapest, britischer Dirigent ungarischer Herkunft

RICHARD STRAUSS →KAISERS KLASSIK Nr. 64

Elektra, Tragödie in einem Aufzug op. 58; Text: Hugo von Hofmannsthal nach Sophokles; Uraufführung: Dresden, 25. Januar 1909

LUDWIG SUTHAUS, geboren am 12. Dezember 1906 in Köln, gestorben am 7. September 1971 in Berlin, deutscher Sänger (Tenor)

RICHARD WAGNER

Parsifal →KAISERS KLASSIK NR. 99

Rienzi, der letzte der Tribunen, Große tragische Oper in fünf Akten; Text: Richard Wagner nach Edward George Earle Bulwer-Lytton; Uraufführung: Dresden, 20. Oktober 1842

Tristan und Isolde →KAISERS KLASSIK NR. 5

WIELAND WAGNER, geboren am 5. Januar 1917 in Bayreuth, gestorben am 17. Oktober 1966 in München, deutscher Bühnenbildner und Regisseur, Enkel Richard Wagners, Sohn Siegfried Wagners

19
Maurice Ravel
Bolero
für großes Orchester

Spanischer Tanz von hypnotischer, am Ende turbulent wüster Wirkung. Geht langsam, aber unwiderstehlich in Blut und Hirn. Kein sentimentaler Walzer, keine stolze Polonaise, sondern ein Psychotrip. Mischung aus starrer Monotonie und delikatem Raffinement. Bei einer späteren Aufführung soll eine ältere Dame sich angstvoll an die Lehne ihres Stuhls geklammert und laut geschrien haben: »Hilfe, ein Verrückter!« Man berichtete das dem Komponisten. Der lächelte ganz fein und sagte nur: »Die hat mich verstanden.« Wie der Bolero *entstand und was er bedeutet …*

Im Jahre 1927 war der 52-jährige Ravel ein in aller Welt geschätzter Komponist. Die von der kreativen Pariser Intelligenz vergötterte Tänzerin Ida Rubinstein bat ihn, er möge doch für sie einige Tänze von Isaac Albéniz orchestrieren. Denn mit seiner genialen Instrumentierung von Modest Mussorgskis eigentlich dem Klavier zugedachten *Bildern einer Ausstellung* hatte Ravel 1922 hinreichend bewiesen, wie wunderbar er fürs Orchester zu schreiben verstand. Ravel sagte zu. Dann aber zeigte sich: Die Rechte für diese Albéniz-Instrumentation lagen längst bei einem gewissen Enrique Fernández Arbós. Was tun? Die Ballettpremiere stand nahe bevor. So komponierte Ravel in Terminnot eilig etwas Eigenes. Den *Bolero*, der sein erfolgreichstes Werk werden sollte …

Ravel, französisch-baskischer Herkunft, fühlte sehr spanisch. Seine Musik wirkt wunderbar gläsern, meisterhaft ausgewogen, manchmal kostbar marionettenhaft, dabei kühl und faszinierend melodisch.

Der *Bolero* ist eine alte spanische Tanzform. Ravel differenzierte diese Form souverän. Bei den zwei Takten Vorspiel der kleinen Trommel heißt es: Ta-tatata-Ta-tatata-tatata-Ta Ta-tatata-Ta-tatatatatatatatata. Das »Ta« dauert dabei, als Viertelnote, so lang wie die Sechzehnteltriole »tatata«. Man kann das auf den Tisch klopfen, wird aber, wenn man es 15 Minuten unverändert tun soll, nahezu verrückt. Gelernte Schlagzeuger haben die Nerven, diesen ravelschen *Bolero*-Rhythmus gegen eine Welt von Anfechtungen durchzuhalten. Um es zu können, müssen sich manche von ihnen schon Stunden vor dem Konzert in Klausur und Trance begeben. Nach diesen Einleitungstakten spielt die Flöte pianissimo Ravels 16-taktige *Bolero*-Melodie. Es folgen Klarinette, Fagott, Oboe, Posaune, Saxofon und und und. Die Musik scheint immer gleich. Doch sie wandelt sich sozusagen hinter dem Rücken ihres nie aufhörenden Bolerorhythmus. Manchmal weicht die Kantilene ins Altmodisch-Kirchentonartliche, ja ins Maurische aus. Später mischen sich die Farben der Instrumente delikat. Beim Hören verliert man allmählich die Besinnung. Ravels Kunst wendet sich hier an Kopf und Bauch. Mag die Seele sehen, wo sie bleibt.

Alles ertönt in immer raffinierter bereichertem C-Dur. Wird immer lauter. Dann ein Sensationseffekt, ein Orchesterorgasmus: statt des gewohnten C-Dur plötzlich überhitztes E-Dur! Und mit grellen Posaunenglissandi, die heulend ihren Tonraum durchbrausen, endet Ravels *Bolero*.

Wenn Sie Ravels Bolero *mögen …*

Wer sich gern berauschen lässt von dieser wunderbar objektiven, finster faszinierenden Tanzmusik, dem sei geraten zu Ravels herrlich depressiver »Forlane«, einem langsamen

Tanzstück aus der Klaviersuite *Le Tombeau de Couperin*: und zwar am besten in der Interpretation von Arthur Rubinstein oder Emil Gilels. Wer aber die Boleroform als solche leidenschaftlich schätzt, dem sei Frédéric Chopins schwungvoller *Bolero für Klavier C-Dur* op. 19 ans Herz oder besser noch ans Ohr gelegt.

Die fesselndsten Interpretationen von Ravels Bolero

So etwas konnte Herbert von Karajan. Er bietet zunächst die rituelle spanische Ruhe. Das beginnt als langsamer Psychotrip der Berliner Philharmoniker und wächst zur flammenden Ekstase. Nur nicht zu rasch – fühlt Karajan. Und gewiss weiß er, dass Ravel dem berühmten Arturo Toscanini einst vorgeworfen hatte, seine *Bolero*-Interpretation sei viel zu schnell gewesen. Toscanini war beleidigt, aber der Komponist, der als Tempo »moderato assai«, also »sehr gemäßigt«, vorgeschrieben hatte, durchaus im Recht.

Lorin Maazel dramatisiert den *Bolero* unauffällig. Er setzt mit dem Orchestre National de France die Akzente scharf, schneidend, trocken, wie von südlicher Sonne ausgedörrt. Dabei wirkt seine dynamische Disposition meisterhaft. Das Stück erweist sich als Riesencrescendo. Am Ende scheint der Beifall sozusagen mitkomponiert.

Der Dirigent Charles Munch, geboren in Straßburg, in Paris 1932 erfolgreich, stammt noch aus dem elsässisch-französischen Dunstkreis, also aus der Welt der großen französischen Musik dieses Jahrhunderts. Seine Interpretationen gerade großer »impressionistischer« Musik haben etwas Authentisches. Er fasst Ravels *Bolero* mit dem Boston Symphony Orchestra bemerkenswert entspannt auf – weniger als Orchesterreißer denn als erfülltes lateinisches Tanzstück, in dem Charme und Wildheit sich die Waage halten.

Isaac Albéniz, geboren am 29. Mai 1860 in Camprodón (bei Gerona), gestorben am 18. Mai 1909 in Cambo-les-Bains (bei Bayonne, Pyrénées-Atlantiques), spanischer Komponist und Pianist

Frédéric Chopin →Kaisers Klassik Nr. 4
Boléro für Klavier C-Dur op. 19 (1833)

Enrique Fernández Arbós, geboren am 25. Dezember 1863 in Madrid, gestorben am 2. Juni 1939 in San Sebastián, spanischer Geiger und Dirigent

Emil Grigorjewitsch Gilels, geboren am 19. Oktober 1916 in Odessa, gestorben am 14. Oktober 1985 in Moskau, russischer Pianist

Herbert von Karajan, geboren am 5. April 1908 in Salzburg, gestorben am 16. Juli 1989 in Anif (bei Salzburg), österreichischer Dirigent

Lorin Maazel, geboren am 6. März 1930 in Neuilly-sur-Seine (bei Paris), amerikanischer Dirigent und Geiger

Charles Munch (eigentlich Carl Münch), geboren am 26. September 1891 in Straßburg, gestorben am 6. November 1968 in Richmond (VA), französischer Dirigent

Modest Petrowitsch Mussorgski, geboren am 21. März 1839 in Karewo (bei Pskow), gestorben am 28. März 1881 in Petersburg, russischer Komponist
Tableaux d'une exposition (Bilder einer Ausstellung) für Klavier (1874) — Promenade; 1: Gnomus; Promenade; 2: Il vecchio castello; Promenade; 3: Tuileries. Dispute d'enfants après jeux; 4: Bydlo; Promenade; 5: Ballet de poussins dans leur coque; 6: Samuel Goldenberg und Schmuyle; Promenade; 7: Limoges. Le marché; 8: Catacombae. Sepulcrum romanum – Cum mortuis in lingua morta; 9: La cabane sur des pattes de poule (Baba-Yaga); 10: La grande porte de Kiev

Maurice Ravel, geboren am 7. März 1875 in Ciboure (bei Saint-Jean-de-Luz, Pyrénées-Atlantiques), gestorben am 28. Dezember 1937 in Paris, französischer Komponist

Boléro (Bolero) für Orchester (1928) — Tempo di boléro, moderato assai

Tableaux d'une exposition (Bilder einer Ausstellung) für Orchester nach Modest Petrowitsch Mussorgski (1929)

Le Tombeau de Couperin (Das Grabmal Couperins) für Klavier (1917) — 1. Satz: Prélude; 2. Satz: Fugue; 3. Satz: Forlane; 4. Satz: Rigaudon; 5. Satz: Menuet; 6. Satz: Toccata

Arthur Rubinstein, geboren am 28. Januar 1887 in Lodz, gestorben am 20. Dezember 1982 in Genf, amerikanischer Pianist polnischer Herkunft

Ida Rubinstein (eigentlich Ida Lwowna Rubinschtein), geboren am 5. Oktober 1888 in Charkow, gestorben am 20. September 1960 in Vence (bei Nizza), russische Tänzerin und Schauspielerin

Arturo Toscanini, geboren am 25. März 1867 in Parma, gestorben am 16. Januar 1957 in New York, italienischer Dirigent

20

Joseph Haydn

Die Schöpfung

Oratorium für Chor, Gesangssoli und Orchester

In Haydns Meisterwerk preisen Orchester, Chor und Solisten Gott dafür, dass er Licht und Finsternis, Land und Meer, Tiere und Pflanzen kunstvoll geschaffen hat. Und zwar mit Hilfe ekstatischer Jubelchöre. Am Ende verliert die Komposition ein wenig an Gewalt und Erhabenheit – die Menschen sind dazugekommen, Adam und Eva als problemlos glückliches Paar. Wie Die Schöpfung *entstand und was sie bedeutet …*

Der große Haydn hatte lange Zeit auf dem Lande gelebt; als fürstlicher Kapellmeister. Haydns Begründung für seine schöpferische Genialität hört sich kurios an: »Ich war von der Welt abgesondert. Niemand in meiner Nähe konnte mich an mir selbst irremachen und quälen, und so musste ich original werden.«

Ungefähr 60-jährig unternahm Haydn große Reisen nach London. Dort schrieb er nicht nur seine berühmten »Londoner« Symphonien, sondern lernte auch Georg Friedrich Händels Oratorien kennen – und einen englischen »Schöpfungs«-Oratorientext. Den übersetzte der eitle, aber unternehmungslustige Baron Gottfried van Swieten ins Deutsche. Ließ darüber hinaus dem Komponisten eine namhafte, von Wiener Aristokraten aufgebrachte Geldsumme (2250 Gulden – der Monatslohn eines Handwerkers war damals 10 Gulden) zukommen.

Das Werk fängt an mit der »Vorstellung des Chaos«. Leer, fahl. Man ahnt ergriffen etwas von leiser Weltentrauer. Undeutliches c-Moll. Die Durterz wird raffiniert vermieden.

Und Gott sprach: »Es werde Licht.« Alles noch neutral. »Und es ward LICHT.« Wer diesen plötzlichen Fortissimo-C-Dur-Akkord mit leuchtend großer Terz, heller als tausend Sonnen, zum erstenmal hört, der weiß für immer, was Größe ist.

Gott und Haydn haben nun viel zu tun. Am ersten Schöpfungstag verschwinden die bösen Höllengeister in ihr Nichts, und »eine neue Welt« erscheint, neapolitanisch charmant. Das Aufgehen der Sonne: eine genial harmonisierte aufsteigende Tonleiter. Der Jubelchor am Ende des vierten Schöpfungstages klingt so brausend und vehement beschleunigt, dass man unmittelbar begreift, warum die *Schöpfung* im 19. Jahrhundert als ideales Kunstwerk in aller Welt gefeiert wurde.

Nun geht's ins einzelne: die kleinen und großen Tiere, heiter charakterisiert, kontrastreich erfunden. Davon, dass sie einander fressen, braucht im Paradies ja noch nicht die Rede zu sein… Wenn dann Adam und Eva erscheinen, stolz, von keiner Sündenlast bedrückt, Gottes erhabene Ebenbilder, herrscht harmonische Konfliktlosigkeit. Sie singt, vorbildlich anpassungsfähig: »Dein Will' ist mir Gesetz, und dir gehorchen bringt mir Freude, Glück und Ruhm.« Das dürfte Haydn schon deshalb besonders gern vertont haben, weil seine eigene Ehe alles andere als glücklich war. Große Schlusschöre. Doch überwältigend reich und glanzvoll ist Haydns *Schöpfung*, bevor die Menschen erscheinen.

Wenn Sie Haydns Schöpfung *mögen…*

Wer die Fülle von Haydns *Schöpfung* liebt, wird auch Gefallen finden an dem – etwas bürgerlicheren, harmloseren – *Jahreszeiten*-Oratorium, das Haydn nach dem Erfolg der *Schöpfung* komponiert hat. Auffallend sind die Ähnlichkeiten zwischen Ludwig van Beethovens sehr positiver, das Dasein schwungvoll bejahender *Symphonie Nr. 2* (wo Haydns *Schöpfung* oft zitiert wird) und dem großen Oratorium. Falls ein Musikfreund aber auf den Glanz jubelnder Chöre nicht verzichten mag, sollte er der *Schöpfung* den späten Beethoven gegenüberstellen: nämlich das Finale aus der *Symphonie Nr. 9*.

Die fesselndsten Interpretationen von Haydns Schöpfung

Leonard Bernstein hat mit dem Chor sowie dem Symphonieorchester des Bayerischen Rundfunks eine Einspielung der *Schöpfung* geboten, die vibriert von Gewicht, lebendiger Dramatik und manchmal fast beethovenscher Gewalt. Die »Vorstellung des Chaos« wird hier zum abgründigen Ereignis, zum Mysterium – weil die »Schöpfungs«-Geschichte, also das *1. Buch Mose*, für Bernstein kein »Bildungserlebnis« gewesen ist, sondern eine Glaubensüberzeugung seiner großen jüdischen Seele. Plastisch, fern aller Nettigkeit und Idyllik, spürt Bernstein Haydns Weihe auf.

James Levine, die Berliner Philharmoniker und berühmte Stockholmer Chöre vereinigen sich in dieser Berliner/Stockholmer Aufnahme zu einer fast unübertrefflich virtuosen Gesamtleistung. Der aberwitzig heikle Schlusschor des fünften Tages, wo im entfesselten Vivace-Tempo die Sopransolistin kaum mehr ausführbare Koloraturen vorzubringen hat, wird dank Kathleen Battles stupender Technik staunenswert gemeistert. Dabei will Levine keineswegs nur »virtuos« überzeugen: Oft klingt sein Espressivo nahezu wagnerisch – und den Anfang dirigiert er übertrieben langsam, sodass die zarte »Weltentrauer« des Chaos ein wenig demonstrativ wirkt.

Neville Marriner bemüht sich, Haydns *Schöpfung* nicht als Kolossalwerk des 19. Jahrhunderts, sondern als eine frühklassische Komposition im Geiste des zu Ende gehenden 18. Jahrhunderts zu präsentieren. Das klingt überzeugend, aber manchmal – »Vollendet ist das große Werk« – auch ein wenig flach, mechanisch. Die Solisten sind stilistisch nicht ganz homogen. Dietrich Fischer-Dieskau kommt Marriners Objektivität weniger entgegen als Edith Mathis. Trotzdem kann die sorgfältig disponierte Aufnahme als Gegenposition zu Bernsteins *Schöpfungs*-Philosophie und Levines virtuoser Opulenz geschätzt werden.

Who's who

Kathleen Battle, geboren am 13. August 1948 in Portsmouth (OR), amerikanische Sängerin (Sopran)

Ludwig van Beethoven

Symphonie D-Dur Nr. 2 op. 36 (1802) — 1. Satz: Adagio molto – Allegro con brio; 2. Satz: Larghetto; 3. Satz: Scherzo. Allegro; 4. Satz: Allegro molto

Symphonie für Sopran, Alt, Tenor, Bass, Chor und Orchester d-Moll Nr. 9 op. 125 →Kaisers Klassik Nr. 1

Leonard Bernstein, geboren am 25. August 1918 in Lawrence (MA), gestorben am 14. Oktober 1990 in New York, amerikanischer Dirigent und Komponist

Dietrich Fischer-Dieskau, geboren am 28. Mai 1925 in Berlin, deutscher Sänger (Bariton)

Georg Friedrich Händel →Kaisers Klassik Nr. 12

Joseph Haydn, geboren am 1. April 1732 in Rohrau (Niederösterreich), gestorben am 31. Mai 1809 in Wien, österreichischer Komponist

Die Jahreszeiten, Oratorium Hob. XXI,3 (1801); Text: Gottfried van Swieten — 1. Teil: Der Frühling; 2. Teil: Der Sommer; 3. Teil: Der Herbst; 4. Teil: Der Winter

Die Schöpfung, Oratorium Hob. XXI,2 (1798); Text: Gottfried van Swieten — 3 Teile

James Levine, geboren am 23. Juni 1943 in Cincinnati (OH), amerikanischer Dirigent und Pianist

Sir Neville Marriner, geboren am 15. April 1924 in Lincoln, britischer Dirigent und Geiger

Edith Mathis, geboren am 11. Februar 1938 in Luzern, schweizerische Sängerin (Sopran)

Gottfried van Swieten, geboren am 29. Oktober 1733 in Leiden, gestorben am 29. März 1803 in Wien, österreichischer Diplomat und Musikliebhaber

Richard Wagner →Kaisers Klassik Nr. 5

21

Antonín Dvořák

Symphonie e-Moll Nr. 9
»Aus der Neuen Welt« op. 95

Dvořáks letzte, mit Abstand populärste Symphonie. Spricht da wirklich Amerika, das im 19. Jahrhundert in der Musik herzlich wenig zu sagen hatte, durch das Orchester eines großen tschechischen Spätromantikers? Die schlagend charakteristischen Themen machten das Stück zum Liebling auch derjenigen Musikfreunde, denen die große deutsche Symphonik zu anstrengend ist, die russische zu zerrissen und pathetisch. Was verdankt diese Symphonie *eigentlich der »Neuen Welt«? Wie die* Neunte *entstand und was sie bedeutet…*

Vor diesem melodischen und auch temperamentvollen Werk braucht niemand Angst zu haben: weder die Orchestermusiker, die mit Schwung, mystisch getragenen Melodien und donnernden Steigerungen aufwarten dürfen, noch die Hörer, die ein kluges Arrangement fabelhaft inspirierter, süffiger Themen erwartet. Dvořák zahlt bar. Der reiselustige Dvořák war 1892 von der reichen Amerikanerin Jeannette Thurber (die ihn übrigens nicht so pünktlich bezahlte, wie er das erwartet hatte) zum Unterrichten in die USA eingeladen worden.

Wozu regte Amerika ihn an? Eine berühmte amerikanische Dichtung (*The Song of Hiawatha* von Henry Wadsworth Longfellow) kannte der Komponist schon aus einer tschechischen Übersetzung. Da geht es um indianische Schicksale: Ein Begräbnis kommt vor und ein Hochzeitsfest, das vielleicht im Scherzo porträtiert ist. Doch Begräbnisse und Hochzeiten gibt es in Europa ja auch.

Trotzdem fällt auf: Viele Themen der *Symphonie* wirken ungewöhnlich synkopisch geprägt. Da schwingt amerikanisches Lebensgefühl mit, wie es die Jazzmusik später kultivierte. Die tieftraurige Melodie des Largos erinnert an den Geist der Spirituals. Doch wenn manche Tonfolgen oder Rhythmen auch noch so amerikanisch anmuten, Dvořák trägt sie in seiner unverkennbaren böhmischen Sprache vor. Der herrliche Choral des langsamen Satzes, der angeblich den Trauermarsch des indianischen Begräbnisses symbolisiert, endet mit einem typisch böhmischen Pralltriller (auf Leonard Bernsteins CD: Take 2, nach 10.37).

Es ist offenbar: im donnernd großstädtischen Furor des Finales klingt eben doch auch tschechisch Tänzerisches mit. Und die Virtuosität des Scherzos verbindet weltläufige, witzige Eleganz mit der Stimmung einer böhmischen Schenke. So mischte Dvořák unvergleichlich, was er an Stolz und Sehnsucht in sich trug. Er erfand Amerikanisches, das ihm imponierte – und übersetzte diese Funde oder Färbungen in das Idiom seiner Heimat. Dadurch kam ein Werk zustande, auf das die Amerikaner stolz sein dürfen, weil es ihrer Neuen Welt gilt. Und das wir Europäer lieben, weil es sanft, aber auch kräftig die Sprache der Alten Welt spricht.

Wenn Sie Dvořáks Neunte *mögen …*

Ein faszinierendes, allen Amerikaassoziationen fernes Gegenstück zu Dvořáks *Neunter Symphonie* ist die beschwingt inspirierte *Achte* von Dvořák in G-Dur. Sie will nicht mit »Neue Welt«-Brillanz imponieren, sondern bezaubert mit betörend schönen Themen. Ein böhmisches Mirakel, Fülle des Wohllauts, Ohrwurm-Plantage. Pjotr Tschaikowskis *Fünfte* gleicht Dvořáks *Neunter* nicht nur in der Tonart e-Moll, sondern auch darin, dass sie ihr Hauptmotiv in allen Sätzen drohend vorbringt, wie Dvořák es auch tut. Bei Tschaikowski ertönt noch massiver, noch aufgewühlter, was bei Dvořák trotz amerikanischem Furor doch irgendwie böhmisch verhalten bleibt.

Die fesselndsten Interpretationen von Dvořáks Neunter

Leonard Bernstein hat 1986, vier Jahre vor seinem Tode, mit dem Israel Philharmonic Orchestra in Paris eine großartig plastische Interpretation des Werkes vorgelegt: Höhepunkt und mystisches Wunder ist das Largo. Bei Bernstein dauert es 18 Minuten, weit länger als bei Georg Solti (14 Minuten) oder Václav Talich (12 Minuten). Man spürt, wie zwischen den Akkorden gleichsam Luft und Unendlichkeit in eine Musik dringen, deren Rang und Leidensemphase, wenn Bernstein dirigiert, überwältigt. Den letzten Satz verstand Bernstein majestätisch. So entstand eine wunderbar inspirierte Wiedergabe, auch wenn das Orchester nicht allerersten Ranges sein mag.

Georg Solti unterstreicht mit dem brillanten Chicago Symphony Orchestra gleichsam die amerikanische Dimension von Dvořáks *Symphonie »Aus der Neuen Welt«*. Alles kommt schmetternd direkt, mitreißend, ja stromlinienförmig schwungvoll. Und trotzdem geht keine Nuance verloren: Was Präzision betrifft, ist Chicago unschlagbar. So gerät die *Symphonie* zu einem ekstatischen Amerikabekenntnis mit zarten Momenten des Innehaltens.

Václav Talich und das Tschechische Philharmonische Orchester legen es nicht auf stählernen Glanz oder entfesselte Virtuosität an, sondern auf entspanntes Miteinander. Im Scherzo darf böhmisches Behagen erfreuen, das Largo muss keine Tragödie sein. Neben großer symphonischer Musik macht man (keineswegs werkungetreu) gelegentlich delikate Kammermusik. Dvořáks *Neunte* hält das aus – ist manchmal sogar dankbar dafür.

Who's who

Leonard Bernstein, geboren am 25. August 1918 in Lawrence (MA), gestorben am 14. Oktober 1990 in New York, amerikanischer Dirigent und Komponist

Antonín Dvořák, geboren am 8. September 1841 in Nelahozeves (bei Prag), gestorben am 1. Mai 1904 in Prag, tschechischer Komponist

Symphonie G-Dur Nr. 8 op. 88 →Kaisers Klassik Nr. 73

Symphonie e-Moll Nr. 9 »Z nového světa (Aus der Neuen Welt)« op. 95 (1893) — 1. Satz: Adagio – Allegro molto; 2. Satz: Largo; 3. Satz: Molto vivace: 4. Satz: Allegro con fuoco

Henry Wadsworth Longfellow, geboren am 27. Februar 1807 in Portland (ME), gestorben am 24. März 1882 in Cambridge (MA), amerikanischer Lyriker

The Song of Hiawatha (Das Lied von Hiawatha), Epos (1855)

Sir Georg Solti (eigentlich György Solti), geboren am 21. Oktober 1912 in Budapest, britischer Dirigent ungarischer Herkunft

Václav Talich, geboren am 28. Mai 1883 in Kremsier (Südmähren), gestorben am 16. März 1961 in Beraun (bei Prag), tschechischer Dirigent

Jeannette Thurber (geborene Meyers), geboren am 29. Januar 1850 in New York, gestorben am 2. Januar 1946 in Bronxville (New York), amerikanische Musikmäzenin dänisch-amerikanischer Herkunft

Pjotr Iljitsch Tschaikowski →Kaisers Klassik Nr. 41

Symphonie e-Moll Nr. 5 op. 64 (1888) — 1. Satz: Andante – Allegro con anima; 2. Satz: Andante cantabile, con alcuna licenza; 3. Satz: Valse. Allegro moderato; 4. Satz: Finale. Andante maestoso – Allegro vivace

22

Giuseppe Verdi

Requiem

für Chor, Gesangssoli und Orchester

Großartigste Requiem-Vertonung der Musikgeschichte. Verdis inspiriertestes, glühendstes Werk. Ängstliche Protestanten fragen manchmal, ob diese Totenmesse etwas Unangemessenes sei, nämlich eine Oper über tiefernste Texte. Aber nicht banal-opernhaft verhält sich hier Verdi, sondern genial-dramatisch! Er komponierte eine Schreckensoper über den Tod, über Angst und Hoffnung der Menschheit. Wie das Requiem *entstand und was es bedeutet …*

Als Gioachino Rossini 1868 starb, entwickelte Verdi einen noblen Plan. 13 italienische Komponisten sollten die 13 Textabschnitte der römisch-katholischen Totenmesse zu Ehren des großen Kollegen vertonen. Er selbst schrieb das Schlussstück: »Libera me«. Natürlich klappte die Unternehmung nicht. Verdi hatte vergessen, dass er in Italien lebte. Sein »Libera me« verschloss der wütende Komponist in einer Schreibtischschublade. Fünf Jahre später verstarb der große italienische Dichter Alessandro Manzoni, den Verdi bewundert und mit ganzer Seele geliebt hatte. Ihm komponierte er, ohne jeden fremden Beistand, eine Totenmesse. Die Arbeit am *Requiem* – Verdis einziges großes Werk zwischen *Aida* (1871) und *Otello* (1887) – ging zügig voran. Und das »Libera me« durfte aus der Schreibtischschublade an den Schluss der erhabenen Komposition.

Wie im Dämmerlicht einer Kathedrale beginnt leise und psalmodierend das *Requiem* (»Herr, gib ihnen ewige Ruhe«). Dann dürfen die Solisten sich sogleich mit glühenden Belkantomelodien vorstellen. Während man sich ihren Stimmen betört hingibt, scheint die Decke einzustürzen. Mit elementarer Urkraft donnert die Vision vom »Dies Irae«, vom »Tag des göttlichen Zorns«. Höllischer, von der Pauke wild angeheizter Lärm. Verdis Phantasie arbeitet wie im Rausch. Wenn die Posaunen des Jüngsten Gerichts ertönen, dann beginnt es leise, zugleich von nah und fern. Aber bald erbebt die ganze Erde, ja das Weltall von grandios heftigem Geschmetter. Darauf schenkt Verdi der Altistin eine Kantilene, die in eine überschwänglich noble Verzweiflungsgeste mündet: Wir armen Erdenbürger werden nämlich mit Hilfe eines Buches beurteilt, das alle unsere (Un-)Taten enthält. Zarte, unbegleitete Solistenpartien erinnern an alte italienische Kirchenmusik, donnernde Fugen, magische Harmonien an Verdis hochentwickelte Kunst. Während des »Lacrymosa« (das Verdi auch im *Don Carlos* verwendete) ahmt die Musik Schluchzen nach. Ungeheuerlich der Schluss. Dreimal setzt die Sopranistin hoffend und angsterfüllt zu ihrem »rette mich« an. Zweimal beendet sie ihre Bitte resignierend weich. Aber dann befiehlt Verdi dem Orchester und dem Chor »tutta forza«: *ff*. Jetzt geht es um alles oder nichts. Mit äußerster Kraft singt die Sopranistin eine Himmelsleiter bis hinauf zum hohen, zweigestrichenen C – und hält diesen Ton lang wie eine Ewigkeit über die entfesselte Welt (in Arturo Toscaninis Aufnahme: CD II, Take 8, von 3.43 bis 4.20). Falls Gott nicht stocktaub ist, müsste ihn eine solche Bitte rühren. Verdi sei Dank.

Wenn Sie Verdis Requiem *mögen …*

Wer nach dem magischen Sound geistlicher Musik des späten Verdi süchtig ist, für den hat der Alte noch etwas in petto: Nämlich die *Quattro pezzi sacri*, Verdis überhaupt letzte, noch nach dem *Falstaff* vollendete, Gesangskompositionen. Doch Verdi-Fans, die nicht auch Opernfans sind, dürften kaum existieren. Weil aber im *Requiem* manches an den *Don Carlos* und auch an *Aida* erinnert, so mag der Verdi-Bewunderer vergnügt auf diese herrlichen großen Opern ausweichen, bevor er wieder zum womöglich noch größeren *Requiem* zurückkehrt.

Die fesselndsten Interpretationen von Verdis Requiem

Arturo Toscanini hat Verdi mit einer Reinheit nie nachlassender Leidenschaft dirigiert, mit einer rhythmischen Attacke und einer trotz aller Heftigkeit faszinierend reichen Melodik, die seine Aufführung von 1951 denn doch über alle anderen Interpretationen hinaushebt. Was anderswo manchmal wie leere oder aufgedonnerte »Italianità« klingt, indiskret und effekthascherisch, das wird vom alten Toscanini (der immerhin zu Verdis Tod die Trauermusik dirigieren durfte im Jahre 1901!) ernst genommen, erfüllt, zum Inbegriff noblen lateinisch-römischen Lebensgefühls gemacht. Die Solisten – nicht allererste Klasse – fügen sich ein, und das NBC Symphony Orchestra folgt wohldressiert.

Herbert von Karajan ist ein wunderbarer Verdi-Dirigent gewesen, etwas weicher als Toscanini, dabei schmetterfreudig genug. Was ihm vielleicht an Glut fehlt, dafür kommen neben den Berliner Philharmonikern seine erlesenen Solisten auf: Mirella Freni ist auch mit den hochdramatischen Augenblicken ihrer Partie nicht überfordert, Christa Ludwig und Nicolai Ghiaurov waren weitere Stars dieser Einspielung aus dem Jahre 1972. Ein Jahrzehnt später dirigierte Karajan das *Requiem* fast verklärt, als ob im Paradies zart-traurig über den Tod geträumt würde…

Carlo Maria Giulini bietet eine respektable, von tiefem Ernst und Verantwortungsgefühl erfüllte Interpretation. Er stützt sich aufs Philharmonia Orchestra, dazu auch auf die Ludwig und auf Ghiaurov. Leider fehlt es der hochartifiziellen Elisabeth Schwarzkopf an Glanz und Feuer für die Steigerungen des »Libera me«. Aber auch hier – wie in allen großen

Requiem-Interpretationen – fehlen jene Banalitätsorgien, die sonst so oft belästigen.

Who's who

Mirella Freni (eigentlich Mirella Fregni), geboren am 27. Februar 1935 in Modena, italienische Sängerin (Sopran)

Nicolai Ghiaurov (eigentlich Nikolai Gjaurow), geboren am 13. September 1929 in Welingrad, bulgarischer Sänger (Bass)

Carlo Maria Giulini, geboren am 9. Mai 1914 in Barletta (Apulien), italienischer Dirigent

Herbert von Karajan, geboren am 5. April 1908 in Salzburg, gestorben am 16. Juli 1989 in Anif (bei Salzburg), österreichischer Dirigent

Christa Ludwig, geboren am 16. März 1928 in Berlin, österreichische Sängerin (Mezzosopran)

Alessandro Manzoni, geboren am 7. März 1785 in Mailand, gestorben am 22. Mai 1873 in Mailand, italienischer Dichter

Gioachino Rossini (eigentlich Giovacchino Rossini), geboren am 29. Februar 1792 in Pesaro, gestorben am 13. November 1868 in Passy (heute zu Paris), italienischer Komponist

Elisabeth Schwarzkopf, geboren am 9. Dezember 1915 in Jarocin (bei Posen), deutsche Sängerin (Sopran)

Arturo Toscanini, geboren am 25. März 1867 in Parma, gestorben am 16. Januar 1957 in New York, italienischer Dirigent

Giuseppe Verdi, geboren am 9./10. Oktober 1813 in Le Roncole (bei Busseto, Parma), gestorben am 27. Januar 1901 in Mailand, italienischer Komponist

Aida →Kaisers Klassik Nr. 33

Don Carlos, Opéra in fünf Akten; Text: Joseph Méry (eigentlich Joseph Pierre Agnès) und Camille Du Locle nach Friedrich von Schiller; Uraufführung: Paris, 11. März 1867

Falstaff, Commedia lirica in drei Akten; Text: Arrigo Boito nach William Shakespeare; Uraufführung: Mailand, 9. Februar 1893

Messa da Requiem (1874) — Requiem – Kyrie – Dies irae – Tuba mirum – Liber scriptus – Quid sum miser – Rex tremendae – Recordare – Ingemisco – Confutatis – Lacrymosa – Offertorio – Sanctus – Agnus Dei – Lux aeterna – Libera me

Otello →Kaisers Klassik Nr. 90

Quattro pezzi sacri — 1: Laudi alle Vergine Maria (1886); 2: Ave Maria (1889); 3: Te Deum (1895); 4: Stabat Mater (1897)

23

Johannes Brahms

Klavierkonzert B-Dur Nr. 2

op. 83

Kein flottes Effektstückchen für einen fingerfertigen Virtuosen und ein gelangweilt begleitendes Orchester. Sondern: ein viersätziger Klavierkonzertkoloss. Von den Pianisten heiß geliebt und heftig gefürchtet. Symphonie mit Klavier: Mischung aus erhabenen Klaviermonologen, »konzertanten« Dialogen und orchestraler Wucht. Wie das Konzert *entstand und was es bedeutet …*

Schon als 26-jähriger musste Brahms den bittersten Misserfolg seines Lebens hinnehmen: 1859 fiel er mit seinem *Klavierkonzert d-Moll* in Leipzig vollkommen durch. »Dieser Durchfall«, schrieb Brahms, »macht mir übrigens durchaus keinen Eindruck … Trotz allem wird das Konzert noch einmal gefallen … und ein zweites soll schon anders lauten.«

Da hatte Brahms nicht zuviel versprochen: Sein *Klavierkonzert Nr. 2*, 22 Jahre später entstanden, birgt neben Grandios-Heftigem so viel Lyrisches, Melodisches, dass man sich in diesem riesigen B-Dur-Mirakel verirren kann wie in einem klingenden Labyrinth.

Das Hauptthema des ersten Satzes trägt das Horn vor. Und wenn es schön bläst, wenn da romantisch-poetische Unendlichkeit mittönt, dann ist eigentlich jeder arme Klaviersolist auf verlorenem Posten. Nicht bei Brahms. Da darf der Pianist seine Antwort aus mystischer Abgrundtiefe langsam heraufholen. So beginnt das Konzert mit einem zarten Dialog. Dann freilich muss der Solist sich mächtig in Szene setzen. Muss in seinem Anfangsmonolog zeigen, wie blitzend, wie vollgriffig, wie nachdenklich, wie treffsicher er sein Klavier und die Kunst der Klangrede beherrscht.

Dieses erste Solo – in dem sich meist bereits entscheidet, ob der Flügelmann den ungeheuerlichen brahmsschen Anforderungen psychisch und physisch gewachsen ist oder eben leider doch nicht – endet mit einem Crescendo-Doppelpunkt; dann beginnt das riesige eigentliche Orchestervorspiel. Dessen Themen erweitert Brahms allmählich. Aus einer schönen Melodie wird dann am Ende der Exposition eine riesige Klavierekstase mit donnernd schweren Basssprüngen und brausenden 32-stel-Passagen. Dem ist wirklich kein noch so tüchtiger Amateur gewachsen. Das können nur große Pianisten.

Brahms genügte dieser riesige Kopfsatz nicht. Der zweite Satz, »Allegro appassionato«, ein klirrend heftiges Quasi-Scherzo, trumpft noch wilder und wehmütiger auf. Der Mittelteil dieses Satzes beginnt dann in barockem Händel-D-Dur. Dagegen muss das Klavier mit aberwitzigen leisen und huschenden Doppeloktaven anspielen.

Das Andante beginnt mit einer Kantilene des Solocellos. Dem antwortet heftig akkordarbeitend das Klavier. Danach erstarrt die Musik herb. Und wir gelangen ins geheime Adagio-Königreich des ganzen Werkes. Dolcissimo, leise und zart flüstern sich Klarinette, Streicher und Klavier ihre fragilen Träume zu.

Im ungarisch pointierten Finale, das dem Pianisten Unspielbares abverlangt, wollte Brahms Ferien vom Problem-Ich machen, also nach derart viel Tiefsinn keinen wer weiß wie gewichtigen Schlusssatz mehr hinzufügen. Das versteht man. Und ist am Ende doch ein wenig enttäuscht, weil der demonstrativ lustige letzte Satz nicht halten mag, was die ersten drei so genial versprachen.

Wenn Sie Brahms' Klavierkonzert B-Dur *mögen …*

Wer so viel Konzentrationskraft und engagiertes Interesse besitzt, das *Konzert B-Dur* von Brahms zu lieben, der hat im Bezirk großer Klavierkonzerte nichts mehr zu fürchten. Natürlich wird ein solcher Brahmine auch das *Klavierkonzert d-Moll* kennenlernen wollen. Und vielleicht auch Max Regers sperriges *Klavierkonzert f-Moll* oder gar Ferruccio Busonis *Konzert*, das, wenn man schon gar nicht mehr auf ein Ende zu hoffen wagt, mit einem mystisch-mürrischen Männerchor schließt.

Die fesselndsten Interpretationen von Brahms' Klavierkonzert B-Dur

Arthur Rubinstein hat einmal berichtet, Brahms sei eigentlich für ihn kein ferner Klassiker gewesen, sondern Zeitgenosse. Als Brahms 1897 starb, war Rubinstein zehn Jahre alt – und Joseph Joachim, der das junge polnische Wunderkind in Berlin unter seine Fittiche nahm, ist lebenslang ein Freund von Brahms gewesen. So eingewiesen, spielte Rubinstein mit beseelter Richtigkeit Brahms.

Vladimir Horowitz hat zusammen mit seinem Schwiegervater, dem Dirigenten Arturo Toscanini, im Jahre 1940 – die Aufnahmen »rauschen« freilich ein wenig – das *Konzert B-Dur* eingespielt. Eine »italienischere«, Verdi-nähere Interpretation dieser schwerblütigen Musik ist kaum vorstellbar. Zumal was im mitreißenden zweiten Satz passiert, hat Verve, Kraft, Glut, Pathos. Wie Horowitz die legendären Pianissimo-Oktaven da meistert (für Neugierige: CD Take 2, nach 4.40), das ist auch Interpretationslegende geworden.

Edwin Fischer führte zusammen mit Wilhelm Furtwängler und den Berliner Philharmonikern am 9. November 1942 das *Konzert* von Brahms öffentlich auf. Auch dieser Mitschnitt hat technische Mängel. Enthält aber eine ergreifende Darstellung des langsamen Satzes.

Wer sich für »alte« Aufnahmen nicht erwärmen mag, dem sei die schwungvolle, kompetente, gespannt obertonreiche Interpretation dringlich empfohlen, die Sir Colin Davis, das Symphonieorchester des Bayerischen Rundfunks und der Pianist Gerhard Oppitz 1993 vorlegten.

Who's who

Johannes Brahms, geboren am 7. Mai 1833 in Hamburg, gestorben am 3. April 1897 in Wien, deutscher Komponist

Konzert für Klavier und Orchester d-Moll Nr. 1 op. 15 →Kaisers Klassik Nr. 84

Konzert für Klavier und Orchester B-Dur Nr. 2 op. 83 (1881) — 1. Satz: Allegro non troppo; 2. Satz: Allegro appassionato; 3. Satz: Andante; 4. Satz: Allegretto grazioso

Ferruccio Busoni, geboren am 1. April 1866 in Empoli (bei Florenz), gestorben am 27. Juli 1924 in Berlin, italienisch-deutscher Komponist

Konzert für Klavier und Orchester mit Schlußchor für Männerstimmen op. 39 (1904) — 1. Satz: Prologo e introito. Allegro, dolce e solenne; 2. Satz: Pezzo giocoso. Vivacemente, ma senza fretta; 3. Satz: Pezzo serioso. Andante sostenuto pensoso; 4. Satz: All'italiana. Vivace (in un tempo)

Sir Colin Davis, geboren am 25. September 1927 in Weybridge (Surrey), britischer Dirigent

Edwin Fischer, geboren am 6. Oktober 1886 in Basel, gestorben am 24. Januar 1960 in Zürich, schweizerischer Pianist

Wilhelm Furtwängler, geboren am 25. Januar 1886 in Berlin, gestorben am 30. November 1954 in Ebersteinburg (heute zu Baden-Baden), deutscher Dirigent und Komponist

Georg Friedrich Händel →Kaisers Klassik Nr. 12

Vladimir Horowitz (eigentlich Wladimir Samoilowitsch Gorowiz), geboren am 1. Oktober 1903 in Berditschew, gestorben am 5. November 1989 in New York, amerikanischer Pianist ukrainischer Herkunft

Joseph Joachim, geboren am 28. Juni 1831 in Kittsee (bei Preßburg), gestorben am 15. August 1907 in Berlin, deutscher Geiger, Dirigent und Komponist

Gerhard Oppitz, geboren am 5. Februar 1953 in Frauenau (Bayerischer Wald), deutscher Pianist

Max Reger, geboren am 19. März 1873 in Brand (bei Marktredwitz), gestorben am 11. Mai 1916 in Leipzig, deutscher Komponist

Konzert für Klavier und Orchester f-Moll op. 114 (1910) — 1. Satz: Allegro moderato; 2. Satz: Largo con gran espressione; 3. Satz: Allegretto con spirito

Arthur Rubinstein, geboren am 28. Januar 1887 in Lodz, gestorben am 20. Dezember 1982 in Genf, amerikanischer Pianist polnischer Herkunft

Arturo Toscanini, geboren am 25. März 1867 in Parma, gestorben am 16. Januar 1957 in New York, italienischer Dirigent

Giuseppe Verdi →Kaisers Klassik Nr. 22

24

Hector Berlioz

Symphonie fantastique

op. 14

Eine Episode aus dem Leben des Künstlers *will die* Phantastische Symphonie *von Berlioz bieten. Sie war ein genialer, grell antiakademischer Prankenhieb ins europäische Musikleben von 1830. Zu dieser Zeit ist Beethoven ja erst drei, Schubert kaum zwei Jahre tot gewesen. Nun wagt ein 27-jähriger Franzose eine exaltierte fünfsätzige Programmsymphonie. Deren vierter Satz »Der Gang zum Richtplatz« schildert immerhin Folgendes: Der unglücklich liebende Held hat sich mit Opium vergiftet, was ihm zwar nicht den Tod verschaffte, wohl aber die grauenvolle Vision, er habe die Geliebte ermordet, sei zum Tode verurteilt, müsse zum Richtplatz, wo ihn mit grellem Getöse das Beil des Henkers trifft. Die Formen und Farben von Berlioz sind neu, schrill, fesselnd. Wie die* Symphonie fantastique *entstand und was sie bedeutet …*

Berlioz verliebte sich 1827 rasend in die Schauspielerin Harriet Smithson, die ganz Paris faszinierte. Um die Berühmte auf sich, den unbekannten Komponisten, aufmerksam zu machen, verfasste Berlioz die *Symphonie fantastique*. Natürlich kommt die Dame in den Sätzen der *Symphonie* vor, und zwar als »idée fixe«, als fixe Idee einer Besessenheit, als Bild der vergeblich erstrebten Geliebten. Mal ruhig, dann leidenschaftlich, dann grotesk entstellt zum verrückten Tanzthema eines »Hexensabbats«. Übrigens hatte die Schauspielerin 1830 bei der Uraufführung keine Ahnung, wer Berlioz war. Später wurde geheiratet. Dass die Ehe dann, milde gesagt, exaltiert verlief, braucht kaum hinzugefügt zu werden. Aber etwas hatte die Leidenschaft doch erbracht: eine unverwelklich frische Musik, wo die Farben der Instrumente nicht bloß zum symphonischen Gesamteindruck beitragen, sondern Gestalten und Gefühle koloristisch charakterisieren.

Der erste Satz – »Träumerei, Leidenschaft« – stellt einen gemütskranken Künstler vor. Er beginnt ruhig, fast nachdenklich, schuberthaft. Aber dann kommen die Erregungen. Zweiter Satz: »Auf dem Ball«. Eine schwungvolle, nicht tiefgründige (warum auch?) Tanzszene, vor deren brillantem Ende die »idée fixe« wie ein gläsernes Gespenst erscheint. Heikel der dritte Satz: »Szene auf dem Lande«. Ein langsamer, mysteriöser Dialog zwischen Englischhorn und Oboe. Echoeffekte. Tiefgründige Naturpoesie. Nicht der religiöse Pantheismus von Ludwig van Beethovens *»Pastoral«-Symphonie*, sondern eher die düstere Unendlichkeit angstvollen Naturempfindens. Die letzten beiden Sätze sind Virtuosenstücke des Grauens. Die Trommelwirbel vor der Hinrichtung drükken keine Seelennot aus, wie später beim empfindlichen Gustav Mahler. Bei Berlioz hat das Verhängnis eine blitzende Schärfe. Unsentimental blickt der Gallier dem Tod ins Auge.

Wenn Sie Berlioz' Symphonie fantastique *mögen …*

Wer für Musik solcher Pracht, solchen programmatischen Furors Sinn hat, der darf auch an *Harold in Italien* von Berlioz (für großes Orchester und Solobratsche, keinem Geringeren als Niccolò Paganini gewidmet) nicht vorbeigehen. Eine veritable, nur eher lustig gemeinte Hinrichtung, vom großen Orchester in einer Tondichtung geboten, ist auch von Richard Strauss zu haben. Und zwar in *Till Eulenspiegels lustige Streiche*. Falls man die musikalische, von aller Instrumentationskunst freie Substanz der *Symphonie-fantastique*-Komposition studieren möchte, lohnt es, die Klavierauszug-Fassung von

Franz Liszt kennenzulernen. Sie wurde mehrfach von Pianisten, die jedoch das Fürchten verlernen mussten, für Schallplatte eingespielt.

Die interessantesten Interpretationen von Berlioz' Symphonie fantastique

Lorin Maazel und das Cleveland Orchestra bringen die französische Brillanz und Schärfe des Werkes mitreißend heraus. Maazel wählt scharfe, unsentimentale Tempi. Im Walzer blühen die Geigen elegant und ohne dicke Ritardandi – der »Marsch zum Richtplatz« gerät fast opernhaft dramatisch. Wenn im letzten Satz die Klarinette das »idée fixe«-Thema wüst karikiert, kommt jener alberne Operettenton, jener Offenbach-Witz nicht auf, der sonst allzuoft ein passioniertes Meisterwerk ins unverdient Komische zieht.

Leonard Bernstein vertraut dem Gewicht der Berlioz-Partitur. Er wählt nicht brillante Tempi, sondern dirigiert so gestisch, so expressiv wie nur möglich. Seine Fähigkeit, im langsamen Satz Naturmystik, ja fast russische Weltverlorenheit zu empfinden und zu gestalten, fasziniert – wenn sie auch Berlioz mit Tschaikowski-Pathos zu belasten scheint.

Sir Colin Davis ist ein sehr objektivistischer, das heißt antisentimentaler, scharfer Berlioz-Dirigent. Er stellt die Heftigkeiten der Partitur dar, ohne sie mystisch zu überhöhen oder klassisch zu harmonisieren. Für seine Interpretation erweist sich als Glück, dass die Wiener Philharmoniker – die gewiss kein genuines, »typisches« Berlioz-Orchester sind – ihren ausdrucksvollen Klang und ihr selbstverständliches Espressivo weder unterdrücken können noch wollen.

Ludwig van Beethoven

Symphonie F-Dur Nr. 6 »Pastorale« op. 68 →Kaisers Klassik Nr. 91

Hector Berlioz, geboren am 11. Dezember 1803 in La Côte-Saint-André (bei Vienne, Isère), gestorben am 8. März 1869 in Paris, französischer Komponist

Harold en Italie (Harold in Italien) für Orchester mit Soloviola op. 16 (1834) — 1. Satz: Harold aux montagnes. Scènes de mélancolie, de bonheur et de joie; 2. Satz: Marche de pélerins, chantant la prière du soir; 3. Satz: Sérénade d'un montagnard des Abbruzes à sa maîtresse; 4. Satz: Orgie des brigands. Souvenirs de scènes précédentes

Symphonie fantastique. Épisode de la vie d'un artiste (Phantastische Symphonie. Episode aus dem Leben eines Künstlers) op. 14 (1830) — 1. Satz: Rêveries. Passions; 2. Satz: Un bal. Valse; 3. Satz: Scène aux champs; 4. Satz: Marche au supplice; 5. Satz: Songe d'une nuit du sabbat – Ronde du sabbat

Leonard Bernstein, geboren am 25. August 1918 in Lawrence (MA), gestorben am 14. Oktober 1990 in New York, amerikanischer Dirigent und Komponist

Sir Colin Davis, geboren am 25. September 1927 in Weybridge (Surrey), britischer Dirigent

Franz von Liszt →Kaisers Klassik Nr. 29

Lorin Maazel, geboren am 6. März 1930 in Neuilly-sur-Seine (bei Paris), amerikanischer Dirigent und Geiger

Gustav Mahler →Kaisers Klassik Nr. 9

Jacques Offenbach (eigentlich Jacob Offenbach), geboren am 20. Juni 1819 in Köln, gestorben am 6. Oktober 1880 in Paris, deutsch-französischer Komponist

Niccolò Paganini, geboren am 27. Oktober 1782 in Genua, gestorben am 27. Mai 1840 in Nizza, italienischer Geiger und Komponist

Franz Schubert →Kaisers Klassik Nr. 7

HARRIET SMITHSON (verheiratete Berlioz), geboren am 18. März 1800 in Ennis (bei Limerick), gestorben am 3. März 1854 in Paris, irische Schauspielerin

RICHARD STRAUSS →KAISERS KLASSIK Nr. 64
Till Eulenspiegels lustige Streiche. Nach alter Schelmenweise – in Rondeauform – für großes Orchester op. 28 (1895)

PJOTR ILJITSCH TSCHAIKOWSKI →KAISERS KLASSIK Nr. 41

25

Frédéric Chopin

Ballade g-Moll Nr. 1

op. 23

Chopin hat die große romantische Instrumentalballade zugleich erfunden und vollendet. Gewiss: Liszt, Grieg und Brahms komponierten gediegene Klavierballaden, setzten fort, was Chopin begonnen hatte. Aber sie vermochten weder zu erreichen noch gar zu übertreffen, was der geniale Pole schuf. Chopins Ballade *tönt überwältigend reich. Das ist ein Traum von Polens Herrlichkeit, eine wehmütige, erinnerungsselig anhebende Geschichte, die sich zu glänzenden Höhepunkten und fatalistischem Donnerende steigert. Wie die* Ballade *entstand und was sie bedeutet …*

Chopin war 25 Jahre alt und lebte schon fast ein halbes Jahrzehnt in Paris, als er seine *Ballade g-Moll* komponierte. Freunde gaben ihr den Beinamen »die Polnische«. Nun hatte Chopin die ersten 20 Jahre seines Lebens in Polen zugebracht, dann Paris als Exilwohnsitz gewählt. Schon in Chopins frühen Werken gibt es das polnische Idiom, den polnischen Tonfall der Mazurken und Polonaisen. Für den Warschauer Chopin war das Folkloristische eine pointierte Besonderheit, eine witzige Würze. Später, in der Fremde, klingt diese Würze anders. Sie wird in Chopins Pariser Kompositionen zum Ausdruck und Symbol herzbewegender Sehnsucht.

Die *Ballade g-Moll* beginnt mit einer langsamen, rezitativisch freien Einleitung. Und zwar in gewichtigem, kaum verschleiertem As-Dur. Aber das ist nur Vorwand, Vorspiel zu dem, was folgt und danach besonders traurig klingt. Die Musik sinkt nämlich ins g-Moll, erscheint also in wunderbar verdunkelter Perspektive. Das Hauptthema fängt mit immer der gleichen melodisch klagenden Geste an. Geht dann aber jedesmal auf andere Weise weiter. Wie eine Erzählung, die stets mit »Es war einmal...« beginnt, dann aber immer neue, andere Wendungen bietet. Aus diesem traurigen Traum lodern bald Flammen. Heftige Passagen, die mit einer Quarte verklingen. Genau diese Quarte wird dann umfunktioniert zum Anfang des zweiten Themas. Ein stürmisches Balladendrama entwickelt sich. Das erste Thema erscheint greller, das zweite entfaltet sich schwungvoll, grandios, triumphal. Hier kombiniert kein Sonatenkomponist, der wohlüberlegte thematische Arbeit vorführt, sondern die Themen wandeln sich im unaufhaltsamen Verlauf der Zeit. Das hat gewiss etwas vom schubertschen Wandern. Freilich bewegt sich die polnische Seele nicht melancholisch schlendernd, wie der todtraurige schubertsche Wanderer. Sondern aggressiver, verrückter, stolzer. Als Mixtur aus trüb-fatalistischem Klagen und blitzend-ritterlichem Stürmen.

Ob dahinter ein regelrechtes Handlungsprogramm steckt? Eine Ballade des polnischen Nationaldichters Adam Mickiewicz, den Chopin kannte und bewunderte? Wir wissen es nicht. Chopins *Ballade g-Moll* mit dem aberwitzig schweren Prestoschluss will als absolute Musik verstanden und geliebt werden.

Wenn Sie Chopins Ballade g-Moll *mögen...*

Wem aufgegangen ist, was für eine erfüllte Welt, was für eine hohe Kunst sich in Chopins *g-Moll-Ballade* verbirgt, der wird keine Ruhe finden, bis er auch die anderen Chopin-Balladen für sich erobert hat. Die enorm kontrastreiche *Ballade F-Dur Nr. 2* mit ihrem klirrenden »agitato«-Schluss. Die noble *Ballade As-Dur Nr. 3* mit ihren Klangwundern und Steigerungen. Die trüb-selig anhebende *Ballade f-Moll Nr. 4*, die sich gegen depressives Erstarren mit hektischer Macht aufbäumt. Ein bisschen versteht man schon Friedrich Nietzsche, der sagte, er sei »immer noch Pole genug, um gegen Chopin den Rest der Musik hinzugeben«.

Die fesselndsten Interpretationen von Chopins Ballade g-Moll

Da von beinahe jedem öffentlichen Auftritt des Pianisten Vladimir Horowitz Mitschnitte gemacht und veröffentlicht wurden, existieren zahlreiche horowitzsche Interpretationen der *Ballade g-Moll*. Vergleicht man sie, dann stellt man bewundernd fest: der Künstler entdeckte immer wieder Neues. Als er die *Ballade g-Moll* 1965 spielte, bei seiner berühmten Wiederkehr in den Konzertsaal, den er zwölf Jahre lang konsequent und öffentlichkeitsscheu gemieden hatte, da bereicherte Horowitz die Episoden zwischen den beiden großen Themen geistreich. Gewisse harmonische Finessen in der linken Hand entdeckte er erst als reifer Künstler; die allermeisten entdecken dergleichen freilich überhaupt nicht. So klingt die *Ballade* unter Horowitz' Händen donnernd forciert und delikat zugleich.

Arthur Rubinstein – nicht Russe wie Horowitz, sondern Pole wie Chopin – versteht die *Ballade* meditativer. Er stellt das Feurige nicht extrovertiert dar, sondern gewinnt es wunderbar selbstverständlich aus dem Verlauf der Musik. Der Beginn hat bei ihm etwas untröstlich Fragendes: Sollte Polen doch verloren sein? Mit immer leuchtenderem Ton spinnt Rubinstein uns unwiderstehlich ein in eine geheimnisvolle Tragödie.

Arturo Benedetti Michelangeli, der italienische Meisterpianist, weiß natürlich, dass man ein so glühendes Werk wie die *Ballade g-Moll* nicht nur mit erlesenem Geschmack und erlesener Technik spielen, also domestizieren darf. Doch das Stück effektgierig herunterzudonnern, ist Benedetti

Michelangeli wiederum zu nobel: So bietet er die *Ballade* als Prozess. Anfangs immer Zögern, Verhaltenheit, leises Entsetzen vor dem Kommenden. Und dann endlich doch machtvolle Entladungen, dunkles Donnern polnischen Verhängnisses.

Who's who

Arturo Benedetti Michelangeli, geboren am 5. Januar 1920 in Brescia, gestorben am 12. Juni 1995 in Lugano, italienischer Pianist

Johannes Brahms →Kaisers Klassik Nr. 10

Frédéric Chopin (auch Fryderyk Chopin), geboren am 1. März (oder 22. Februar?) 1810 in Zelazowa-Wola (bei Warschau), gestorben am 17. Oktober 1849 in Paris, polnischer Komponist und Pianist

Ballade für Klavier g-Moll Nr. 1 op. 23 (1835)
Ballade für Klavier F-Dur Nr. 2 op. 38 (1839)
Ballade für Klavier As-Dur Nr. 3 op. 47 (1841)
Ballade für Klavier f-Moll Nr. 4 op. 52 (1842)

Edvard Grieg, geboren am 15. Juni 1843 in Bergen, gestorben am 4. September 1907 in Bergen, norwegischer Komponist

Vladimir Horowitz (eigentlich Wladimir Samoilowitsch Gorowiz), geboren am 1. Oktober 1903 in Berditschew, gestorben am 5. November 1989 in New York, amerikanischer Pianist ukrainischer Herkunft

Franz von Liszt →Kaisers Klassik Nr. 29

Adam Mickiewicz, geboren am 24. Dezember 1798 in Zaosie (heute zu Nowogrudok, Weißrussland), gestorben am 26. November 1855 in Konstantinopel (heute Istanbul), polnischer Schriftsteller

Friedrich Nietzsche, geboren am 15. Oktober 1844 in Röcken (bei Lützen), gestorben am 25. August 1900 in Weimar, deutscher Philosoph und Philologe

ARTHUR RUBINSTEIN, geboren am 28. Januar 1887 in Lodz, gestorben am 20. Dezember 1982 in Genf, amerikanischer Pianist polnischer Herkunft

FRANZ SCHUBERT →KAISERS KLASSIK Nr. 7

26
Ludwig van Beethoven
Symphonie c-Moll Nr. 5
op. 67

Keine rhythmische Gebärde, die je ein Mensch erfand, wurde populärer als das »Ta-ta-ta-daa«, mit dem Beethovens Fünfte *donnernd beginnt. Als man den Komponisten, so berichtet eine oft widerlegte Anekdote, fragte, was dieses sprechende Motiv denn nun wirklich aussage, soll er geantwortet haben: »So pocht das Schicksal an die Pforte.« Aber nicht nur vom Schicksal des »Schicksals«-Motivs kündet die Weltanschauungsmusik der* Fünften. *Sondern auch von der Vision einer freien, lichten Welt, die der Schicksalsnacht folgen wird. Wie die* Fünfte *entstand und was sie bedeutet …*

Beethoven liebte doppelte Werkkonzeptionen – also immer zwei Stücke zugleich zu entwerfen. 1804–08 entstand neben der *Symphonie Nr. 5*, die den humanen Triumph über das Schicksal darzustellen scheint, gleich die *Nr. 6*, die *»Pastorale«*, die die Versöhnung des Menschen mit der Natur ausdrückt.

Ist die *Fünfte* wirklich so bekannt, so bis zum Überdruss abgespielt, dass man, wie gewitzte Kenner vorgeschlagen haben, am besten für ein paar Jahre ein Aufführungsverbot erlassen sollte? Gewitztheit erscheint gegenüber einer so reinen, direkten, gefühlsstarken Symphonie als die witzloseste Haltung. Und wer weiß, ob die Gewitzten die Geheimnisse des großen Werkes, über das sie grinsen, überhaupt begriffen haben. So zitiert man ja bereits das Anfangsmotiv der *Fünften* stets unkorrekt: Es sind nicht nur vier Noten: »ta-ta-ta-daa«, sondern acht! Die Weiterspinnung des Motivs gehört nämlich dazu, ist unabtrennbar.

Hat Beethoven diese acht Donner-Pochtöne vorgestellt, dann schreibt er eine große Pause vor. Jetzt beginnt der jagende, atemlose Schicksalsroman. Auch wenn das Seitenmotiv lyrisch erklingt, pocht's in der Tiefe. Manchmal klirrt es wiederum grell in heftigem Dur. Die Durchführung steigert sich zu infernalischem Getöse des rasend wiederholten Rhythmus. Kein Atemholen. Oder doch: einmal! Wenn die Oboe am Ende der Durchführung ihre Trauer einen einzigen Adagiotakt lang ausdrückt. Das sei »wie eine einsame Klage im leeren Weltall« – hat Herbert von Karajan diese Stelle einmal ergriffen erläutert. In rasendem, jeden Einspruch niederzwingendem Moll schließt der Kopfsatz.

Es folgt ein Variations-Andante. Ein getragenes As-Dur-Thema verwandelt sich. Währenddessen geschieht etwas Rätselhaftes und Aufregendes. Die Blechbläser beginnen ein C-Dur-Marschthema im Fortissimo. Zwar versickert dieser Marsch nach hellem Anfang trüb – aber er war prangend da: wie eine Vision, die auch nicht widerlegt wird von der seltsam ironischen, beschleunigten Synkopenstelle kurz vor Schluss des hymnischen Andantes.

Und dann? Im Scherzo donnert nach schattenhaftem Anfang finster der Schicksalsrhythmus. Im C-Dur-Trio freilich bricht eine Bewegung der tiefen Streicher überraschend ab. Dies alles, das plötzliche Abbrechen, die Vision im Andante, scheint irgend etwas zu versprechen: das reine Freiheitslicht des Finales.

Wenn nach spannungsvoller Überleitung endlich der C-Dur-Jubelmarsch losbricht, werden die Mauern des Konzertsaals förmlich gesprengt. Die Musik triumphiert, schunkelt, feiert gleichsam unter freiem Himmel. Als hätte eine Revolution stattgefunden. Als seien die Menschen, für einen Glücksmoment, miteinander versöhnt.

Wenn Sie Beethovens Fünfte *mögen …*

Es ist aufregend zu verfolgen, welche Rolle das »Klopfmotiv« der *Symphonie Nr. 5* sonst noch im Werk Beethovens spielt. Jeder Bewunderer dieser *Symphonie* kann besagtem Klopfmotiv beispielsweise in der *»Appassionata«*, also im ersten Satz von Beethovens *Klaviersonate f-Moll* op. 57, wiederbegegnen. Da ertönt es immer dann leise drohend, wenn sich sogleich eine Katastrophe ereignen wird. Im *Klavierkonzert G-Dur* op. 58 hat Beethoven den Rhythmus verzaubert. Verklärt. Also das Schicksal-Klopfmotiv gebändigt und in lyrisches Glück verwandelt.

Die fesselndsten Interpretationen von Beethovens Fünfter

Leonard Bernstein besaß die vehemente Wucht, die Kraft für die Heftigkeiten des Kopfsatzes und des Scherzos, wenn er mit dem New York Philharmonic Orchestra die *Fünfte* aufführte. Aber was noch beeindruckender war: Die tänzerischen, die »versöhnten«, vergnügten, populären Motive des Durfinales dirigierte er so beschwingt und ekstatisch, dass ich ein steifes Symphoniekonzert-Publikum einmal vergnügt habe mitschunkeln, mitlächeln sehen bei Bernsteins Interpretation der *Fünften*.

Wilhelm Furtwängler hat, wie kein anderer Dirigent, an Beethovens Größe und an Beethovens Seele, ja auch an Beethovens ideales Deutschtum geglaubt. Das fasziniert – selbst wenn die Aufnahmen hochbetagt und ohne alle akustischen Finessen sind – heute noch. Überwältigt auf eine vielleicht »altmodische«, tragische Art. Die hier empfohlene Furtwängler-Interpretation der *Fünften* mit den Berliner Philharmonikern entstand 1943.

Herbert von Karajan dirigierte einen schlankeren, einen

moderneren Beethoven als sein Antipode Furtwängler. Keine Michelangelo-Statue – sondern einen Helden des 20. Jahrhunderts. Auch für den geht es um Leben oder Tod. Aber nicht auf pathetisch-ekstatische Weise. Sondern unsentimental, wenn auch keineswegs ausdruckslos. Karajans Orchester sind die Berliner Philharmoniker.

Who's who

Ludwig van Beethoven, getauft am 17. Dezember 1770 in Bonn, gestorben am 26. März 1827 in Wien, deutscher Komponist

Klaviersonate f-Moll Nr. 23 »Appassionata« op. 57 →Kaisers Klassik Nr. 74

Konzert für Klavier und Orchester G-Dur Nr. 4 op. 58 →Kaisers Klassik Nr. 52

Symphonie c-Moll Nr. 5 op. 67 (1808) — 1. Satz: Allegro con brio; 2. Satz: Andante con moto; 3. Satz: Allegro; 4. Satz: Allegro

Symphonie F-Dur Nr. 6 »Pastorale« op. 68 →Kaisers Klassik Nr. 91

Leonard Bernstein, geboren am 25. August 1918 in Lawrence (MA), gestorben am 14. Oktober 1990 in New York, amerikanischer Dirigent und Komponist

Wilhelm Furtwängler, geboren am 25. Januar 1886 in Berlin, gestorben am 30. November 1954 in Ebersteinburg (heute zu Baden-Baden), deutscher Dirigent und Komponist

Herbert von Karajan, geboren am 5. April 1908 in Salzburg, gestorben am 16. Juli 1989 in Anif (bei Salzburg), österreichischer Dirigent

Michelangelo (eigentlich Michelagniolo di Ludovico di Lionardo di Buonarroti Simoni), geboren am 6. März 1475 in Caprese (heute Caprese Michelangelo, bei Arezzo), gestorben am 18. Februar 1564 in Rom, italienischer Bildhauer, Maler, Baumeister und Lyriker

27

Wolfgang Amadeus Mozart

Klaviersonate a-Moll

KV 310

Dokument höchster Kunst und tiefster Verzweiflung. Der erste Satz basiert auf einem Marschmotiv: aber auf einem grimmigen in Moll! Das Andante beginnt erlesen gesanglich, steigert sich im Mittelteil in herbe Dramatik. Und das Prestofinale, ruhelos kreisend, verrät bodenloses Entsetzen. Die Nachwelt hat versucht, die Finsternis dieses Werkes mit biografischen Hinweisen irgendwie zu erklären. In Paris sei die Sonate *1778 entstanden, nachdem die mitgereiste Mutter neben dem hilflosen Sohn gestorben war. Neuerdings glaubt ein englischer Mozart-Forscher, das Werk sei bereits ein Jahr früher komponiert – als das Mütterchen noch lebte. Doch an der einzigartigen Trauer dieser Musik ändern alle äußeren Umstände nichts. Wie die* Sonate *entstand und was sie bedeutet …*

Mozart hat die heiterste, schwebendste und graziöseste Musik der Welt komponiert – das vergessen viele Problematisierer gern, die bei Mozart immer nur das Dämonische, das Unglückselige ernst nehmen wollen und ihm die gute Laune der *Kleinen Nachtmusik* oder den Optimismus der *»Jupiter«-Symphonie* nicht glauben. Wie aber steht es um Mozarts Dunkelheiten? Da gibt es mannigfache Varianten. Mitten im heitersten Dur tauchen verstörende, tief melancholische Schatten auf. Gesellschaftsmusik verwandelt sich in Bekenntnis. Und der »späte« Mozart lässt – in seiner *Symphonie g-Moll*, in den Streichquintetten – unermesslichen Schmerz ahnen.

Die Beklemmung, die von der »frühen« *Klaviersonate a-Moll* ausgeht, ist mit alledem kaum zu vergleichen. Von

Mozarts 18 Klaviersonaten stehen nur zwei in Moll. Die *Sonate c-Moll* des 28-jährigen – und die *Sonate a-Moll* des 22- oder gar 21-jährigen.

Im Kopfsatz, Allegro maestoso, verbeißt sich Mozart in den finsteren Marsch und Marschrhythmus des Hauptmotivs. Ein gesangliches Seitenthema gibt es kaum, nur empfindsame Passagen. Durchführung und Schluss des Satzes steigern das Marschthema herb-dissonant zu ekstatischer Gewalt.

Ausdrucksvoll möchte der langsame Satz dagegen sein F-Dur aufblühen lassen. Doch im dramatisch-barockisierenden Mittelteil ist es wieder um den Frieden geschehen.

Alles das wird weggewischt vom ruhelos verzweifelten Prestofinale. Was für mutlose, depressiv kreisende Überleitungen! Dann, mitten im a-Moll-Presto, ein (denkt man) »tröstlicher« A-Dur-Teil. Doch die Melodie bleibt blass, kraftlos. Bietet »uneigentliches« Dur, nämlich eine Durmelodie, die zu verstehen gibt, wie flüchtig matt ihr zumute sei. Pianisten müssen hier Unmögliches, sozusagen die Quadratur des Kreises, bewältigen. Nichts darf ungenau oder verschwommen bleiben. Unterstreicht ein Interpret die Nuancen allzu ausdrucksvoll, dann klingt Mozart unerlaubt romantisch, weinerlich, sentimental. Perlt ein Pianist jedoch den Notentext zu locker klar dahin, dann klingt die Musik unerlaubt nähmaschinenhaft und seelenlos. So schwer ist Mozart.

Wenn Sie Mozarts Klaviersonate a-Moll *mögen …*

Es gibt ein spätes Mozartsches *Rondo a-Moll* (KV 511), das mit der Herbheit dieser Sonate verglichen werden kann, zumal wenn man es in der Interpretation Arthur Rubinsteins hört. Sonst wäre diesem Ausnahmewerk vielleicht doch nur Mozarts *Klavierkonzert c-Moll* (KV 491) an die Seite zu stellen. Und von Mozarts Streichquartetten das *Quartett d-Moll* (KV 421)

Die fesselndsten Interpretationen von Mozarts
Klaviersonate a-Moll

Die Klavierwelt ist sich ziemlich einig: Was Mozarts *Sonate a-Moll* betrifft, existiert ein Wunder, eine nahezu vollendete Einspielung. Sie stammt von Dinu Lipatti. Frei, mit großer, aber Mozart nicht an falsche Romantik verratender Musikalität hat Lipatti – er starb 1950, 33jährig; alle, die ihn kannten, sagten, er sei wie ein Engel gewesen – einst die *Sonate a-Moll* bewältigt. Nie forciert, nie passiv, nie blutleer. Wer zu erfassen vermag, wie Lipatti eine besonders untröstlich kreisende Überleitung im Finale spielt (CD 1, Take 15, nach 0.55), der hat ein Rätsel begriffen.

Murray Perahia ist ein sorgfältiger, verantwortungsbewusster Mozart-Interpret. Bei ihm drängen sich freilich Einzelheiten des Gekonnten und Bewältigten manchmal vor – und wenn es ernst wird, sticht Heftigkeit heraus. Innig schön der langsame Satz, beinahe schubertisch herzlich. Im Finale bietet der Pianist mehr »non legato«, als Mozart vorgeschrieben hat. Und aus dem Durteil holt Perahia fast zuviel Schönheit heraus.

Glenn Gould probiert, wie weit man es mit entschlossenem Irrsinn bringen kann. Er ignoriert souverän alle Mozart-Vorschriften über Laut oder Leise. Der erste Satz wird bei ihm zu gehämmerter Maschinenmusik, klingt wie schwacher Prokofjew. Und das Finale explodiert zu einer Prestissimoraserei. Pianistisch enorm gespielt, bietet diese Verrücktheit immerhin Aufregenderes als armselige und gedankenlose Bravheit. Doch an Lipatti oder gar an Mozart reicht Goulds Eigensinn nicht heran.

Who's who

Glenn Gould, geboren am 25. September 1932 in Toronto, gestorben am 4. Oktober 1982 in Toronto, kanadischer Pianist

Dinu Lipatti, geboren am 19. März 1917 in Bukarest, gestorben am 2. Dezember 1950 in Chêne-Bourg (bei Genf), rumänischer Pianist und Komponist

Anna Maria Mozart (geborene Pertl), geboren am 25. Dezember 1720 in Sankt Gilgen (Salzkammergut), gestorben am 3. Juli 1778 in Paris, Mutter Wolfgang Amadeus Mozarts

Wolfgang Amadeus Mozart (eigentlich Johannes Chrysostomus Wolfgang Gottlieb Mozart), geboren am 27. Januar 1756 in Salzburg, gestorben am 5. Dezember 1791 in Wien, österreichischer Komponist

Klaviersonate a-Moll Nr. 8 KV 310 →Kaisers Klassik Nr. 27

Klaviersonate c-Moll Nr. 14 KV 457 (1784) — 1. Satz: Allegro molto; 2. Satz: Adagio; 3. Satz: Allegro assai

Konzert für Klavier und Orchester c-Moll Nr. 24 KV 491 (1786) — 1. Satz: Allegro; 2. Satz: Larghetto; 3. Satz: Allegretto

Quartett für zwei Violinen, Viola und Violoncello d-Moll Nr. 15 KV 421 →Kaisers Klassik Nr. 93

Rondo für Klavier a-Moll KV 511 (1787) — Andante

Serenade G-Dur Nr. 13 »Eine kleine Nachtmusik« KV 525 →Kaisers Klassik Nr. 31

Symphonie g-Moll Nr. 40 KV 550 (1788) — 1. Satz: Molto allegro; 2. Satz: Andante; 3. Satz: Menuetto. Allegretto; 4. Satz: Allegro assai

Symphonie C-Dur Nr. 41 »Jupiter-Symphonie« KV 551 (1788) — 1. Satz: Allegro vivace; 2. Satz: Andante cantabile; 3. Satz: Menuetto. Allegretto; 4. Satz: Molto allegro

Murray Perahia, geboren am 19. April 1947 in New York, amerikanischer Pianist

Sergei Sergejewitsch Prokofjew →Kaisers Klassik Nr. 32

Arthur Rubinstein, geboren am 28. Januar 1887 in Lodz, gestorben am 20. Dezember 1982 in Genf, amerikanischer Pianist polnischer Herkunft

Franz Schubert →Kaisers Klassik Nr. 7

28

Felix Mendelssohn Bartholdy

Violinkonzert e-Moll
op. 64

Ein romantisches Violinkonzert, zum Schwärmen schön! Mendelssohn, der glänzende Pianist, komponiert sein Violinkonzert, *das letzte des früh verstorbenen Komponisten, wie ein Poet: Der Kopfsatz beginnt empfindsam, steigert sich vom Elegischen zum Leidenschaftlichen. Der Mittelsatz ist zartes Nachtstück. Dem folgt ein kurzes »Lied ohne Worte«. Das* Konzert *endet wie eine Mischung aus Elfentanz und Violinbravour. Kein Wunder, dass alle großen Geiger es lieben. Wie Mendelssohns* Violinkonzert *entstand und was es bedeutet …*

Sechs Jahre – und das ist eine lange Zeit im Leben eines Komponisten, der nur von 1809 bis 1847 auf dieser Welt sein durfte – hat Mendelssohn an seinem *Violinkonzert* gearbeitet, bis es 1844 endlich fertig war. Er verwarf manche Einfälle und Lösungen. Wir kennen eine Briefstelle, wo Mendelssohn sein Künstlercredo mitteilt: »Solange ich … nicht … verhungre, … ist es Pflicht, zu schreiben, was und wie es mir ums Herz ist … und wenn ich ein Stück gemacht habe, wie es mir aus dem Herzen geflossen ist, so habe ich meine Schuldigkeit dabei gethan …«

Nun, zu verhungern brauchte der genial talentierte Sohn aus reichem jüdischen Hause wirklich nicht. Darum nahm er sich die Zeit, den Notentext seines langsam entstehenden *Violinkonzerts* auch so sorgfältig und inspiriert zu verbessern. Faszinierend originell schon der Beginn. Kein umständliches Orchestervorspiel – sondern nach zwei unruhig bewegten Einleitungstakten demonstriert gleich die Solovioline, wer hier das Sagen hat, Königin ist. Ihr beredtes Mollthema wird mit großem Entwicklungsatem gesteigert: Erst nach 48 Takten darf endlich das Orchester seine donnernde Einleitung sozusagen nachliefern. Was für ein Anfang! Elegante Passagen, virtuos und melodisch, führen zum Seitenthema. Da hält zunächst die Solovioline einen tiefen, so genannten »Orgelpunkt« zum empfindsam pochenden Motiv der Holzbläser aus. Dann erst darf sie selbst es singen. Nun scheint es nach »klassischer« Konzertregel weiterzugehen. Irrtum: am Ende der dramatischen Durchführung, wenn eigentlich die Reprise, also die Wiederholung des Hauptteils, dran wäre, fügt Mendelssohn überraschend früh die Solokadenz ein. Nun imponiert die Geige allein mit Akkorden und Passagen, harfenartig gebrochenen Dreiklängen – bis sich unauffällig wieder das Orchester ins Geschehen schleicht.

Der innig-beredte langsame Satz ist ein wunderschönes Nocturne. Dem folgt aber nicht, wie sonst üblich, der Schlusssatz. Mendelssohn bietet hier im Überschwang seiner Schöpferlaune noch ein 16-taktiges Allegretto, ein temperamentvoll-melancholisches »Lied ohne Worte«.

Brillanter Ausklang des Konzerts ist das unvergleichlich beschwingte Elfenfinale. Wenn da das Hauptthema der Geige plötzlich als zwitschernde Begleitung einer romantisch versponnenen Hornmelodie erscheint, erleben wir fasziniert einen geistvollen Höhepunkt nicht nur des Konzerts, sondern aller romantischen Kunst des 19. Jahrhunderts.

Wenn Sie Mendelssohn Bartholdys Violinkonzert *mögen …*

Wer Mendelssohns *Violinkonzert* liebt, hat reiche Auswahl unter ähnlichen, zugleich romantischen, empfindsamen und virtuosen Konzerten. Zugegeben, ein mendelssohnsches Elfenfinale vermochten die andern nicht zu erfinden. Aber Pjotr

Tschaikowskis *Konzert D-Dur*, Max Bruchs *Konzert g-Moll*, Édouard Lalos *Symphonie espagnole* und auch Henri Wieniawskis oft unterschätztes *Konzert d-Moll* bieten gute Musik und noch bessere Geigenkost.

Die fesselndsten Interpretationen von Mendelssohn Bartholdys Violinkonzert

Itzhak Perlman, begleitet vom Concertgebouw Orkest Amsterdam unter Bernard Haitink, hat das *Konzert* mit betörend süßem Ton und herzlicher, oft sogar schmerzlicher Noblesse eingespielt. Er lässt es an Brillanz und Affekt gewiss nicht fehlen. Doch niemals will er Mendelssohns Musik auftrumpfend banalisieren, ihre Poesie süßlich versehren. Unglaublich, mit welch schlenderndem Witz hier das Finale herauskommt – wirklich nicht als Schule der Geläufigkeit, sondern als Beschwörung aller heiteren Geister großer Romantik.

Wer den Geiger Nathan Milstein einmal im »Live«-Konzert erlebte, der weiß: dieser Jahrhundertgeiger konnte mit so viel Rasse, Kultur und Süße Violine spielen, dass der Unterschied zwischen einem temperamentvollen Zigeunergeiger und einem erlesen musizierenden Violinengel gewissermaßen verschwand. Milstein versenkt sich in Überleitungen, verbindet glänzende Geigerkraft mit erlesenem, europäisch-kultiviertem Geschmack. Die Kadenz im ersten Satz legt Milstein so an, dass man hört, worauf sich Mendelssohn da bezieht: nämlich auf die unvergleichlich große Chaconne aus Johann Sebastian Bachs *Partita für Violine solo d-Moll*.

Bei Jascha Heifetz, den alle Violinspieler und Violinfans dieser Welt als perfektesten Geiger des Jahrhunderts bewundern – »Spielen Sie doch bitte einen falschen Ton«, jammerte George Bernard Shaw in einer Heifetz-Kritik, weil er so viel Vollkommenheit nicht ertrug –, bei Heifetz hört man die rasendsten Passagen, die reinsten Töne, die brillantesten

Effekte, die Mendelssohns *Konzert* abzugewinnen sein mögen. In seiner (nie gedankenlos virtuosen) Interpretation mit Fritz Reiner und dem Chicago Symphony Orchestra spielt Heifetz den ersten Satz mehr als zwei Minuten schneller als Perlman und entschieden rascher auch als Milstein. Er war ein Wundergeiger, dem es Lust bereitete, mit Witz und Perfektion das »blaue Band« auch von Mendelssohns *Konzert* zu erjagen.

Who's who

Johann Sebastian Bach

Partita für Violine solo d-Moll Nr. 2 BWV 1004 →Kaisers Klassik Nr. 38

Max Bruch, geboren am 6. Januar 1838 in Köln, gestorben am 2. Oktober 1920 in Berlin-Friedenau, deutscher Komponist

Konzert für Violine und Orchester g-Moll Nr. 1 op. 26 (1866) — 1. Satz: Vorspiel. Allegro moderato; 2. Satz: Adagio; 3. Satz: Finale. Allegro energico

Bernard Haitink, geboren am 4. März 1929 in Amsterdam, niederländischer Dirigent

Jascha Heifetz (eigentlich Iossif Robertowitsch Cheifez), geboren am 2. Februar 1901 in Wilna, gestorben am 10. Dezember 1987 in Los Angeles, amerikanischer Geiger russischer Herkunft

Édouard Lalo, geboren am 27. Januar 1823 in Lille, gestorben am 22. April 1892 in Paris, französischer Komponist spanischer Herkunft

Konzert für Violine und Orchester d-Moll »Symphonie espagnole« op. 21 (1873) — 1. Satz: Allegro non troppo; 2. Satz: Scherzando. Allegro molto; 3. Satz: Intermezzo. Allegretto non troppo; 4. Satz: Andante; 5. Satz: Rondo. Allegro

Felix Mendelssohn Bartholdy, geboren am 3. Februar 1809 in Hamburg, gestorben am 4. November 1847 in Leipzig, deutscher Komponist

Konzert für Violine und Orchester e-Moll op. 64 (1844) — 1. Satz: Allegro molto appassionato; 2. Satz: Andante; 3. Satz: Allegretto non troppo – Allegro molto vivace

NATHAN MILSTEIN (eigentlich Natan Mironowitsch Milschtein), geboren am 31. Dezember 1903 in Odessa, gestorben am 21. Dezember 1992 in London, amerikanischer Geiger russischer Herkunft

ITZHAK PERLMAN, geboren am 31. August 1945 in Tel Aviv, israelisch-amerikanischer Geiger

FRITZ REINER, geboren am 19. Dezember 1888 in Budapest, gestorben am 15. November 1963 in New York, amerikanischer Dirigent ungarischer Herkunft

GEORGE BERNARD SHAW, geboren am 26. Juli 1856 in Dublin, gestorben am 2. November 1950 in Ayot Saint Lawrence (Hertfordshire), irischer Schriftsteller

PJOTR ILJITSCH TSCHAIKOWSKI →KAISERS KLASSIK Nr. 41

Konzert für Violine und Orchester D-Dur op. 35 (1878) — 1. Satz: Allegro moderato; 2. Satz: Canzonetta. Andante; 3. Satz: Finale. Allegro vivacissimo

HENRI WIENIAWSKI (eigentlich Henryk Wieniawski), geboren am 10. Juli 1835 in Lublin, gestorben am 31. März 1880 in Moskau, polnischer Geiger und Komponist

Konzert für Violine und Orchester d-Moll Nr. 2 op. 22 (1862) — 1. Satz: Allegro moderato; 2. Satz: Romance. Andante non troppo; 3. Satz: Allegro moderato, à la zingara

29

Franz Liszt

Klaviersonate h-Moll

Kühnste, virtuoseste und originellste Klaviersonate, die nach Beethoven komponiert wurde. Ein Abenteuer für Spieler und Hörer. Die Sonate, *Liszts gewichtigste Komposition, besteht aus nur einem Satz. Kurz vor Schluss baut Liszt eine böse Barriere ein: eine halbe Minute Prestissimo-Oktaven, welche Unbefugten das Betreten der* Sonate *verbieten. Wer sie aber zu bewältigen vermag, findet hier alles, was das Pianistenherz begehrt: langsamen Satz, Scherzo, Finale und Kopfsatz unter dem Mantel einer einzigen Gestalt. Dazu Elegantes, Witziges, Zigeunerhaftes und harmonisch Kühnes. Wagner, Strauss, Bartók: sie alle lernten von Liszt. Wie die* Sonate *entstand und was sie bedeutet …*

Liszt war der berühmteste Klaviervirtuose der Musikgeschichte. Wunderkind, danach in Paris von adligen Damen verhätschelt, auf Tourneen von aller Welt vergöttert. Nichts glich seinem Klavierruhm. Und dann, erst 36-jährig, machte er Schluss mit dem Dasein eines reisenden Virtuosen. Er wurde Dirigent in Weimar, vielgesuchter Klavierlehrer, fabelhaft freundschaftlicher, uneigennütziger Förderer anderer Talente. Ohne Liszts Hilfe hätte Richard Wagner kaum überleben, geschweige denn den *Ring des Nibelungen* zu Ende bringen können. Wagner hat sich freimütig für Liszts entscheidende, moralische und vor allem finanzielle Hilfe bedankt.

1853 beendete Liszt, 42 Jahre alt, seine große *Sonate h-Moll*. Wagner dirigierte damals in London widerwillig Konzerte. Ihn besuchte der junge Pianist Karl Klindworth. Der wurde übrigens auf seine alten Tage Adoptivvater einer gewissen

Winifred Williams, die später als Siegfried Wagners Frau Bayreuth beherrschte, sich in Adolf Hitler verliebte, stolz aller Welt zu imponieren wusste. Der junge Klindworth spielte Wagner Liszts *Sonate* vor. Und der schrieb an Liszt: »Liebster Franz! jetzt warst Du bei mir –. Die Sonate ist über alle Begriffe schön; groß, liebenswürdig, tief und edel – erhaben, wie Du bist. Ich bin auf das tiefste davon ergriffen, und alles Londoner Misere ist mit einem Male vergessen.«

Die *Sonate* beginnt mit einer langsamen Einleitung. Auf hohle, gespenstisch tönende Oktaven folgen zwei Tonleitern. Sie sind ein wenig verschieden: teils differenziertes Moll, teils Zigeuner-Tonleiter. Daraus entwickelt sich ein Allegro. In der einsätzigen *Sonate* werden die vier Sätze der klassischen Sonate mit dem stets gleichen, nur eben neu variierten, »transformierten« Material geboten. Tonwiederholungen verlangsamen sich zu nobel-eleganten Melodien. Bizarres, Donnerndes und Modernes (nämlich »Bi-Tonales« – zwei Tonarten übereinander) imponiert. Nach dem grandiosen Oktavenhöhepunkt schließt die *Sonate* versonnen, nachdenklich. Als ahne sie, wie bald, nach solchen Abenteuern, die Kraft der traditionellen Dur-Moll-Tonalität erschöpft sein werde.

Wenn Sie Liszts Klaviersonate *mögen …*

Als Liszts *Sonate h-Moll* 1853 erschienen war, gab es unter Liszts Schülern, ja überhaupt bei den so genannten »Neudeutschen« zahllose ähnlich komponierte Werke. Aber Liszts Rang erreichten sie nicht. Der lässt sich vielmehr beim frühromantischen Vorbild dieser *Sonate h-Moll* konstatieren – nämlich bei der *»Wanderer«-Fantasie* von Franz Schubert. Und als große, tiefgründig virtuose *Klaviersonate h-Moll* wäre noch Chopins *Sonate* op. 58 nennen. Die ist zwar durchaus in vier Sätzen komponiert – aber an Poesie und Reichtum Liszt wahrlich ebenbürtig.

Die fesselndsten Interpretationen von Liszts
Klaviersonate

Vladimir Horowitz hat 1932, er war damals 28 Jahre alt, eine Einspielung von Liszts *Sonate* vorgelegt, die bis auf den heutigen Tag unübertrefflich blieb (auch für Horowitz selbst, der es gut 40 Jahre später noch einmal versuchte). Ungeheuerlich die Vehemenz, mit welcher der junge Horowitz den Flügel zum Glühen brachte. Nicht bloß die teuflische Brillanz der Oktaven, auch die Fülle der Farben, Nuancen, Freiheiten: Es ist beispiellos und deklassiert bei jedem Vergleich fast die gesamte Konkurrenz. Hi-Fi-Freaks müssen freilich viel Rauschen hinnehmen.

Claudio Arrau hat sein Leben lang Liszt mit größtem Einsatz, spannungsvollem Akkordanschlag, phantasievoller Artikulation gedient. So hochmütig er Sergei Rachmaninow verachtete, so priesterhaft ernst nahm er Liszt. Unter Arraus Händen wird die *Sonate* zur tiefgründigen symphonischen Dichtung für Klavier. Und der langsame Schluss klingt wunderbar magisch.

Krystian Zimerman, Schützling Arthur Rubinsteins und einer der großen Pianisten seiner Generation, hat neben Liszts Klavierkonzerten auch die *Sonate h-Moll* interpretiert. Zimerman ist dem Werk souverän gewachsen. Er versagt sich alle billigen Effekte, weil er Konstruktion und Differenzierung dieser Musik prägnant und virtuos wiederzugeben vermag – auch wenn Horowitz' phantastische Fülle oder Arraus Pathos fehlen mögen. Dafür bietet er die Kraft und Unabgenutztheit seiner individuellen Modernität.

Who's who

Claudio Arrau, geboren am 6. Februar 1903 in Chillán, gestorben am 9. Juni 1991 in Mürzzuschlag (Steiermark), chilenischer Pianist

Béla Bartók, geboren am 25. März 1881 in Groß-Sankt-Nikolaus (heute Sînnicolau Mare, Rumänien), gestorben am 26. September 1945 in New York, ungarischer Komponist und Pianist

Ludwig van Beethoven →Kaisers Klassik Nr. 1

Frédéric Chopin →Kaisers Klassik Nr. 4

Klaviersonate h-Moll Nr. 3 op. 58 (1844) — 1. Satz: Allegro maestoso; 2. Satz: Scherzo. Molto vivace; 3. Satz: Largo; 4. Satz: Finale. Presto non tanto

Vladimir Horowitz (eigentlich Wladimir Samoilowitsch Gorowiz), geboren am 1. Oktober 1903 in Berditschew, gestorben am 5. November 1989 in New York, amerikanischer Pianist ukrainischer Herkunft

Karl Klindworth, geboren am 25. September 1830 in Hannover, gestorben am 27. Juli 1916 in Stolpe (bei Oranienburg), deutscher Pianist, Dirigent und Komponist

Franz von Liszt, geboren am 22. Oktober 1811 in Raiding (Burgenland), gestorben am 31. Juli 1886 in Bayreuth, ungarisch-deutscher Pianist und Komponist

Klaviersonate h-Moll (1853) — Lento assai – Allegro energico – Grandioso – Andante sostenuto – Quasi adagio – Allegro energico – Più mosso – Stretta quasi presto – Presto – Prestissimo – Andante sostenuto – Allegro moderato – Lento assai

Konzert für Klavier und Orchester Es-Dur Nr. 1 (1855) →Kaisers Klassik Nr. 55

Konzert für Klavier und Orchester A-Dur Nr. 2 (1857) — Adagio sostenuto assai – Allegro agitato assai – Allegro moderato – Allegro deciso – Allegro animato

Sergei Wassiljewitsch Rachmaninow →Kaisers Klassik Nr. 96

Arthur Rubinstein, geboren am 28. Januar 1887 in Lodz, gestorben am 20. Dezember 1982 in Genf, amerikanischer Pianist polnischer Herkunft

Franz Schubert →Kaisers Klassik Nr. 7

Fantasie für Klavier C-Dur »Wandererfantasie« op. 15 D. 760 (1822) — Allegro con fuoco ma non troppo – Adagio – Presto – Allegro

Richard Strauss →Kaisers Klassik Nr. 64

Richard Wagner
Der Ring des Nibelungen →Kaisers Klassik Nr. 15–18

Siegfried Wagner, geboren am 6. Juni 1869 in Tribschen (bei Luzern), gestorben am 4. August 1930 in Bayreuth, deutscher Komponist, Dirigent und Regisseur, Sohn Richard Wagners

Winifred Wagner (geborene Williams), geboren am 23. Juni 1897 in Hastings (Sussex), gestorben am 5. März 1980 in Überlingen (Bodensee), Ehefrau Siegfried Wagners

Krystian Zimerman, geboren am 5. Dezember 1956 in Zabrze (Oberschlesien), polnischer Pianist

30

Igor Strawinsky

Psalmensymphonie

für Chor und Orchester

Mystisch und panisch, gläubig und voller Qual, aber am Ende auch russisch berauscht von tiefen Glockenbässen und schmerzlich schönem Ikonenglanz – so klingt Strawinskys Psalmensymphonie *über die Zeiten hin. Ihre sinnfällige, erregende Musik muss jeden Menschen, der sich nicht vorsätzlich versperrt, ganz elementar betreffen: den offenen Laien mindestens so wie den parteiischen, befangenen Fachmann. Die* Psalmensymphonie *ist zum Lobe Gottes komponiert, doch dem Boston Symphony Orchestra zu seinem 50-jährigen Bestehen im Jahre 1930 zugeeignet. Gott die Ehre – aus Boston die Dollars*

Die *Psalmensymphonie* baut sich zwingend logisch auf. Jeder der drei Teile komponiert Texte, die einem Psalm entnommen sind. Der erste Teil – ein schmerzlich gebetsartiges Präludium – ist der kürzeste, dauert drei bis dreieinhalb Minuten. Der zweite Teil, wie eine Fuge beginnend, nimmt doppelt soviel Zeit in Anspruch: zwischen sechs und sieben Minuten. Und der dritte Teil, der ganze 150. Psalm zum Lobe Gottes, dauert wiederum etwa doppelt so lang: elf bis zwölf Minuten. Es handelt sich also um klare Proportionen 1:2:4. Was waren die Psalmen? Geistliche Lieder und Hymnen, welche die Geschichte Israels über einen vielhundertjährigen Zeitraum begleiten. Sie hatten ihren festen Platz im Gottesdienst: als Bußlieder, Klagen, Lobgesänge von grandioser dichterischer Kraft und erhabener Schönheit. Für den ersten Teil seiner *Symphonie* wählte Strawinsky einen Text, wo der Psalmist Gott um Trost anfleht, ja Gott verzweifelt nötigt: schließlich hätten schon seine Vorfahren geglaubt; nun müsse er hier auf Erden getröstet werden. Wir hören ein dramatisches, sich heftig steigerndes Chorgebet. Die bedrückte Stimmung einer rastlosen, panischen Welt. Das explodiert zum Hilfeschrei. Gott wird russisch wild gefordert. Alles das begleiten nur Bläser und tiefe Streicher. Geigenwohlklang verbietet Strawinsky sich und uns. Der zweite Teil fängt bachisch fugenhaft an. Der gerettete Psalmist glaubt sich dann von Gott zu einem Lied inspiriert: Aber sehr melodisch hat Gott nicht komponiert. Eher trotzig-kämpferisch. Und wenn am Ende von Hoffnung die Rede ist, tönt die Musik mehr magisch verhalten als optimistisch beruhigt. Der letzte Teil, durch ein flehendes, fast romantisch-emphatisches »Halleluja« gegliedert, will Lobpreis sein. Gläubige danken dem Schöpfer von Himmel und Erde. Da spricht kein Einzelner mehr, sondern – zart, russisch, mystisch, vital – die Gemeinde, die ganze Menschheit. Motorische Virtuosität, Jazzhaftes, Sprechgesang, große Aufschwünge, hallender Glockenton zu Gottes Lob.

1930 war die Welt, genau wie heute, von Skepsis, Nihilismus, Relativismus und Unglauben erfüllt. Dann kam Strawinsky, kümmerte sich überhaupt nicht um das kulturkritische Getöse, sondern pries mit seiner Musik herb und inständig Gott.

Wenn Sie Strawinskys *Psalmensymphonie* mögen …

1926, als er wieder in den Schoß der russisch-orthodoxen Kirche zurückkehrte, komponierte Strawinsky ein wunderbar zartes und melodisches *Pater noster*: herrliche empfindsame slawische Kirchenmusik, Einübung in die *Psalmensymphonie*. Deren Majestät entspricht freilich mehr Strawinskys donnerndes szenisches Oratorium *Oedipus Rex* aus den Jahren 1926/27, das auch in lateinischer Sprache komponiert wurde. Carl-Orff-Bewunderer muss man übrigens warnen, sich allzu tief auf diese großen Chorwerke Strawinskys einzulassen; sie müssten dann nämlich erkennen, wer Orffs (nur eben unerreichbares) Vorbild gewesen ist.

Die fesselndsten Interpretationen von Strawinskys Psalmensymphonie

Es gibt mehrere Aufnahmen der *Psalmensymphonie*, die der Komponist selber dirigiert hat – von der 1931 in Paris entstandenen bis zur 1964 in Toronto gemachten. Natürlich sind sie alle unerlässlich, wenn man den Geist des Werkes authentisch kennenlernen will. Strawinskys trockene Ausdruckslosigkeit klingt, gerade im ersten Teil, viel ausdrucksvoller als das flehende Espressivo geschickterer Dirigenten. Ein routinierter, deutlich Zeichen gebender Pultstar ist Strawinsky nicht gewesen. In der heiklen Doppelfuge des zweiten Teils verliert der Meister hörbar die Übersicht. Aber welche Tempi ihm vorschwebten, das wusste er genau.

Wie sein Landsmann Strawinsky war auch Igor Markevitch ein genialer Musiker, den es von Russland in die westliche Welt verschlug. Markevitchs berühmte Interpretation der *Psalmensymphonie* bietet das Stück als heftige, temperamentvolle Beschwörung. Markevitch wählt raschere Tempi als die meisten anderen Dirigenten, füllt diese Tempi aber mit heftigem Feuer. Seine Orchesterbeherrschung imponiert, Kraft und Glanz seiner Steigerungen überwältigen. Die Aufnahme entstand 1963 in Moskau.

Auch Leonard Bernstein, obschon in Amerika geboren, hatte russische Eltern. Dieses Erbe bringt ihn dazu, gerade im dritten Teil der *Psalmensymphonie* eine faszinierende, höchst spannungsvolle Langsamkeit zu wagen. Man fühlt die Unendlichkeit russischer Weite, wie sie dank Strawinskys ruhig glockenhaft hallenden Tönen in Bernsteins Interpretation einging. Dass es Bernstein zudem an Kraft, Temperament und

Inständigkeit nicht fehlte, lehrt diese 1972 in London dirigierte Aufnahme.

Who's who

Johann Sebastian Bach →Kaisers Klassik Nr. 14

Leonard Bernstein, geboren am 25. August 1918 in Lawrence (MA), gestorben am 14. Oktober 1990 in New York, amerikanischer Dirigent und Komponist

Igor Markevitch (eigentlich Igor Borissowitsch Markewitsch), geboren am 27. Juli 1912 in Kiew, gestorben am 7. März 1983 in Antibes (bei Nizza), italienischer Dirigent ukrainischer Herkunft

Carl Orff, geboren am 10. Juli 1895 in München, gestorben am 29. März 1982 in München, deutscher Komponist

Igor Strawinsky (eigentlich Igor Fjodorowitsch Strawinski), geboren am 17. Juni 1882 in Oranienburg (heute Lomonossow), gestorben am 6. April 1971 in New York, amerikanischer Komponist russischer Herkunft

Oedipus Rex (König Ödipus), Opéra-oratorio in zwei Akten; Text: Jean Cocteau nach Sophokles; Uraufführung: Wien, 23. Februar 1928

Pater noster, Motette für Chor a cappella (1926)

Symphonie de psaumes (Psalmensymphonie) für Chor und Orchester (1930) — 3 Teile

31
Wolfgang Amadeus Mozart
Eine kleine Nachtmusik
Serenade G-Dur KV 525

Mozarts populärste Komposition. Für Streichorchester, kann aber auch von einem Quintett – zwei Violinen, Bratsche, Cello und Bass – gespielt werden. Betörend melodisch, heiter-selbstverständlich. Keine »Bekenntnismusik«, sondern eines der reinsten, schönsten Kunstwerke von Menschenhand. Sozusagen ein komponiertes Naturereignis. Wie die Kleine Nachtmusik *entstand und was sie bedeutet …*

Mozart ist, wie so manche Genies, einerseits schrecklich chaotisch, andererseits aber auch sehr ordentlich gewesen im so genannten praktischen Leben. Zu den beinahe pedantisch-ordentlichen Seiten seiner Existenz zählt Mozarts eigenhändiges *Verzeichnüs aller meiner Werke*, das er vom 9. Februar 1784 bis zum 15. November 1791 geführt hat – also bis drei Wochen vor seinem Tode. Schrecklich zu sehen, wie viele leere Seiten in Mozarts Original-Notizbüchlein übriggeblieben sind. Er muss noch viel von sich erwartet haben.

Am 10. August 1784 trug er ein: »Eine kleine Nachtmusik, bestehend aus einem Allegro, Menuett und Trio. – Romance. Menuett und Trio, und Finale.« Und dazu notierte er die beiden Anfangstakte des ersten Satzes. Man liest die Eintragungen und ist verblüfft. Nicht nur, weil man nicht weiß, warum oder für wen Mozart diese *Serenade* komponiert hat (denn Serenaden schrieb er sonst kaum ohne Auftrag). Nicht nur, weil Serenaden und Nachtmusiken , die doch im Freien gespielt zu werden pflegten, auch von Mozart fast immer für Bläser geschrieben wurden – deren Ton unter freiem Himmel besser trägt als Kammermusik nur für Streicher. Verblüffung erregt vor allem der Umstand, dass Mozart hier einen Satz mehr angibt (das Menuett, das er zwischen dem Allegro und der Romance anführt), als die uns überlieferte Partitur enthält. Da ist offenbar etwas verloren gegangen, herausgerissen und vernichtet worden.

Alle Musikfreunde wissen, wann sie Mozarts *Don Giovanni* oder Beethovens *Symphonie Nr. 9* zum erstenmal gehört haben. Die vielgespielte *Kleine Nachtmusik* indessen scheint für jeden Menschen, der Töne liebt, eigentlich schon immer da gewesen zu sein. Wie musikalische Muttermilch. Schwungvoll und graziös beginnt der erste Satz. Seine Themen sind beredt, bestehen aus zarten, fließenden Gegensätzen. In der Mitte Dunkleres, Herberes – aber es drängt sich nicht vor. Die Romance ist ein holdes, schwebendes Wunder. Ihr Thema erscheint ganz zum Schluss noch einmal sehnsuchtsvoll bereichert, zart beschwichtigend. Denn im Verlauf der Romance hatte unversehens ein nervös-bedrohlicher c-Moll-Dialog stattgefunden zwischen der Violine und den Bassinstrumenten, während die Mittelstimmen erregt begleiteten. Das Menuett mischt Stolz und Grazie mit überraschenden rhythmischen Pointen. Schwungvoll jubelt das Finale. Sein hurtig-brillantes Thema wird geistvoll abgewandelt, witzig und dramatisch zugleich.

Die Engel im Himmel, behauptete der große Theologe Karl Barth, singen unentwegt Bach. Aber wenn Gottvater und Petrus mal nicht hinhören, dann spielen sie lieber Mozart. Und was uns Menschen betrifft: Nur Barbaren können Mozarts Lächeln widerstehen.

Wenn Sie Mozarts Kleine Nachtmusik *mögen …*

Es ist makaber: Am 28. Mai 1787 starb Mozarts Vater – und eine der nächsten, unmittelbar nach Leopold Mozarts Tod entstandenen Kompositionen des Sohnes war, wie das Werkverzeichnis lehrt, *Ein musikalischer Spaß*. Also das so genannte *»Dorfmusikanten«-Sextett*, in dem Mozart boshaftwitzig die Stücke seiner minder begabten Kollegen parodiert. Dieser *Musikalische Spaß* fesselt durch kompositorische Dummheit. Den hübschen Themen mangelt es an innerer Logik. Es ist so »naiv« wie irrigerweise für manche auch Mozarts Musik: Indirekt weist also der *Musikalische Spaß* auf Mozarts unnaive Meisterschaft hin. Darum lohnt es, ihn zu hören – und auch, als großartig tragischen Gegensatz, die *Serenade c-Moll*, die Mozart für Bläser komponiert (KV 388) und dann für Streichquintett bearbeitet hat (KV 406).

Die fesselndsten Interpretationen von Mozarts Kleiner Nachtmusik

Mit großem Schwung und dem innigen Glanz, der schon seit Jahrzehnten Ruhm und Besonderheit des Londoner Mozart-Stils und -Spiels ausmacht, musiziert das perfekte, ohne Dirigenten auskommende Orpheus Chamber Orchestra die *Kleine Nachtmusik*. Bewunderungswürdig die lebensvolle, unaufdringlich elegante Grazie der Phrasierung. Zur »Objektivität« dieser erlauchten Serenadenmusik passt der Umstand gut, dass hier lauter treffliche Musiker ohne den subjektiv prägenden oder gar diktatorischen Willen eines Dirigentendiktats Mozart dienen.

Ob die *Kleine Nachtmusik* unbedingt von einem mittleren, wenn nicht sogar großen Streichorchester aufgeführt werden muss oder doch von einem solistisch besetzten Quintett – das ist die Frage. Natürlich beantwortet sie das Amadeus-Quartett, jene berühmte Streichquartett-Vereinigung, die nach dem zweiten Weltkrieg jahrzehntelang das Konzertleben beherrscht hat, in ihrem Sinne. Die vier Musiker baten Rainer Zepperitz von den Berliner Philharmonikern zu sich – und nun demonstrieren sie, zum Quintett erweitert, überzeugend, dass der Unterschied zwischen populärer Serenade und hochdifferenzierter Kammermusik beim »späteren« Mozart gar nicht mehr existiert. Was der komponierte, war wunderbarerweise immer zugleich kammermusikalisch erlesen und serenadenhaft melodisch.

Nikolaus Harnoncourt hat – lange bevor es allgemeiner Brauch und fast Mode wurde – darauf bestanden, bei Interpretationen von Barockmusik und Wiener Klassik nach Möglichkeit die damaligen Originalinstrumente zu benutzen – statt der im 19. Jahrhundert veränderten, für romantische und spätromantische Expressivität hergerichteten Instrumente. So spielte er auch die *Kleine Nachtmusik* mit seinem Wiener Concentus musicus ein. Das Klangerlebnis wirkt herber, »barocker«, als manche Musikfreunde es von den üblichen Streichorchestern gewohnt sein mögen. Wir wissen nicht, ob Mozart seine *Kleine Nachtmusik* je selbst gehört hat. Möglicherweise klang sie einst so, wie der strenge, tiftelige Harnoncourt es in seiner Aufnahme von 1989 fixierte.

Who's who

Amadeus-Quartett: Norbert Brainin (*1923) und Siegmund Nissel (*1922), Violine; Peter Schidlof (1922–1987), Viola; Martin Lovett (*1927), Violoncello

Johann Sebastian Bach →Kaisers Klassik Nr. 14

Karl Barth, geboren am 10. Mai 1886 in Basel, gestorben am 9. Dezember 1968 in Basel, schweizerischer Theologe

Ludwig van Beethoven

Symphonie für Sopran, Alt, Tenor, Bass, Chor und Orchester d-Moll Nr. 9 op. 125 →Kaisers Klassik Nr. 1

Nikolaus Harnoncourt, geboren am 6. Dezember 1929 in Berlin, österreichischer Dirigent, Cellist und Musikwissenschaftler

Leopold Mozart, geboren am 14. November 1719 in Augsburg, gestorben am 28. Mai 1787 in Salzburg, österreichischer Komponist und Geiger, Vater Wolfgang Amadeus Mozarts

Wolfgang Amadeus Mozart (eigentlich Johannes Chrysostomus Wolfgang Gottlieb Mozart), geboren am 27. Januar 1756 in Salzburg, gestorben am 5. Dezember 1791 in Wien, österreichischer Komponist

Il dissoluto punito ossia Il Don Giovanni →Kaisers Klassik Nr. 88

Ein musikalischer Spaß (Dorfmusikanten-Sextett) für zwei Violinen, Viola, Kontrabass und zwei Hörner KV 522 (1787) — 1. Satz: Allegro; 2. Satz: Menuetto. Maestoso; 3. Satz: Adagio cantabile; 4. Satz: Presto

Quintett für zwei Violinen, zwei Violen und Violoncello c-Moll Nr. 2 KV 406 (1787) — 1. Satz: Allegro; 2. Satz: Andante; 3. Satz: Menuetto in canone; 4. Satz: Allegro

Serenade für zwei Oboen, zwei Klarinetten, zwei Hörner und zwei Fagotte c-Moll »Nachtmusik« KV 388 (1782) — 1. Satz: Allegro; 2. Satz: Andante; 3. Satz: Menuetto in canone; 4. Satz: Allegro

Serenade G-Dur Nr. 13 »Eine kleine Nachtmusik« KV 525 (1787) — 1. Satz: Allegro; 2. Satz: Romance. Andante; 3. Satz: Menuetto. Allegretto; 4. Satz: Rondo. Allegro

Rainer Zepperitz, geboren am 25. August 1930 in Bandung (Java), deutscher Kontrabassist

32
Sergei Prokofjew
Peter und der Wolf
Ein musikalisches Märchen für Sprecher und Orchester op. 67

Seit 1936 entzückt Prokofjews musikalisches Märchen Peter und der Wolf *alle Welt. Nun ist diese tönende Erzählung ausdrücklich »für Kinder« erdacht. Doch so viel Kindlichkeit steckt in jedem noch nicht völlig erstarrten Erwachsenen, dass er sich verlieben muss in den lustig-leichtfertigen Peter, den bedrohlich-hungrigen Wolf, in die elegante Katze, die dumme Ente, den flatternden Vogel, den leicht vertrottelten Großvater. Obwohl es um Leben und Tod, um Fressen, Gefressenwerden und Schießen geht, braucht bei Prokofjew niemand zu sterben. Nicht einmal der böse Wolf. Wie das moderne Märchen* Peter und der Wolf *entstand und was es bedeutet …*

Danach sehnen sich alle: nach einem heiteren, modernen Kunstwerk, das nicht platt ist, aber auch nicht pseudolustig verkrampft, das eingängige inspirierte Melodien enthält, die aber nicht banal klingen oder altbacken. Aber nur ganz wenigen Komponisten ist es im 20. Jahrhundert gelungen.

Zu diesen wenigen gehört Prokofjew. 1891 in Russland geboren, hatte er 1918 seine Heimat verlassen, wie so viele andere russische Künstler, die vor den Sowjets flohen. Nur: Prokofjew blieb nicht im goldenen Westen, sondern er kehrte freiwillig 1933 in die UdSSR zurück. Er brauchte die Heimat, den engen Kontakt mit seinem russischen Publikum. Freilich hatte er in Paris ziemlich schräg komponiert, »dekadent«, ja sogar atonal – was den stalinistischen Bürokraten gar nicht in ihren optimistischen Kram passte. So bemühte sich der gutwillige Heimkehrer nun auch aus politischen Motiven besonders inständig um Fasslichkeit, Verständlichkeit. Und die Musen küssten ihn.

Von seinem Märchenstoff zu beschwingter Kunst begeistert, fielen Prokofjew für *Peter und der Wolf* entzückende Themen von jugendfrischem Zauber ein. Am Ende sogar ein fabelhafter, opernhafter Triumphmarsch. Prokofjew lässt den Märchenerzähler am Anfang alle wichtigen Motive vorstellen. Die Katze schlängelt sich als samtpfötige Klarinette, drei glühende Hörner symbolisieren den Wolf, der Großvater hinkt etwas kläglich im Fagott. Alles brav tonal, aber mit prokofjewschem Witz formuliert. Am beschwingtesten der Peter selber: als junges, humanes Wesen darf ihn eine Streichquartett-Melodie charakterisieren. Die fängt in munterem C-Dur an, geht aber raffiniert weiter in eine terzverwandte Es-Dur-Ausweichung.

Der Erzähler erklärt, wann alle diese Motive sich mischen – wie der Vogel flattert, die Ente ängstlich quakt, der Wolf als Blechbatterie droht. Manchmal verändern sich die Leitmotive: Wenn Peter beim Fangen des Wolfs Angst verspürt, hören wir sein munteres Thema in bedenklichem Moll. Prokofjew bietet jungen und alten Kindern alles: angewandte Instrumentenkunde, dramatische Themenverarbeitung, wagnersche Leitmotivik. Er tut es aber so zwanglos, dass niemand irgendwas »lernen« muss. Vergnügt folgen wir einem Märchen, in dem nicht gestorben zu werden braucht. Selbst der vom Wolf gierig heruntergeschlungenen Ente scheint es – den Umständen entsprechend – im Bauch des Untiers ganz gut zu gehen. Man hört sie nämlich leise quaken, während die Sieger den Wolf in den Zoo geleiten. Oder, in Loriots Fassung, die es noch besser mit dem Wolf meint, zurück in den tiefen Wald.

Wer Prokofjews Peter und der Wolf *mag …*

… der hat entweder eine Schwäche für musikalische Märchen, dann könnte man ihm zu Engelbert Humperdincks Oper *Hänsel und Gretel* raten, die Richard Wagners Tonsprache ins Populäre übersetzt, oder zum *Karneval der Tiere* von Camille Saint-Saëns, der auf Loriots Prokofjew-Platte zusätzlich geboten wird. Und wem an der poetischen, bewussten, innigen Beschwörung von Jugendeindrücken durch große Kunst liegt, für den hat Robert Schumann seine *Kinderszenen* komponiert – die eben nicht nur die »Träumerei« enthalten, sondern noch zwölf geniale, kurze romantische Klavierstücke dazu.

Die fesselndsten Interpretationen von Prokofjews Peter und der Wolf

Marius Müller-Westernhagen als moderner (ausdrucksvoller, aber nicht kitschiger oder betulicher) Märchenerzähler und das Orchestre de l'Opéra de Lyon bieten eine wohltuend werktreue Aufnahme, die 1993 entstand und sich aller Möglichkeiten avancierter Aufnahmetechnik bedient. Das Orchester hat französischen Charme, Beredsamkeit, Esprit. Modernen Kindern dürfte das gefallen.

Vicco von Bülow alias Loriot hat im Jahr 1982, zusammen mit Daniel Barenboim und dem English Chamber Orchestra, eine unschlagbar geistreiche eigene Fassung des Märchens hergestellt. Es heißt: »Text: Loriot, frei nach Prokofjew«. Loriot ist natürlich viel zu klug, sich über das Märchen lustig zu machen. Aber er fügt eben doch vergnügt eigene Einfälle hinzu. Bei Loriot denkt die Katze: »Ich liebe Vögel«, ergänzt aber: »besonders zum Frühstück.« Bei Loriot erscheint der wegen des Wolfs aufgeregte Großvater ein bisschen lächerlich im Nachthemd, auch haben die angstvollen Jäger nicht den Wald durchkämmt, sondern »den ganzen Morgen im Wirtshaus gesessen«.

Romy Schneider, die Unvergessliche, hat mit Recht geglaubt, Märchenerzähler müssten keineswegs immer Männer sein. Junge Frauen, Mütter, Großmütter können das ebenso gut. So trägt sie *Peter und der Wolf* in ihrem anrührend innigen österreichischen Tonfall vor. Jeder Romy-Schneider-Fan schmilzt selig dahin. Begleitet wird diese Märchenerzählerin immerhin von Herbert von Karajan und dem Londoner Philharmonia Orchestra. Bei Karajan schleicht die Katze noch langsamer, lüsterner als bei allen anderen Dirigenten. Wenn er nicht so oft gesagt hätte, wie sehr er die Katzen liebt, man könnte es seiner zarten Interpretation von *Peter und der Wolf* ohne weiteres entnehmen.

Who's who

Daniel Barenboim, geboren am 15. November 1942 in Buenos Aires, israelischer Pianist und Dirigent

Vicco von Bülow (eigentlich Bernhard Viktor von Bülow; Pseudonym Loriot), geboren am 12. November 1923 in Brandenburg (Havel), deutscher Cartoonist und Regisseur

Engelbert Humperdinck, geboren am 1. September 1854 in Siegburg, gestorben am 27. September 1921 in Neustrelitz, deutscher Komponist

Hänsel und Gretel, Märchenspiel in drei Bildern; Text: Adelheid Wette (geborene Humperdinck) nach Jacob und Wilhelm Grimm; Uraufführung: Weimar, 23. Dezember 1893

Herbert von Karajan, geboren am 5. April 1908 in Salzburg, gestorben am 16. Juli 1989 in Anif (bei Salzburg), österreichischer Dirigent

Marius Müller-Westernhagen, geboren am 6. Dezember 1948 in Düsseldorf, deutscher Rocksänger und Schauspieler

Sergei Sergejewitsch Prokofjew, geboren am 23. April 1891 in Sonzowko (heute Krasnoje, Donezk), gestorben am 5. März 1953 in Moskau, russischer Komponist und Pianist

Petja i wolk (Peter und der Wolf). Musikalisches Märchen für Sprecher und Orchester op. 67 (1936)

Camille Saint-Saëns, geboren am 9. Oktober 1835 in Paris, gestorben am 16. Dezember 1921 in Algier, französischer Komponist, Pianist und Organist

Le Carnaval des animaux. Grande fantaisie zoologique (Der Karneval der Tiere. Große zoologische Fantasie) für Orchester und Soloklavier (1886) — 1: Introduction et marche du lion; 2: Poulets et coqs; 3: Hémiones; 4: Tortures; 5: L'éléphant; 6: Kangourous; 7: Aquarium; 8: Personnages à longues oreilles; 9: Le coucou au fond des bois; 10: Volière; 11: Pianistes; 12: Fossiles; 13: Le cygne; 14: Final

Romy Schneider (eigentlich Rosemarie Albach), geboren am 23. September 1938 in Wien, gestorben am 29. Mai 1982 in Paris, österreichische Schauspielerin

Robert Schumann

Kinderszenen für Klavier op. 15 →Kaisers Klassik Nr. 59

Richard Wagner →Kaisers Klassik Nr. 5

33
Giuseppe Verdi
Aida
Oper in vier Akten

Unwiderstehlich melodiös und spannungsvoll demonstriert die Oper, was italienischer Genius vermag: Schwung entsteht hier aus Verdis Herzenskraft, Lauterkeit und Idealität. Und der »Schöngesang«, der Belcanto, in Deutschland als Leierkastenmusik bespöttelt, transportiert sowohl Dramatisches wie Seelisches! Jede gute, passionierte Aida-*Aufführung ist ein Fest, und zum bekannten Triumphmarsch ziehen heute die Sportler in die Fußballstadien ein. Wie die* Aida *entstand und was sie bedeutet …*

Mit uralten ägyptischen Ritualen hat die Oper *Aida* zu tun: mit Tempeltänzerinnen, psalmodierenden, grausamen Priestern, schrecklichen Todesstrafen. Das ist kein Zufall. Verdi komponierte die Oper nämlich für den ägyptischen Vizekönig Ismail Pascha, der sein rückständiges Land rasch europäisieren wollte, Eisenbahnlinien bauen ließ, den Bau des Sueskanals inspirierte und das erste Opernhaus auf ägyptischem Boden zu errichten befahl. Ein italienischer Ägyptenfan hatte ein schönes Textbuch entworfen und dem Sekretär der französischen Oper geschickt mit der Bemerkung, der Vizekönig würde es gern von Verdi (der damals in Paris war) vertont haben. Im Falle einer Ablehnung aber solle man Charles Gounod fragen oder Richard Wagner, »der sicherlich etwas wirklich Großartiges daraus machen könnte«.

So entschloss sich Verdi gern. In einem kühlen Geschäftsbrief verlangte er 150 000 Francs allein für die Aufführungsrechte in Ägypten. Und dann machte er sich an die Arbeit. Verdis Devise: »Ich sage es nun schon das zwanzigste Mal:

dass ich nichts will als das eine – Erfolg.« (So dachten der alte Beethoven, der alte Brahms, der alte Wagner, der alte Strauss auch – es ist ein liebes Märchen, dass ältere Künstler gegenüber Erfolgen und Effekten vornehm-gleichgültig würden.)

Verdis von Erfahrung und innerer Glut genährter Erfolgsdrang führte in der *Aida* zu seiner vielleicht schönsten Opernmusik. Für die pompösen Massenszenen, bei denen man in bunter Aufführung auch Elefanten, Löwen und Tänzerinnen bestaunen kann, fielen Verdi sowohl der fabelhaft schmetternde, mittlerweile bereits in Fußballstadien bekannte »Triumphmarsch« ein wie aber auch die unvergleichlich helldunkle, donnernd erhabene Hymne »Heil dir, Ägypten, Isis Heil« (in der Aufnahme Herbert von Karajans CD II, Take 4, nach 0.51).

Die Oper bietet nicht nur Massenszenen, sondern auch ein ausweglos tragisches, privates Dreipersonenstück. Amneris, stolze ägyptische Prinzessin, liebt den Feldherrn Radames und leidet eifersüchtig verzweifelt, weil dieser ägyptische Krieger unaustilgbar für eine Sklavin (Aida) schwärmt. In magischen Soloszenen stellt Verdi des Radames Liebe (Romanze im ersten Akt) oder der unseligen Aida Schmerz im dritten Akt dar – wenn Aidas Vater, der Äthiopierkönig Amonasro, die Tochter zwingt, den Geliebten zum Verräter zu machen. Allerschönster, zartester Moment ist jener kurze, hoffnungslose Glückstraum, wenn Aida den Radames bittet, er möge doch sein Ägyptertum vergessen und mit ihr irgendwohin fliehen, wo niemand sie kennt (bei Karajan CD III, Take 6). Radames wird – als Verräter – zum Tode in einem Gewölbe verurteilt. Dort aber tritt überraschend Aida zu ihm. Über alle Sterbensangst hinaus halluzinieren die beiden Glück und Erlösung bei ihrem Liebestod in Ges-Dur.

Wenn Sie Verdis Aida *mögen …*

Wer für den Glanz und die festlich-dunkle Freiheit der großen Oper schwärmt, sollte nicht verzichten auf Verdis *Don Carlos* und *Maskenball*. Die Handlung – dass ein Vornehmer nicht eine hochgeborene Prinzessin heiraten möchte, die ihn liebt, sondern stattdessen eine Gefangene, die er liebt – kommt übrigens schon bei Wolfgang Amadeus Mozart vor. Und zwar im *Idomeneo*. Fürs berühmteste Orchester der damaligen Welt schrieb der 24-jährige Mozart eine berauschend inspirierte Musik. Nur muss man sich, um sie genießen zu können, bemühen, die ziemlich verwickelte Opera-seria-Handlung zu verstehen. Sie erschwert den Zugang zu den *Idomeneo*-Herrlichkeiten ein wenig.

Die fesselndsten Interpretationen von Verdis Aida

Herbert von Karajan ist ein großer Verdi-Dirigent gewesen. Er beherrschte das Geheimnis, Verdis Kantilenen als freie, melodische Entfaltungen zu dirigieren, die an ihrem Schluss jedesmal eine zugleich zarte, rückwirkende rhetorische Bestätigung erfahren. In der legendären Karajan-Einspielung von 1959 wirken Renata Tebaldi mit (als Aida), die wunderbar leidenschaftliche Giulietta Simionato (Amneris) und Carlo Bergonzi als Radames. Orchester: die Wiener Philharmoniker.

Arturo Toscanini war zunächst Cellist, sprang dann bei einer Tournee in Rio de Janeiro 19-jährig als Dirigent ein: Er leitete die *Aida*, auswendig. Toscanini, der unter Verdi gespielt hatte, zu Verdis Tod die Trauermusik dirigierte und dann viele Jahrzehnte lang als berühmtester Dirigent der Erde galt – sein großer Antipode war Wilhelm Furtwängler –, ist ein fanatischer und besessener Verdi-Interpret gewesen. Allen seinen

Verdi-Aufnahmen gebührt der Rang glühender Authentizität. Die Solisten, die er verpflichtete und zu Höchstleistungen animierte, kamen nicht umhin, unter dem Choleriker Toscanini ihr Äußerstes zu geben. So entstanden Aufnahmen eindringlicher Qualität.

Die Kunst des Verdi-Gesangs hat sich im Verlauf des Jahrhunderts immer wieder geändert. Große Verdi-Tenöre sind Ausnahmeereignisse gewesen. Die 1946 von Tullio Serafin mit dem Orchester wie dem Chor der römischen Oper aufgenommene *Aida*-Einspielung verdankt ihren Ruhm und Ruf dem Tenor Beniamino Gigli. Maria Caniglia (Aida) und Ebe Stignani (Amneris) stehen ihm zur Seite. Für Stimmfetischisten ist auch diese Aufnahme ein schönes »Muss«.

Who's who

Ludwig van Beethoven →Kaisers Klassik Nr. 1

Carlo Bergonzi, geboren am 13. Juli 1924 in Polesine Parmense (bei Cremona), italienischer Sänger (Tenor)

Johannes Brahms →Kaisers Klassik Nr. 10

Maria Caniglia, geboren am 3. Mai 1905 in Neapel, gestorben am 16. April 1979 in Rom, italienische Sängerin (Sopran)

Wilhelm Furtwängler, geboren am 25. Januar 1886 in Berlin, gestorben am 30. November 1954 in Ebersteinburg (heute zu Baden-Baden), deutscher Dirigent und Komponist

Beniamino Gigli, geboren am 20. März 1890 in Recanati (bei Ancona), gestorben am 30. November 1957 in Rom, italienischer Sänger (Tenor)

Charles Gounod, geboren am 17. Juni 1818 in Paris, gestorben am 18. Oktober 1893 in Saint-Cloud (bei Paris), französischer Komponist

Ismail Pascha, geboren am 31. Dezember 1830 in Kairo, gestorben am 2. März 1895 in Istanbul, türkischer Vizekönig von Ägypten (1863–79)

Herbert von Karajan, geboren am 5. April 1908 in Salzburg, gestorben am 16. Juli 1989 in Anif (bei Salzburg), österreichischer Dirigent

Wolfgang Amadeus Mozart
Idomeneo →Kaisers Klassik Nr. 76

Tullio Serafin, geboren am 1. September 1878 in Rottanova (heute zu Cavarzere, bei Venedig), gestorben am 3. Februar 1968 in Rom, italienischer Dirigent

Giulietta Simionato, geboren am 12. Mai 1910 in Forlì (Emilia-Romagna), italienische Sängerin (Mezzosopran)

Ebe Stignani, geboren am 11. Juli 1903 in Neapel, gestorben am 6. Oktober 1974 in Imola (Emilia-Romagna), italienische Sängerin (Mezzosopran)

Richard Strauss →Kaisers Klassik Nr. 64

Renata Tebaldi, geboren am 1. Februar 1922 in Pesaro, italienische Sängerin (Sopran)

Arturo Toscanini, geboren am 25. März 1867 in Parma, gestorben am 16. Januar 1957 in New York, italienischer Dirigent

Giuseppe Verdi, geboren am 9./10. Oktober 1813 in Le Roncole (bei Busseto, Parma), gestorben am 27. Januar 1901 in Mailand, italienischer Komponist
Aida, Opera in vier Akten; Text: Antonio Ghislanzoni nach Auguste Mariette; Uraufführung: Kairo, 24. Dezember 1871
Un ballo in maschera →Kaisers Klassik Nr. 48
Don Carlos, Opéra in fünf Akten; Text: Joseph Méry (eigentlich Joseph Pierre Agnès) und Camille Du Locle nach Friedrich von Schiller; Uraufführung: Paris, 11. März 1867

Richard Wagner →Kaisers Klassik Nr. 5

34
Franz Schubert
Die »große« Symphonie C-Dur
Nr. 9 D. 944

Diese Symphonie *leuchtet heller als 1000 Sonnen. Wenn der furios beschleunigte Schluss des ersten Satzes alle Energien strahlend zusammenfasst, wenn am Ende des Finales überschäumender Lebensjubel sogar den Tod besiegt, der sich donnernd gemeldet hat – dann möchte man die »große«* Symphonie C-Dur *für die schönste, blühendste und zugleich mystisch-geheimnisvollste Symphonie halten, die je komponiert wurde. Wie die* Symphonie *entstand und was sie bedeutet …*

Wo es eine »große« *C-Dur-Symphonie* gibt, da muss auch eine »kleine« existieren. Die liegt vor – Schubert schrieb sie 1816. Es ist seine *Symphonie Nr. 6*. Mit ihr unternahm Schubert den Versuch, auf entzückende Weise so ähnlich zu komponieren wie der damals in Wien überschwänglich gefeierte Gioachino Rossini. Aber es half nichts. Vom »Symphoniker« Schubert wollten die lieben Wiener nichts wissen. »Du, Franzl, bleib bei deinen Liedern …«

Schubert ließ sich jedoch nicht entmutigen. Nach einer schweren Lebenskrise beschloss er ausdrücklich, sich »den Weg« zur Symphonie »zu bahnen«. Und dann, wahrscheinlich 1825, entstand die »große« C-Dur. Die Philharmoniker lehnten sie ab. Robert Schumann musste Wien besuchen, zehn Jahre nach Schuberts Tod die beim Bruder Ferdinand Schubert unbeachtet herumliegende Partitur finden, das Wunderwerk preisen und seinem Freund Felix Mendelssohn Bartholdy nach Leipzig zur Uraufführung vermitteln.

Nicht allein der große Stil, die gewaltige, rhythmisch straffe Kraft macht die Komposition so unvergleichlich. Bei Schubert verbindet sich darüberhinaus die orchestral-symphonische, gleichsam überprivate Gewalt mit einer wunderbar innigen, persönlichen Aura. Zwischen symphonischer Größe und menschlicher Herzlichkeit vermittelt das Moment des Wanderns. Wir spüren, wie die wandernde Seele sich gleichsam in der Zeit, in der riesigen orchestralen Landschaft bewegt. Das »Wandern«, diese säkularisierte Wallfahrt, wird in der »großen« *Symphonie C-Dur* zum Ereignis – weil Schubert immer wieder raumschaffende poetische Echoeffekte komponiert. Gleich zu Anfang, wenn das Hornthema in seinem letzten Takt zart zu verhallen scheint. Oder im herrlich und traurig schlendernden zweiten Satz. *fff* toben da die Achtelakkorde. Eine riesige Generalpause. Dann hallen, wie über einen Abgrund hin, die Achtel als leises Streicherpizzikato nach. Und in diese Nachhallbeklommenheit singt eine Cellomelodie, wie sie so innig und tröstlich doch nur Schubert erfinden konnte. (Unvergleichlich kommt das in Wilhelm Furtwänglers Interpretation heraus; CD Take 3, nach 10.28.)

Im Scherzo schmettert's tänzerisch, während des Mittelteils wird aber auch wieder die Tagtraumsekunde abgründiger Trauer laut.

Das Finale zitiert andeutend Ludwig van Beethovens »Freude, schöner Götterfunken« – und dann sogar den Tod. Jene vier halben Noten, mit denen sich in Mozarts *Don Giovanni* der Komtur aus der Ewigkeit zurückmeldet, um den Wüstling in die Hölle zu holen – sie werden wörtlich beschworen! Es ist ungeheuerlich: Im Moment höchsten Daseinsjubels, ja durchaus zur Steigerung dieses Jubels, donnert das vierfach wiederholte Todespochen in den grandiosen Schwung des Finales.

Wenn Sie Schuberts »große« Symphonie C-Dur *mögen …*

Es gibt wenige symphonische Werke, die man in einem Atem mit Schuberts »großer« *Symphonie C-Dur* nennen darf. Am ehesten noch Beethovens *»Pastorale«*, die auch vom pantheistischen Geist einer beseelten Natur durchpulst scheint. Oder Anton Bruckners *»Romantische« Symphonie*, also seine *Symphonie Es-Dur Nr. 4*, in welcher Schuberts Mischung aus Tiefsinn und Tänzerischem, aus Daseinsjubel und Depression gleichsam wagnerianisch vergrößert wiederkehrt. Nur: größer als Schuberts *»Große«* kann so leicht nichts sein …

Die fesselndsten Interpretationen von Schuberts »großer« Symphonie C-Dur

Wilhelm Furtwängler – darüber gibt es unter den Schubertianern der Alten und Neuen Welt mittlerweile wohl keinen Zweifel mehr – hat Schuberts »große« *C-Dur-Symphonie* faszinierender, glühender und visionärer zu dirigieren vermocht als jeder andere. Wie im langsamen Satz die Überfülle der Melodien zum sanft-dramatischen Ereignis wird, wie das Trio des Scherzos vibriert von Trauer und Zärtlichkeit, das Finale von unwiderstehlichem Elan: da kommt niemand Furtwängler gleich. Dagegen war die Interpretation des gefeierten Sergiu Celibidache eine matte Schubert-Karikatur und selbst Arturo Toscaninis virtuose Einspielung eine flotte Veroperung. Hingebungsvoll musizierten die Berliner Philharmoniker einst unter ihrem geliebten Furtwängler.

Claudio Abbado legt in seiner Gesamteinspielung aller Schubert-Symphonien (mit dem Chamber Orchestra of Europe) eine zügige, helle, gleichsam »moderne« Schubert-Deutung vor. Abbado hat Schuberts Autographen sorgfältig prüfen lassen: So soll zum Beispiel der Andante-Beginn der

Symphonie »alla breve« (mit der halben Note als Zählzeit statt der Viertelnote) genommen werden. Das heißt: die Einleitung müsste rascher herauskommen. Trotzdem erklingt das Anfangshornthema bei Abbado sogar langsamer als bei Furtwängler (der vom Alla-breve-Fund der Musikologen noch nichts wissen konnte). Schwungvolle Durchsichtigkeit und vitale Authentizität nehmen für Abbados Interpretation ein.

Der Dirigent Günter Wand hat eigentlich zwei Karrieren gemacht: In der ersten war er jahrzehntelang Chef, Generalmusikdirektor des Kölner Gürzenich-Orchesters. In der zweiten wurde er – zusammen mit dem Rundfunk-Symphonieorchester des WDR – zum bedeutenden Bruckner- und Schubert-Interpreten. Die 1978 mit dem WDR-Orchester entstandene Einspielung hält Wands Kunst fest als Mischung aus beschwingter Texttreue und weisheitsvoller Leidenschaft.

Who's who

Claudio Abbado, geboren am 26. Juni 1933 in Mailand, italienischer Dirigent

Ludwig van Beethoven

Symphonie F-Dur Nr. 6 »Pastorale« op. 68 →Kaisers Klassik Nr. 91

Symphonie für Sopran, Alt, Tenor, Bass, Chor und Orchester d-Moll Nr. 9 op. 125 →Kaisers Klassik Nr. 1

Anton Bruckner

Symphonie Es-Dur Nr. 4 »Romantische« (1880) →Kaisers Klassik Nr. 39

Sergiu Celibidache, geboren am 28. Juni 1912 in Roman, gestorben am 14. August 1996 in Paris, rumänischer Dirigent

Wilhelm Furtwängler, geboren am 25. Januar 1886 in Berlin, gestorben am 30. November 1954 in Ebersteinburg (heute zu Baden-Baden), deutscher Dirigent und Komponist

Felix Mendelssohn Bartholdy →Kaisers Klassik Nr. 28

Wolfgang Amadeus Mozart
Il dissoluto punito ossia Il Don Giovanni →Kaisers Klassik Nr. 88

Gioachino Rossini (eigentlich Giovacchino Rossini), geboren am 29. Februar 1792 in Pesaro, gestorben am 13. November 1868 in Passy (heute zu Paris), italienischer Komponist

Ferdinand Schubert, geboren am 18. Oktober 1794 in Lichtental (heute zu Wien), gestorben am 26. Februar 1859 in Wien, österreichischer Komponist, Bruder Franz Schuberts

Franz Schubert, geboren am 31. Januar 1797 in Lichtental (heute zu Wien), gestorben am 19. November 1828 in Wien, österreichischer Komponist
Symphonie C-Dur Nr. 6 D. 589 (1818) — 1. Satz: Adagio – Allegro; 2. Satz: Andante; 3. Satz: Scherzo. Presto; 4. Satz: Allegro moderato
Symphonie C-Dur Nr. 9 (eigentlich Nr. 8) D. 944 (1828) — 1. Satz: Andante – Allegro ma non troppo; 2. Satz: Andante con moto; 3. Satz: Scherzo. Allegro vivace; 4. Satz: Finale. Allegro vivace

Robert Schumann →Kaisers Klassik Nr. 8

Arturo Toscanini, geboren am 25. März 1867 in Parma, gestorben am 16. Januar 1957 in New York, italienischer Dirigent

Günter Wand, geboren am 7. Januar 1912 in Elberfeld (heute zu Wuppertal), deutscher Dirigent

35

Georges Bizet

Carmen

Oper in vier Akten

Populärste, meistaufgeführte Oper der Musikgeschichte. Carmen ist ein Luder, aber ein unwiderstehliches. Alle Welt begehrt diese Zigeunerin, die so faszinierend singt und tanzt. Nichts kann die Stolze zu etwas zwingen, wenn sie nicht will: weder Peitsche oder Feuerfolter der Ordnungsmächte noch die Liebesschwüre und Morddrohungen eines nicht mehr Geliebten. Carmen stellt durch ihr Sosein eine Herausforderung aller Männer, ja aller gesitteter Zivilisation dar. Sie ist »frei« – zugleich rumort in der Ungebändigten ein dumpfer fatalistischer Aberglaube. So wirkt Carmen keineswegs emanzipatorisch »aufgeklärt«. Trotzdem ungegängelt, ohne Angst. Ist sie Luder oder Naturereignis? Oder beides? Wie die Carmen *entstand und was sie bedeutet …*

Der französische Autor Prosper Mérimée, der ein ziemlich frauenfeindlicher Typ gewesen sein muss, hat die Zigeunerin Carmen 1845 literarisch erzeugt. In Mérimées packender Novelle erzählt Don José einem französischen Gelehrten seine Geschichte. Dann erwartet er seine Hinrichtung durch die Garotte. Dem Delinquenten wird dann nach hübschem spanischen Brauch der Hals würgend erdrückt bis zum Ersticken.

Die Geschehnisse, die zu diesem Ende führen, ereignen sich in der Oper noch ein bisschen drastischer als in der von den Librettisten Ludovic Halévy und Henri Meilhac bearbeiteten Novelle. Knapp, gefühlsstark, ohne jede umständliche Sentimentalität, charakterisiert Bizets Musik die Hauptfiguren. Carmen stellt sich mit einer »Habanera« vor: einem unschlagbar wirkungssicheren Auftrittslied, in dem sich Südamerikanisches (Habanera = aus Havanna, Kuba), Andalusisches und Zigeunerisches mischen. »Die Liebe« – so Carmen lasziv-unwiderstehlich – »kommt, wann sie will und wann ich es will. Ich bin Zigeunerin: Wer mich fasziniert, der möge sich hüten.«

Alle sind von dieser Habanera begeistert. Nur einer, Sergeant Don José, bleibt gleichgültig. Der mag die züchtige, herzliche Micaëla, die immer so lieb von der Mutter singt. Und hört bei Carmens Auftrittslied demonstrativ weg. Da wirft sie ihm Blumen zu. Das Sträußchen trifft ihn: an den Leib und in die Seele. Im Orchester ertönt das »Schicksalsmotiv«. Später muss Don José Carmen arretieren. Er lässt sich von ihr den Kopf verdrehen – und sie laufen. Kommt dafür natürlich ins Gefängnis. Wieder frei, möchte sich Don José seinen Liebeslohn abholen. Carmen weiß, dass sie ihm ihre Freiheit schuldet. Macht alles dankbar mit Gesang, Liebe und Tanz wieder gut...

Aber dann passieren zwei Unglücksfälle. Der eine: Ein fabelhaft maskuliner, machohafter, eitel-stolzer Torero kommt in die Schmugglerkneipe, wo Don José die Carmen wiederfand. Er gefällt. Zweites Malheur: Aufs Trompetensignal will Don José gehorsam heim zu seiner Einheit. Das verübelt Carmen. Grell-ironisch macht sie das »Traterata«, den Ruf zum Appell, nach. »Du willst von mir zurück ins normale Soldatenleben. Du liebst mich nicht.«

Vorher hatte es ein Schmugglerquintett von sprühender Eleganz gegeben und die leidenschaftlich-lässige Seguidilla – ein von Carmen gesungenes durchtriebenes Tanzlied. Nun folgen die Katastrophen. Den nolens volens in die Schmugglerkarriere geglittenen Don José liebt Carmen nicht mehr. Legt sie mit ihren Freundinnen Karten, dann winken denen junge, hübsche oder steinreiche, auch steinalte Männer. Carmen indessen prophezeien die Karten den Tod. Beim Klang großartig fatalistischer Akzente der Musik nimmt sie dieses

Schicksal an. Wenn sie danach, während schwungvolle Stierkampfmusik jubelt, zu Escamillo eilen möchte, bedroht der süchtige Don José Carmen wüst. Sie lügt nicht, flieht nicht. Sondern bleibt dem Tod gegenüber so »frei«, wie sie es im Leben war.

Wenn Sie Bizets Carmen *mögen ...*

Wer sich von Carmen faszinieren lässt, muss was für gefährliche junge Frauen übrig haben, welche die »Ordnung« stören. Das tut Prinzessin Salome in Richard Strauss' raffinierter Partitur auch mit todbringendem Erfolg. Wer aber den Umgang mit perversen Königskindern scheut, dem wäre zu Giuseppe Verdis *La traviata* zu raten. Die ist zwar auch nicht gerade harmlos, aber doch zähmbar, nachgiebig, lieb. Und falls es in ihrem edelkurtisanenhaften Vorleben etwas unzüchtig zugegangen sein sollte, dann zahlt sie dafür immerhin mit ihrem – von Verdi erlesen schön komponierten – Sterben im und am letzten Akt.

Die fesselndsten Interpretationen von Bizets Carmen

Maria Callas war als Sängerin berühmt, als Tragödin ergreifend. Ihre Gestaltung der Carmen ist von finsterer, unerbittlicher Gewalt. Die große Kartenszene im Terzett, wo die anderen Damen sich so vergnügt ihre lustigen oder reichen Ehemänner ermischen, Carmen aber den Tod: das ist von archaischer Gewalt. Nicolai Gedda als Don José, Georges Prêtre als Dirigent, Instrumentalisten und Choristen der Pariser Opéra sorgen dafür, dass Frankreichs Nationaloper authentisch erklingt.

Teresa Berganza, Plácido Domingo, Ileana Cotrubas und Sherrill Milnes sind die Protagonisten der fesselnden, zügigen

Claudio-Abbado-Einspielung. Teresa Berganza gibt nicht der Callas rauchig-kehlige Dämonie, sondern ohne alle Trivialität Leises, Pointiertes, Verführerisches. Oft Pianissimonummern mit aufregenden Steigerungen. Carmens Traum vom gemeinsamen Fortgehen mit Don José in wilde Felsenklüfte – kurz vor Schluss des zweiten Aktes – wird zum bezwingenden Symbol dafür, wieviel zartes Glücksverlangen auch in der Seele dieser Zigeunerin pocht.

Die Aufnahme, die Thomas Beecham, hochbetagt, 1958/59 dirigierte, ist ein Glücksfall. Stilistisch wunderbar genau und sicher, als Ganzes homogen. Selbst der verwöhnte gestrenge Opernkritiker Karl Löbl nannte sie mit Recht »ein Operndenkmal von unvergänglichem Wert... Eine Aufnahme, die kaum jemals veralten wird.« Es wirkten mit: Victoria de los Angeles, Nicolai Gedda; dazu Chor und Orchester des Pariser Rundfunks.

Who's who

Claudio Abbado, geboren am 26. Juni 1933 in Mailand, italienischer Dirigent

Victoria de los Angeles (eigentlich Victoria Gomez Cima), geboren am 1. November 1923 in Barcelona, spanische Sängerin (Sopran)

Sir Thomas Beecham, geboren am 29. April 1879 in Saint Helens (bei Liverpool), gestorben am 8. März 1961 in London, britischer Dirigent

Teresa Berganza, geboren am 16. März 1935 in Madrid, spanische Sängerin (Sopran)

Georges Bizet, geboren am 25. Oktober 1838 in Paris, gestorben am 3. Juni 1875 in Bougival (Hauts-de-Seine), französischer Komponist

Carmen, Opéra in vier Akten; Text: Henri Meilhac und Ludovic Halévy nach Prosper Mérimée; Uraufführung: Paris, 3. März 1875

Maria Callas (eigentlich Maria Kalojeropulos, verheiratete Meneghini), geboren am 2. Dezember 1923 in New York, gestorben am 16. September 1977 Paris, griechisch-amerikanische Sängerin (Sopran)

Ileana Cotrubas, geboren am 9. Juni 1939 in Galaţi, rumänische Sängerin (Sopran)

Plácido Domingo, geboren am 21. Januar 1941 in Madrid, mexikanischer Sänger (Tenor) spanischer Herkunft

Nicolai Gedda (eigentlich Nicolai Ustinow), geboren am 11. Juli 1925 in Stockholm, schwedischer Sänger (Tenor) russisch-schwedischer Herkunft

Ludovic Halévy, geboren am 1. Januar 1834 in Paris, gestorben am 8. Mai 1908 in Paris, französischer Schriftsteller

Henri Meilhac, geboren am 21. Februar 1831 in Paris, gestorben am 6. Juli 1897 in Paris, französischer Schriftsteller

Prosper Mérimée, geboren am 28. September 1803 in Paris, gestorben am 23. September 1870 in Cannes, französischer Schriftsteller

Carmen, Novelle (1845)

Sherrill Milnes, geboren am 10. Januar 1935 in Downers Grove (IL), amerikanischer Sänger (Bariton)

Georges Prêtre, geboren am 14. August 1924 in Waziers (bei Douai, Nord), französischer Dirigent

Richard Strauss

Salome →Kaisers Klassik Nr. 64

Giuseppe Verdi →Kaisers Klassik Nr. 22

La traviata (Die Gefallene), Melodramma in drei Akten; Text: Francesco Maria Piave nach Alexandre Dumas; Uraufführung: Venedig, 6. März 1853

36

Ludwig van Beethoven

»Kreutzer«-Sonate
für Violine und Klavier A-Dur op. 47

Lodernde, wildbewegte, vehement virtuose Musik. Eine derart leidenschaftliche Sonate war der Violine und dem Klavier bis zu dem Zeitpunkt, da Beethovens »Kreutzer«-Sonate *erschien, also bis zum Jahre 1803, noch nicht geschenkt worden. Lew Tolstoi beschreibt in seiner berühmesten Novelle – sie heißt* Kreutzersonate –, *dass Musik von einer solchen seelenerschütternden Passion geradewegs zum Mord führen kann. Wie die* »Kreutzer«-Sonate *entstand und was sie bedeutet …*

Der junge Beethoven hatte bis 1802 bereits ein paar berückend melodische und vitale Violinsonaten geschrieben. Als aber der berühmte Violinvirtuose George Bridgetower, ein Mulatte, nach Wien kam, da ging Beethoven 1803 weit über alles Bisherige hinaus und komponierte einen ungeheuerlichen Kopfsatz sowie einen empfindsam brillanten Variationssatz. Das Prestofinale existierte bereits. Nun müsste die Sonate ja eigentlich »Bridgetower«-Sonate heißen, nach jenem Mulatten, mit dem Beethoven das Stück uraufführte. Eher scherzhaft soll das Autograph, das verschollen ist, auch »Sonata mulattica« überschrieben gewesen sein. Doch Beethoven bekam Krach mit Bridgetower – und widmete sein wildes Werk lieber dem großen französischen Violinvirtuosen Rodolphe Kreutzer.

Die *»Kreutzer«-Sonate* beginnt mit einem ebenso herrlichen wie heiklen Solo für die Violine. Unbegleitet, gleichsam nackt, muss sie in strahlenden Doppelgriffen ihr majestätisches Adagiothema vortragen. Wie leicht das auf dem Konzertpodium verwackeln oder unrein herauskommen kann, wissen alle Geiger. (Und erfahrene Konzertbesucher wissen es auch.) Danach übernimmt das Klavier in sonorem Moll die erhabene akkordische Gestalt. Eher zögernd setzt das Presto ein. Es wirkt wie unschlüssige Ruhe vor dem Sturm. Der bricht dann rasend los: so rasch, dass man eher die Fetzen einer Prestomelodie als diese selbst zur erkennen meint. Wieder relative Ruhe. Und dann ein mitreißend schwungvolles Drängen zum grandiosen zweiten Thema. Mit äußerster Gewalt spricht Musik die Sprache der Leidenschaft. Wer dieses Oktaventhema einmal wahrhaft begriffen hat oder von ihm ergriffen worden ist, kann es nie mehr vergessen (in der unübertroffenen Huberman-Aufnahme Take 4, nach 3.41).

Der Mittelsatz, ein Variationssatz, fasziniert weniger mit Leidenschaft als mit Empfindsamkeit, Brillanz, brütender Dunkelheit (dritte Variation) und melodisch reichen Entfaltungen.

Tolstoi wagte es, das Finale »ganz schwach« zu nennen. Nun: für effektvolle tänzerische Vehemenz oder überschwängliche Virtuosität dürfte der alte moralistische Griesgram Tolstoi wenig übrig gehabt haben. Wir anderen, genusssüchtigeren Erdenbürger indessen sind froh, dass in Beethovens *»Kreutzer«-Sonate*, in der es am Anfang um Leben und Tod ging, am Ende ein virtuoser Daseinsrausch in hellem Dur das letzte Wort behalten darf.

Wer Beethovens »Kreutzer«-Sonate *mag …*

… bewundert Leidenschaft und Glanz im Medium der Violinsonate. Am ehesten mit der einzigartigen *»Kreutzer«-Sonate* wären die große, finstere *Violinsonate d-Moll* op. 108 von Johannes Brahms zu vergleichen und Beethovens etwas frühere *Violinsonate c-Moll* op. 30,2. Auch César Francks große viersätzige *Sonate A-Dur für Violine und Klavier* bietet sich als Gegenstück an. Aber eine Novelle, die auf Mord hinauslauft, hätte Tolstoi wegen der liebenswürdigen *Sonate* von Franck schwerlich geschrieben…

Die fesselndsten Interpretationen von Beethovens »Kreutzer«-Sonate

Bronisław Huberman, jener legendär berühmte Geiger, der als Wunderkind noch dem alten gerührten Brahms sein *Violinkonzert* vorgetragen hat, nahm mit Ignacy Friedman, einem gleichfalls großen (und wie Huberman in die Emigration gezwungenen) Pianisten, 1930 die *»Kreutzer«-Sonate* auf. Diese Einspielung galt als außerordentlich. Nun, da man ihrer auf LP und endlich auch auf CD habhaft werden kann, zeigt sich: Sie übertrifft alle Erwartungen. Dass ein Beethoven-Presto so aggressiv, so ekstatisch (und dennoch korrekt), so wild gespielt werden müsse – man hat es im Unterbewusstsein immer geahnt. Huberman und Friedman demonstrierten, dass und wie es möglich ist! Eine extreme, gewalttätige, überwältigende Interpretation. Wer da über die beträchtlichen elektroakustischen Schwächen nicht hinweghören will, sollte sich schämen.

Arthur Rubinstein, der einzigartige Pianist, hat den später so berühmten Geiger Henryk Szeryng für die Musikwelt entdeckt und mit ihm auch einige Beethoven-Sonaten aufgenommen. Rubinstein beherzigt, dass die Werke von Beethoven als Sonaten für »Klavier und Violine« bezeichnet worden sind (also nicht für »Violine und Klavier«). So reißt Rubinsteins dominierende Kunst, ohne die Geige zu übertönen, Szeryng mit zu einer großartig sonoren Interpretation.

Der Geiger Itzhak Perlman und der Pianist Vladimir Ashkenazy bieten modernes, tonschönes, sorgfältig homogenes Musizieren. Beiden Interpreten geht es nicht nur um Perfektion, die ihnen ganz selbstverständlich zur Verfügung steht, sondern um leidenschaftliche Deklamation, Innigkeit und Bravour.

Vladimir Ashkenazy (eigentlich Wladimir Dawidowitsch Aschkenasi), geboren am 6. Juli 1937 in Gorki, isländischer Pianist russischer Herkunft

Ludwig van Beethoven, getauft am 17. Dezember 1770 in Bonn, gestorben am 26. März 1827 in Wien, deutscher Komponist

Sonate für Violine und Klavier c-Moll Nr. 7 op. 30,2 (1802) — 1. Satz: Allegro con brio; 2. Satz: Adagio cantabile; 3. Satz: Scherzo. Allegro; 4. Satz: Finale. Allegro

Sonate für Violine und Klavier A-Dur Nr. 9 »Kreutzer-Sonate« op. 47 (1803) — 1. Satz: Adagio sostenuto – Presto; 2. Satz: Andante con variazioni; 3. Satz: Presto

Johannes Brahms

Konzert für Violine und Orchester D-Dur op. 77 →Kaisers Klassik Nr. 10

Sonate für Violine und Klavier d-Moll Nr. 3 op. 108 (1888) — 1. Satz: Allegro; 2. Satz: Adagio; 3. Satz: Andante con moto

George Bridgetower, geboren am 29. Februar 1780 in einer britischen Kolonie (?), gestorben am 29. Februar 1860 in Peckham (bei London), britischer (?) Geiger

César Franck, geboren am 10. Dezember 1822 in Lüttich, gestorben am 8. November 1890 in Paris, französischer Komponist belgisch-deutscher Herkunft

Sonate für Violine und Klavier A-Dur (1886) — 1. Satz: Allegretto ben moderato; 2. Satz: Allegro; 3. Satz: Recitativo – Fantasia; 4. Satz: Allegretto poco mosso

Ignacy Friedman, geboren am 14. Februar 1882 in Podgorze (bei Krakau), gestorben am 26. Januar 1948 in Sydney, polnischer Pianist

Bronisław Huberman, geboren am 19. Dezember 1882 in Tschenstochau (bei Kattowitz), gestorben am 16. Juni 1947 in Corsier-sur-Vevey (Waadt), polnischer Geiger

Rodolphe Kreutzer, geboren am 16. November 1766 in Versailles, gestorben am 6. Januar 1831 in Genf, französischer Geiger und Komponist deutscher Herkunft

Itzhak Perlman, geboren am 31. August 1945 in Tel Aviv, israelisch-amerikanischer Geiger

Arthur Rubinstein, geboren am 28. Januar 1887 in Lodz, gestorben am 20. Dezember 1982 in Genf, amerikanischer Pianist polnischer Herkunft

Henryk Szeryng, geboren am 22. September 1918 in Warschau, gestorben am 3. März 1988 in Kassel, mexikanischer Geiger polnischer Herkunft

Lew Nikolajewitsch Graf Tolstoi, geboren am 9. September 1828 in Jasnaja Polnaja (bei Tula), gestorben am 20. November 1910 in Astapowo (Lipezk), russischer Schriftsteller
Kreizerowa sonata (Die Kreutzersonate), Erzählung (1889)

37
Wolfgang Amadeus Mozart
Klavierkonzert Es-Dur »Jeunehomme«
KV 271

Kühner, unternehmungslustiger, seelisch weitgespannter hat Mozart nie komponiert. Sein Klavierkonzert Es-Dur *schrieb Mozart als 21-jähriger – man nennt es »Jeunehomme«-Konzert, weil Mozart es der Mademoiselle Jeunehomme widmete, die im Januar 1777 nach Salzburg kam und eine ganz vorzügliche Virtuosin gewesen sein muss. Der berühmte Mozart-Forscher Alfred Einstein nennt es die »Eroica« Mozarts! Und sogar mit Recht. Der Kopfsatz ist faszinierend geistreich entworfen, der dunkel klagende Mittelsatz herzbewegend ausdrucksvoll, das Finale wirbelnd vital. Wie das* »Jeunehomme«-Konzert *entstand und was es bedeutet …*

Mozart schrieb sein Leben lang Klavierkonzerte. Das erste eigenständige als 17-jähriger. Das letzte im Todesjahr. Der Begriff »Konzert« hat mehrere Bedeutungen. Auch eine gesellschaftliche: Wir gehen ins *Konzert*, um dort beispielsweise ein Klavier*konzert* als eine bestimmte musikalische Gattung zu hören.

Normalerweise fängt das klassische Klavierkonzert mit einem ellenlangen Orchestervorspiel an. Das ist dem jungen Mozart zu langweilig. So wagt er hier, was er in seinen Klavierkonzerten später nie mehr tun wird: Er lässt das Klavier gleich zu Beginn überraschend eingreifen. Danach erst darf das Orchestertutti sich ausbreiten. Geistvoll reden, »parlieren« Klavier und Orchester dann miteinander. Und der Flügel hat immer noch eine ausschmückende, nobel-empfindsame Verzierung mehr zu bieten als das begleitende Orchester. Die

Moll-Traumfetzen, die in der hurtigen Durchführung sekundenschnell geträumt werden, wirken geheimnisvoll und bereichernd weit in die Reprise hinein. Da vertauschen auch Solo und Tutti witzig ihre Rollen.

Weder der meisterhaft logisch geformte erste Satz ist Höhepunkt noch das witzig überraschende, geistsprühende und verteufelt schwere Prestofinale mit seinem behaglich-schwermütigen Menuetteinschub. Als Herzstück dieses Konzerts muss jeder Hörer den erhabenen Mittelsatz empfinden. Mozartsche Bekenntnismusik in Moll. Die gedämpft anhebenden Streicher bereiten eine große Dialogszene herbster Trauer vor. Was mag aus solcher Musik sprechen? Ein tiefbewegter Mensch? Oder tönt da eine Gestimmtheit namenloser Weltschmerzlichkeit, die alles Private und Irdische tief unter sich lässt? Dieses riesige Andantino ist ein Sonatendrama. Die anfangs ganz unauffällige (einen Ton umkreisende) so genannte »Doppelschlag«-Figur greift immer heftiger, herber, dissonanter ein ins überwältigende Geschehen. Erscheint in der Reprise das zweite Thema wieder – nun auch in Moll, von klagenden Bläsern eingehüllt –, dann erleben wir ein melancholisches Wunder. (Auf der CD von Alfred Brendel und Antonio Janigro Take 2, 7.23ff.).

Dass die Salzburger, als sie dieses Konzert ihres jungen Landsmannes zum erstenmal hörten, nicht hinknieten und stammelten: »vollendet« – man versteht es nicht. Aber sie verstanden ihren Mozart halt auch nicht. Und erst nach Mozarts Tod erschien das *»Jeunehomme«-Konzert* gedruckt.

Wenn Sie Mozarts »Jeunehomme«-Konzert *mögen …*

Den Musikfreund möchte ich sehen, der auch nur ein einziges mozartsches Klavierkonzert begriffen hätte – und danach nicht auch alle andern kennen lernen möchte. Zum Beispiel das spätere *Konzert Es-Dur* KV 482, das gleichfalls einen herrlichen depressiven langsamen Satz enthält und in dessen Rondo auch ein zart-üppiger Menuett-Mittelteil vorkommt. Wer aber des Klaviers ein wenig müde geworden sein sollte, dem sei von Herzen zu Mozarts *Sinfonia concertante für Violine, Viola und Orchester Es-Dur* geraten. Ein sprühendes Streicherwerk, in dessen unvergleichlichem langsamen Satz sich Sologeige und Solobratsche an Wehmut, Beredsamkeit und Wohllaut überbieten.

Die fesselndsten Interpretationen von Mozarts »Jeunehomme«-Konzert

Alfred Brendel hat Mozarts *Konzert Es-Dur* mehrfach eingespielt: am allerschönsten und passioniertesten vielleicht in der frühen Aufnahme mit den Zagreber Solisten unter Antonio Janigro. Mit erlesenem Klangsinn, intim, technisch makellos und mit äußerster expressiver Hingabe kommt Brendel der Vollendung nahe. Auch seine (spätere) Gesamteinspielung aller mozartschen Konzerte mit Neville Marriner und der Academy of St. Martin-in-the-Fields ist ein gewichtiges Dokument verbindlicher Mozart-Interpretation in der zweiten Hälfte des 20. Jahrhunderts.

Daniel Barenboim hat, wie Brendel, sich immer wieder Mozarts Klavierkonzerten zugewandt und sie – er ist ja zugleich passionierter Dirigent – selbst dirigiert. Für den langsamen Satz des *»Jeunehomme«-Konzerts* bietet Barenboim eine vollkommen reine, bezwingende Ausdruckskraft auf fürs Presto eine fast an Walter Giesekings perlende Bravour erinnernde sprühende Beweglichkeit – gleichviel, welche seiner Einspielungen man wählt.

Der aus Amerika stammende Rudolf-Serkin-Schüler Murray Perahia hat in der ganzen Welt, auch in Deutschland, eine Gemeinde, die begeistert ist von seinem klaren, aber nie oberflächlichen motorischen Mozart-Spiel. Gleichfalls dirigierend, hat Perahia mit dem English Chamber Orchestra sämtliche Klavierkonzerte Mozarts aufgenommen.

Who's who

Daniel Barenboim, geboren am 15. November 1942 in Buenos Aires, israelischer Pianist und Dirigent

Sir Alfred Brendel, geboren am 5. Januar 1931 in Wiesenberg (Nordmähren), österreichischer Pianist

Alfred Einstein, geboren am 30. Dezember 1880 in München, gestorben am 13. Februar 1952 in El Cerrito (CA), amerikanischer Musikwissenschaftler deutscher Herkunft

Walter Gieseking, geboren am 5. November 1895 in Lyon, gestorben am 26. Oktober 1956 in London, deutscher Pianist

Antonio Janigro, geboren am 21. Januar 1918 in Mailand, gestorben am 1. Mai 1989 in Mailand, italienischer Violoncellist und Dirigent

Mlle. Jeunehomme, geboren um 1760, französische (?) Pianistin

Sir Neville Marriner, geboren am 15. April 1924 in Lincoln, britischer Dirigent und Geiger

Wolfgang Amadeus Mozart (eigentlich Johannes Chrysostomus Wolfgang Gottlieb Mozart), geboren am 27. Januar 1756 in Salzburg, gestorben am 5. Dezember 1791 in Wien, österreichischer Komponist

Konzert für Klavier und Orchester Es-Dur Nr. 9 »Jeunehomme-Konzert« KV 271 (1777) — 1. Satz: Allegro; 2. Satz: Andantino; 3. Satz: Rondeau. Presto

Konzert für Klavier und Orchester Es-Dur Nr. 22 KV 482 (1785) — 1. Satz: Allegro; 2. Satz: Andante; 3. Satz: Allegro

Konzert für Violine, Viola und Orchester Es-Dur »Sinfonia concertante« KV 364 (1779) — 1. Satz: Allegro maestoso; 2. Satz: Andante; 3. Satz: Presto

Murray Perahia, geboren am 19. April 1947 in New York, amerikanischer Pianist

Rudolf Serkin, geboren am 28. März 1903 in Eger, gestorben am 8. Mai 1991 in Guildford (VT), amerikanischer Pianist russisch-österreichischer Herkunft

38
Johann Sebastian Bach
Chaconne
aus der Partita für Violine solo d-Moll

Als die alte Clara Schumann sich 1877 die rechte Hand verletzt hatte, wollte Johannes Brahms der lebenslang von ihm knurrig Verehrten gefällig sein. So bearbeitete er die von Bach mehr als 150 Jahre zuvor komponierte Chaconne für die linke Hand des Klaviers. Und bemerkte dazu überwältigt: »Die Chaconne ist mir eins der wunderbarsten Musikstücke. Für ein kleines Instrument schreibt der Mann eine ganze Welt von tiefsten und gewaltigsten Empfindungen. Wollte ich mir vorstellen, ich hätte das Stück machen, empfangen können, ich weiß sicher, die übergroße Aufregung und Erschütterung hätte mich verrückt gemacht.« So der kühle Brahms. Wie die Chaconne entstand und was sie bedeutet …

Eine Chaconne ist ein Tanz, der um 1600 in Spanien entstand, sich nach Italien ausbreitete, in Frankreich populär wurde, in Deutschland Fuß fasste. Über einen charakteristischen, geduldig wiederholten Bass und eine dazu als Thema gebotene Melodie hat der Chaconne-Komponist mannigfaltige Variationen zu erfinden. Gleichsam Musik über Musik – ohne jedes lästige äußere Programm.

Schön und gut – denkt der gestresste Leser. Warum aber muss ich mich für uraltes barockes Tanzzeug interessieren? Sollte mir nach Ostinatobässen und leckeren Variationen zumute sein, dann tun's ein paar kecke Boogie-Woogie-Aufnahmen schließlich auch. Staubige Barockperücken gehören ins Museum … Darf ich besagtem chaconne-unwilligen Leser, falls er nur ein bisschen musikalisch ist, zuflüstern, dass ich ihn beneide? Ihm steht nämlich, wenn er jetzt etwas Unternehmungslust und ein Viertelstündchen dafür aufbringt, ein gewaltiges Initiationserlebnis bevor, auf das alle diejenigen verzichten müssen, denen Bachs d-Moll-Chaconne bis zum routinierten Überdruss vertraut ist.

Dieser Schlusssatz der um 1720 komponierten *Partita für Violine solo* beginnt mit einem dunkel-erhabenen Hauptthema. Gleich die erste Variation bietet aufregende rhythmische Bereicherung. Die nächste verwandelt den Chaconne-Urstoff in melodische Melancholie. Dann wird's munterer, dramatischer und tänzerischer zugleich. Man fühlt sich mitten in einem wahrlich »un-erhörten« Entstehen, Fließen, meditativen Innehalten und Triumphieren. Neue Wunder drängen heran. Zartes, gleichsam »impressionistisches« Licht- und Schattenspiel. Die Geige steigert sich mit rauschenden Arpeggien zu majestätisch-donnerndem Orgelklang. Alles wächst so ruhig, energisch und riesig, dass man vergisst, ob es vielleicht noch irgendeine andere Musik auf der Welt gibt. Beginnt nun scheu der D-Dur-Teil, dann ist es, als ob sich dessen Quasi-Choralmelodie kaum ans Licht traue, als ob man eine innige Gestalt durchs bunte Kirchenfenster andächtig erkenne (auf Gidon Kremers CD Take 9, von 4.03 bis 7.03).

Nach Wundern, wie sie Bachs Chaconne bis zum Ende enthält, kann man freilich nicht nur in den flotten Boogie-Woogies des 20. Jahrhunderts, sondern auch sonst in aller Musik verdammt lange suchen.

Wenn Sie Bachs Chaconne mögen …

Wen strenge, große Instrumentalsätze mit ostinaten Bässen und tiefsinnigen Variationen faszinieren, der kann auch im 19. Jahrhundert etwas Gewaltiges finden: das fatalistische Finale aus Brahms' *Symphonie Nr. 4*. Bach selber macht seiner Violinchaconne Konkurrenz mit der *Passacaglia* (einer formal ähnlichen, streng variierten, spirituellen Tanzform) *für Orgel c-Moll.*

Die fesselndsten Interpretationen von Bachs Chaconne

Gidon Kremer, ein ebenso »moderner« wie subtiler, neugieriger, empfindsamer Geiger, hat Bachs Soloviolin-Sonaten und -Partiten – also auch die Chaconne, die zur *Partita Nr. 2* gehört – violinistisch untadelig und interpretatorisch tief durchdacht eingespielt. Kremers Bach-Auffassung ist keineswegs romantisierend, süßlich, dick. Aber er ist zu klug, um dieser wahrhaft unergründlichen Musik ihre Würde, ihr Geheimnis, ja, ihre »Größe« zu rauben und sie an irgendwelche Stilexerzitien zu verraten. Als Kremer in den siebziger Jahren von der UdSSR in den Westen auswich und bei seinen Debütkonzerten auch die Chaconne darbot – da spürte ich: Er war sicherlich der »interessanteste« (was nicht heißt: tonstärkste, virtuoseste) Geiger der Welt.

Jascha Heifetz, von den Fachleuten einstimmig zum größten Violinvirtuosen des 20. Jahrhunderts ausgerufen, hat Bachs Chaconne immer wieder gespielt: im Konzert, für Schallplatte, sogar im Fernsehen. Die geglückteste Aufnahme mag die von 1935 sein (Heifetz Collection Vol. 18). Da klingt die Musik, als ob Bachs sinnlich-übersinnliche Kunst eben nicht nur einem frommen geigenden Eremiten etwas böte, sondern auch einem genialen Zigeuner, einem entfesselten Paganini sowie einer russisch-romantischen Seele. Stil, Korrektheit, Objektivität: das sind schöne Dinge. Aber Bach-Musik bietet auch vielem Raum, was mit Kunst, Rasse, Gefühl und Feuer zu tun hat.

Arturo Benedetti Michelangeli hat Bachs Violinchaconne in Ferruccio Busonis großer, freier Klaviertranskription geboten. Gewiss ließen sich hier auch die bemerkenswerten Chaconne-Interpretationen von Geigern wie Nathan Milstein, Henryk Szeryng, Shlomo Mintz, Joseph Szigeti, Yehudi Menuhin und anderen nennen. Doch für die musikalische Allgewalt des Stückes spricht, dass es darüberhinaus in großartigen Transkriptionen (wie der von Benedetti Michelangeli gewählten) populär werden konnte – und dass Robert Schumann oder Felix Mendelssohn Bartholdy der Chaconne sogar vorsichtig eine Klavierbegleitung hinzufügten, was sie wirklich nicht nötig hatte.

Who's who

Johann Sebastian Bach, geboren am 21. März 1685 in Eisenach, gestorben am 28. Juli 1750 in Leipzig, deutscher Komponist

Partita für Violine solo d-Moll Nr. 2 BWV 1004 (1720) — 1. Satz: Allemanda; 2. Satz: Corrente; 3. Satz: Sarabanda; 4. Satz: Giga; 5. Satz: Ciaccona

Passacaglia und Doppelfuge für Orgel c-Moll BWV 582 (um 1705)

Arturo Benedetti Michelangeli, geboren am 5. Januar 1920 in Brescia, gestorben am 12. Juni 1995 in Lugano, italienischer Pianist

Johannes Brahms →Kaisers Klassik Nr. 10

Symphonie e-Moll Nr. 4 op. 98 (1885) — 1. Satz: Allegro non troppo; 2. Satz: Andante moderato; 3. Satz: Allegro giocoso; 4. Satz: Allegro energico e passionato

Ferruccio Busoni, geboren am 1. April 1866 in Empoli (bei Florenz), gestorben am 27. Juli 1924 in Berlin, italienisch-deutscher Komponist

Jascha Heifetz (eigentlich Iossif Robertowitsch Cheifez), geboren am 2. Februar 1901 in Wilna, gestorben am 10. Dezember 1987 in Los Angeles, amerikanischer Geiger russischer Herkunft

Gidon Markowitsch Kremer, geboren 27. Februar 1947 in Riga, russischer Geiger deutsch-russischer Herkunft

Felix Mendelssohn Bartholdy →Kaisers Klassik Nr. 28

Lord Yehudi Menuhin, geboren am 22. April 1916 in New York, amerikanischer Geiger russischer Herkunft

Nathan Milstein (eigentlich Natan Mironowitsch Milschtein), geboren am 31. Dezember 1903 in Odessa, gestorben am 21. Dezember 1992 in London, amerikanischer Geiger russischer Herkunft

Shlomo Mintz (eigentlich Schlomo Minz), geboren am 30. Oktober 1957 in Moskau, amerikanischer Geiger russischer Herkunft

Niccolò Paganini, geboren am 27. Oktober 1782 in Genua, gestorben am 27. Mai 1840 in Nizza, italienischer Geiger und Komponist

Clara Schumann (geborene Wieck), geboren am 13. September 1819 in Leipzig, gestorben am 20. Mai 1896 in Frankfurt am Main, deutsche Pianistin und Komponistin

Robert Schumann →Kaisers Klassik Nr. 8

Henryk Szeryng, geboren am 22. September 1918 in Warschau, gestorben am 3. März 1988 in Kassel, mexikanischer Geiger polnischer Herkunft

Joseph Szigeti, geboren am 5. September 1892 in Budapest, gestorben am 20. Februar 1973 in Luzern, amerikanischer Geiger ungarischer Herkunft

39
Anton Bruckner
Symphonie Es-Dur Nr. 4
»Romantische«

Bruckner gab dieser Symphonie, *die seine populärste werden sollte, den anheimelnden Beinamen* »Romantische«. *Aber was ist an der* Romantischen *nun eigentlich so »romantisch«? Das Hornthema, das aus flimmerndem Dunst wunderbar rein zu tönen beginnt, dann in magisches Moll erweitert und harmonisch bereichert wird? Die Stimmung des Scherzos, wo die Jagdsignale gleichsam im Gebirge widerhallen? Der pochende, hymnische Rausch des Finales? Diese Musik scheint Naturlandschaften der Phantasie, der Seele zu beschwören. Wie die* Symphonie Es-Dur *entstand und was sie bedeutet …*

Bruckner wurde als erstes von elf (!) Kindern des Lehrers Anton Bruckner und dessen Frau Therese geboren. Der junge Anton hatte es schwer. Mit vorzüglichen Zeugnissen ins Leben entlassen, musste er als Schulgehilfe durch Knechtarbeit, Dreschen, Mistladen – und als Tanzbodengeiger sein Gehalt aufzubessern suchen. Vielleicht gingen dem 17-jährigen dabei die oberösterreichischen Ländler in Fleisch und Blut über. Man machte ihn bekannt mit Johann Sebastian Bachs Musik, später mit Richard Wagners Kunst. Erst als 40-jähriger war er soweit, seine *Symphonie Nr. 1* zu schaffen. Der Weg bis zur *Vierten* wurde dann fürchterlich mühsam. Denn mit so genialer Sicherheit Bruckner seine grandiosen Inspirationen zu empfangen vermochte (einem barocken Mystiker ähnlich, der sich im späten 19. Jahrhundert notgedrungen der Tonsprache Wagners bedient und ausgerechnet damit in Wien sich gegen den führenden, wagnerfeindlichen Kritiker Eduard

Hanslick durchsetzen möchte), so unsicher war Bruckner im Praktischen. Verbesserte immerzu, stellte neue Fassungen her, sanktionierte die Vereinfachungen und Glättungen, die seine Getreuen für richtig hielten. Und da stehen nun wir Nachgeborenen und sollen entscheiden, was Bruckners »eigentlicher« Wille war. Wobei denkbar sein könnte, dass es in Bruckners mystisch reichem Kosmos eben nicht nur eine »richtige« Möglichkeit gibt, sondern dass sich manches mit manchem verbinden kann, weil alles »unmittelbar zu Gott« empfunden ist.

Nach prächtig-grandioser Entfaltung der Themen bietet Bruckner erlesen zarte, herzbewegende Überleitungen. Im Kopfsatz der *»Romantischen«* kündigt ein schmerzlicher Abstieg den Beginn der Durchführung an. So etwas fiel nur Bruckner ein! (Auf Kurt Masurs CD Take 1, von 5.46 bis 7.06.)

Bruckners Kunst melodischer Vielfalt triumphiert im Andante. Man möchte, statt von »Vielstimmigkeit«, von »Allstimmigkeit« reden. Am äußersten Ende, wo der Satz fast stirbt, beschwört Bruckner Johann Sebastian Bachs *Johannespassion*.

Im schmetternden Gebirgsscherzo scheint Bruckner sich seiner Ländlerjugend zu erinnern.

Aber im Finale behält hymnisch-himmlische Ekstase das letzte Wort, wenn zum Schluss der Rhythmus den Kopfsatzbeginn zitiert – und so Anfang und Ende ineinanderfügt.

Wenn Sie Bruckners Vierte *mögen …*

… dann dürften Ihnen von Bruckner die *Zweite*, *Dritte* und *Siebte* gefallen. Auch von Ludwig van Beethovens *»Pastorale«* über Franz Schuberts *»große« Symphonie C-Dur* bis hin zu Gustav Mahlers *Erster* reicht der Bogen bedeutender, Natur, Pantheismus und alpenländisches Weltgefühl beschwörender Symphonik. Man soll sich aber Zeit lassen. Der Weg zum

Schönen ist nicht abkürzbar. Solche Größe fordert die Bereitschaft zur Hingabe. Also zu einer Mischung aus Geduld und Aufmerksamkeit oder gar Andacht

Die fesselndsten Interpretationen von Bruckners Vierter

Kurt Masur – kein genialer Dirigent, aber ein mit viel Herz und Kunstfertigkeit werktreu der großen Sache dienender Kapellmeister – hat in Leipzig, in England und in den USA seit Jahrzehnten viel für Bruckners Ruhm und Ruf getan. Er bietet ruhige, atmende, sorgfältige und gegenüber dem rätselvollen Genius Bruckners demütige Aufführungen. Nicht der Interpret steht im Mittelpunkt, sondern das Werk. Masurs New York Philharmonic Orchestra folgt seinem deutschen Maestro mit Hingabe und Perfektion. Für Bruckner-Ferne kein schlechter Einstieg in einen an Wunder reichen symphonischen Kosmos.

Herbert von Karajan hatte – seines Imperiums, seiner ungeheuren Machtentfaltung wegen – mannigfache »Gegner«. Doch Karajans Bruckner-Interpretationen wurden allgemein geschätzt, ja bewundert. Karajans Bruckner wirkte nämlich nie mystisch überladen, schwerfällig tiefgründig, aufgedonnert. So vehement Karajan auch die großartig flimmernden Fortissimo-Hochflächen zu beschwören wusste, Bruckners Fülle klang dabei immer schlank, durchsichtig, war eine faszinierende Mixtur aus Tänzerischem und Choralhaftem. Ob Karajan sich dabei der Innigkeit der Wiener Philharmoniker bediente oder der engagierten Inständigkeit der Berliner Philharmoniker: seine Bruckner-Exegesen hatten etwas Authentisches.

Daniel Barenboim hat von Wilhelm Furtwängler – dem vielleicht mystischsten, gewaltigsten aller Bruckner-Dirigenten, dessen visionäre Platten aus den vierziger und fünfziger

Jahren leider durch schlechte Aufnahmetechnik oder störende Nebengeräusche sehr beeinträchtigt sind – die Tiefgründigkeit, die Ruhe und das Gefühl für große Zusammenhänge gelernt. Wieder erweisen die Berliner Philharmoniker sich als Orchester von Rang.

Who's who

Johann Sebastian Bach →Kaisers Klassik Nr. 14
Johannespassion BWV 245 (1724)

Daniel Barenboim, geboren am 15. November 1942 in Buenos Aires, israelischer Pianist und Dirigent

Ludwig van Beethoven
Symphonie F-Dur Nr. 6 »Pastorale« op. 68 →Kaisers Klassik Nr. 91

Anton Bruckner, geboren am 11. Juni 1791 in Ansfelden (Oberösterreich), gestorben am 7. Juni 1837 in Ansfelden, österreichischer Lehrer und Organist, Vater Anton Bruckners

Anton Bruckner, geboren am 4. September 1824 in Ansfelden (Oberösterreich), gestorben am 11. Oktober 1896 in Wien, österreichischer Komponist
Symphonie c-Moll Nr. 1 (1866) — 1. Satz: Allegro; 2. Satz: Adagio; 3. Satz: Scherzo. Schnell; 4. Satz: Finale. Bewegt, feurig
Symphonie c-Moll Nr. 2 (1872) — 1. Satz: Moderato; 2. Satz: Andante. Feierlich, etwas bewegt; 3. Satz: Scherzo. Mäßig schnell; 4. Satz: Finale. Mehr schnell
Symphonie d-Moll Nr. 3 (1872) — 1. Satz: Mehr langsam. Misterioso; 2. Satz: Adagio. Bewegt, quasi andante; 3. Satz: Ziemlich schnell; 4. Satz: Allegro
Symphonie Es-Dur Nr. 4 »Romantische« (1880) — 1. Satz: Bewegt, doch nicht zu schnell; 2. Satz: Andante quasi allegretto; 3. Satz: Scherzo. Bewegt; 4. Satz: Finale. Bewegt, doch nicht zu schnell
Symphonie E-Dur Nr. 7 →Kaisers Klassik Nr. 65

Therese Bruckner (geborene Helm), geboren am 7. April 1801 in Neuzeug (bei Steyr), gestorben am 11. November 1860 in Ebelsberg (bei Ansfelden, Oberösterreich), Mutter Anton Bruckners

Wilhelm Furtwängler, geboren am 25. Januar 1886 in Berlin, gestorben am 30. November 1954 in Ebersteinburg (heute zu Baden-Baden), deutscher Dirigent und Komponist

Eduard Hanslick, geboren am 11. September 1825 in Prag, gestorben am 6. August 1904 in Baden (bei Wien), österreichischer Musikwissenschaftler und -kritiker

Herbert von Karajan, geboren am 5. April 1908 in Salzburg, gestorben am 16. Juli 1989 in Anif (bei Salzburg), österreichischer Dirigent

Gustav Mahler →Kaisers Klassik Nr. 9

Symphonie D-Dur Nr. 1 »Der Titan« (1888) — 1. Satz: Langsam. Schleppend, wie ein Naturlaut; 2. Satz: Kräftig bewegt, doch nicht zu schnell; 3. Satz: Feierlich und gemessen, ohne zu schleppen; 4. Satz: Stürmisch bewegt

Kurt Masur, geboren am 18. Juli 1928 in Brieg (Niederschlesien), deutscher Dirigent

Franz Schubert

Symphonie C-Dur Nr. 9 (eigentlich Nr. 8) D. 944 →Kaisers Klassik Nr. 34

Richard Wagner →Kaisers Klassik Nr. 5

40

Robert Schumann
Klavierkonzert a-Moll
op. 54

Dieses phantastischste und poetischste aller romantischen Klavierkonzerte würde nicht existieren, wenn die damaligen Verleger auch mit einer einsätzigen Fantasie für Klavier und Orchester zufrieden gewesen wären. Die hatte Schumann 1841 komponiert, seine Clara hatte die Uraufführung umjubelt gespielt. Bloß drucken mochte niemand das Unikum, so wie auch heutige Verleger ungern »Einakter« oder »Novellen« bringen – es müssen schon die populäreren mehraktigen Dramen oder Romane sein. Darum entschloss sich Schumann vier Jahre später, seine Fantasie a-Moll zu vervollständigen. Wie das Klavierkonzert *entstand und was es bedeutet…*

Als Schumann 1845 daran ging, seine kühne Fantasie a-Moll zum vollständigen Klavierkonzert komplettieren, veränderte er die symphonisch angelegte Fantasie ein wenig: Er nahm dem Orchester Melodien weg, die nun der Solist vortragen durfte.

Nach einem scharfen Tuttischlag donnern markant rhythmisierte Klavierakkorde ekstatisch-schwungvoll. Dann folgt das wunderbar weitgeschwungene Hauptthema. Dunkle Dialoge zwischen Klavier und Orchester, getürmte Oktaven schließen sich an. Wiederum erscheint das Hauptthema: nun aber in C-Dur. Freier, unakademischer, schwungvoller hat kaum je ein Klavierkonzert begonnen! Aber alles das genügte dem entflammten Genius Schumanns noch immer nicht. Im Kopfsatz seines *Konzerts a-Moll* verirrt sich die Musik selig in ein unendlich fernes As-Dur, in eine träumerische Andante-

Episode. Mondbeglänzte Zaubernacht. Klarinette und Soloklavier flüstern sich das verwandelte Hauptthema innig zu. Harfenartige Begleitpassagen des Klaviers erinnern an Schumanns schönste Lieder. Reiner, romantischer kann Musik nicht sein. Der Dichter spricht (bei Dinu Lipatti und Herbert von Karajan: Take 1, nach 4.23). Erst allmählich besinnt sich sogar diese feurig-freie Fantasie darauf, dass sie auch eine Art Durchführung und eine Reprise haben müsste. Danach schenkt Schumann dem Klavier eine nachdenklich beginnende und virtuos endende Solokadenz, die zum gespenstisch dahinjagend abschließenden »Allegro molto« hinleitet.

Im »Intermezzo« plaudern Klavier und Orchester zunächst graziös. Dann nehmen die Celli eine Geste des Klaviers auf, verwandeln sie in eine schwärmerische Melodie. Am Ende des »Intermezzos« wird das Hauptthema des Kopfsatzes als leises Erinnerungsmotiv beschworen.

Zum Schluss ein enorm brillantes Finale: beredt, wirbelnd, tänzerisch pointiert und rasend rasch. Es gehört zu den schwersten Stücken der Konzertliteratur, bei dem schon manche gefeierten Pianisten, wie der (alte) Alfred Cortot oder Carl Seemann, in aller Öffentlichkeit fürchterlich »herauskamen«. Um so heftiger der Beifall, falls das funkelnde Stück gelingt.

Wenn Sie Schumanns Klavierkonzert *mögen…*

Wen dieses *Konzert a-Moll* schumannsüchtig gemacht hat, der kann nun wählen: entweder Schumanns *Konzert für Violoncello und Orchester*, auch in a-Moll, op. 129, das zu Schumanns schönsten Werken aus der problematischen Spätzeit des kränkelnden Komponisten gehört. Oder eben eine jener schwungvollen Klavierkompositionen aus Schumanns feurig-genialer Jugend: die leidenschaftliche *Fantasie für Klavier C-Dur* op. 17, die beinahe überreiche *Sonate fis-Moll* op. 11. Doch den pianistisch-symphonischen, dichterischen Glanz seines *Klavierkonzerts* hat Schumann nie übertroffen.

Die fesselndsten Interpretationen von Schumanns Klavierkonzert

Dinu Lipatti, der legendäre rumänische Pianist, der schon als 33-jähriger 1950 sterben musste, war ein Klaviergenie von überwältigender Reinheit, Ehrlichkeit, Kunst. Was für ein Glück, dass der britische Schallplattenproduzent Walter Legge diesem Künstler so manche unübertreffliche Aufnahme entlockte – ein Glück, dass der junge, genialische Herbert von Karajan (der sich an Lipatti als »an einen Engel« erinnerte) bei der Einspielung von Schumanns *Konzert* mitwirkte. So entstand eine herrliche, pianistisch prachtvolle Interpretation, von der die (meisten) Kenner glauben, sie sei die schönste, die je eingespielt wurde.

Claudio Arrau hat das *Konzert* sein Leben lang mit tiefem Ernst, ungeheurer, an Pedanterie grenzender Sorgfalt und Meisterschaft gespielt. Als er kaum bekannt war, mit 23, durfte er in Wiesbaden 1926 einspringen. Der berühmte Dirigent Otto Klemperer benahm sich zu seinem jungen Solisten »abscheulich«. Verunsicherte, belehrte, ärgerte ihn. Arrau berichtet: »Er konnte es nicht glauben, als ich es ihm später erzählte.« Arrau drang im Lauf der Zeit immer tiefer in dieses *Konzert* ein. Im Finale entdeckte er ein Walzerthema der begleitenden linken Hand (CD Take 6, nach 10.13), über das die meisten Pianisten hinwegrollen. So etwas kann einem Arrau nie passieren – freilich nahm er im Alter manchmal allzu gesetzte Tempi.

Martha Argerich – die vielgeliebte, technisch phänomenale und fabelhaft feurige Pianistin – hat zusammen mit Nikolaus Harnoncourt und dem Chamber Orchestra of Europe 1992 eine von Schwung, Feuer und Kampfeslust vibrierende, alles

Lyrische nobel unterstreichende Interpretation von Schumanns *Klavierkonzert* herausgebracht. Unter »Marthitas« (so nennen ihre Freunde sie zärtlich) Fingern klingt das *Konzert* plastisch, mitreißend, ja so, als ob es eigentlich gar nicht schwer sei. Wieviel freilich eine Künstlerin können muss, um diesen Eindruck hervorzurufen, darüber staunen die Fachleute, wundern sich die Laien und lächelt die Muse.

Who's who

Martha Argerich, geboren am 5. Juni 1941 in Buenos Aires, argentinische Pianistin

Claudio Arrau, geboren am 6. Februar 1903 in Chillán, gestorben am 9. Juni 1991 in Mürzzuschlag (Steiermark), chilenischer Pianist

Alfred Cortot, geboren am 26. September 1877 in Nyon (Waadt), gestorben am 15. Juni 1962 in Lausanne, französischer Pianist

Nikolaus Harnoncourt, geboren am 6. Dezember 1929 in Berlin, österreichischer Dirigent, Cellist und Musikwissenschaftler

Herbert von Karajan, geboren am 5. April 1908 in Salzburg, gestorben am 16. Juli 1989 in Anif (bei Salzburg), österreichischer Dirigent

Otto Klemperer, geboren am 14. Mai 1885 in Breslau, gestorben am 6. Juli 1973 in Zürich, deutscher Dirigent

Walter Legge, geboren am 1. Juni 1906 in London, gestorben am 22. März 1976 in Saint-Jean-Cap-Ferrat (bei Nizza), britischer Schallplattenproduzent

Dinu Lipatti, geboren am 19. März 1917 in Bukarest, gestorben am 2. Dezember 1950 in Chêne-Bourg (bei Genf), rumänischer Pianist und Komponist

Clara Schumann (geborene Wieck), geboren am 13. September 1819 in Leipzig, gestorben am 20. Mai 1896 in Frankfurt am Main, deutsche Pianistin und Komponistin

Robert Schumann, geboren am 8. Juni 1810 in Zwickau, gestorben am 29. Juli 1856 in Endenich (heute zu Bonn), deutscher Komponist

Fantasie für Klavier C-Dur op. 17 (1836) — 1. Satz: Durchaus phantastisch und leidenschaftlich vorzutragen – Im Legendenton – Tempo primo; 2. Satz: Mäßig. Durchaus energisch; 3. Satz: Langsam getragen. Durchweg leise zu halten

Klaviersonate fis-Moll Nr. 1 op. 11 (1835) — 1. Satz: Introduzione, un poco adagio – Allegro vivace; 2. Satz: Aria; 3. Satz: Scherzo e intermezzo; 4. Satz: Finale. Allegro vivo

Konzert für Klavier und Orchester a-Moll op. 54 (1845) — 1. Satz: Allegro affettuoso; 2. Satz: Intermezzo. Andantino grazioso; 3. Satz: Allegro vivace

Konzert für Violoncello und Orchester a-Moll op. 129 (1850) — 1. Satz: Nicht zu schnell; 2. Satz: Langsam; 3. Satz: Sehr lebhaft

Carl Seemann, geboren am 8. Mai 1905 in Bremen, gestorben am 26. November 1983 in Freiburg im Breisgau, deutscher Pianist

41
Pjotr Tschaikowski
Symphonie h-Moll Nr. 6 »Pathétique« op. 74

Greller, souverän komponierter Ausdruck abgrundtiefen Schmerzes, heftiger Zerrissenheit. Steckt hinter dieser Musik, die mit einem langsamen Satz – Adagio lamentoso – (!) in höchstem Jammer endet, ein Programm? Trägt sie Sterbetrauer? Hat sie zu tun mit Tschaikowskis Tod oder gar Selbstmord, wenige Tage nach der Uraufführung? Wie die Symphonie *entstand und was sie bedeutet …*

Begegnet man dieser großen *Symphonie* unbefangen, uninteressiert an ihren näheren Entstehungsumständen und Geheimnissen, scheint alles eindeutig. Der Titel *»Pathétique«* (die Leidenschaftliche, Pathetische) bezieht sich erkennbar auf Ludwig van Beethovens frühe *Klaviersonate c-Moll »Pathétique«*. Die beginnt auch mit einer grimmigen langsamen Einleitung. Und das Thema ihrer Introduktion – eine kleine, zunächst aufsteigende, dann abfallende Terz – gleicht dem Anfang von Tschaikowskis *Symphonie*.

Also alles klar. Leider doch nicht ganz. Tschaikowski hat nämlich diesen Titel nicht selber erfunden. Sein Bruder Modest brachte ihn darauf, das Werk *»Pathétique«* zu taufen. Tschaikowski wollte es nur »Programmsymphonie« nennen. Den Inhalt des Programms verriet er seltsamerweise nicht. Weitere mysteriöse Umstände kommen hinzu. Als Tschaikowski mit der *»Pathétique«* fertig war, wurde er gebeten, das *Requiem* des gerade verstorbenen Lyrikers Alexei Apuchtin zu vertonen. Seine Antwort: Die Stimmung der *Symphonie* habe viel mit der eines Requiems zu tun. Er wolle sich nicht wiederholen.

Aber warum hatte Tschaikowski in Requiem-Stimmung komponiert? Nun beginnen die Spekulationen. In den Lexika heißt es, Tschaikowski sei gestorben, weil er leichtfertig (oder versehentlich) während einer Choleraepidemie ungekochtes Wasser getrunken habe. Genau das bestreiten jene Forscher, die behaupten, der homosexuelle Tschaikowski sei – weil seine Affäre mit dem Neffen eines russischen Aristokraten ans Licht gekommen war – von einem Ehrengericht zum Selbstmord bewogen worden. Denn einen öffentlichen Skandal hätte der sensible Komponist schwerlich ertragen.

Was die *Symphonie* und ihr geheimes Programm betrifft: In der Einleitung des ersten Satzes, auch am Ende der Exposition, weiterhin im tänzerischen zweiten Satz, einem walzerartigen »Allegro con grazia« in raffiniertem 5/4-Takt, sogar im ekstatischen Klagefinale: überall ertönt ein absinkendes Terzthema. Man hat es »Todesmotiv« genannt. Damit wären Programm und Entsetzensgewalt dieser gleichsam von Sterbeangst gezeichneten Musik erklärt. Der zynische dritte Satz wiederum erscheint als vehemente Mischung aus Scherzo und höllischem Marsch. Doch ob bewusstes Programm oder Beziehungszufall: über die Qualität eines Kunstwerks entscheidet nie das Biographische oder Anekdotische, sondern immer nur die Fülle und Tiefe der Musik selber. Daran fehlt es der *»Pathétique«* nicht – ob sie nun vom Selbstmord inspiriert oder nur Tschaikowskis letzte Symphonie war.

Wenn Sie Tschaikowskis »Pathétique« *mögen …*

Das gibt es selten: eine philosophisch entworfene Musik, die mit einem langsamen Mollsatz endet, nicht »durch Nacht zum Licht«, sondern eher aus dem Licht in die Nacht strebend. Johannes Brahms' tiefsinnige *Symphonie Nr. 3* ließe sich da nennen, die in Dur beginnt – aber mit einem Mollfinale schließt. Wer weiß, ob man nicht sogar Gustav Mahlers

Symphonie Nr. 9 als Analogie zu Tschaikowskis »*Pathétique*« erwähnen sollte – obschon die hehre Mahler-Gemeinde das Haupt verhüllen dürfte, wenn ihr Gott mit dem angeblich so trivialen Tschaikowski in Zusammenhang gebracht wird, bei dem, laut Theodor W. Adorno, sogar die Verzweiflung schlagerhafte Züge annimmt...

Die fesselndsten Interpretationen von Tschaikowskis »Pathétique«

Leonard Bernstein – genialer Sohn russischer Eltern, expressiv und mit vitaler Hingabe dirigierend – war ein faszinierender Tschaikowski-Interpret. Bei ihm hört man das (wagnernahe) Keuchen dieser Musik, herrliche Heftigkeit, aberwitzig langsames Brüten ebenso wie die gewaltigen Ausbrüche. Dabei lässt Bernstein sich Zeit. Er wollte Tschaikowski weder als Effektstück noch als virtuosen Orchesterreißer darbieten. So dauert der Kopfsatz bei ihm und dem New York Philharmonic Orchestra weit über 22 Minuten (bei Herbert von Karajan und Arturo Toscanini unter 19 beziehungsweise 17 Minuten).

Herbert von Karajan verstand es, große »spätromantische« Bekenntnisstücke bemerkenswert zu verschlanken, sie mit Eleganz, Stil und kluger Affektdramaturgie vorzuführen. Dass die Musik dabei keineswegs spannungslos geriet, leichtgewichtig, läppisch: dafür sorgte nicht nur des Dirigenten vehementer Furor, sondern auch die fabelhafte Kraft der Berliner Philharmoniker. Die besaßen und besitzen an großen Abenden eine Fortissimogewalt, einen »Wumm«, wie ihn kein anderes Spitzenorchester derart unwiderstehlich hervorbringen konnte.

So naheliegend es wäre, die berühmten Tschaikowski-Einspielungen von Georg Solti, Lorin Maazel, Carlo Maria Giulini hier anzuführen, so wichtig scheint es mir, auf die in

Deutschland aus vielen (auch historischen) Gründen allzu unbekannte Kunst von Toscanini hinzuweisen. Der hat mit glanzvoller Professionalität, gewiss verliebt in Kantilenen, aber doch ohne irgendeine Begleitstimme unter den Tisch fallen zu lassen, Tschaikowski gedient. Den Anfang des Allegros begriff er fieberhaft leise und erregt. Das zweite Thema des Kopfsatzes, das oft so kitschig herauskommt, nobilitierte Toscanini klug und organisch. Erst ganz spät ließ er da ein Espressivo zu. Toscanini war 75 Jahre alt, als seine Einspielung mit dem Philadelphia Orchestra entstand.

Who's who

Theodor W. Adorno (eigentlich Theodor Wiesengrund), geboren am 11. September 1903 in Frankfurt am Main, gestorben am 6. August 1969 in Visp (Wallis), deutscher Philosoph, Soziologe und Musiktheoretiker

Alexei Nikolajewitsch Apuchtin, geboren am 26. November 1841 in Bolchow (bei Orel), gestorben am 29. August 1893 in Petersburg, russischer Lyriker

Ludwig van Beethoven →Kaisers Klassik Nr. 1

Klaviersonate c-Moll Nr. 8 »Grande sonate pathétique« op. 13 (1799) — 1. Satz: Grave – Allegro di molto con brio – Tempo I – Allegro molto e con brio – Grave – Allegro molto e con brio; 2. Satz: Adagio cantabile; 3. Satz: Rondo. Allegro

Leonard Bernstein, geboren am 25. August 1918 in Lawrence (MA), gestorben am 14. Oktober 1990 in New York, amerikanischer Dirigent und Komponist

Johannes Brahms

Symphonie F-Dur Nr. 3 op. 90 →Kaisers Klassik Nr. 78

Carlo Maria Giulini, geboren am 9. Mai 1914 in Barletta (Apulien), italienischer Dirigent

Herbert von Karajan, geboren am 5. April 1908 in Salzburg, gestorben am 16. Juli 1989 in Anif (bei Salzburg), österreichischer Dirigent

Lorin Maazel, geboren am 6. März 1930 in Neuilly-sur-Seine (bei Paris), amerikanischer Dirigent und Geiger

Gustav Mahler →Kaisers Klassik Nr. 9

Symphonie D-Dur Nr. 9 (1910) — 1. Satz: Andante comodo; 2. Satz: Im Tempo eines gemächlichen Ländlers. Etwas täppisch und sehr derb; 3. Satz: Rondo-Burleske. Allegro assai. Sehr trotzig; 4. Satz: Adagio

Sir Georg Solti (eigentlich György Solti), geboren am 21. Oktober 1912 in Budapest, britischer Dirigent ungarischer Herkunft

Arturo Toscanini, geboren am 25. März 1867 in Parma, gestorben am 16. Januar 1957 in New York, italienischer Dirigent

Modest Iljitsch Tschaikowski, geboren am 13. Mai 1850 in Alapajewsk (bei Swerdlowsk), gestorben am 15. Januar 1916 in Moskau, russischer Librettist, Bruder Pjotr Iljitsch Tschaikowskis

Pjotr Iljitsch Tschaikowski, geboren am 7. Mai 1840 in Wotkinsk (Ural), gestorben am 6. November 1893 in Petersburg, russischer Komponist

Symphonie h-Moll Nr. 6 »Pathétique« op. 74 (1893) — 1. Satz: Adagio – Allegro non troppo; 2. Satz: Allegro con grazia; 3. Satz: Allegro molto vivace; 4. Satz: Finale. Adagio lamentoso

Richard Wagner →Kaisers Klassik Nr. 5

42
Franz Schubert
Winterreise
Liederzyklus D. 911

Inspiriertester Liederzyklus der Musikgeschichte, tiefgründig und verzweifelt. Erstaunlicherweise gleichwohl populär. Der Gewalt solcher herzbewegend gestalteter Liebesschmerzen vermochte sich Schuberts Nachwelt denn doch nicht zu entziehen. Wie die Winterreise *entstand und was sie bedeutet …*

Schubert, so erzählte einer seiner Freunde, wirkte düster gestimmt, kränkelnd. Auf die Frage, was in ihm vorgehe, antwortete der 30-jährige: »Komme heute zu Schober, ich werde euch einen Zyklus schauerlicher Lieder vorsingen … Sie haben mich mehr angegriffen, als dieses je bei anderen Liedern der Fall war.« Und dann sang Schubert den Freunden mit bewegter Stimme die ganze *Winterreise* vor. Die reagierten zunächst – man kann es ihnen nachfühlen – mehr bestürzt als begeistert. Doch bald erkannten sie, dass Schubert recht gehabt hatte mit seiner Prophezeiung: »Mir gefallen diese Lieder mehr als alle, und sie werden euch auch noch gefallen.«

Wenn die *Winterreise* beginnt, ist eigentlich schon alles aus. Kein spannendes Dreipersonenstück wird in dieser Quasi-Novelle aus 24 Liedern vorgeführt, sondern ein Einsamer, Verstoßener. Der nimmt Abschied. Allein. Mit einem herben, von Stöhnen unterbrochenen »Gute Nacht«-Lied beginnt er sein sinnloses, irres Wandern durch Eis und Schnee. Das Wort »Reise« ist sehr beschönigend dafür. Ein verzweifelter, dumpf schlendernder Marschrhythmus muss in diesem Eingangslied getroffen werden. Weder sentimental verschleppt noch gar munter ausschreitend. »Mäßig, in gehender Bewegung«. Im zweiten Lied, der »Wetterfahne«, grämt sich der Wanderer: »Was fragen sie nach meinen Schmerzen? Ihr Kind ist eine reiche Braut.« Wütend, gegen alle vermeintlichen Regeln des Versbaus und der musikalischen Linie, wiederholt er seine vorwurfsvolle Frage eine Tonstufe höher. Es klingt brillant und herzzerreißend. Der kurze Ausbruch glüht vor wilder Wahrhaftigkeit. Solche Mischungen aus musikalisch-melodischer Eingebung und Seelenkunde erfüllen den Zyklus. »Gefrorne Tropfen fallen von meinen Wangen ab«, stellt der Wanderer ruhig fest, da Kälte seine Tränen erstarren ließ. Doch tiefbewegend fragt er sich sogleich: »Ob es mir denn entgangen, daß ich geweinet hab'?« In einem solchen Kosmos wird der »Lindenbaum« – »Am Brunnen vor dem Tore« – zum Symbol des einstigen, ewig verlorenen Glückes. Werden des »Frühlingstraums« Eisblumen am Fenster zur unvergleichlich süß komponierten Beschwörung von fernem, seligem Mai. Dieser Winterreisende erblickt einen Wegweiser. Der aber weist – monoton, dann wunderbar choralhaft – auf eine Straße, von der keiner zurückkommt.

Nicht Selbstmord steht am Ende dieser *Winterreise*, sondern die klägliche Armseligkeit eines »Leiermanns«. Mit ihm möchte unser Wanderer vielleicht tauschen. Schubert – das verrät dieser irre Schluss – kommt über alles Tragisch-Heroische hinaus. Schaurige Kunst nimmt hier Samuel Becketts absurdes Entsetzen vorweg. Bei Ludwig van Beethoven hatte noch kraftvolles Rettungspathos gedonnert: »Die Lage ist ernst, aber nicht hoffnungslos!« Schuberts *Winterreisen*-Leiermann flüstert zurück: »Die Lage ist hoffnungslos. Aber nicht ernst.«

Wenn Sie Schuberts Winterreise *mögen …*

Nicht nur Schuberts etwas früher entstandener Liederzyklus *Die schöne Müllerin* muss allen Bewunderern der *Winterreise* zur Herzenssache werden. Es gibt auch vom spätromantischen Symphoniker und Tragiker Gustav Mahler die *Lieder eines fahrenden Gesellen*, wo – wie in Mahlers gespenstischen *Kindertotenliedern* – Verzweifeltes und schwärmerisch Gesangliches faszinierend zusammenfällt.

Die fesselndsten Interpretationen von Schuberts Winterreise

Dietrich Fischer-Dieskau hat diesen Zyklus ein Künstlerleben lang so unmittelbar dramatisch, so aufregend, so tiefbeteiligt gesungen, als wäre er auf die Welt gekommen, um zu bezeugen, dass Schuberts *Winterreise* ein Mysterium sei. Es gibt mannigfache Interpretationen von Fischer-Dieskau – mit Alfred Brendel, Daniel Barenboim, Murray Perahia als Klaviersekundanten –, welche die Meisterschaft des Sängers als Ausdeuter aller offenen und geheimen Wunder dieser Schubert-Lieder überwältigend demonstrieren. Die Darbietung mit Gerald Moore ist wohl immer noch unübertroffen.

Auch Hans Hotter sang die *Winterreise* ein Sängerleben lang. Seine Stimme und seine Darbietung waren immer wunderbar natürlich, volksliedhaft, souverän. – Als ich, blutjung in Königsberg, Hotter und die *Winterreise* zum erstenmal hörte, war ich bis zu schwärmerischen Tränen überwältigt. Dass Töne, Verzweiflungen, Lieder so schön sein können! Hotters Charme, seine Natürlichkeit, seine empfindsam-innige Kraft überwältigten mich, obwohl ich erst ein elfjähriger Junge war. Begegne ich jetzt Hotters Aufnahme von 1942/43 (mit Michael Raucheisen) oder von 1954 (mit Gerald Moore), dann spüre ich dankbar: Ich habe mich damals nicht getäuscht.

Christa Ludwig und der manchmal adagiohaft hohepriesterliche James Levine als Klavierpartner haben eine *Winterreise* geboten, deren Zartheit, Differenziertheit, lyrischsouveräne Langsamkeit ein Wunder sind. Weil es hier um Kunstlieder geht und nicht um realistische »Rollen«, darf auch eine Sängerin diese Wanderergeschichte bieten, zumal wenn sie Schuberts Melos so beseelt, rein und gedankenvoll wie Christa Ludwig zu meistern vermag.

Who's who

Daniel Barenboim, geboren am 15. November 1942 in Buenos Aires, israelischer Pianist und Dirigent

Samuel Beckett, geboren am 13. April 1906 in Dublin, gestorben am 22. Dezember 1989 in Paris, irisch-französischer Schriftsteller

Ludwig van Beethoven →Kaisers Klassik Nr. 1

Sir Alfred Brendel, geboren am 5. Januar 1931 in Wiesenberg (Nordmähren), österreichischer Pianist

Dietrich Fischer-Dieskau, geboren am 28. Mai 1925 in Berlin, deutscher Sänger (Bariton)

Hans Hotter, geboren am 19. Januar 1909 in Offenbach am Main, deutscher Sänger (Bariton)

James Levine, geboren am 23. Juni 1943 in Cincinnati (OH), amerikanischer Dirigent und Pianist

Christa Ludwig, geboren am 16. März 1928 in Berlin, österreichische Sängerin (Mezzosopran)

Gustav Mahler →Kaisers Klassik Nr. 9

Kindertotenlieder für Singstimme und Orchester, Text: Friedrich Rückert (1902) — 1: Nun will die Sonn' so hell aufgeh'n; 2: Nun seh' ich wohl, warum so dunkle Flammen; 3: Wenn dein Mütterlein; 4: Oft denk' ich, sie sind nur ausgegangen; 5: In diesem Wetter

Lieder eines fahrenden Gesellen für Singstimme und Orchester, Texte: Gustav Mahler und aus »Des Knaben Wunderhorn« (1884) — 1: Wenn mein Schatz Hochzeit macht; 2: Ging heut' morgen übers Feld; 3: Ich hab' ein glühend Messer; 4: Die zwei blauen Augen von meinem Schatz

Gerald Moore, geboren am 30. Juli 1899 in Watford (Hertfordshire), gestorben am 13. März 1987 in Buckinghamshire, britischer Pianist

Murray Perahia, geboren am 19. April 1947 in New York, amerikanischer Pianist

Michael Raucheisen, geboren am 10. Februar 1889 in Rain (bei Donauwörth), gestorben am 29. Mai 1984 in Thun (Bern), deutscher Pianist

Franz von Schober, geboren am 17. Mai 1796 auf dem Gut Torup (bei Malmö), gestorben am 13. August 1882 in Dresden, deutscher Schriftsteller und Mäzen

Franz Schubert, geboren am 31. Januar 1797 in Lichtental (heute zu Wien), gestorben am 19. November 1828 in Wien, österreichischer Komponist

Die schöne Müllerin. Ein Zyklus von Liedern von Wilhelm Müller op. 25 D. 795 →Kaisers Klassik Nr. 7

Winterreise. Liederzyklus von Wilhelm Müller op. 89 D. 911 (1827) — 1: Gute Nacht; 2: Die Wetterfahne; 3: Gefrorne Tränen; 4: Erstarrung; 5: Der Lindenbaum; 6: Wasserflut; 7: Auf dem Flusse; 8: Rückblick; 9: Irrlicht; 10: Rast; 11: Frühlingstraum; 12: Einsamkeit; 13: Die Post; 14: Der greise Kopf; 15: Die Krähe; 16: Letzte Hoffnung; 17: Im Dorfe; 18: Der stürmische Morgen; 19: Täuschung; 20: Der Wegweiser; 21: Das Wirtshaus; 22: Mut; 23: Die Nebensonnen; 24: Der Leiermann

43
Johannes Brahms
Klavierquintett f-Moll
op. 34

Brahms komponierte das Klavierquintett, *als er ein 29-jähriger Meister war: schwungvoll, aber noch ohne Bart und Alterswehmut. Dieses hochinspirierte, logisch entfaltete, an Überraschungen reiche Stück müsste noch viel bekannter sein. Wie das* Klavierquintett *entstand und was es bedeutet…*

Hier ist Brahms bereits ganz er selbst: nämlich auf der bewunderungswürdigen Höhe seines kompositorischen »Könnens« – doch zugleich noch jung, unternehmungslustig, experimentierfreudig. Brahms hatte das Werk zuerst als Quintett nur für Streicher konzipiert und dann vernichtet, weil er – schrecklich selbstkritisch – nichts Unvollkommenes aus der Hand geben mochte. Dann arbeitete er das Ding zu einer *Sonate für zwei Klaviere* um (op. 34b). Er war mittlerweile von Norddeutschland nach Wien gegangen, erzielte dort sogleich schöne Erfolge als Pianist und Komponist, hoffte aber sehnsüchtig, in Hamburg angestellt zu werden. Doch die Hamburger – damit wurde Brahms nur schwer und voller Verbitterung fertig – zogen ihm einen anderen vor. So blieb er in Wien, machte aus der großartigen *Sonate für zwei Klaviere* endlich das definitive *Klavierquintett*. Seitdem ist die Welt um zwei Kammermusikkompositionen obersten Ranges reicher.

Wer hineinwill in diese Musik, dem nützen Fakten der Entstehungsgeschichte oder noch so beschwörende Hinweise wenig. Man nähert sich dem *Klavierquintett* am besten, wenn man zuerst den dritten Satz kennenlernt, also das Scherzo. Das ist ein faszinierendes Stück: mit Schlagbass- und Pizzikatoeffekten in der Tiefe, mit drängenden Synkopen und rauschhaftem rhythmischen Feuer. Klirrender, vehementer haben auch Sergei Prokofjew und Béla Bartók nicht komponiert. Dieses Scherzo vibriert von einem geradezu sensationellen Elan, man kann süchtig danach werden. Als Mittelteil des Satzes betört, nein überwältigt eine unwiderstehlich edle, hymnische Melodie. Gerät man in den Bann dieser Musik, dann bemerkt man kaum, wie logisch und solide haltbar das alles gemacht ist. Der Kopfsatz hebt an mit einem ruhigen, allmählich gesteigerten Hauptthema, aus dessen plastischen Urmotiven Brahms alle gewichtigen Gedanken des ganzen Werkes entwickelt hat. Jeder Takt ist erfüllt von herbem Adel oder loderndem Feuer – man langweilt sich niemals bei akademischer oder klassizistischer Blässe. Spürt vielmehr im Kopfsatz einen gedankentiefen, manchmal wunderbar verhaltenen Tonstrom, im langsamen Satz zart-erregte Meditation, überschattet vom fortwährenden Wechsel zwischen Dur und Moll. Das Finale beginnt mit einer pochenden, mystischen Einleitung. Dann stellt es seine raschen Themen vor, wobei ungarische Rasse und vehementer Witz bezaubern. Alles das endet in einer Stretta. Mit geradezu niederschmetterndem Prestoschwung fasst Brahms da stürmisch effektvoll zusammen, wieviel Kraft und Finsternis in diesem *Quintett*, aber auch in seiner Seele rumorten.

Wenn Sie Brahms' Klavierquintett *mögen …*

Wen die glühende brahmssche Komposition klavierquintettgierig gemacht hat, der darf sich auf einige Spitzenwerke romantischer und klassischer Kunst freuen: auf Antonín Dvořáks großes *Klavierquintett A-Dur* op. 81, mit einem tänzerisch-todtraurigen »Dumka«-Satz, auf Robert Schumanns strahlendes *Klavierquintett Es-Dur* op. 44, in dessen Mitte ein Trauermarsch steht (das getragene Thema explodiert wahnsinnsnah). Und auf Wolfgang Amadeus Mozarts *Quintett für Klavier und Bläser Es-Dur* KV 452, das Mozart in einem Brief vom 10. April 1784 rühmte: »Ich selbst halte es für das Beste, was ich noch in meinem Leben geschrieben habe.«

Die fesselndsten Interpretationen von Brahms' Klavierquintett

Arthur Rubinstein, Klavier, und die Streicher des Guarneri String Quartet haben eine temperamentvolle, sonore und lyrisch-empfindsame Einspielung geboten. Rubinsteins blühender Ton und seine enorme Brahms-Erfahrung beeindrucken – als junger Künstler hat er ja in Berlin noch Joseph Joachim kennengelernt, der jahrzehntelang mit Brahms befreundet gewesen war. So entstand eine Interpretation, in der zwar das Klavier durchaus dominiert, aber die Guarneri-Leute sich glücklicherweise doch nicht allzusehr haben einschüchtern lassen.

Maurizio Pollini und das Quartetto Italiano spielen Brahms mit Hingabe, Feuer und Gewicht. Wie bedeutend diese ungemein kunstvolle Interpretation ist, spürt man erst bei wiederholtem Hören. Denn erst dann bemerkt man das Feuer und die Kraft, die gleichsam unterhalb der wunderbar italienisch-ästhetischen Brahms-Darbietung lodern. Geschmackssicherer und kunstvoller kann Brahms kaum gespielt werden.

Martha Argerich und Alexandre Rabinovitch spielen Brahms' Frühfassung für zwei Klaviere mit manchmal atemberaubendem Temperament und – was das Scherzo betrifft – faszinierend raschem Tempo. Der Klavierklang wird dabei nie zu dick, weil die Pianistin und ihr Partner auf schlanken Ton wie auf durchsichtige Artikulation dankenswerterweise viel Wert legen. So gerät die Einspielung nicht nur zu einem pianistischen, sondern auch zu einem musikalischen Fest.

MARTHA ARGERICH, geboren am 5. Juni 1941 in Buenos Aires, argentinische Pianistin

BÉLA BARTÓK, geboren am 25. März 1881 in Groß-Sankt-Nikolaus (heute Sînnicolau Mare, Rumänien), gestorben am 26. September 1945 in New York, ungarischer Komponist und Pianist

JOHANNES BRAHMS →KAISERS KLASSIK NR. 10

Quintett für Klavier, zwei Violinen, Viola und Violoncello f-Moll op. 34 (1864); auch als *Sonate für zwei Klaviere f-Moll* op. 34b (1871) — 1. Satz: Allegro non troppo; 2. Satz: Andante, un poco adagio; 3. Satz: Scherzo. Allegro; 4. Satz: Finale. Poco sostenuto – Allegro non troppo – Presto, non troppo

ANTONÍN DVOŘÁK →KAISERS KLASSIK NR. 21

Quintett für Klavier, zwei Violinen, Viola und Violoncello A-Dur op. 81 (1887) — 1. Satz: Allegro, ma non tanto; 2. Satz: Dumka. Andante con moto; 3. Satz: Scherzo (Furiant). Molto vivace; 4. Satz: Finale. Allegro

GUARNERI STRING QUARTET: Arnold Steinhardt (*1937) und John Dalley (*1936), Violine; Michael Tree (*1935), Viola; David Soyer (*1925), Violoncello

JOSEPH JOACHIM, geboren am 28. Juni 1831 in Kittsee (bei Preßburg), gestorben am 15. August 1907 in Berlin, deutscher Geiger, Dirigent und Komponist

WOLFGANG AMADEUS MOZART →KAISERS KLASSIK NR. 2

Quintett für Klavier, Oboe, Klarinette, Horn und Fagott Es-Dur KV 452 (1784) — 1. Satz: Largo – Allegro moderato; 2. Satz: Larghetto; 3. Satz: Rondo. Allegretto

MAURIZIO POLLINI, geboren am 5. Januar 1942 in Mailand, italienischer Pianist

SERGEI SERGEJEWITSCH PROKOFJEW →KAISERS KLASSIK NR. 32

QUARTETTO ITALIANO: Paolo Borciani (*1922) und Elisa Pegreffi (*1922), Violine; Piero Farulli (*1920), Lionello Forzanti und Dino Asciolla, Viola; Franco Rossi (*1921), Violoncello

Arthur Rubinstein, geboren am 28. Januar 1887 in Lodz, gestorben am 20. Dezember 1982 in Genf, amerikanischer Pianist polnischer Herkunft

Robert Schumann →Kaisers Klassik Nr. 8
Quintett für Klavier, zwei Violinen, Viola und Violoncello Es-Dur op. 44 (1842) — 1. Satz: Allegro brillante; 2. Satz: In modo d'una marcia. Un poco largamente – Agitato; 3. Satz: Scherzo molto vivace; 4. Satz: Allegro, ma non troppo

44
Pjotr Tschaikowski
Klavierkonzert b-Moll Nr. 1
op. 23

Schwungvollstes, »russischstes« Klavierkonzert des 19. Jahrhunderts. Donneroktaven, herrliche Melodien, heftige Akkorde. Das Publikum liebt dieses vitale, ungeheuer populäre Werk mit ungetrübter Anhänglichkeit. Wie das Konzert *entstand und was es bedeutet …*

Allüberall geschätzt wurde Tschaikowskis *Klavierkonzert Nr. 1* keineswegs von Anfang an. Als der 35-jährige Komponist es seinem Freund Nikolai Rubinstein, der ihn immerhin ans Moskauer Konservatorium geholt hatte, widmen wollte und vorführte, da verbarg Rubinstein seine Abneigung so wenig, dass Tschaikowski dieses *Konzert* tief gekränkt umwidmete. Und zwar an Hans von Bülow, der dann auch in Boston 1887 die Uraufführung spielte.

Was manchen feinen Musiker an dem Stück stört, liegt offen zutage. Das *Konzert* ist ihnen zu »direkt«, zu »aufgedonnert-vulgär«, zu barbarisch-heftig.

Als mal ein »Wunderkind« zum berühmten Pianisten Moriz Rosenthal kam (so berichtet eine Anekdote), fragte der »Meister« den Kleinen:

»Wie alt bist du?«

»Sieben, mein Herr.«

»Und was möchtest du mir vorspielen?«

»Das Tschaikowski-*Konzert*.«

»Dafür bist du zu alt.«

Rosenthal irrte. Als kindisch-naiv hätte er Tschaikowskis *Klavierkonzert b-Moll* nur dann verspotten dürfen, wenn die grandiose Allüre nicht durch grandiose Erfindung gedeckt wäre, wenn es in diesem Stück nicht auch Herzlichkeiten, Zartheiten und hochoriginelle Finessen gäbe.

Bereits der Beginn wirkt unwiderstehlich. Eine schwungvolle Melodie, auf einem ukrainischen Volkslied basierend. Zuerst weckt ein schmetternder Horneinsatz Aufmerksamkeit, dazu heftige Tuttiakkorde, dann erklingt in den Streichern besagte Melodie, vom Soloklavier immer ekstatischer begleitet. Aber dieses populärste Thema des ganzen *Konzerts* kehrt nie wieder! Es ist eine Einleitung. Im danach witzig einsetzenden »Allegro con spirito« verwöhnt (oder überfordert) Tschaikowski den Solisten mit rasend raschen Oktaven, die den Heftigkeiten des Orchesters entgegenzusetzen sind. Wenn in der Durchführung das Klavier dem aufgeputschten Orchester mit Doppeloktaven antworten muss, geht es um Tod und Leben. Wer da nicht mitzuhalten vermag, ist verloren (toll bei Martha Argerich und Kirill Kondraschin, CD Take 2, nach 6.09).

Aber wir Hörer werden keineswegs bloß mit Oktavenbrutalität bedient. Tschaikowski bietet auch schumannnahe Romantik und mächtiges Pathos. Dem riesigen Kopfsatz schließt sich ein volksliedhaft »simples« Andante an. Unterbrochen wird es von einem scherzoähnlichen Prestissimo, das ein seinerzeit berühmtes französisches Chanson zitiert (Argerich/Kondraschin Take 3, nach 3.23).

Rhythmischer Rausch steigert sich am Ende des Finales zu einem grandiosen russischen Fortissimohymnus. Danach krönt ein tumultuarischer Schluss Tschaikowskis Opus 23.

Wenn Sie Tschaikowskis Klavierkonzert b-Moll *mögen …*

Fans des *Konzerts Nr. 1* wissen oft gar nicht, dass es auch ein hochinteressantes, freilich überlanges zweites *Klavierkonzert* von Tschaikowski gibt (G-Dur op. 44), dessen Finale von

Witz nur so sprüht. Und allen Verehrern jener russischen »Seele«, die sich in Tschaikowskis Konzerten so melodiös ausspricht, darf man gewiss auch Sergei Rachmaninows große Konzerte in c-Moll und d-Moll ans Herz (und ans Ohr) legen.

Die fesselndsten Interpretationen von Tschaikowskis Klavierkonzert b-Moll

Die berühmteste Interpretation von Tschaikowskis *Konzert* entstand in den frühen vierziger Jahren und ist akustisch wenig befriedigend. Sie stammt von Vladimir Horowitz und seinem Schwiegervater, dem cholerischen, aber genialen Dirigenten Arturo Toscanini. Vehementer, ekstatischer, als Horowitz dieses Konzert vortrug – mit dem er bei seinen Debüts als junger Emigrant in Hamburg und als Amerikas neuer Star in New York siegte –, dürfte es schwerlich spielbar sein. Die Experten streiten, welcher Horowitz-Einspielung der Vorzug zu geben sei – dem Konzertmitschnitt von 1943 oder der Schallplattenaufnahme von 1941. Beide Interpretationen – es existieren von Horowitz sogar noch weitere, eine mit George Szell – wurden zu Recht »legendär«.

Martha Argerich konnte und kann es an einem guten Abend durchaus mit Horowitz aufnehmen, was die Brillanz und Genauigkeit des Oktavspiels, den stürmischen Schwung und die phantastische Technik der Künstlerin betrifft. Ihre Einspielung mit dem russischen Dirigenten Kirill Kondraschin und dem Symphonieorchester des Bayerischen Rundfunks ist der Horowitz-Toscanini-Platte elektroakustisch weit überlegen und darum zumal den hi-fi-verwöhnten jüngeren Hörern zu empfehlen.

Mikhail Pletnev hat 21-jährig den Moskauer Tschaikowski-Wettbewerb gewonnen. Das war 1978. Seitdem gelang es dem hochintelligenten Russen, mit meisterlichen, technisch makellosen Beethoven-, Haydn- und Tschaikowski-Interpretationen eine pianistische Weltkarriere aufzubauen (die Pletnev leider neuerdings anscheinend um des Dirigierens willen nicht fortsetzen mag). Seine Einspielung von Tschaikowskis *Konzert b-Moll* ist großartig. Männlich im besten Sinne, gedankenvoll, einfallsreich, nie übermäßig aufgedonnert, sondern persönlich und originell.

Who's who

Martha Argerich, geboren am 5. Juni 1941 in Buenos Aires, argentinische Pianistin

Ludwig van Beethoven →Kaisers Klassik Nr. 1

Hans von Bülow, geboren am 8. Januar 1830 in Dresden, gestorben am 12. Februar 1894 in Kairo, deutscher Pianist und Dirigent

Joseph Haydn →Kaisers Klassik Nr. 20

Vladimir Horowitz (eigentlich Wladimir Samoilowitsch Gorowiz), geboren am 1. Oktober 1903 in Berditschew, gestorben am 5. November 1989 in New York, amerikanischer Pianist ukrainischer Herkunft

Kirill Petrowitsch Kondraschin, geboren am 6. März 1914 in Moskau, gestorben am 7. März 1981 in Amsterdam, russischer Dirigent

Mikhail Pletnev (eigentlich Michail Wassiljewitsch Pletnow), geboren 1957 in Archangelsk, russischer Pianist und Dirigent

Sergei Wassiljewitsch Rachmaninow

Konzert für Klavier und Orchester c-Moll Nr. 2 op. 18 →Kaisers Klassik Nr. 96

Konzert für Klavier und Orchester d-Moll Nr. 3 op. 30 →Kaisers Klassik Nr. 96

Moriz Rosenthal (eigentlich Maurycy Rosenthal), geboren am 17. Dezember 1862 in Lemberg, gestorben am 3. September 1946 in New York, polnischer Pianist

Nikolai Rubinstein (eigentlich Nikolai Grigorjewitsch Rubinschtein), geboren am 14. Juni 1835 in Moskau, gestorben am 23. März 1881 in Paris, russischer Pianist und Dirigent

Robert Schumann →Kaisers Klassik Nr. 8

George Szell (eigentlich György Szell), geboren am 7. Juni 1897 in Budapest, gestorben am 30. Juli 1970 in Cleveland, amerikanischer Dirigent tschechisch-ungarischer Herkunft

Arturo Toscanini, geboren am 25. März 1867 in Parma, gestorben am 16. Januar 1957 in New York, italienischer Dirigent

Pjotr Iljitsch Tschaikowski, geboren am 7. Mai 1840 in Wotkinsk (Ural), gestorben am 6. November 1893 in Petersburg, russischer Komponist

Konzert für Klavier und Orchester b-Moll Nr. 1 op. 23 (1875) — 1. Satz: Allegro non troppo e molto maestoso – Allegro con spirito; 2. Satz: Andantino semplice – Prestissimo – Tempo I; 3. Satz: Allegro con fuoco

Konzert für Klavier und Orchester G-Dur Nr. 2 op. 44 (1880) — 1. Satz: Allegro brillante e molto vivace; 2. Satz: Andante non troppo; 3. Satz: Allegro con fuoco

45

Wolfgang Amadeus Mozart

Die Zauberflöte

Singspiel in zwei Akten KV 620

Liedhaft beschwingte und wunderbar tiefgründige Musik, die eine Mixtur aus turbulentem Märchen und freimaurerhaftem Weltanschauungstheater zur optimistischen Menschheitsoper steigert. Die Guten siegen, die Liebenden bestehen alle Prüfungen, die Bösen gehen mit Getöse zugrunde. Mozart gibt Volkstheaterkomik und mystische Verklärung. Bei ihm war noch zusammen, was später unrettbar auseinanderfiel – entweder in Wagners hehren Parsifal-*Tiefsinn oder in heiter-unterhaltsamen Operettenschwachsinn. Wie* Die Zauberflöte *entstand und was sie bedeutet …*

Der rasch sich steigernde Erfolg seiner *Zauberflöte* war die letzte große Glückserfahrung, die das Schicksal Mozart vergönnte. Denn schon neun Wochen nach der Uraufführung musste er sterben, nur 35 Jahre alt. *Die Zauberflöte*, eine so genannte »Maschinenkomödie« mit in einer Gondel fliegenden Knaben, drohenden Schlangen, aus dem Nichts emporkommenden gedeckten Tischen, wurde enorm populär. Der teils gesprochene, teils gesungene Text von Emanuel Schikaneder ist sinnfällig und handfest. Johann Wolfgang von Goethe hat ihm eine ausführliche Fortsetzung hinzugefügt – aber manche modernen Intellektuellen scheinen zu borniert, sich dem Märchenzauber hinzugeben. Sie verspotten die *Zauberflöte*, fragen, ob sie ein »Machwerk« sei – was eher von Dummheit als von Klugheit zeugt.

Es gibt in dieser Oper zwei Opfer: die schöne Pamina und den Naturburschen Papageno.

Pamina, Tochter der selbstbewussten »Königin der Nacht«, wird ihrer Mutter geraubt, in den Weisheitsbezirk eines gewissen Sarastro verschleppt, dort von einem lüsternen Mohren misshandelt. Nicht genug: sie verliebt sich von Herzen in den Prinzen Tamino, der auszog, sie zu retten. Und sie versteht keineswegs, warum jener schöne Prinz sich plötzlich so spröde zu ihr verhält. Denn sie weiß ja nicht, worüber besagter Prinz durchaus informiert ist: nämlich, dass er um einer Tugendprüfung willen schweigen muss. Die tiefbetrübte Pamina will darum den Tod. Ihre g-Moll-Arie »Ach, ich fühl's, es ist verschwunden«, ihre Selbstmordaufwallung »Ha, des Jammers Maß ist voll! Falscher Jüngling, lebe wohl«, ihr Schmerz im Abschiedsterzett »Soll ich dich, Teurer, nicht mehr sehen« – reinere, ergreifendere Musik kann es nicht geben.

Was den Papageno betrifft, so will er mit den Ideen und Überspanntheiten der hochgeistigen Welt überhaupt nichts zu tun haben. Er lebt lustig-egoistisch von Augenblick zu Augenblick, liebt Weiber und Wein. Beharrt auf dem Recht von uns armen Erdenbürgern, antiheroisch zu sein, bequem, ein bisschen angeberhaft. Und ausgerechnet er muss wegen einer kleinen Mogelei mit dem Prinzen auf eine lebensgefährliche Mission! Da bei alledem (zunächst) für ihn kein Mädchen herauszuspringen scheint, will er sich denn auch erhängen.

Aber natürlich geht am Ende alles gut. Die »Königin der Nacht«, die emanzipiert empfindet, damit nicht durchkommt, deshalb »alle Bande der Natur« zerreißt, rast mörderisch in ihr Unheil. Der Prinz Tamino macht, so will es Sarastro, eine Art Bildungsroman durch. Wenn die beiden schwer geprüften Liebenden selig ihr Glück besingen, dann erfüllt sich der Traum einer gerechten, weisen und von Liebe erfüllten Welt.

Wenn Sie Mozarts Zauberflöte *mögen …*

Wer in die Welt der *Zauberflöte* eingedrungen ist, dürfte sich gewiss dafür interessieren, dass Mozart bereits viel früher die Geschichte einer jungen Frau vertont hatte, die bei einem ägyptischen Oberpriester festgehalten wird und durch ihren Geliebten vor den Nachstellungen einer außerordentlich bösen Feindin geschützt werden muss. Das war aber noch nicht *Die Zauberflöte*, sondern Tobias Philipp von Geblers Drama *Thamos, König in Ägypten*, zu dem Mozart 1773 eine Schauspielmusik schrieb und 1779 erweiterte. Aus dieser Komposition übernahm Mozart für *Die Zauberflöte* viele Wendungen. Wer aber für »Weltanschauungsopern« schwärmt, dem sei geholfen. Neben der *Zauberflöte* gibt es in diesem Bezirk noch Arnold Schönbergs Oper *Moses und Aron*. Die klingt freilich ganz anders …

Die fesselndsten Interpretationen von Mozarts Zauberflöte

Georg Solti hat *Die Zauberflöte* zweimal für die Schallplatte dirigiert: zum erstenmal 1969 mit Dietrich Fischer-Dieskau als ergreifend ernst und hintergründig den Prinzen Tamino belehrenden »Sprecher«, das zweite Mal 1991. Die spätere Aufnahme geriet homogener, mit frischen, jungen und stilsicheren Mozart-Sängern wie Uwe Heilmann (Tamino), Ruth Ziesak (Pamina), Andreas Schmidt (Sprecher) und dem souveränen Kurt Moll (Sarastro). Die Wiener Philharmoniker musizieren exemplarisch.

In Karl Böhms Einspielung von 1964 ist der so früh verstorbene Fritz Wunderlich als unvergleichlich schön singender Tamino zu hören und Roberta Peters als Königin der Nacht. Fischer-Dieskau, ausgerechnet als Papageno, wirkt erheiternd fehlbesetzt: Statt eines wienerischen Naturburschen glaubt man, einen disziplinierten Berliner Gelehrten zu vernehmen – was Papageno wirklich nicht war. Böhms Fähigkeit, ein Tempo straff durchzuhalten, konzentriert zu begleiten, macht diese keineswegs perfekt besetzte Darbietung wichtig, und auf die Staatskapelle Dresden war ja immer Verlass.

Thomas Beecham hat 1938 in Berlin eine *Zauberflöte* mit den Berliner Philharmonikern als begleitendem Orchester dirigiert, die interpretationsgeschichtlichen Rang besitzt. So herzbewegend ausdrucksvoll, wie Tiana Lemnitz die Pamina sang, können es die Heutigen leider doch nicht. Gerhard Hüsch und Irma Beilke überzeugten als Papageno und Papagena, Erna Berger war eine fabelhafte Königin der Nacht. Einzig Wilhelm Strienz als Sarastro blieb ölig und falsch pathetisch. Trotzdem ist die Einspielung musterhaft: Sie überragt auch Arturo Toscaninis schnelle, enorm gespannte, aberwitzig blanke und heftige Interpretation (Salzburger Festspiele 1937). Sie avancierte zur Kultaufnahme all der Mozart-Freunde, die im Fall *Zauberflöte* Wilhelm Furtwängler zu langsam, Otto Klemperer zu beethovenähnlich und Solti zu ungeistig finden…

Who's who

Sir Thomas Beecham, geboren am 29. April 1879 in Saint Helens (bei Liverpool), gestorben am 8. März 1961 in London, britischer Dirigent

Ludwig van Beethoven →Kaisers Klassik Nr. 1

Irma Beilke, geboren am 24. August 1904 in Berlin, gestorben am 20. Dezember 1989 in Berlin, deutsche Sängerin (Sopran)

Erna Berger, geboren am 19. Oktober 1900 in Cossebaude (bei Dresden), gestorben am 14. Juni 1990 in Essen, deutsche Sängerin (Sopran)

Karl Böhm, geboren am 28. August 1894 in Graz, gestorben am 14. August 1981 in Salzburg, österreichischer Dirigent

Dietrich Fischer-Dieskau, geboren am 28. Mai 1925 in Berlin, deutscher Sänger (Bariton)

Wilhelm Furtwängler, geboren am 25. Januar 1886 in Berlin, gestorben am 30. November 1954 in Ebersteinburg (heute zu Baden-Baden), deutscher Dirigent und Komponist

Tobias Philipp von Gebler, geboren am 2. November 1720 in Zeulenroda (Vogtland), gestorben am 9. Oktober 1786 in Wien, deutscher Schriftsteller und Politiker

Johann Wolfgang von Goethe, geboren am 28. August 1749 in Frankfurt am Main, gestorben am 22. März 1832 in Weimar, deutscher Dichter

Der Zauberflöte zweiter Teil (1794)

Uwe Heilmann, geboren am 7. September 1960 in Darmstadt, deutscher Sänger (Tenor)

Gerhard Hüsch, geboren am 2. Februar 1901 in Hannover, gestorben am 21. November 1984 in Viehhausen (bei Regensburg), deutscher Sänger (Bariton)

Otto Klemperer, geboren am 14. Mai 1885 in Breslau, gestorben am 6. Juli 1973 in Zürich, deutscher Dirigent

Tiana Lemnitz (eigentlich Albertine Scheuer), geboren am 26. Oktober 1897 in Metz, gestorben am 5. Februar 1994 in Berlin, deutsche Sängerin (Sopran)

Kurt Moll, geboren am 11. April 1938 in Buir (bei Köln), deutscher Sänger (Bass)

Wolfgang Amadeus Mozart (eigentlich Johannes Chrysostomus Wolfgang Gottlieb Mozart), geboren am 27. Januar 1756 in Salzburg, gestorben am 5. Dezember 1791 in Wien, österreichischer Komponist

Thamos, König in Ägypten, Chöre und Zwischenakte zu dem heroischen Drama von Tobias Philipp von Gebler KV 345 (1773–79)

Die Zauberflöte, Große Oper in zwei Aufzügen KV 620; Text: Emanuel Schikaneder; Uraufführung: Wien, 30. September 1791

Roberta Peters, geboren am 4. Mai 1930 in New York, amerikanische Sängerin (Sopran)

Emanuel Schikaneder (eigentlich Johann Joseph Schickeneder), geboren am 1. September 1751 in Straubing, gestorben am 21. September 1812 in Wien, deutscher Schauspieler, Sänger, Theaterleiter und Bühnenschriftsteller

Andreas Schmidt, geboren 1960 in Düsseldorf, deutscher Sänger (Bariton)

Arnold Schönberg, geboren am 13. September 1874 in Wien, gestorben am 13. Juli 1951 in Los Angeles, österreichischer Komponist

Moses und Aron, Oper in drei Akten; Text: Arnold Schönberg; komponiert 1930–37; Uraufführung: Zürich, 6. Juni 1957

Sir Georg Solti (eigentlich György Solti), geboren am 21. Oktober 1912 in Budapest, britischer Dirigent ungarischer Herkunft

Wilhelm Strienz, geboren am 2. September 1899 in Stuttgart, gestorben am 10. Mai 1987 in Frankfurt am Main, deutscher Sänger (Bass)

Arturo Toscanini, geboren am 25. März 1867 in Parma, gestorben am 16. Januar 1957 in New York, italienischer Dirigent

Richard Wagner

Parsifal →Kaisers Klassik Nr. 99

Fritz Wunderlich, geboren am 26. September 1930 in Kusel (bei Kaiserslautern), gestorben am 17. September 1966 in Heidelberg, deutscher Sänger (Tenor)

Ruth Ziesak, geboren am 9. Februar 1963 in Hofheim am Taunus, deutsche Sängerin (Sopran)

46
Ludwig van Beethoven
Klavierkonzert c-Moll Nr. 3
op. 37

Wählt Beethoven die Tonart c-Moll, dann entsteht fast immer kraftvoll pathetische, »titanische«, tragische Weltanschauungsmusik – wie die »Schicksals«-Symphonie, *wie die* »Coriolan«-Ouvertüre. *Beim* Konzert c-Moll *ist das anders. Da klingt das Moll nicht heroisch, sondern schwärmerisch. Wir hören Jünglingsmelancholie, im Finale witzigbärbeißige Virtuosität, jedoch keine tragisch donnernden Bekenntnisse. Wie das* Konzert *entstand und was es bedeutet …*

Als 30-jähriger komponierte Beethoven sein großes *Klavierkonzert Nr. 3*. Er widmete es dem genialischen Musiker und Beethoven-Fan Prinz Louis Ferdinand von Preußen. Der »spiele gar nicht königlich oder prinzlich, sondern wie ein tüchtiger Clavierspieler«, lobte Beethoven diesen Neffen Friedrichs des Großen, der 1806 in der Schlacht bei Saalfeld fiel.

Das *Konzert c-Moll* erscheint weitaus größer, schwerer, ernsthafter erfunden und empfunden als alle früher entstandenen beethovenschen Konzerte. Immerhin 110 (!) Takte lang dauert bereits das Orchestervorspiel. Es ist eine riesige symphonische Exposition. Das lakonische Hauptthema besteht aus einem Dreiklangsmotiv von zwei Takten, dem ein charakteristisch punktierter, gleichfalls zweitaktiger Rhythmus folgt. Dies alles wird im Orchester mächtig entfaltet, ein melodiöses Gesangsthema tritt hinzu. Dann setzt das Soloklavier ein. Mit donnernden c-Moll-Tonleitern, denen das Dreiklangsmotiv und der pochende punktierte Rhythmus des

Anfangsmotivs folgen. Sogleich aber bietet das Klavier »sein« Hauptthema auf neue Weise: nämlich schwärmerisch, melancholisch, frühromantisch empfindsam – wie für den Prinzen Louis Ferdinand ersonnen, der als hochtalentierter Komponist ein heftiger Frühromantiker war. Beschwingt, geistvoll und voll drängender Sehnsucht tragen nun Orchester und Solist gemeinsam die Gestalten der Exposition vor. In der Durchführung mischt Beethoven höchste kompositorische Logik mit ganz intimer Empfindsamkeit. Die Durchführung beginnt (auf der CD von Arthur Rubinstein und Josef Krips Take 1, nach 7.44) wieder mit getürmten Tonleitern. Danach aber kommt es zu einem herzbewegend schönen Dialog: Zum punktierten Pochrhythmus des Orchesters bietet das Klavier nun eine innig-melancholische Kantilene. Beethovens grandiose Originalkadenz am Ende des Satzes (auf Rubinsteins CD Take 1, nach 13.00) entfaltet das Dreiklangsthema so riesig, in jeder Weise erschöpfend, dass für die dramatisch-hektische Schlusscoda von Klavier und Orchester logischerweise nur noch der punktierte Pochrhythmus übrig ist!

Monologisch langsam, schwermütig und schwerblütig, träumt der langsame Satz in fernem E-Dur seinen hymnischen Traum. Zu dessen romantisierender Bestimmtheit passt durchaus der brillant-bizarre, manchmal ironische und bärbeißige Witz des hochvirtuosen Finales. Wir spüren: das hat ein Trotziger, ein Unversöhnter komponiert, der sich freilich, wenn es ihm nötig scheint, auch unwiderstehlich charmant geben kann.

Wenn Sie Beethovens Klavierkonzert c-Moll *mögen …*

Wer Beethovens *Konzert c-Moll* für sich entdeckt hat, den wird man nicht lange bitten müssen, sich auch für die vielleicht noch gewichtigeren späteren Klavierkonzerte Beethovens – das wunderbar lyrische *Konzert G-Dur* op. 58, das

»heroische« *Konzert Es-Dur* op. 73 – zu interessieren. Und das Formvorbild von Beethovens *Konzert c-Moll*, nämlich Wolfgang Amadeus Mozarts erlesen inspiriertes, namenlos depressives *Klavierkonzert c-Moll* KV 491, kennenzulernen.

Die fesselndsten Interpretationen von Beethovens Klavierkonzert c-Moll

Arthur Rubinstein hat die schwärmerische, melancholisch-drängende Gestimmtheit des Kopfsatzes von Beethovens *Konzert c-Moll* förmlich entdeckt. 1937, mit dem Dirigenten Arturo Toscanini in New York, spielte der 50-jährige Rubinstein das *Konzert* noch unbefangen virtuos, viel zu schnell, die Passagen blitzten wie Raketen. Aber 20 Jahre später konnte Rubinstein die Poesie, die wehmütige Herzlichkeit, die Innenspannung wunderbar darstellen. Ein Beethoven-Spiel von fast vollkommener Schönheit. Josef Krips und das Orchester »Symphony of the Air« begleiten.

Tiefgründig, mit zarter, immer neue Nuancen findender Ausdruckskraft, versteht der große Musiker, Interpret und Pianist Alfred Brendel Beethovens geistige Welt. Seine glühend meditativen Darstellungen langsamer Sätze – das gilt auch und gerade für Brendels tief nachdenkliche Interpretation des Largos aus dem *Konzert c-Moll* in der Aufnahme mit Bernard Haitink und dem London Philharmonic Orchestra – zählen zu den Höhepunkten dessen, was Musik in unserer Zeit vermitteln kann.

Der junge Glenn Gould hat 1957 im öffentlichen Konzert – zusammen mit Herbert von Karajan und den Berliner Philharmonikern – Beethovens *Konzert c-Moll* vorgetragen. (Damals boykottierte er das Konzertleben ja noch nicht.) Ich war dabei, tief beeindruckt, vor allem vom Kopfsatz, wo Gould die Kadenz Beethovens polyphon bereicherte und erschwerte. Seine Geläufigkeit war phänomenal. Es ist gespenstisch, fast 40 Jahre später dieses Konzert im Mitschnitt zu hören und wie durch einen Vorhang dem damaligen Erlebnis wiederzubegegnen, vieles gerührt und verblüfft zu verifizieren, wiederzuerkennen. Damals war Gould ein großer Pianist, wenn auch kein geborener Beethoven-Interpret. Die Seltsamkeiten und Skurrilitäten kamen erst später.

Who's who

Ludwig van Beethoven, getauft am 17. Dezember 1770 in Bonn, gestorben am 26. März 1827 in Wien, deutscher Komponist

Konzert für Klavier und Orchester c-Moll Nr. 3 op. 37 (1802) — 1. Satz: Allegro con brio; 2. Satz: Largo; 3. Satz: Rondo. Allegro

Konzert für Klavier und Orchester G-Dur Nr. 4 op. 58 →Kaisers Klassik Nr. 52

Konzert für Klavier und Orchester Es-Dur Nr. 5 op. 73 →Kaisers Klassik Nr. 98

Ouvertüre c-Moll zu Heinrich Joseph von Collins Trauerspiel »Coriolan« op. 62 (1807) — Allegro con brio

Symphonie c-Moll Nr. 5 op. 67 →Kaisers Klassik Nr. 26

Sir Alfred Brendel, geboren am 5. Januar 1931 in Wiesenberg (Nordmähren), österreichischer Pianist

Friedrich II., König von Preussen (seit 1740), geboren am 24. Januar 1712 in Berlin, gestorben am 17. August 1786 in Potsdam

Glenn Gould, geboren am 25. September 1932 in Toronto, gestorben am 4. Oktober 1982 in Toronto, kanadischer Pianist

Bernard Haitink, geboren am 4. März 1929 in Amsterdam, niederländischer Dirigent

Herbert von Karajan, geboren am 5. April 1908 in Salzburg, gestorben am 16. Juli 1989 in Anif (bei Salzburg), österreichischer Dirigent

Josef Krips, geboren am 8. April 1902 in Wien, gestorben am 12./13. Oktober 1974 in Genf, österreichischer Dirigent

Louis Ferdinand, Prinz von Preussen, geboren am 18. November 1772 in Friedrichsfelde (bei Berlin), gestorben am 10. Oktober 1806 in Wölsdorf (Thüringen)

Wolfgang Amadeus Mozart →Kaisers Klassik Nr. 2

Konzert für Klavier und Orchester c-Moll Nr. 24 KV 491 (1786) — 1. Satz: Allegro; 2. Satz: Larghetto; 3. Satz: Allegretto

Arthur Rubinstein, geboren am 28. Januar 1887 in Lodz, gestorben am 20. Dezember 1982 in Genf, amerikanischer Pianist polnischer Herkunft

Arturo Toscanini, geboren am 25. März 1867 in Parma, gestorben am 16. Januar 1957 in New York, italienischer Dirigent

47
Franz Schubert
Fantasie für Klavier zu vier Händen f-Moll
D. 940

Berühmtestes Werk der vierhändigen Klavierliteratur. Erschütternder Roman eines traurigen Themas. Wie die Fantasie *entstand und was sie bedeutet …*

Im 19. Jahrhundert wurde in Mitteleuropa leidenschaftlich Klavier gespielt. Weil aber das Soloklavier ein so ungeselliges Instrument ist, schwärmten viele Damen und Herren begreiflicherweise fürs gemeinsame vierhändige Musizieren am Klavier. Damals gab es ja kein Radio, keine CDs. So konnte man sich Beethoven-Symphonien, Mozart-Ouvertüren oder auch Tanzmusik in den beliebten Fassungen für Klavier zu vier Händen aneignen. Das ist heute (leider) ein wenig aus der Mode – obwohl man eine Symphonie, wenn man sie selber mit einem einigermaßen taktfesten Partner am Klavier recht oder schlecht zum Leben erweckt, viel besser, nämlich gleichsam von innen, kennenlernt, als wenn man sie 100-mal in einer perfekten Schallplattenaufnahme hört …

Schubert, ein Freund gemeinsamen Musizierens, hat ein unübertroffenes Gesamtwerk für Klavier zu vier Händen hinterlassen. Dessen erhabenste, tiefgründigste, unwiderstehlichste Komposition ist die *Fantasie f-Moll*. Schubert komponierte sie in den ersten Monaten des Jahres 1828. Am 9. Mai 1828 spielte er das Stück mit Franz Lachner, dem späteren Münchner Hofoperndirigenten und Richard-Wagner-Gegner. Der Schriftsteller Eduard von Bauernfeld, Schuberts Freund, war dabei. Er notierte: »Heute hat mir Schubert (mit Lachner) seine neue, wunderbare vierhändige Phantasie vorgespielt.« Sechs Monate danach starb Schubert.

Die *Fantasie* beginnt mit einer ruhigen, stillen Begleitbewegung. So rauscht leise das Meer. So schlägt des Menschen Herz. So tönt die vergehende Zeit. Dann das Hauptthema der *Fantasie*. Eine herzbewegend schöne Schubert-Melodie – vielleicht ein Echo der f-Moll-Kavatine der traurigen Barbarina aus dem vierten Akt von Wolfgang Amadeus Mozarts *Figaros Hochzeit*. Bei Schubert gewinnt diese Melodie unvergleichliche harmonische Tiefe. Wir hören, wie sich das Thema entfaltet, wie sein Rhythmus im Bass erscheint, wie es wunderbar tröstlich später in innigem Dur aufleuchtet. Ohne Pause strömt es weiter. Die Musik wird in eine ganz neue Welt gerissen. Nämlich in ein fis-Moll(!)-Largo, das pompös barockisierend und fortissimo beginnt (auf der CD von Yaara Tal und Andreas Groethuysen Take 7, nach 4.58). Danach braust ein ungarisch gewürztes Quasischerzo los, bei dem die Interpreten alle Hände voll zu tun haben. Endlich meldet sich die Anfangstonart wieder – und auch das traurige Anfangsthema. Aber es scheint sich anders auszunehmen im Licht dessen, was die Seele auf diesem langen Weg erfuhr (CD Tal/Groethuysen Take 7, nach 13.40). Als Finale donnert eine Fuge bis zur Explosion. Danach, zum letztenmal, erschüttert und emphatisch erweitert: die rührende Anfangsmelodie. Schwarz und tragisch das Ende.

Wenn Sie Schuberts Fantasie f-Moll *mögen …*

Der berühmte Geiger Henryk Szeryng war natürlich vor allem in der Violinliteratur zu Hause. So kam es, dass er erst spät und zufällig Schuberts *Fantasie f-Moll* kennenlernte. Er brach erschüttert in Tränen aus, so tief bewegt war er. So dürfte es jedem halbwegs Musikalischen gehen, der mit diesem Mirakel in Berührung kommt. Ein Glück, dass es von Schubert noch zahlreiche weitere Werke obersten Ranges für Klavier zu vier Händen gibt: das *Grand duo*, eine verkappte

Symphonie, das *Divertissement à la hongroise*, das *Divertissement über französische Motive*, die (brucknernahen) *Lebensstürme* und das große *Rondo A-Dur*. Wunderbar zu hören – noch schöner selbst zu spielen, sei es auch mit falschem Fingersatz, aber mit echtem Gefühl.

Die fesselndsten Interpretationen von Schuberts Fantasie f-Moll

Murray Perahia und Radu Lupu, zwei Pianisten von Weltklasse, bilden kein lebenslänglich verbundenes Klavierduo. Sie sind bedeutende und sensible Künstler, die sich zu einer gedankenvollen und pianistisch fesselnden Schubert-Aufnahme zusammengetan haben. Mit großer Allüre, sonorem Ton und herzlicher Ausdruckskraft dienen sie der Komposition. Der Schluss hat niederschmetternde Gewalt.

Yaara Tal und Andreas Groethuysen spielen auf CD Schuberts Gesamtwerk für Klavier zu vier Händen ein. In der ersten Kassette (insgesamt vier sollen erscheinen) liegt nun die *Fantasie f-Moll* vor, und zwar in einer empfindsamen, durchsichtigen, wohltuend zurückhaltenden Wiedergabe. Diese beiden Künstler haben früher sehr virtuos und brillant musiziert – jetzt wollen sie Schuberts Nachdenklichkeit, seine Ruhe und seinen zerbrechlichen Zauber beschwören. Aufgedonnerte Tragik wird gemieden – nicht aber Ausdruck, Differenzierung, Gefühl.

Auf der CD des Duo Crommelynck sieht man das überernste Gesicht des Pianisten Patrick Crommelynck, der in Brüssel ausgebildet wurde, und seine japanische Partnerin Taeko Kuwata, die er später heiratete. Hört man die Aufnahme der *Fantasie*, welche das Ehepaar Crommelynck hier bietet (die Künstler haben auch entlegene Mozart-Stücke und zahlreiche andere Werke eingespielt), dann erschrickt man über den abgründigen Ernst der Interpretation. Und ahnt

Schlimmes, wenn es im Begleittext heißt, das Ehepaar sei im Jahr der Aufnahme eines tragischen Todes gestorben. Es war Selbstmord. Beide erhängten sich wegen unlösbarer privater Probleme. Danach ist es kaum mehr möglich, diese hochexpressive Einspielung anders zu verstehen denn als Testament.

Who's who

Eduard von Bauernfeld, geboren am 13. Januar 1802 in Wien, gestorben am 9. August 1890 in Wien, österreichischer Bühnenschriftsteller

Ludwig van Beethoven →Kaisers Klassik Nr. 1

Anton Bruckner →Kaisers Klassik Nr. 39

Andreas Groethuysen, geboren am 2. September 1956 in München, deutscher Pianist

Franz Lachner, geboren am 2. April 1803 in Rain (bei Donauwörth), gestorben am 20. Januar 1890 in München, deutscher Komponist und Dirigent

Radu Lupu, geboren am 30. November 1945 in Galaţi, rumänischer Pianist

Wolfgang Amadeus Mozart

Le nozze di Figaro →Kaisers Klassik Nr. 2

Murray Perahia, geboren am 19. April 1947 in New York, amerikanischer Pianist

Franz Schubert, geboren am 31. Januar 1797 in Lichtental (heute zu Wien), gestorben am 19. November 1828 in Wien, österreichischer Komponist

Allegro für Klavier zu vier Händen a-Moll »Lebensstürme« D. 947 (1828) — Allegro ma non troppo

Divertissement à la hongroise (Ungarisches Divertissement) für Klavier zu vier Händen g-Moll op. 54 D. 818 (1824) — 1. Satz: Andante; 2. Satz: Marcia. Andante con moto; 3. Satz: Allegretto

Divertissement sur des motifs originaux français (Divertissement über französische Motive) für Klavier zu vier Händen e-Moll op. 63 und op. 84 D. 823 (1826/27) — 1. Satz: Tempo di marcia; 2. Satz: Thema mit vier Variationen. Andantino; 3. Satz: Rondo. Allegretto

Fantasie für Klavier zu vier Händen f-Moll op. 103 D. 940 (1828) — Allegro molto moderato – Largo – Allegro vivace – Tempo 1

Rondo für Klavier zu vier Händen A-Dur op. 107 D. 951 (1828) — Allegretto quasi andantino

Sonate für Klavier zu vier Händen C-Dur »Grand duo« op. 140 D. 812 (1824) — 1. Satz: Allegro moderato; 2. Satz: Andante; 3. Satz: Scherzo. Allegro vivace; 4. Satz: Allegro vivace

HENRYK SZERYNG, geboren am 22. September 1918 in Warschau, gestorben am 3. März 1988 in Kassel, mexikanischer Geiger polnischer Herkunft

YAARA TAL, geboren am 27. Februar 1955 in Tel Aviv, israelische Pianistin

RICHARD WAGNER →KAISERS KLASSIK NR. 5

48

Giuseppe Verdi

Ein Maskenball

Oper in drei Akten

Oper lodernder Leidenschaften: Der mittlere Verdi, schwungvoll und noch gar nicht feinsinnig, hat hier faszinierende Arien komponiert, wunderbare, furiose oder nachdenkliche Ensembles – und eine Frauenrolle, Amelia, die zu den schönsten Sopranpartien der Opernliteratur gehört. Wie der Maskenball *entstand und was er bedeutet …*

Im Jahr 1792 wurde in Stockholm König Gustav III. auf einem Ball ermordet. Was für ein Stoff für die Theaterdichter! Auch den 45-jährigen Verdi reizte die tolle Begebenheit. Aber vor der Uraufführung machten die Zensurbehörden in Neapel Schwierigkeiten. Einen Königsmord auf der Bühne schätzte man damals nicht. Also Umarbeitung.

Die Sache wurde nach Boston verlegt, das Mordopfer durfte bloß Gouverneur sein. So ging es. Eine ihn liebende, aber verheiratete Frau sucht eine Wahrsagerin und später um Mitternacht sogar einen Galgenhügel auf, um mit Hilfe eines nur dort wachsenden Krauts von ihrer beseligenden, doch verbotenen Leidenschaft befreit zu werden. Dabei wird sie vom Gouverneur/Liebhaber beobachtet, in ein Duett verwickelt und, freilich zunächst verhüllt und unerkennbar, von einem weiteren Herrn ertappt. Ausgerechnet vom Ehemann. Dieser Ehemann ist ein enger Freund des Gouverneurs. Doch natürlich nur so lange, bis er sich von ihm betrogen meint. Danach schließt er sich rachsüchtig Verschwörern an und ermordet seinen Gouverneur auf einem Maskenball.

Die Oper mischt Widersprüchliches. Eine rückhaltlose Liebespassion samt edler »Überwindung« dieser Leidenschaft. Die Drastik bösen Verschwörertums, die Heiterkeit des vorbildlich königstreuen Volkes. Hinzu kommen die Wildheiten einer Wahrsagerin und die musikalische Ironie pfiffiger Spottchöre. Was aber macht diese muntere, gefährliche Stilvielfalt der Handlung zur Opern-»Einheit«? Antwort: das dramatische Zielbewusstsein, die Kraft der verdischen Inspiration. Jede gute Verdi-Aufführung muss nun Noblesse mit Temperament verbinden, schwungvolle Massenszenen mit strömend schönen Herzensergüssen. Feige Vorsicht gilt hier nicht. Aber wenn der Gouverneur unternehmungslustig leichtfertig ist und sein Page Oskar (eine Hosenrolle für lyrischen Koloratursopran) empfindsam brillant, wenn die Wahrsagerin Ulrika (Alt) eine große Stimme hat und die Amelia ein großes Herz, eine leuchtende Stimme, Gefühl und Ausdruckskraft, dann wird der *Maskenball* nicht nur zum Stimmfest, sondern zum Kunsterlebnis.

Im aufregendsten Akt, dem zweiten, gibt es den lyrischen Höhepunkt der Oper: das einzigartig schöne f-Moll-Andante über jenes Kraut, welches Liebesqual verschwinden lässt. Da gibt es ein beklemmend dramatisches Prestoterzett (Amelia, Liebhaber, Gatte), ironische Spottmusik und Donnernd-Dämonisches. Wer an alledem keine Kunstfreude hat, der wird nie begreifen, warum Oper sein muss. Ihm bleibt nur die Tagesschau.

Wenn Sie Verdis Maskenball *mögen …*

Der mittlere Verdi, den man in Deutschland wegen seiner knalligen oder naiven Libretti einst töricht unterschätzte, bietet neben dem *Maskenball* noch manches Faszinierende: *La traviata*, *Die Macht des Schicksals*, *Simon Boccanegra*. Wem das alles nicht anspruchsvoll genug ist, der dürfte in Verdis *Don Carlos* auf seine Kosten kommen. Da fehlt es wirklich nicht an dramatisch-textlichem Niveau. Nur die Kirche mit ihren lustvollen Ketzerverbrennungen und greisen Großinquisitoren macht eine verdammt schlechte Figur.

Die fesselndsten Interpretationen von Verdis Maskenball

Claudio Abbado hat in einer Aufnahme von hohem technischen Standard Weltklassesänger und -sängerinnen unserer Gegenwart vehement vereint: Plácido Domingo, Renato Bruson sowie Jelena Obraszowa als Wahrsagerin Ulrika, die fabelhaft perfekte Edita Gruberová als Page Oskar und Katia Ricciarelli als Amelia. Gewiss, es gab noch aufregendere *Maskenball*-Dirigenten. Arturo Toscanini mit seiner exemplarischen Einspielung von 1954 oder die Produktion der Mailänder Scala mit Maria Callas und Giuseppe Di Stefano von 1956. Aber die Jugend, die Nähe, der akustische Glanz von Abbados Aufnahme (1980) wiegen solche Vorzüge gewiss auf.

Erich Leinsdorf hat für seine Einspielung zwei wunderbar dunkle und volle Frauenstimmen: Leontyne Price und Shirley Verrett (beide übrigens dunkelhäutig). Das ergibt eine faszinierende vokale Homogenität. Carlo Bergonzi kann passioniert mithalten. Ein finsteres, pathetisches Stimmfest.

In eine andere, altmodische und überströmende Welt des freien, belcantohaften, imponierenden Singens entführt eine Liveaufnahme von 1940. Unter Ettore Panizza brillierten damals mit heute ziemlich unvorstellbarer ekstatischer Opulenz Jussi Björling und Zinka Milanov. Das Publikum klatscht besessen, der alte Mitschnitt rauscht, als sei er nicht in der Metropolitan Opera New York, sondern in einem Keller gemacht worden. Allein, was tut's: Über die Jahrzehnte hallen die Riesenstimmen von damals und bewirken, dass man gebannt zuhört.

Claudio Abbado, geboren am 26. Juni 1933 in Mailand, italienischer Dirigent

Carlo Bergonzi, geboren am 13. Juli 1924 in Polesine Parmense (bei Cremona), italienischer Sänger (Tenor)

Jussi Björling (eigentlich Johan Jonatan Björling), geboren am 2. oder 5. Februar 1911 in Stora Tuna (Dalarna), gestorben am 9. September 1960 in Stockholm, schwedischer Sänger (Tenor)

Renato Bruson, geboren am 13. Januar 1936 in Este (bei Padua), italienischer Sänger (Bariton)

Maria Callas (eigentlich Maria Kalojeropulos, verheiratete Meneghini), geboren am 2. Dezember 1923 in New York, gestorben am 16. September 1977 Paris, griechisch-amerikanische Sängerin (Sopran)

Giuseppe Di Stefano, geboren am 24. Juli 1921 in Motta Sant'Anastasia (bei Catania), italienischer Sänger (Tenor)

Plácido Domingo, geboren am 21. Januar 1941 in Madrid, mexikanischer Sänger (Tenor) spanischer Herkunft

Edita Gruberová, geboren am 23. Dezember 1946 in Preßburg, österreichische Sängerin (Sopran) slowakischer Herkunft

Gustav III., König von Schweden (seit 1771), geboren am 24. Januar 1746 in Stockholm, gestorben am 29. März 1792 in Stockholm

Erich Leinsdorf (eigentlich Erich Landauer), geboren am 4. Februar 1912 in Wien, gestorben am 11. September 1993 in Zürich, amerikanischer Dirigent österreichischer Herkunft

Zinka Milanov, geboren am 17. Mai 1906 in Zagreb, gestorben am 30. Mai 1989 in New York, kroatische Sängerin (Sopran)

Jelena Wassiljewna Obraszowa, geboren am 7. Juli 1937 in Leningrad (heute Petersburg), russische Sängerin (Sopran)

Ettore Panizza, geboren am 12. August 1895 in Buenos Aires, gestorben am 27. November 1967 in Mailand, argentinischer Dirigent und Komponist italienischer Herkunft

Leontyne Price, geboren am 10. Februar 1927 in Laurel (MO), amerikanische Sängerin (Sopran)

Katia Ricciarelli, geboren am 18. Januar 1946 in Rovigo (Venetien), italienische Sängerin (Sopran)

Arturo Toscanini, geboren am 25. März 1867 in Parma, gestorben am 16. Januar 1957 in New York, italienischer Dirigent

Giuseppe Verdi, geboren am 9./10. Oktober 1813 in Le Roncole (bei Busseto, Parma), gestorben am 27. Januar 1901 in Mailand, italienischer Komponist

Un ballo in maschera (Ein Maskenball), Melodramma in drei Akten; Text: Antonio Somma nach Eugène Scribe; Uraufführung: Rom, 17. Februar 1859

Don Carlos, Opéra in fünf Akten; Text: Joseph Méry (eigentlich Joseph Pierre Agnès) und Camille Du Locle nach Friedrich von Schiller; Uraufführung: Paris, 11. März 1867

La forza del destino (Die Macht des Schicksals), Opera in vier Akten; Text: Francesco Maria Piave nach Ángel de Saavedra Herzog von Rivas und Friedrich von Schiller; Uraufführung: Petersburg, 10. November 1862

Simon Boccanegra, Melodramma in einem Prolog und drei Akten; Text: Francesco Maria Piave nach Antonio García Gutiérrez; Uraufführung: Venedig, 12. März 1857

La traviata (Die Gefallene), Melodramma in drei Akten; Text: Francesco Maria Piave nach Alexandre Dumas; Uraufführung: Venedig, 6. März 1853

Shirley Verrett, geboren am 31. Mai 1931 in New Orleans, amerikanische Sängerin (Sopran)

49
Robert Schumann
Dichterliebe
Liederzyklus op. 48

Nach Gedichten von Heinrich Heine, in denen sich Empfindsamkeit, Weltschmerz und zarte Ironie exquisit mischen. Schumann fügt eine Musik von schwärmerischer Reinheit hinzu. Lauter feingliedrige Miniaturwunder über glückliches, vor allem über tiefunglückliches Verliebtsein. Wie die Dichterliebe *entstand und was sie bedeutet …*

Als Schumann 30 Jahre alt war, als er nach schlimmen juristischen Auseinandersetzungen mit seinem Schwiegervater Friedrich Wieck endlich die geliebte Clara heiraten konnte – da ereignete sich in diesem von Aufschwüngen und Depressionen geschüttelten romantischen Genie eine schöpferische Eruption. Es erlebte einen »Liederfrühling«. 1840 entstanden 138 Gesangskompositionen! Betörend schöne Melodien – und dazu ein nicht nur begleitendes, sondern zart kommentierendes, bereicherndes, unvergleichlich subtil und brillant Stimmung schaffendes Klavier.

Die ersten sechs Liedtexte der *Dichterliebe* handeln vom glücklichen Verliebtsein. Dann – »Ich grolle nicht, und wenn das Herz auch bricht« – findet für den »Dichter« eine Katastrophe statt. Seine Erwählte heiratet einen anderen. Wer romantischen Empfindsamkeiten misstraut und über weinerliche Verstoßene grinst (»Pech gehabt!«), den kann man durchaus verstehen. Jedoch unser Grinser sollte so fair sein, Schumann und Heine nur zwei Minuten lang eine Chance zu geben: Das Lied Nr. 12 »Am leuchtenden Sommermorgen«. Zuerst: strömende Melodik im Klavier, selig herabflutende Sonnenstrahlen. Die Singstimme beginnt in innigem Dur.

Wendet sich dann faszinierend ins Moll: »Es flüstern und sprechen die Blumen, und schau'n mitleidig mich an«. »Sei unserer Schwester nicht böse, du trauriger blasser Mann«. Beim »blass« zögert die Melodie schmerzbebend – danach flutet ein poetisches Nachspiel. Heine mischte Ironie ins Geschehen. Das sechste Lied, »Im Rhein, im heiligen Strome«, beginnt zwar mit einer Beschwörung des Kölner Doms – nur läuft es dann lustig privat auf die Pointe hinaus, dass die Augen der Gottesmutter denen der Liebsten gleichen. Schumann indessen denkt nicht daran, den Kölner Dom heiter zu verspotten. Archaisch-barockhaft donnert die Klavierbegleitung. Bei anderer Gelegenheit macht der Komponist Heines Spottvergnügen mit. In »Ein Jüngling liebt ein Mädchen« wird die banale Story des Verlassenwerdens folgendermaßen zusammengefasst: »Es ist eine alte Geschichte, doch bleibt sie immer neu; und wem sie just passieret, dem bricht das Herz entzwei.« Das komponiert Schumann mit schadenfroher Bravour. Zur »alten Geschichte« gibt er eine abgenutzte, altmodische Sequenzwendung. Beim »Hör ich das Liedchen klingen, das einst die Liebste sang« fällt Schumann nicht nur eine schmerzlich-schöne Melodie ein. Sondern: wie verhangen, synkopisch verrückt, sich der Singende an die ferne Melodie erinnert. Solche Wunder hat das deutsche Kunstlied zu verschenken.

Wenn Sie Schumanns Dichterliebe *mögen ...*

Schumanns *Liederkreis* op. 39 nach Joseph von Eichendorff ist der *Dichterliebe* an die Seite zu stellen als reiner und herzbewegender Höhepunkt deutscher romantischer Kunst. Wem es mehr ums Inhaltliche geht – die Darstellung schmerzlich-unglücklicher Liebe –, der findet in einigen großen Liederzyklen zwischen Schuberts *Schöner Müllerin* und Gustav Mahlers *Liedern eines fahrenden Gesellen* noch mannigfache melodische Beschwörungen solchen Leides.

Die fesselndsten Interpretationen von Schumanns Dichterliebe

Dietrich Fischer-Dieskau, der geniale Liedgestalter, und Alfred Brendel, der tiefgründige Expressionist am Flügel, haben gemeinsam eine Deutung der *Dichterliebe* geboten, die den riesigen seelischen Ambitus dieses Zyklus demonstriert. Was bei ihnen aus einem gespenstisch herben Lied wie »Ich hab im Traum geweinet« wird oder aus dem hektisch eine bessere Welt ersehnenden »Aus alten Märchen winkt es«: es gerät zur Beschwörung größter und abgründigster romantischer Kunst.

Hochintelligent, schlank und subtil erinnert Peter Schreier – von Wolfgang Sawallisch kompetent begleitet – daran, dass der helle Glanz einer Tenorstimme sich mindestens ebenso gut für die Wiedergabe von Liederzyklen eignen kann wie die dunkle Fülle der Baritone. Schreier liebt Subtiles und Strahlendes – wenn man auch bedauern muss, dass dies Livekonzert nicht schon früher stattfand.

Der Bariton Charles Panzéra ist ein berühmter Liedsänger gewesen, zumal der großen französischen Literatur. Gleichwohl dürfte man nicht wagen, seine – in deutscher Sprache gebotene – Interpretation der *Dichterliebe* hier zu nennen. Sie ist zu altmodisch, und der französische Akzent des nur recht gut Deutsch sprechenden Künstlers stört gewiss. Aber es ist ja auch gar nicht Panzéras Kunst gewesen, die seine *Dichterliebe* zum Geheimtip aller Schumannianer hat werden lassen – sondern die geniale Freiheit des Pianisten Alfred Cortot! Was der aus dem Klavierpart herausholte im Jahre 1935, war unvergleichlich poetisch und frei.

Who's who

Sir Alfred Brendel, geboren am 5. Januar 1931 in Wiesenberg (Nordmähren), österreichischer Pianist

Alfred Cortot, geboren am 26. September 1877 in Nyon (Waadt), gestorben am 15. Juni 1962 in Lausanne, französischer Pianist

Joseph Freiherr von Eichendorff, geboren am 10. März 1788 auf Schloß Lubowitz (bei Ratibor), gestorben am 26. November 1857 in Neisse (Oberschlesien), deutscher Dichter

Dietrich Fischer-Dieskau, geboren am 28. Mai 1925 in Berlin, deutscher Sänger (Bariton)

Heinrich Heine, geboren am 13. Dezember 1797 in Düsseldorf, gestorben am 17. Februar 1856 in Paris, deutscher Dichter

Gustav Mahler →Kaisers Klassik Nr. 9

Lieder eines fahrenden Gesellen für Singstimme und Orchester, Texte: Gustav Mahler und aus »Des Knaben Wunderhorn« (1884) — 1: Wenn mein Schatz Hochzeit macht; 2: Ging heut' morgen übers Feld; 3: Ich hab' ein glühend Messer; 4: Die zwei blauen Augen von meinem Schatz

Charles Panzéra, geboren am 16. Februar 1896 in Genf, gestorben am 6. Juni 1976 in Paris, französischer Sänger (Bariton)

Wolfgang Sawallisch, geboren am 26. August 1923 in München, deutscher Dirigent

Peter Schreier, geboren am 29. Juli 1935 in Gauernitz (bei Meißen), deutscher Sänger (Tenor)

Franz Schubert

Die schöne Müllerin. Ein Zyklus von Liedern von Wilhelm Müller op. 25 D. 795 →Kaisers Klassik Nr. 7

Clara Schumann (geborene Wieck), geboren am 13. September 1819 in Leipzig, gestorben am 20. Mai 1896 in Frankfurt am Main, deutsche Pianistin und Komponistin

Robert Schumann, geboren am 8. Juni 1810 in Zwickau, gestorben am 29. Juli 1856 in Endenich (heute zu Bonn), deutscher Komponist

Dichterliebe. Nach Gedichten von Heinrich Heine für Singstimme und Klavier op. 48 (1840) — 1: Im wunderschönen Monat Mai; 2: Aus meinen Tränen sprießen; 3: Die Rose, die Lilie, die Taube; 4: Wenn ich in deine Augen seh'; 5: Ich will meine Seele tauchen; 6: Im Rhein, im heiligen Strome; 7: Ich grolle nicht; 8: Und wüßten's die Blumen, die kleinen; 9: Das ist ein Flöten und Geigen; 10: Hör' ich das Liedchen klingen; 11: Ein Jüngling liebt ein Mädchen; 12: Am leuchtenden Sommermorgen; 13: Ich hab' im Traum geweinet; 14: Allnächtlich im Traume; 15: Aus alten Märchen; 16: Die alten, bösen Lieder

Liederkreis. Zwölf Gesänge von Joseph von Eichendorff für Singstimme und Klavier op. 39 →KAISERS KLASSIK NR. 97

FRIEDRICH WIECK, geboren am 18. August 1785 in Pretsch (bei Wittenberg), gestorben am 6. Oktober 1873 in Loschwitz (bei Dresden), deutscher Musikpädagoge

50

Wolfgang Amadeus Mozart

Sonate für zwei Klaviere D-Dur

KV 448

Brillanter, funkelnder hat Mozart nie für Klavier geschrieben als hier – in der großen, berühmten und gefürchteten Sonate für zwei Klaviere D-Dur. *Er war damals neu in Wien, ein aufstrebender Jungstar, der diese* Sonate *mit seinen Schülerinnen mehrfach vortrug. Wenn aber ein Mozart demonstrieren will, wieviel er kann, dann kommt dabei ein Meisterwerk sondergleichen heraus: stürmisch galant, leuchtend melodiös, großartig und effektvoll. Wie die* Sonate *entstand und was sie bedeutet …*

Fräulein Josepha Auernhammer hatte sich ernsthaft in ihren 25-jährigen Klavierlehrer Mozart verliebt, und die Familie der jungen Dame tat auch viel dafür, den Bund zustande zu bringen. Aber Mozart mochte nicht. Josepha war ihm zu »dicke«. Immerhin: das ein wenig hässliche Mädchen, das freilich »zum Entzücken Klavier spielte«, muss verdammt viel gekonnt haben, denn mit ihr spielte Mozart in einem Privatkonzert bei den Auernhammers seine große *Sonate*. Er überließ der Dame sogar die »Erste Parthie«, also das erste Klavier (das »zweite« ist freilich genauso heikel). Und freute sich im Brief an den Papa über einen Riesenerfolg.

Mozart setzt seine Themen gern aus Licht und Schatten zusammen, aus Frage und Antwort, Laut und Leise. Aber das tut er nicht hier, in der 1781 entstandenen *Sonate D-Dur*, die »Allegro con spirito« (also heiter und geistvoll) in glänzendem Forte beginnen soll. Strahlend pompös das Hauptthema. Die beiden Klaviere tragen es zusammen vor. Dann kommen, eigentlich immer noch im Forte, brillante Passagen hinzu. Die

Klaviere verdoppeln ihre Bewegungen bis zum vierfach verschieden funkelnden Tumult. Dann ein pointierter Schluss, und endlich setzt, nun »dolce« – süß –, das Gesangsthema ein. Danach steigert Mozart den Klangrausch mit heftig donnernden Synkopen. Freilich: komponiert er so unverhohlen galant und brillant, dann gerät ihm die Musik keineswegs nur oberflächlich virtuos. Sondern sie wird zur Idee des Festlichen. Überrumpelnd und überwältigend zugleich. In der Durchführung donnert ein neuer Gedanke: Fortissimo-Moll (auf der CD von Malcolm Frager und Vladimir Ashkenazy Take 8, nach 4.28). Am Ende des Satzes wird er triumphal ins Dur gewendet.

Das Andante ist ein empfindsames Zwiegespräch, wo die Sprechenden einander zärtlich ins Wort fallen. Ein magisches Rätsel am Ende des Satzes: Nach reichen harmonischen Vorkommnissen bleibt eine ruhig-reine, stille Kadenz übrig (CD Frager/Ashkenazy Take 9, nach 8.26). Sie tönt bebend und rührend. Aber warum?

Das Finale sprudelt lustig-listig »Allegro molto«. Raffiniert »türkisch« das zweite Thema. Trocken pointiert – Mozart hatte da anscheinend seine »Türkenoper«, also die gerade entstehende *Entführung aus dem Serail*, im Kopf. Wie man im heftigstem Tempo die sprudelnden Sechzehntel herausbringen und dabei noch Zeit für gelegentliche heikle, ihnen aufgepfropfte Pralltriller finden soll: das bereitet den Pianisten Kopf- und Fingerzerbrechen. Den Hörern jedoch Lust. Mozart konnte wahrlich auch faszinieren, ohne depressiv zu sein.

Wenn Sie Mozarts Sonate für zwei Klaviere D-Dur *mögen …*

Schade – nach einem Werk von gleichermaßen glanzvoll konzentrierter Meisterschaft und Festlichkeit sucht man in der

Literatur für zwei Klaviere oder für Klavier zu vier Händen vergebens. Immerhin: Mozarts große Konzerte für Klavier und Orchester – etwa das *»Krönungskonzert«* KV 537, auch in D-Dur – bieten ein Äquivalent. Falls es aber Musik für zwei Pianisten sein soll, wäre auf das symphonisch-effektvoll komponierte *Grand duo* Franz Schuberts hinzuweisen.

Die fesselndsten Interpretationen von Mozarts Sonate für zwei Klaviere D-Dur

Vladimir Ashkenazy und Malcolm Frager haben eine leuchtend konzertante Einspielung der *Sonate für zwei Klaviere* geboten, dabei im ersten Satz freilich versucht, den Forteton nicht zu übertreiben – obschon eine gewisse draufgängerisch strahlende Übertreibung hier durchaus im Wesen der Sache liegen könnte. Aber das mögen Nuancen sein: Kraft und Herrlichkeit dieser Mozart-Musik sind jedenfalls bei Frager und Ashkenazy in allerbesten Händen.

Wenn sie wirklich »brillant« spielen will, dann kommt einer entfesselten Martha Argerich so leicht niemand gleich. Doch bei Mozarts *Sonate für zwei Klaviere* denken Martha Argerich und ihr Partner Alexandre Rabinovitch nicht daran, immer mit voller Kraft ins Klavier zu fassen: Sie dosieren, manchmal ein wenig pretiös, die Ausbrüche und die wahrlich imponierend gebotenen Höhepunkte im Kopfsatz wie im Finale. Den langsamen Satz verstehen die beiden Künstler als tiefgründiges Adagio. So dauert das Stück über zehn Minuten, während es in den anderen Interpretationen nur sieben bis acht Minuten in Anspruch nimmt.

Mit zartem Stilgefühl und zurückhaltender Dynamik bemühen sich – im einzelnen gedankenvoll und subtil – Murray Perahia und Radu Lupu, Mozarts *Sonate für zwei Klaviere* umzufunktionieren in empfindsame Rokoko-Kammermusik. Die Tempi bleiben verhalten. Und es wird deutlich, wieviel

Melodik sich in Mozarts Passagen verbirgt. Höhepunkt dieser Interpretation ist der beinahe schubertisch-verträumt herauskommende Andante-Satz, dessen getragener Mittelteil als leises Herz der *Sonate*, als ihr Allerheiligstes vorgeführt wird.

Who's who

Martha Argerich, geboren am 5. Juni 1941 in Buenos Aires, argentinische Pianistin

Vladimir Ashkenazy (eigentlich Wladimir Dawidowitsch Aschkenasi), geboren am 6. Juli 1937 in Gorki, isländischer Pianist russischer Herkunft

Josepha Auernhammer, geboren am 25. September 1758 in Wien, gestorben am 30. Januar 1820 in Wien, österreichische Pianistin

Malcolm Frager, geboren am 15. Januar 1935 in Clayton (MO), amerikanischer Pianist

Radu Lupu, geboren am 30. November 1945 in Galaţi, rumänischer Pianist

Leopold Mozart, geboren am 14. November 1719 in Augsburg, gestorben am 28. Mai 1787 in Salzburg, österreichischer Komponist und Geiger, Vater Wolfgang Amadeus Mozarts

Wolfgang Amadeus Mozart (eigentlich Johannes Chrysostomus Wolfgang Gottlieb Mozart), geboren am 27. Januar 1756 in Salzburg, gestorben am 5. Dezember 1791 in Wien, österreichischer Komponist

Die Entführung aus dem Serail →Kaisers Klassik Nr. 66

Konzert für Klavier und Orchester D-Dur Nr. 26 »Krönungskonzert« KV 537 (1788) — 1. Satz: Allegro; 2. Satz: Larghetto; 3. Satz: Allegretto

Sonate für zwei Klaviere D-Dur Nr. 1 KV 448 (1781) — 1. Satz: Allegro con spirito; 2. Satz: Andante; 3. Satz: Molto allegro

Murray Perahia, geboren am 19. April 1947 in New York, amerikanischer Pianist

FRANZ SCHUBERT →KAISERS KLASSIK NR. 7

Sonate für Klavier zu vier Händen C-Dur »Grand duo« op. 140 D. 812 (1824) — 1. Satz: Allegro moderato; 2. Satz: Andante; 3. Satz: Scherzo. Allegro vivace; 4. Satz: Allegro vivace

51
Igor Strawinsky
Petruschka
Ballettburleske in vier Bildern

Raffinierte Orchestermusik über einfache Themen. Im Mittelpunkt: drei Jahrmarktspuppen eines alten Zauberers; Petruschka, der traurige, unglückliche Held russischer Volksfeste, dazu die kokette Ballerina und ein lüsterner, kräftiger Mohr. Der bringt am Ende den armen Petruschka um. Strawinsky hat hier eine Ballettkomposition von fabelhafter Brillanz geschrieben. »Ein junger Wilder« nannte ihn Kollege Claude Debussy, »der knallbunte Krawatten trägt, den Frauen die Hand küsst und ihnen dabei auf den Fuß tritt.« Wie der Petruschka *entstand und was er bedeutet …*

Ein Glück, dass der reiche, versnobte Ballettimpresario Sergei Diaghilew 1909 auf die Idee kam, den jungen, nicht allzu bekannten Komponisten Strawinsky um Musik für ein Gastspiel des Petersburger Balletts in Paris zu bitten, wo alljährlich eine »Saison russe« veranstaltet wurde. Denn bereits mit seinem ersten Werk – dem *Feuervogel* – erzielte Strawinsky bei der Uraufführung am 25. Juni 1910 einen Sensationserfolg und wurde über Nacht weltberühmt. Fürs nächste Jahr schrieb er den *Petruschka*. In der Titelpartie brillierte der vergötterte Tänzer Waslaw Nijinski, der so wunderbar leicht und hoch zu springen vermochte und eigentlich nur darum auf den Bühnenboden zurückkehrte, weil er die Kollegen nicht allzusehr beschämen mochte.

Die *Petruschka*-Partitur war als ein Klavierkonzert geplant gewesen. Bei der Arbeit schwebte Strawinsky hartnäckig die Vorstellung einer Gliederpuppe vor. Diaghilew überredete seinen jungen Star, doch aus der Sache ein großes Ballett-Tanzspiel zu machen.

Das erste Bild führt phantastischen Jahrmarktslärm vor. Immer wieder neue Taktarten und Rhythmen. Höhepunkt genialisch-frecher Instrumentationskunst: Das Orchester imitiert wunderbar einen verstimmten Leierkasten, der etwas Schmalziges von sich gibt. Und dann gleich noch einer: Das Gequieke und Getute geht durcheinander, wie auf turbulenten Volksfesten üblich (auf Leonard Bernsteins CD Take 15, nach 2.00ff.). In der Mitte dieses Teils ertönt eine einsame magische Flötenkadenz. Darauf erwachen die Puppen und tanzen einen vitalen russischen Tanz. Im zweiten Bild – Petruschkas Kammer – zeigt sich: Die Puppe lebt und liebt. Sie ist eifersüchtig auf einen kräftigen Mohren, der mit der Ballerina – drittes Bild – vergnüglich tanzen darf. Und zwar zu zwei Walzerthemen von Josef Lanner, die Strawinsky kaltschnäuzig in sein russisch-pariserisches Stück montierte. Im letzten Bild tötet der »Mohr« (über Rassismus dachte 1911 niemand nach) Petruschka. Doch der erscheint, ganz am Ende, wieder und zeigt allen eine Nase. Die Musik dazu tönt gläsern und grell, beklemmend unheimlich (wie wenn sie den ersten Weltkrieg, die Katastrophe des alten Europa, ahne) und versnobt.

Manchmal wirkt starre Maskenhaftigkeit beeindruckender, ja heftiger als die empfindsamste Gefühlsduselei. So wurde *Petruschka* unsterblich.

Wenn Sie Strawinskys Petruschka *mögen …*

Die Welt von Strawinskys russischen Balletten übt auf viele Musikfreunde, auch solche jüngeren Alters, einen bemerkenswerten Zauber aus. Wer *Petruschka* liebt, der wird es sich nicht nehmen lassen, die donnernden Ekstasen des *Feuervogels* kennenzulernen, und sich in die Hölle des *Sacre du printemps* (»Massacre du printemps« höhnten die Hörer einst) zu begeben. Die allerdings wurde dem alten Strawinsky später auch ein bisschen unheimlich. So genial böse Untergangsmusik komponiert zu haben schämte er sich.

Die fesselndsten Interpretationen von Strawinskys Petruschka

Leonard Bernstein, in Amerika geboren, hatte russische Vorfahren. Darum, und weil er ein ungemein vitaler, herzlicher, genialer Dirigent war, lag ihm Strawinsky sehr. Er belebte die *Petruschka*-Partitur nicht nur als ironisch-geistvolles Virtuosenstück, sondern als eine abgründige Parabel über Liebe, Hass, russische Folklore und verstörend moderne Kontrastrhythmik. Das Israel Philharmonic Orchestra und der Pianist Boris Berman geben ihr Bestes, die Visionen des geliebten »Lennie« Gestalt werden zu lassen. Bernstein wählte die 1947 von Strawinsky leicht überarbeitete Version.

Ernest Ansermet war seit 1915 musikalischer Leiter von Diaghilews Russischem Ballett gewesen, hatte manche Strawinsky-Uraufführung geleitet. Mit seinem Orchestre de la Suisse Romande gibt Ansermet eine kultivierte französische Interpretation des *Petruschka*. Am Ende verspürt man tiefes Mitleid, wie in einer modernen Tragödie. Ansermet dirigierte nicht die neue Version von 1947, sondern die Originalfassung von 1911.

Der Komponist selber hat 1960 eine Version seiner *Petruschka*-Ballettsuite aufgenommen (mit dem Columbia Symphony Orchestra), in der das dritte Bild und auch der Tod Petruschkas fehlen. Die Einspielung ist, grob gesagt, eine leichte Enttäuschung. Der alte Herr war vielleicht nicht sehr bei der Sache. Trotzdem: die »Tempi« muss man als authentisch bezeichnen, und für jeden ernsthaft Interessierten dürfte die Aufnahme schlicht deshalb wichtig sein, weil sie den Wert eines Dokuments hat.

Who's who

Ernest Ansermet, geboren am 11. November 1883 in Vevey (Genfer See), gestorben am 20. Februar 1969 in Genf, schweizerischer Dirigent

Boris Berman, geboren am 3. April 1948 in Moskau, russischer Pianist

Leonard Bernstein, geboren am 25. August 1918 in Lawrence (MA), gestorben am 14. Oktober 1990 in New York, amerikanischer Dirigent und Komponist

Claude Debussy, geboren am 22. August 1862 in Saint-Germain-en-Laye (bei Paris), gestorben am 25. März 1918 in Paris, französischer Komponist

Sergei Diaghilew (auch Serge de Diaghilev; eigentlich Sergei Pawlowitsch Djagilew), geboren am 31. März 1872 in der Kaserne Selischtschew (bei Nowgorod), gestorben am 19. August 1929 in Venedig, russischer Ballettimpresario

Josef Lanner, geboren am 12. April 1801 in Wien, gestorben am 14. April 1843 in Oberdöbling (heute zu Wien), österreichischer Komponist

Waslaw Nijinski (eigentlich Wazlaw Fomitsch Nischinski), geboren am 12. März 1889 in Kiew, gestorben am 8. April 1950 in London, russischer Tänzer und Choreograph

Igor Strawinsky (eigentlich Igor Fjodorowitsch Strawinski), geboren am 17. Juni 1882 in Oranienburg (heute Lomonossow), gestorben am 6. April 1971 in New York, amerikanischer Komponist russischer Herkunft

L'Oiseau de feu (Der Feuervogel), Ballett in einem Akt; Choreographie und Libretto: Michail Michailowitsch Fokin (1910)

Pétrouchka (Petruschka), Scènes burlesques in vier Bildern; Choreographie: Michail Michailowitsch Fokin, Libretto: Igor Strawinsky und Alexandr Nikolajewitsch Benua (1911) — 1. Bild: Fête populaire de la semaine grasse; 2. Bild: Chez Pétrouchka; 3. Bild: Chez le maure; 4. Bild: Fête populaire de la semaine grasse (Vers le soir)

Le Sacre du printemps. Tableaux de la Russie païenne (Das Frühlingsopfer. Bilder aus dem heidnischen Russland), Ballett in zwei Teilen; Choreographie: Waslaw Nijinski, Libretto: Nikolai Konstantinowitsch Rjorich und Igor Strawinsky (1913) — 1. Teil: L'adoration de la terre; 2. Teil: Le sacrifice

52

Ludwig van Beethoven
Klavierkonzert G-Dur Nr. 4
op. 58

In seinem Klavierkonzert Nr. 4 *demonstriert Beethoven, dass er enorm virtuos für Klavier schreiben, zugleich aber auch Tondichter von herzbewegender Zartheit sein kann. Der drohende Klopfmotivrhythmus aus der* Symphonie Nr. 5 *– das berühmte »ta-ta-ta-daa« – erscheint hier poetisch verzaubert. Im Mittelsatz wird die wütende Heftigkeit des Orchesters vom klagenden Klavier besänftigt. Wie das* Klavierkonzert *entstand und was es bedeutet …*

Bei der Wiener Uraufführung im März 1807 spielte Beethoven selber den Solopart. Der Kapellmeister Johann Friedrich Reichardt berichtet: »Ein neues Pianofortekonzert von ungeheurer Schwierigkeit, welches Beethoven zum Erstaunen brav in den allerschnellsten Tempi ausführte.«

Die Freiheit und Originalität dieses Werkes symbolisiert bereits der Anfang: Man sieht auf dem Podium ein großes Orchester, einen Dirigenten, einen Pianisten. Und man erwartet ein Orchestervorspiel. Stattdessen beginnt das Klavier zart monologisierend mit dem G-Dur-Hauptmotiv! Träumerisch antwortet darauf in fernem H-Dur das Orchester. Natürlich versuchen alle Pianisten, diesen originellen »dolce«-Beginn so expressiv und tiefsinnig wie nur möglich vorzutragen. Auch der berühmte Beethoven-Interpret Edwin Fischer tat es. Aber sein Dirigent – es war kein Geringerer als Richard Strauss – klopfte ab: »Warum machen Sie denn da soviel?«, fragte er seinen Solisten. »Da geben Sie doch nur Ihre Visitenkarte ab.« In der Tat beherrscht dieses Klopfmotiv den Satz: Es wird vom Solisten umspielt, erweitert, versonnen oder majestätisch vorgetragen. Beim Eintritt der Durchführung, die zögernd, gleichsam suchend anfängt, hören wir den Rhythmus sogar mehrfach nacheinander. Er muss in immer neuen Schattierungen und Farben erklingen (auf der CD von Alfred Brendel und Bernard Haitink Take 4, nach 7.16). Dann erst findet eine machtvolle Fortissimosteigerung statt. Und wenn im ersten Satz die Solokadenz vorbei ist, erleben wir eine unentwirrbare Mischung aus reiner Geläufigkeit und Poesie.

Im langsamen Satz steht dem bedrohlich-lauten Orchester ein zartes Klavier gegenüber. Nur ganz allmählich lässt der Orchestergrimm nach, gewinnt das Klavier die Oberhand. Kurz vor Schluss hören wir vom Klavier – als erlebe es wie im Alptraum die überwundenen Schrecken noch einmal – einen panischen Ausbruch (CD Brendel/Haitink Take 5, nach 3.25)!

Dem mystisch still ausklingenden zweiten Satz (Franz Liszt erinnerte dieses Andante daran, wie des Orpheus Klage sogar den finsteren Herrn des Totenreichs bewegte) folgt ohne Pause ein geistvolles Finale. Der große Pianist Wilhelm Backhaus deutete es folgendermaßen: Orpheus und Eurydike wandern beschwingt durch eine griechische Landschaft.

Wenn Sie Beethovens Klavierkonzert G-Dur *mögen …*

Das *Klavierkonzert G-Dur* stammt aus einer Zeit, die Romain Rolland »Beethovens Meisterjahre« nannte: also aus Beethovens hochklassischer Periode. Damals entstand auch das wunderbar maßvolle *Violinkonzert* op. 61, ein wenig später sein in grandiosem Maestoso auftrumpfendes *Klavierkonzert Es-Dur* op. 73, das so genannte »Emperor«-Konzert. Wen freilich vor allem die freie, poetische Anlage des *Konzerts G-Dur* fasziniert, der sei auf Robert Schumanns *Klavierkonzert a-Moll* hingewiesen.

Die fesselndsten Interpretationen von Beethovens
Klavierkonzert G-Dur

Alfred Brendel hat sich über die Jahre und Jahrzehnte hin mit immer neuer Intensität und Ausdruckskraft in Beethovens *Konzert G-Dur* versenkt. Dabei bestimmte er die Rolle des Solisten förmlich neu: Es gelang ihm nämlich, den Solopart Takt für Takt so zu erfüllen und zu steigern, dass jede Antwort, die das Klavier mit Passagen oder thematischen Varianten gibt, eben nicht nur tönende, bewegte Wiederholung ist, sondern Bereicherung, leidenschaftliche Erweiterung des vom Orchester Gesagten. Aus den zahlreichen Brendel-Einspielungen dieses *Konzerts* sei hier diejenige mit Bernard Haitink und dem London Philharmonic Orchestra genannt.

Auch Arthur Rubinstein spielte Beethovens *Klavierkonzert G-Dur* ein erfülltes Leben lang! Wenn man ihn »live« hörte, war der Eindruck seines Tons, seines singenden, klingenden Anschlags bereits unwiderstehlich. Witzig das Finale, überreich der Kopfsatz. Aber am allerschönsten doch das Andante, wo Rubinstein die Klage des Klaviers zur unvergleichlich erhabenen Mischung aus Hymnus und traurigem Volkslied zu machen wusste. 1956 begleitete ihn für die hier gewählte CD Josef Krips mit der »Symphony of the Air«.

Der hochtalentierte polnische Pianist Krystian Zimerman ist ein Schützling von Rubinstein und Leonard Bernstein gewesen. Bernstein führte mit Zimerman alle Beethoven- und Brahms-Konzerte auf. Das war für Zimerman gewiss ein großes Kunstglück: Denn so, wie Bernstein die Wiener Philharmoniker befeuerte, ihnen lebendigste Artikulation und dramatische Kraft entlockte, so hat man alles das nie wieder hören können. Zimerman spielte den Solopart mit glänzender Geläufigkeit.

WILHELM BACKHAUS, geboren am 26. März 1884 in Leipzig, gestorben am 5. Juli 1969 in Villach, deutscher Pianist

LUDWIG VAN BEETHOVEN, getauft am 17. Dezember 1770 in Bonn, gestorben am 26. März 1827 in Wien, deutscher Komponist

Konzert für Klavier und Orchester G-Dur Nr. 4 op. 58 (1806) — 1. Satz: Allegro moderato; 2. Satz: Andante con moto; 3. Satz: Rondo. Vivace – Presto

Konzert für Klavier und Orchester Es-Dur Nr. 5 op. 73 →KAISERS KLASSIK NR. 98

Konzert für Violine und Orchester D-Dur op. 61 →KAISERS KLASSIK NR. 82

Symphonie c-Moll Nr. 5 op. 67 →KAISERS KLASSIK NR. 26

LEONARD BERNSTEIN, geboren am 25. August 1918 in Lawrence (MA), gestorben am 14. Oktober 1990 in New York, amerikanischer Dirigent und Komponist

JOHANNES BRAHMS →KAISERS KLASSIK NR. 10

SIR ALFRED BRENDEL, geboren am 5. Januar 1931 in Wiesenberg (Nordmähren), österreichischer Pianist

EDWIN FISCHER, geboren am 6. Oktober 1886 in Basel, gestorben am 24. Januar 1960 in Zürich, schweizerischer Pianist

BERNARD HAITINK, geboren am 4. März 1929 in Amsterdam, niederländischer Dirigent

JOSEF KRIPS, geboren am 8. April 1902 in Wien, gestorben am 12./13. Oktober 1974 in Genf, österreichischer Dirigent

FRANZ VON LISZT →KAISERS KLASSIK NR. 29

JOHANN FRIEDRICH REICHARDT, geboren am 25. November 1752 in Königsberg, gestorben am 27. Juni 1814 in Giebichenstein (bei Halle/Saale), deutscher Komponist, Dirigent und Musikschriftsteller

ROMAIN ROLLAND, geboren am 29. Januar 1866 in Clamecy (Nièvre), gestorben am 30. Dezember 1944 in Vézelay (bei Auxerre, Yonne), französischer Schriftsteller

ARTHUR RUBINSTEIN, geboren am 28. Januar 1887 in Lodz, gestorben am 20. Dezember 1982 in Genf, amerikanischer Pianist polnischer Herkunft

ROBERT SCHUMANN

Konzert für Klavier und Orchester a-Moll op. 54 →KAISERS KLASSIK NR. 40

RICHARD STRAUSS, geboren am 11. Juni 1864 in München, gestorben am 8. September 1949 in Garmisch-Partenkirchen, deutscher Komponist und Dirigent

KRYSTIAN ZIMERMAN, geboren am 5. Dezember 1956 in Zabrze (Oberschlesien), polnischer Pianist

53

Richard Wagner

Tannhäuser

Romantische Oper in drei Akten

Um erotische und himmlische Liebe geht es hier zwischen einem spontanen Sänger (dem Tannhäuser), der Venus, Chefin eines vornehmen mittelalterlichen Callgirl-Rings, der für Tannhäuser schwärmenden Elisabeth, dem lieben Softie Wolfram von Eschenbach – und dem gnadenlosen Papst in Rom. Wie der Tannhäuser *entstand und was er bedeutet …*

Wagner schloss 1843, 30-jährig, die *Tannhäuser*-Partitur ab. Zwei Jahre danach fand in Dresden die Uraufführung statt. 15 Jahre später – der mittlerweile berühmte Wagner wird gehasst, verfolgt, freilich auch vergöttert – ordnete Napoleon III. eine Pariser Aufführung des *Tannhäuser* an. Sie führte zu einem Skandal, von dem ganz Europa redete. Das intellektuelle Frankreich, zum Beispiel der Dichter Charles Baudelaire, nahm flammend für Wagner Partei; die versnobten Pariser Aristokraten des Jockey-Clubs störten mit gellenden Trillerpfeifen.

Eigentlicher Mittelpunkt und rührende Heldin ist keineswegs die Venus. Sondern Elisabeth. Normalerweise faszinieren in der Kunst die Sünder mehr als die langweiligen Heiligen. Goethes Teufel Mephisto spielt den Faust meist an die Wand, der brave Don Ottavio hat bei Mozart gegen den bösen Don Giovanni keine Chance. Anders hier bei Wagner: Die rührende Elisabeth stiehlt der lüsternen Venus die Schau. Der Dichterkomponist gestaltete sie als reine Nonkonformistin des Gefühls! Die junge Frau glaubt, sie liebe Tannhäusers Kunst (und nicht auch den Mann). Später sieht sie ihre

»Schuld« ein – und stirbt daran. Doch wie sie bei der ersten Begegnung mit Tannhäuser nach langen Trennungsjahren den geliebten Künstler ganz direkt fragt: »Wo weiltet Ihr so lange?« und dann schmerzerfüllt: »Was tatet Ihr mir an?«, das zeugt von einer ganz undiplomatischen Reinheit des Fühlens. Tannhäuser kann darauf, wie jeder schuldige Mann, nur mit vagen Ausreden und nichtssagendem Jubilieren antworten. Im Venusberg hatte Tannhäuser die Venus gekränkt, weil er fort wollte aus ihrem künstlichen Paradies zurück in die wirkliche Welt. Aber beim Sängerwettkampf auf der Wartburg preist Tannhäuser skandalöserweise die Wonnen des Venusberg-Edelbordells. Das ist ein tiefer Stich in Elisabeths Herz: Gleichwohl wirft sie sich – in einer überwältigend ausdrucksvollen Ensembleszene – rettend zwischen Tannhäuser und die Ritter, die wütend mit ihren Schwertern auf den »Sünder« eindringen. Nun bricht Tannhäuser schuldbewusst zusammen. Er quält sich reuig nach Rom. Aber nicht der Papst verzeiht ihm, sondern – mit Hilfe eines Wunders – der Himmel.

Wenn Sie Wagners Tannhäuser *mögen …*

Wen Künstlerdramen, wie ja der *Tannhäuser* eines ist, interessieren, der wird auch am *Lohengrin* und am *Fliegenden Holländer* nicht vorbeigehen. Denn die Helden dieser Opern sind gleichfalls »Künstler«, sind umloht von jener »Einsamkeit« und »Unbürgerlichkeit«, die man im 19. Jahrhundert für »typisch künstlerisch« hielt. Mit Kunst haben es freilich auch die *Meistersinger von Nürnberg* zu tun – und der Sänger *Orpheus*, den Christoph Willibald Gluck vertonte, oder *Mathis der Maler*, wie ihn Paul Hindemith dichtete und komponierte.

Die fesselndsten Interpretationen von Wagners Tannhäuser

Franz Konwitschny hat 1960 mit dem Orchester und dem Chor der Berliner Staatsoper eine *Tannhäuser*-Interpretation auf Platten eingespielt, die darum unschlagbar ist, weil Elisabeth Grümmer die Elisabeth mit herzbewegender Innigkeit, völlig unverkitscht, aber so zart, glühend und rein singt, dass man von einer Idealbesetzung sprechen kann. Dietrich Fischer-Dieskau gab dazu einen betörend belcantohaften Wolfram von Eschenbach. Wunderbar das »O du mein holder Abendstern« – wobei der fromme Wolfram wohl gar nicht wusste, dass die Astronomen den Abendstern »Venus« nennen. Konwitschny wählte die »Dresdner« Fassung des Werkes. Für die Pariser Aufführung hatte Wagner nämlich eine erweiterte, viel kühnere, von *Tristan*-Harmonien und Ekstasen vibrierende »Pariser« Fassung des Venusberg-Bacchanales hinzukomponiert.

Georg Solti – in dessen glänzender *Tannhäuser*-Einspielung René Kollo, Christa Ludwig (Venus) und Helga Dernesch mitwirken – bevorzugt die »Pariser« Fassung. Da ist die Musik des Venusbergs viel kühner, flammender als 15 Jahre vorher bei der Dresdner Uraufführung. Wagner nannte seine Dresdner Venus sogar selbst ironisch »Kulissenvenus«. Der Kontrast zwischen der Tonsprache des 30-jährigen und der des 47-jährigen Wagner ist unüberhörbar. Aber er stört nicht. Bei Frau Venus geht es halt wilder zu. Wenn aber Tannhäuser dann wieder in die natürliche Welt zurückkehrt und die wunderbar schlichte Weise des Hirtenjungen hört, erschüttert der Gegensatz über alle Maßen. Der Hirtenknabe – ein Wiener Sängerknabe – bläst Schalmei, singt sein süßes Lied. Und Tannhäuser dankt Gott: »Groß sind die Wunder deiner Gnade«.

Wolfgang Sawallischs *Tannhäuser*-CD hält einen großen Moment des neuen Bayreuth fest: Auf diesem Mitschnitt von den Festspielen 1962 erleben wir die damals blutjunge Anja Silja. Dazu Wolfgang Windgassen, der als Tannhäuser stets sein Allerbestes gab. Und die Venus der Grace Bumbry. In diesem Festspieldokument bietet Sawallisch eine Mischung aus Dresdner und Pariser Fassung. Er führt im Begleitheft Gründe auch für diese, eigentlich inkonsequente, Lösung an.

Who's who

Charles Baudelaire, geboren am 9. April 1821 in Paris, gestorben am 31. August 1867 in Paris, französischer Schriftsteller

Grace Bumbry, geboren am 4. Januar 1937 in Saint Louis (MO), amerikanische Sängerin (Sopran)

Helga Dernesch, geboren am 3. Februar 1939 in Wien, österreichische Sängerin (Sopran)

Dietrich Fischer-Dieskau, geboren am 28. Mai 1925 in Berlin, deutscher Sänger (Bariton)

Christoph Willibald Gluck, geboren am 2. Juli 1714 in Erasbach (bei Neumarkt in der Oberpfalz), gestorben am 15. November 1787 in Wien, deutscher Komponist

Orfeo ed Euridice (Orpheus und Eurydike), Azione teatrale per musica in drei Akten; Text: Ranieri de' Calzabigi; Uraufführung: Wien, 5. Oktober 1762

Elisabeth Grümmer, geboren am 31. März 1911 in Niederjeutz (Moselle), gestorben am 6. November 1986 in Warendorf (bei Münster), deutsche Sängerin (Sopran)

Paul Hindemith, geboren am 16. November 1895 in Hanau am Main, gestorben am 28. Dezember 1963 in Frankfurt am Main, deutscher Komponist, Bratscher und Dirigent

Mathis der Maler, Oper in sieben Bildern; Text: Paul Hindemith; Uraufführung: Zürich, 28. Mai 1938

René Kollo, geboren am 20. November 1937 in Berlin, deutscher Sänger (Tenor) und Theaterleiter

Franz Konwitschny, geboren am 14. August 1901 in Fulnek (Nordmähren), gestorben am 28. Juli 1962 in Belgrad, deutscher Dirigent

Christa Ludwig, geboren am 16. März 1928 in Berlin, österreichische Sängerin (Mezzosopran)

Wolfgang Amadeus Mozart

Il dissoluto punito ossia Il Don Giovanni →Kaisers Klassik Nr. 88

Napoleon III., Kaiser der Franzosen (1852–70), geboren am 20. April 1808 in Paris, gestorben am 9. Januar 1873 in Chislehurst (heute zu London)

Wolfgang Sawallisch, geboren am 26. August 1923 in München, deutscher Dirigent

Anja Silja, geboren am 17. April 1940 in Berlin, deutsche Sängerin (Sopran)

Sir Georg Solti (eigentlich György Solti), geboren am 21. Oktober 1912 in Budapest, britischer Dirigent ungarischer Herkunft

Richard Wagner, geboren am 22. Mai 1813 in Leipzig, gestorben am 13. Februar 1883 in Venedig, deutscher Komponist

Der fliegende Holländer, Romantische Oper in drei Aufzügen; Text: Richard Wagner nach Heinrich Heine; Uraufführung: Dresden, 2. Januar 1843

Lohengrin →Kaisers Klassik Nr. 71

Die Meistersinger von Nürnberg →Kaisers Klassik Nr. 83

Tannhäuser und der Sängerkrieg auf Wartburg, Große romantische Oper in drei Akten; Text: Richard Wagner; Uraufführung: Dresden, 19. Oktober 1845 (1. Fassung), Paris, 13. März 1861 (2. Fassung)

Tristan und Isolde →Kaisers Klassik Nr. 5

Wolfgang Windgassen, geboren am 26. Juni 1914 in Annemasse (bei Genf), gestorben am 8. September 1974 in Stuttgart, deutscher Sänger (Tenor) und Regisseur

54
Frédéric Chopin
Die Mazurken

Über 50 Mazurken – polnische Tänze im Dreivierteltakt – hat Chopin im Laufe seines nur 39 Jahre währenden Lebens komponiert. Die erste als 15-jähriger, die letzte als Schwerkranker, zu schwach, sie selbst noch am Klavier auszuprobieren. Es sind stampfende Tänze des Lebens, aber auch tief depressive, kunstvolle Todestänze darunter. Die kurzen, melodischen Mirakel stellen eine Art Tagebuch, ein »journal intime« des Lebens und Sehnens von Chopin dar, seines Stolzes, seines jähen Witzes, seines Mutes, aber auch seiner slawisch-polnischen Melancholie. Wie die Mazurken entstanden und was sie bedeuten …

Beim »Mazur« handelt es sich um einen polnischen Sprung- und Drehtanz im Dreiertakt. Der wurde im 18. Jahrhundert zum beliebten Gesellschaftstanz, auch als Tanzlied gesungen. Da gibt es wechselnde Rhythmen, die den Nichtpolen Schwierigkeiten bereiten. Die so genannten »schwachen« Taktteile, also die Zwei und die Drei, müssen eben doch pointiert, ausgedehnt oder beschleunigt genommen werden – je nachdem, ob es sich um eine langsame Mazurka handelt, die vom »Kujawiak«-Tanz herkommt, oder um eine rasche, die mit dem »Oberek« zu tun hat.

Hört man Chopins Mazurkas von Herrn Müller oder Fräulein Schulze gespielt, dann scheinen es harmlose, nette Unterhaltungsstückchen zu sein. Doch wenn ein Klaviergenie wie (der gebürtige Pole) Arthur Rubinstein Chopins Mazurken hinlegt oder Arturo Benedetti Michelangeli sie verzaubert in Nackttänze hinter Glas, dann faszinieren diese Werke. Dann weiß man, dass Chopin die Kunst der Mazurkakomposition als sein Geheimnis ins Grab genommen hat. Kein Späterer konnte das auch nur annähernd so wie er. Franz Liszt, der mit Chopin befreundet war, schrieb nach Chopins Tod ein Buch über die Kunst seines genialen Kollegen. Da versucht er 40 Seiten lang zu erläutern, was eine chopinsche Mazurka gewesen sei. Man müsse, laut Liszt, die Mazurken in Polen haben tanzen sehen, um überhaupt zu begreifen, welche »stolzen, zarten, herausfordernden« Gefühle Chopin in seine Mazurken versenkte.

In den frühen Mazurken op. 6, 7, 17, die Chopin noch in Warschau komponierte, stellt das »Polnische« eine wunderbare Würze dar, sei's kraftvoll, sei's traurig. Nachdem aber Chopin sein Vaterland 21-jährig hatte verlassen und in Paris als (erfolgreicher) Emigrant eine neue Heimat finden müssen, da wurde das polnische Idiom zum Ausdruck herzbewegender Sehnsucht nach Verlorenem. In den »späten« Mazurken (op. 50, 56, 59) gewinnen die Kompositionen manchmal quasisymphonische Maestoso-Gewalt, sind sie – Chopin war zeitlebens überzeugter Johann-Sebastian-Bach-Bewunderer – vielstimmig, ja allstimmig in ihrer Beschwörung polnischen Glückes und polnischer Verzweiflung. Da tönte eine Musik reinster Originalität, flammendster Heftigkeit, düsteren Brütens. Man darf es eben nicht vergessen: Polens berühmteste Madonna ist schwarz!

Wenn Sie Chopins Mazurken mögen …

Es wäre riskant, einem Bewunderer chopinscher Mazurken die gewiss sehr hübschen oder feinsinnigen Mazurken zu empfehlen, wie sie der Violinvirtuose Henri Wieniawski für Geige komponiert hat oder der Russe Alexandr Skrjabin für Klavier. Mit Chopins faszinierender Authentizität kann sich dergleichen schwerlich messen. Was indessen Chopins polnischen Glanz oder seine Verzweiflung betrifft: alledem begegnet man natürlich in den Polonaisen Chopins ebenso wie in seinen Balladen. In den Polonaisen festlich gesteigert, in den Balladen zur dramatischen Geschichte entfaltet.

Die fesselndsten Interpretationen von Chopins Mazurken

Keine Frage: im Mazurkareich war Arthur Rubinstein unangefochtener König. Er brauchte nicht zu übertreiben oder weinerlich zu sentimentalisieren. Wunderbar melodiös und kraftvoll stellte er beglückende Richtigkeit her! Als Stichprobe sei empfohlen, wie Rubinstein in seiner Chopin-Gesamtkassette bei RCA die Mazurken op. 41 oder op. 50 meistert. Die Aufnahme stammt aus den Jahren 1965/66. 1938/39, als Rubinstein »erst« 52 Jahre alt war, hat er (die Gesamtkassette ist neu herausgekommen) die Mazurken manchmal rascher, vitaler, aber im ganzen keineswegs »besser« verstanden als später, im zarten Alter von 79!

Von der glänzenden Pianistin Idil Biret liegt eine Chopin-Gesamteinspielung vor. Idil Biret interpretiert die Mazurken gedankenvoll, tiefgründig, in warmem, herzlichem Sound. Sie entdeckt manches herbe Mysterium (etwa die As-Dur-Mazurka op. 17,3, die unter ihren Händen über sechs Minuten in Anspruch nimmt), betont die Archaismen, die Kirchentonarten, die Chopin in seinen Mazurken versteckte. Wie brillant Idil Biret Klavier zu spielen versteht, lehrt auch ihre meisterhafte Interpretation von Chopins *Rondeau à la mazur* op. 5, wo der 17-jährige Chopin ganz nebenher das Hauptthema von Liszts *Klavierkonzert A-Dur* vorwegnimmt.

Zwar hat Arturo Benedetti Michelangeli keineswegs alle chopinschen Mazurken eingespielt (auch Vladimir Horowitz tat es leider nicht), aber jene zehn Mazurken, die er 1972 für die Deutsche Grammophon fixierte, bieten gerade bei den scheinbar simplen Mazurken eine beklemmende Magie des

Leisen und Verletzbaren. Es ist schon atemberaubend, wie der Künstler eine unendliche Vielfalt von Schwebungen des Piano und Pianissimo dem gespenstisch starren Mazurkarhythmus entgegenzusetzen versteht. Benedetti Michelangeli bietet keine direkten »Tänze« – sondern nur mehr Erinnerungen an Tänze, wie sie vielleicht in Chopins Seele nachklangen.

WHO'S WHO

JOHANN SEBASTIAN BACH →KAISERS KLASSIK NR. 14

ARTURO BENEDETTI MICHELANGELI, geboren am 5. Januar 1920 in Brescia, gestorben am 12. Juni 1995 in Lugano, italienischer Pianist

IDIL BIRET, geboren am 22. November 1941 in Ankara, türkische Pianistin

FRÉDÉRIC CHOPIN (auch Fryderyk Chopin), geboren am 1. März (oder 22. Februar?) 1810 in Zelazowa-Wola (bei Warschau), gestorben am 17. Oktober 1849 in Paris, polnischer Komponist und Pianist

Quatre mazurkas (Vier Mazurken) für Klavier op. 6 (1831) — 1: fis-Moll; 2: cis-Moll; 3: E-Dur, Vivace; 4: es-Moll, Presto ma non troppo

Cinq mazurkas (Fünf Mazurken) für Klavier op. 7 (1831) — 1: B-Dur, Vivace; 2: a-Moll, Vivo ma non troppo; 3: f-Moll; 4: As-Dur, Presto ma non troppo; 5: C-Dur, Vivo

Quatre mazurkas (Vier Mazurken) für Klavier op. 17 (1833) — 1: B-Dur, Vivo e risoluto; 2: e-Moll, Lento ma non troppo; 3: As-Dur, Legato assai; 4: a-Moll, Lento ma non troppo

Quatre mazurkas (Vier Mazurken) für Klavier op. 41 (1839) — 1: cis-Moll, Andantino; 2: e-Moll, Animato; 3: H-Dur, Allegretto; 4: As-Dur, Maestoso

Trois mazurkas (Drei Mazurken) für Klavier op. 50 (1841) — 1: G-Dur, Vivace; 2: As-Dur, Allegretto; 3: cis-Moll, Moderato

Trois mazurkas (Drei Mazurken) für Klavier op. 56 (1843) — 1: H-Dur, Allegro non tanto; 2: C-Dur, Vivace; 3: c-Moll, Moderato

Trois mazurkas (Drei Mazurken) für Klavier op. 59 (1845) — 1: a-Moll, Moderato; 2: As-Dur, Allegretto; 3: fis-Moll, Vivace

Rondeau à la mazur für Klavier F-Dur op. 5 (1827)

VLADIMIR HOROWITZ (eigentlich Wladimir Samoilowitsch Gorowiz), geboren am 1. Oktober 1903 in Berditschew, gestorben am 5. November 1989 in New York, amerikanischer Pianist ukrainischer Herkunft

FRANZ VON LISZT →KAISERS KLASSIK NR. 29

Konzert für Klavier und Orchester A-Dur Nr. 2 (1857) — Adagio sostenuto assai – Allegro agitato assai – Allegro moderato – Allegro deciso – Allegro animato

ARTHUR RUBINSTEIN, geboren am 28. Januar 1887 in Lodz, gestorben am 20. Dezember 1982 in Genf, amerikanischer Pianist polnischer Herkunft

ALEXANDR NIKOLAJEWITSCH SKRJABIN, geboren am 6. Januar 1872 in Moskau, gestorben am 27. April 1915 in Moskau, russischer Komponist

HENRI WIENIAWSKI (eigentlich Henryk Wieniawski), geboren am 10. Juli 1835 in Lublin, gestorben am 31. März 1880 in Moskau, polnischer Geiger und Komponist

55

Franz Liszt

Klavierkonzert Es-Dur Nr. 1

Der Virtuose als Held. In diesem Konzert *spielt der Solist nicht nur – sondern er spielt sich auf. Schwungvolle, selbstbewusste Kunst, beglaubigt durch ihr kraftvolles, triumphales Lebensgefühl. Fortissimo soll das charakteristische Hauptmotiv erklingen. Auf dessen sieben Töne sangen die Lisztianer, die sich gegen bürgerliche Traditionalisten wehren mussten, schadenfroh: »Das versteht ihr alle nicht!« Wie das* Konzert *entstand und was es bedeutet …*

Liszt hat Ludwig van Beethoven zeitlebens tief verehrt. Er spielte Beethovens Konzerte und Sonaten, ja er bearbeitete alle Symphonien für Klavier. Gerade weil Liszt Beethoven so respektvoll bewunderte, scheute er sich, unbefangen in jenen klassischen Formen weiterzukomponieren, die Beethoven belebt, ausgelotet und womöglich auch erschöpft hatte.

An seinem *Konzert Es-Dur* arbeitete Liszt lange. Zur Vollendung des Stücks kam es erst, nachdem er seine anstrengende, mit dauernden beschwerlichen Reisen verbundene Virtuosenkarriere freiwillig beendet hatte und Leiter der Hofkapelle zu Weimar geworden war. Dort fand 1855 die Uraufführung statt. Liszt selber spielte den Klavierpart. Es dirigierte sein Freund, der in Frankreich umkämpfte »Neutöner« Hector Berlioz.

Liszts *Konzert Es-Dur*, das eine symphonische Dichtung für Klavier und Orchester, aber kein traditionelles dreisätziges Klavierkonzert sein möchte, dauert knapp 20 Minuten. Unter der Decke eines faszinierenden Gesamtzusammenhangs kehren freilich die Charaktere der »klassischen« Form verwandelt wieder. Zu Beginn donnert – »Allegro maestoso«

– großartig lisztisch das Hauptmotiv des Orchesters. Der Solist antwortet darauf mit rhapsodisch freien Monologen. Auftrumpfend virtuos, manchmal auch poetisch empfindsam. Da hört man, wieviel Liszt von Frédéric Chopin gelernt hat, mit dem er während seiner Pariser Zeit eng und herzlich befreundet gewesen war (auf der CD von Swjatoslaw Richter Take 1, nach 2.04). Diesem großartig freien Anfang folgt ein träumerisch nachtstückhaftes Adagio. Dann der keckste, pfiffigste Abschnitt: nämlich das Scherzo, wo der Klaviersolist ausgerechnet mit dem silbrig-spitz klingenden Triangel dialogisiert – was dem Werk den Spitznamen »Triangel«-Konzert eintrug. So heikel die huschenden Oktaven dieses Scherzoteils auch sind, im Finale wird das alles noch effektvoll überboten. Rauschende Passagen, donnernde Akkorde, Doppeloktaven, brillant rasche Tonwiederholungen und extreme Steigerungen des Tempos machen aus diesem vehementen Schlussteil einen unfehlbaren Reißer. Das Finale-Marschthema fiel nicht vom Himmel. Es ist vielmehr eine kesse Variation der Adagio-Melodie. Stolz, auftrumpfend, brutal und sogar trivial. Doch von einem Marsch in einem zündenden Finale kann kein Mensch verlangen, er solle feinsinnig oder nachdenklich klingen. Da muss die pianistische Post donnernd abgehen. »Das verstehn wir alle gut!«

Wenn Sie Liszts Konzert Es-Dur *mögen …*

Liszts heroisches *Konzert* hat eine empfindsame, freilich keineswegs temperamentlose Schwester: nämlich das *Klavierkonzert A-Dur*. In diesem, zwei Jahre nach dem *Konzert Es-Dur* uraufgeführten, Werk gibt sich Liszt beredt melancholisch und poetisch. Verwegen, ja »dämonisch« Marschhaftes wird später nachgeliefert. Wenn es nicht unbedingt ein Konzert sein muss: In der großen *Klaviersonate h-Moll* kommt Liszts kühne gestaltende Kraft auf ihren Gipfel.

Die fesselndsten Interpretationen von Liszts
Konzert Es-Dur

Swjatoslaw Richter ist 1961 mit dem London Symphony Orchester unter Kirill Kondraschin eine glanzvolle und zugleich bemerkenswert poetische Einspielung des *Konzerts* gelungen. Richter interpretierte Liszt frei, farbig und atmend zart. Ohne Liszts stolze Musik unangebracht zu verzärteln, versteht es Richter überzeugend, die Grandiosostellen gleichsam zu humanisieren. Es wird deutlich, wo Liszt Chopin nahe war, wie er im Adagio Robert Schumann beschwört, wo im Scherzoteil sogar ein wenig Felix Mendelssohn Bartholdy mitklingt. Alles das verkleinert nicht etwa Liszts *Konzert*, sondern bereichert es.

Krystian Zimerman bietet zusammen mit dem Boston Symphony Orchestra unter Seiji Ozawa eine bestechend klare, genau durchartikulierte und dank des vorzüglichen Orchesters aufregend symphonische Einspielung des *Konzerts*. Zimerman denkt nicht daran, seine glänzende Technik eitel auszustellen. Er gibt das Kompakte vielmehr brahmsisch gewichtig, riskiert beim Verlangsamen, indem er alle Finessen auskostet, manchmal sogar ein Zerbrechen des Zusammenhangs. So entstand eine sehr moderne, sorgfältig durchkalkulierte Interpretation.

Martha Argerich spielte Liszts *Konzert*, als sie es 1968 mit Claudio Abbado und dem London Symphony Orchestra aufnahm, enorm zupackend und angriffslustig. Wie sie im Scherzoabschnitt und im Finale die Oktaven hinzudonnern verstand, so muss – denkt man – der alte Liszt selber gespielt haben! Aber von dem gibt's ja leider keine Platten, während wir uns über Martha Argerichs faszinierendes Temperament freuen dürfen.

Who's who

Claudio Abbado, geboren am 26. Juni 1933 in Mailand, italienischer Dirigent

Martha Argerich, geboren am 5. Juni 1941 in Buenos Aires, argentinische Pianistin

Ludwig van Beethoven →Kaisers Klassik Nr. 1

Hector Berlioz →Kaisers Klassik Nr. 14

Johannes Brahms →Kaisers Klassik Nr. 10

Frédéric Chopin →Kaisers Klassik Nr. 4

Kirill Petrowitsch Kondraschin, geboren am 6. März 1914 in Moskau, gestorben am 7. März 1981 in Amsterdam, russischer Dirigent

Franz von Liszt, geboren am 22. Oktober 1811 in Raiding (Burgenland), gestorben am 31. Juli 1886 in Bayreuth, ungarisch-deutscher Pianist und Komponist

Klaviersonate h-Moll (1853) →Kaisers Klassik Nr. 29

Konzert für Klavier und Orchester Es-Dur Nr. 1 (1855) — 1. Satz: Allegro maestoso; 2. Satz: Quasi adagio – Allegretto vivace – Allegro animato; 3. Satz: Allegro marziale animato

Konzert für Klavier und Orchester A-Dur Nr. 2 (1857) — Adagio sostenuto assai – Allegro agitato assai – Allegro moderato – Allegro deciso – Allegro animato

Felix Mendelssohn Bartholdy →Kaisers Klassik Nr. 28

Seiji Ozawa, geboren am 1. September 1935 in Hoten (Mandschurei), japanischer Dirigent

Swjatoslaw Teofilowitsch Richter, geboren am 20. März 1915 in Schitomir, ukrainischer Pianist

Robert Schumann →Kaisers Klassik Nr. 8

Krystian Zimerman, geboren am 5. Dezember 1956 in Zabrze (Oberschlesien), polnischer Pianist

56

Wolfgang Amadeus Mozart

Così fan tutte

Komische Oper in zwei Akten KV 588

Così fan tutte, *zu deutsch: »So machen's alle (Frauen)«. Dieses boshafte Fazit über weibliche Untreue führt Mozarts wunderbar erotisches Spätwerk vor, das während des zweiten Weltkriegs in deutschen Opernhäusern, so ein vielkolportiertes, aber doch nicht ganz zutreffendes Gerücht, absurderweise nicht aufgeführt werden durfte, damit die Soldaten auf Heimaturlaub nicht sähen, wo sich ihre Frauen vielleicht amüsierten. Wie die Oper entstand und was sie bedeutet …*

Mozart arbeitete im Winter 1789/90 an der Partitur. Zu Silvester führte er sie stolz anlässlich einer »kleinen Opernprobe« seinem Freund Joseph Haydn vor. Am 26. Januar 1790 war dann Uraufführung. Die Oper, in der Mozart-Melodien (auch) gespielte Gefühle vorlügen müssen, wirkt meisterhaft und ein wenig zynisch zugleich.

Zwei junge Mädchen erweisen sich als rasch verführbar, weil sie grotesk verkleideten Männern erliegen, die allerdings mit unwiderstehlichen Mozart-Kantilenen werben dürfen. Doch: können reine Mozart-Melodien überhaupt lügen? Oder ironisch gemeint sein? Wir erleben, wie zwei übermütige Offiziere wegen einer Wette die »Treue« ihrer Geliebten testen: also die Verlobte des Freundes »anzumachen« versuchen. Und zwar (zunächst) nur aus Jux. *Così* ist keineswegs harmlos oder jugendfrei. Die Männer behaupten, sie müssten in den Krieg. Während sie angeblich im Feld sind, kehren sie als verkleidete Albaner wieder und stellen ihre Damen auf die Probe. Den Mädchen aber ist es mit ihren Gefühlen und Leiden bitter ernst: Sie glauben die Verlobten in Lebensgefahr! Magisch und schmerzlich tönt die Abschiedsmusik. Alle, ob ehrlich oder verstellt, singen Zartes. Nur der alte Intrigant Don Alfonso fügt sein »Ich sterbe noch vor Lachen« hinzu. Ein böses Spiel. Fiordiligi singt eine pathetische »Felsen«-Arie, sie wolle standhaft sein. Um zum Ziel zu kommen, spielen die verkleideten Männer hundsgemein einen Selbstmordversuch vor. Das imponiert natürlich, weckt Sympathie. Allmählich fangen auch die beiden jungen Offiziere beim geschickten Verführen Feuer – zumal, wenn sie erkennen müssen, wie die eigene Verlobte allmählich auf den werbenden Freund reinfällt. Es gibt herrliche Momente mozartisch männlichen Liebeswerbens und seligen weiblichen Erliegens. »Hai vinto« – du hast gewonnen, mach mit mir, was du willst, flüstert Fiordiligi, zitternd vor Glück. Dann Alptraumhochzeit. Der Schwindel wird aufgedeckt. Strafgericht. Am Ende ist alles wieder gut (wenn auch geschockt). Düstere Konsequenzen einer Wette. Der alte Philosoph Don Alfonso und das teuflische Kammerkätzchen Despina gaben intrigant ihr Bestes. Nun hat man etwas gelernt über die Schwäche der personalen Liebe und die Gewalt des unpersonalen Eros.

Wenn Sie Mozarts Così fan tutte *mögen …*

Wer diese Oper, in der Mozarts unheimliches artifizielles Können einen Gipfel zu erreichen scheint, liebt – der dürfte bezweifeln, dass irgend etwas Vergleichbares existiert. Den *Così*-Verächtern, die es auch gibt – Ludwig van Beethoven, Richard Wagner, der Dichter Hugo von Hofmannsthal oder der Musikphilosoph Theodor W. Adorno – war die Sache entweder zu albern-unmoralisch oder zu ironisch-ungemütlich. Allen überzeugten *Così*-Bewunderern sei *Ariadne auf Naxos* von Richard Strauss – diese geistvoll-ironische Oper über das Paradox der Opernform – zum Vergleich und zum Genuss empfohlen. Strauss zitiert dort einmal sogar respektvoll augenzwinkernd Mozarts *Così*.

Die fesselndsten Interpretationen von Mozarts Così fan tutte

Herbert von Karajans Einspielung aus dem Jahre 1954 übertrifft in ihrer subtil stilisierten Strenge manche späteren, manchmal allzu seidig und schönheitsselig geratenen karajanschen Mozart-Aufnahmen. Doch wie hier Elisabeth Schwarzkopf als Fiordiligi ihre großen Arien meistert, wie sie im zweiten Akt beim Duett mit Léopold Simoneaus Ferrando dessen unwiderstehlich werbender Larghettomelodie erliegt: es wirkt genauso vollkommen wie die zarte Gewalt des Abschiedsterzetts aus dem ersten Akt. Trefflich: das Londoner Philharmonia Orchestra.

Nikolaus Harnoncourts Mozart-Spiel tönt herber, heftiger und dramatischer als Karajans erlesene Kunst. Für seine weit »modernere« Aufnahme, die 1991 in Amsterdam mit dem Concertgebouw Orkest entstand, hatte Harnoncourt ein junges, homogenes, vom Dirigenten sorgfältig betreutes und geleitetes Ensemble beisammen. Zumal die bei Harnoncourt unheimliche, alles andere als harmlos-versöhnlich im Happyend ausklingende Schlussszene wirkt beklemmend, flackernd, abgründig, trotz des (pseudo-)festlichen C-Dur.

Jahrzehntelang galt Karl Böhm als *der Così*-Dirigent für Salzburgs oder Wiens Festspiele. Seine Aufnahme von 1955 ist ein Dokument. So spielten die Wiener Philharmoniker ihren Mozart, so federnd und fest waren Böhms Tempi, so authentisch sangen Lisa della Casa, die betörende Christa Ludwig als Dorabella mit den zwölf hohen Schreien ihrer »Eumeniden«-Arie, Anton Dermota und Erich Kunz.

Theodor W. Adorno (eigentlich Theodor Wiesengrund), geboren am 11. September 1903 in Frankfurt am Main, gestorben am 6. August 1969 in Visp (Wallis), deutscher Philosoph, Soziologe und Musiktheoretiker

Ludwig van Beethoven →Kaisers Klassik Nr. 1

Karl Böhm, geboren am 28. August 1894 in Graz, gestorben am 14. August 1981 in Salzburg, österreichischer Dirigent

Lisa della Casa, geboren am 2. Februar 1919 in Burgdorf (bei Bern), schweizerische Sängerin (Sopran)

Anton Dermota, geboren am 4. Juni 1910 in Kropa (Slowenien), gestorben am 22. Juni 1989 in Wien, österreichischer Sänger (Tenor)

Nikolaus Harnoncourt, geboren am 6. Dezember 1929 in Berlin, österreichischer Dirigent, Cellist und Musikwissenschaftler

Joseph Haydn →Kaisers Klassik Nr. 20

Hugo von Hofmannsthal, geboren am 1. Februar 1874 in Wien, gestorben am 15. Juli 1929 in Rodaun (heute Wien-Rodaun), österreichischer Schriftsteller

Herbert von Karajan, geboren am 5. April 1908 in Salzburg, gestorben am 16. Juli 1989 in Anif (bei Salzburg), österreichischer Dirigent

Erich Kunz, geboren am 20. Mai 1909 in Wien, österreichischer Sänger (Baßbariton)

Christa Ludwig, geboren am 16. März 1928 in Berlin, österreichische Sängerin (Mezzosopran)

Wolfgang Amadeus Mozart (eigentlich Johannes Chrysostomus Wolfgang Gottlieb Mozart), geboren am 27. Januar 1756 in Salzburg, gestorben am 5. Dezember 1791 in Wien, österreichischer Komponist

Così fan tutte ossia La scuola degli amanti (So machen's alle oder Die Schule der Liebenden), Dramma giocoso in zwei Akten

KV 588; Text: Lorenzo Da Ponte (eigentlich Emanuele Conegliano); Uraufführung: Wien, 26. Januar 1790

Elisabeth Schwarzkopf, geboren am 9. Dezember 1915 in Jarocin (bei Posen), deutsche Sängerin (Sopran)

Léopold Simoneau, geboren am 3. Mai 1918 in Quebec, kanadischer Sänger (Tenor)

Richard Strauss →Kaisers Klassik Nr. 64
Ariadne auf Naxos, Oper in einem Aufzug nebst einem Vorspiel op. 60; Text: Hugo von Hofmannsthal; Uraufführung: Stuttgart, 25. Oktober 1912

Richard Wagner →Kaisers Klassik Nr. 5

57
Antonín Dvořák
Cellokonzert h-Moll
op. 104

Schwungvolles, von böhmischer Melodik und sehnsüchtiger Empfindsamkeit erfülltes Meisterwerk. Wohl doch das gewichtigste Stück der (gar nicht sehr umfangreichen) Gattung Cellokonzert. Hier wird das Cello keineswegs von einem vorsichtig kleinen Orchester »begleitet«, sondern es muss sich behaupten gegen einen manchmal gefährlich grandios aufspielenden Partner. Wie das Cellokonzert *entstand und was es bedeutet …*

Je berühmter der Komponist Dvořák wurde, desto häufiger unternahm er Konzertreisen. Zweimal wurde er sogar als Direktor des New Yorker Konservatoriums nach Amerika eingeladen, wo dann das *»Amerikanische« Streichquartett*, die *Symphonie »Aus der Neuen Welt«* und eben das *Cellokonzert* entstanden. Beim ersten Amerikaaufenthalt war Dvořák mit seiner ganzen Familie in New York. Dort geriet er finanziell in peinliche Verlegenheit, weil die Einladenden ihn, einer Wirtschaftskrise wegen, nicht pünktlich bezahlen konnten. Beim zweiten Mal ließ er seine Frau Anna und die Kinder lieber zu Hause in Prag, nur der Sohn Otakar kam mit. Da hatte sich die Finanzsituation wieder normalisiert. Nun aber litt der Komponist nicht bloß an Heimweh, sondern er vermisste auch schmerzlich die Familie. Tiefe Sehnsucht, zudem Kummer über Krankheit und Tod seiner heißgeliebten Schwägerin Josefina Čermáková gingen als Stimmung und Liedzitat ins *Cellokonzert* ein.

Dvořák versteht es meisterhaft, Kraft und lyrische Intensität des Cellos dem großen romantischen Orchester entgegenzustellen. Imponierend setzt der Solist mit seinem markanten Thema ein. Es soll zugleich resolut-entschlossen und improvisierend geschehen, was ziemlich schwierig ist. Später gelingt Dvořák ein Wunder. Das Cello kann ja, zumal in seinen tiefen Lagen, nicht mit dem Orchester konkurrieren: Es kann weder, wie die Violine, königlich über dem Orchester schweben noch wie der donnernde Konzertflügel gegen das Orchester ankämpfen. Was tut Dvořák? Er lässt zu Beginn der Durchführung des Kopfsatzes das Orchester mit voller Kraft beginnen. Aber wenn das Cello seinen todtraurigen Monolog anstimmt, dann muss es sich nicht gegen die schweren Instrumente des Orchesters durchsetzen, sondern es singt baritonal gegen eine zart-melancholische hohe Flöte! Die Streicher begleiten in leisem Tremolo, die Orchestercelli fügen leise gezupfte Pizzikatotöne hinzu (auf der CD von Mischa Maisky und Leonard Bernstein Take 1, von 10.06 bis 12.36).

Im langsamen Satz, der wehmütig, fast paranoid, immerfort um ein G-Dur-Thema kreist, zitiert Dvořák sein Lied »Lasst mich allein«, im Gedenken an jene todkranke Schwägerin, die es so gern sang (auf der CD von Natalija Gutman und Wolfgang Sawallisch Take 2, nach 3.14).

Das Finale setzt ein wie ein finsterer Nachtmarsch. Es verlangt an Virtuosität und Rasse alles, was ein Cello nur herzugeben vermag, zitiert am Ende (die Schwägerin war während der Komposition gestorben) noch einmal jenes Kunstlied. Die Musik ermattet, rafft sich aber zum stürmischen Schluss auf.

Wenn Sie Dvořáks Cellokonzert *mögen …*

Es existieren wenige Cellokonzerte, die mit dem Rang und Feuer Dvořáks konkurrieren können. Wer aber des Cellos melancholische Noblesse und eines romantischen Orchesters helldunkles Feuer liebt, dem sei dringlich geraten zu Robert

Schumanns beredtem und melodiösem *Cellokonzert a-Moll* op. 129. Das *Konzert* stammt aus Schumanns »später« Zeit. Doch hier gelingt es dem romantischen Genius, die Krankheit, die seine letzten Jahre versehrte, zu überwinden und ein Werk von reiner Originalität zu schaffen.

Die fesselndsten Interpretationen von Dvořáks Cellokonzert

Mstislaw Rostropowitsch, hingebungsvoll und kraftvoll begleitet von den Berliner Philharmonikern unter Herbert von Karajan, der seinen Solisten das Leben leichtmachte, bietet eine vehemente, im Finale stürmische Darbietung dieses romantischen *Konzerts*. Die Einspielung von 1969 kann sich durchaus mit der nach wie vor unübertroffenen Wiedergabe messen, die einst, 1937, unter akustisch fragwürdigen Bedingungen Pablo Casals geboten hat. Casals' »legendäre« Meisterschaft und Geistigkeit wurden nie wieder erreicht. Die aggressive Unmittelbarkeit von Rostropowitsch stellt freilich auch eine faszinierende Qualität dar.

Mischa Maisky, der junge russische Meistercellist, der Dirigent Leonard Bernstein und das Israel Philharmonic Orchestra spielen Dvořáks großes *Konzert* ruhiger, weitaus langsamer und russisch gewichtiger als die Konkurrenz. So wächst gerade dem rhapsodischen ersten Satz eine enorme Plastik zu: Er klingt reich, meditativ, wunderbar »brütend«, aber – wo Dvořák aus sich herausgeht – auch machtvoll furios.

Natalija Gutman ist eine wunderbar innige Cellistin. Sie winselt nie süßlich, kratzt nie ekstatisch auf ihrem Instrument, sondern gibt Diskretion, Noblesse, reines Gefühl und selbstverständliche Meisterschaft. In ihrer Einspielung – zusammen mit dem von Wolfgang Sawallisch souverän geleiteten Philadelphia Orchestra – berühren Sehnsucht und Liedhaftigkeit des Langsamen besonders eindringlich.

Leonard Bernstein, geboren am 25. August 1918 in Lawrence (ma), gestorben am 14. Oktober 1990 in New York, amerikanischer Dirigent und Komponist

Pablo Casals, geboren am 29. Dezember 1876 in Vendrell (Katalonien), gestorben am 22. Oktober 1973 in San Juan (Puerto Rico), spanischer Violoncellist, Dirigent und Komponist

Josefina Čérmáková (verheiratete Gräfin Kaunitz), geboren am 17. Januar 1849 in Prag, gestorben am 27. Mai 1895 in Prag, tschechische Schauspielerin, Schwägerin Antonín Dvořáks

Antonín Dvořák, geboren am 8. September 1841 in Nelahozeves (bei Prag), gestorben am 1. Mai 1904 in Prag, tschechischer Komponist

Konzert für Violoncello und Orchester h-Moll op. 104 (1895) — 1. Satz: Allegro; 2. Satz: Adagio, ma non troppo; 3. Satz: Finale. Allegro moderato

Quartett für zwei Violinen, Viola und Violoncello F-Dur Nr. 6 »Amerikanisches Quartett« op. 96 (1893) — 1. Satz: Allegro ma non troppo; 2. Satz: Lento; 3. Satz: Molto vivace; 4. Satz: Finale. Vivace ma non troppo

Symphonie e-Moll Nr. 9 »Z nového světa (Aus der Neuen Welt)« op. 95 →Kaisers Klassik Nr. 21

Otakar Dvořák, geboren am 9. Februar 1885 in Prag, Sohn Antonín Dvořáks

Anna Dvořáková (geborene Čermáková), geboren am 17. Juni 1854 in Prag, gestorben am 14. Juli 1931 in Vysoka (bei Přibram, Mittelböhmen), tschechische Sängerin (Alt), Ehefrau Antonín Dvoráks

Natalija Grigorjewna Gutman, geboren am 14. Juli 1942 in Kasan, russische Violoncellistin

Herbert von Karajan, geboren am 5. April 1908 in Salzburg, gestorben am 16. Juli 1989 in Anif (bei Salzburg), österreichischer Dirigent

Mischa Maisky, geboren am 10. Januar 1948 in Riga, israelischer Violoncellist lettischer Herkunft

Mstislaw Leopoldowitsch Rostropowitsch, geboren am 27. März 1927 in Baku, russischer Violoncellist

Wolfgang Sawallisch, geboren am 26. August 1923 in München, deutscher Dirigent

Robert Schumann →Kaisers Klassik Nr. 8

Konzert für Violoncello und Orchester a-Moll op. 129 (1850) — 1. Satz: Nicht zu schnell; 2. Satz: Langsam; 3. Satz: Sehr lebhaft

58

Ludwig van Beethoven

Fidelio

Oper in zwei Aufzügen

Musikdrama größter Gefühle und Verbrechen. »Neun Symphonien – in eine Oper katapultiert«, sagte Igor Strawinsky spöttisch bewundernd. Ungeheuer des Komponisten Herzenskraft. Ein fast Ertaubter hat da glühend hoffende Freiheitsmusik geschrieben, ein einsamer Junggeselle die »Ehe« und das »holde Weib« besungen. Wie der Fidelio *entstand und was er bedeutet…*

Die Oper fängt harmlos an: mit singspielhaften Liebeleien des Gefängnispersonals und spießigen Schwiegervaterüberlegungen des Kerkermeisters Rocco. Dann wächst sie zum pathetischen Welttheater. Eine Mischung, die man dem Werk oft vorwarf. Als hätten wir im 20. Jahrhundert nicht gelernt, wie gut private Biedermeiernettigkeit und berufliche Grausamkeit leider zusammenpassen können…

Keines seiner Geisteskinder, so äußerte Beethoven kurz vor dem Tode, habe ihm größeren Ärger verursacht. Die erste Fassung von 1805, *Leonore* genannt, hatte noch drei Akte. Aber der etwas ziellose Text – nach der Rettung haben die Befreiten noch einmal schreckliche Angst – und die Kriegszeiten (Wien wurde damals von Napoleons Truppen besetzt) verhinderten einen Erfolg. 1814 arbeitete Beethoven das Ding einschneidend um. Nun strich er manches Schöne: Zweiaktig setzte sich die Oper schlussendlich durch.

Fidelio findet gleichsam in vier Stockwerken, Dimensionen statt. Es gibt den hohen Aussichtsturm, von dem aus Wächter Signale blasen, wenn Mächtige sich nähern. Es gibt die Ebene der Gefängniswirklichkeit. Mit der Tochter des

Kerkermeisters und ihrem netten Verlobten. Sowie einem neuen, geschickten Helfer (Leonore schlüpft als Fidelio in die Hosenrolle, um ihren gefangenen Mann Florestan hier aufzuspüren). Zu dieser Realität gehören auch Wachsoldaten und ihr skrupelloser Befehlshaber Don Pizarro. In Gefängniskellern schmachten die Häftlinge. In tiefster Tiefe aber erwartet Florestan sein Ende. Singspielhaft turbulent setzt die Handlung ein. In einem wunderbar magischen Quartett bleibt dann plötzlich und poetisch die Zeit stehen: Einen Traummoment geben sich alle entrückt ihren Hoffnungen hin. Darauf fasziniert der Glanz des Bösen. Ein funkelnder spanischer Marsch. Don Pizarro tritt auf, der mordbereite Politiker. Leonore will dem Abscheulichen trotzen. Als Roccos Helfer möchte sie in die Tiefe hinab, wo sie ihren Mann ahnt. Sie zittert. Bleibt trotzdem entschlossen: »Ich bin es nur noch nicht gewöhnt«, singt sie herzbewegend. Zweiter Akt. Der Gang hinab zum halbwahnsinnigen Verschmachtenden. Zu gespenstisch fahler Musik gräbt Leonore mit Rocco das Grab für den Gatten. Dem Gefangenen, den sie nicht deutlich als ihren Ehemann erkennen kann, reicht sie – mitleidsvoll und christlich-symbolisch – Brot und Wein. Don Pizarro eilt hinzu. Er selber will den Gefangenen, seinen politischen Gegner von einst, umbringen. Leonore wirft sich, einen Revolver in der Hand, dazwischen. Sie schreit, wie in einer Oper noch nie geschrien wurde: »Zurück – töt erst sein Weib.« Erstarrung. Dann, erlösend, die Rettungstrompete. Der Rest ist nicht Schweigen, sondern unendlicher Jubel.

Wenn Sie Beethovens Fidelio *mögen …*

Die geniale Verbissenheit, mit der Beethoven an der *Fidelio*-Oper gefeilt, korrigiert, heftige Änderungen vorgenommen hat, erbrachte eine aberwitzige Konsequenz: Es existieren nicht weniger als vier Ouvertüren! Die erste, zweite und dritte *»Leonoren«-Ouvertüre*, die Beethoven wie im Perfektionsrausch niederschrieb, verrieten ihm wohl zuviel vom Folgenden. Darum beginnt die Oper in ihrer endgültigen Fassung mit einer relativ harmlosen, schönen E-Dur-Ouvertüre. Aber die drei *»Leonoren«-Ouvertüren* liegen in vielen Aufnahmen vor: Man kann sie hören, vergleichen, jede in ihrer Art genial und aufregend finden. Es sind lauter denkbar verschiedene »Aufsätze« über die gleichen Themen. Ein solches Eindringen in Beethovens geistiges Reich dürfte *Fidelio*-Bewunderer mehr befriedigen als noch so originelle »Rettungs«-Opern von Richard Strauss *(Friedenstag)* oder Kurt Weill *(Dreigroschenoper)*.

Die fesselndsten Interpretationen von Beethovens Fidelio

Hört man aus Wilhelm Furtwänglers *Fidelio*-Einspielung von 1953 das Quartett des ersten Aktes, das Verlöschen des Gefangenenchors, das Duett zwischen Leonore und Rocco (»In der zerfallenen Zisterne bereiten wir die Grube leicht«), den ungeheuerlichen Beginn des zweiten Aktes und das niederschmetternd dramatische Quartett des zweiten Aktes (»Er sterbe«, CD II, Take 6), dann begreift man, was Größe ist. Ein faszinierender Furtwängler-Livemitschnitt von den Salzburger Festspielen 1950 liegt gleichfalls vor.

Gewaltig, herb, mit schroffen Akzenten und erhabenem Espressivo dirigierte Otto Klemperer Beethovens Partitur. Christa Ludwig auf der Höhe ihrer Kunst gestaltete leuchtende, melodiöse Bögen. Das Quartett des zweiten Aktes nimmt Klemperer wüster als der feurig beseelende Furtwängler.

Leonard Bernsteins Festspielaufführung im kleinen »Theater an der Wien«, wo die Gewalt der Musik weit unmittelbarer herauskommen kann als in unseren meist viel zu großen, arenahaften Opernhäusern, war (im Beethoven-Jahr 1970) die wohl doch eindringlichste Opernerfahrung meines Lebens. Die 1977 von Bernstein produzierte Platte vermag die verdinahe Ekstatik und Glut jener erschütternden Bühnenaufführung leider nicht ganz festzuhalten. Trotzdem überwältigen Schwung und herrlicher Überschwang, wie ihn Bernstein, aber auch die von ihm mitgerissenen Protagonisten boten.

Who's who

Ludwig van Beethoven, getauft am 17. Dezember 1770 in Bonn, gestorben am 26. März 1827 in Wien, deutscher Komponist

Fidelio, Oper in zwei Aufzügen op. 72; Text: Josef Sonnleithner, Stephan von Breuning und Georg Friedrich Treitschke; Uraufführung: Wien, 20. November 1805 (1. Fassung), Wien, 29. März 1806 (2. Fassung), Wien, 23. Mai 1814 (3. Fassung)

»Leonoren«-Ouvertüre C-Dur Nr. 1 op. 138 (1805) — Andante con moto – Allegro con brio

»Leonoren«-Ouvertüre C-Dur Nr. 2 op. 72 (1805) — Adagio – Allegro

»Leonoren«-Ouvertüre C-Dur Nr. 3 op. 72a (1806) — Adagio – Allegro

Leonard Bernstein, geboren am 25. August 1918 in Lawrence (MA), gestorben am 14. Oktober 1990 in New York, amerikanischer Dirigent und Komponist

Wilhelm Furtwängler, geboren am 25. Januar 1886 in Berlin, gestorben am 30. November 1954 in Ebersteinburg (heute zu Baden-Baden), deutscher Dirigent und Komponist

Otto Klemperer, geboren am 14. Mai 1885 in Breslau, gestorben am 6. Juli 1973 in Zürich, deutscher Dirigent

Christa Ludwig, geboren am 16. März 1928 in Berlin, österreichische Sängerin (Mezzosopran)

Napoleon I. (eigentlich Napoleone Buonaparte), Kaiser der Franzosen (1804–14/15), geboren am 15. August 1769 in Ajaccio

(Korsika), gestorben am 5. Mai 1821 in Longwood (Sankt Helena)

RICHARD STRAUSS →KAISERS KLASSIK NR. 64

Friedenstag, Oper in einem Aufzug op. 81; Text: Joseph Gregor, Stefan Zweig und Richard Strauss nach Pedro Calderón de la Barca; Uraufführung: München, 24. Juli 1938

IGOR STRAWINSKY →KAISERS KLASSIK NR. 30

GIUSEPPE VERDI →KAISERS KLASSIK NR. 22

KURT WEILL

Die Dreigroschenoper →KAISERS KLASSIK NR. 80

59

ROBERT SCHUMANN

Kinderszenen

Klavierzyklus op. 15

Dreizehn Klavierminiaturen – den Freuden, Abenteuern, Gückssekunden und Ängsten der Kindheit gewidmet. Schrecklichstes Missverständnis: hier würden naiv die lieben Kleinen vorgeführt bei Spiel und Sport. Im poetischen Bewusstsein spiegelt sich vielmehr, romantisch verklärt, was Jugend war. Darum heißt das letzte Stück: »Der Dichter spricht«. Wie die Kinderszenen *entstanden und was sie bedeuten …*

Wenn Clara – Schumanns Ehefrau und die berühmteste Pianistin ihrer Zeit – wieder einmal mit gemischten Gefühlen eine neue Schwangerschaft spürte, dann tröstete Schumann sie: »Kinder sind der größte Segen. Davon kann man nie genug haben.« Wie so mancher Romantiker empfand auch Schumann das »Kinderland« als verlorenes Paradies.

Die *Kinderszenen* – leichte Stücke für das Pianoforte – sind ein Zyklus. Die einzelnen Stücke werden auch dadurch (unauffällig) zusammengehalten, dass sie auf ein Grundmotiv bezogen sind, mit dem bereits die erste Miniatur »Von fremden Ländern und Menschen« beginnt. Schumanns *Kinderszenen* sind weder »virtuos« noch »dramatisch«. Es haftet ihnen vielmehr etwas genial Einleuchtendes, in die tiefste Kindheit jedes Menschen Hineinreichendes an. »Von fremden Ländern und Menschen« wiederholt staunend eine zart-magische Geste. Die sich daran anschließende »Kuriose Geschichte« tönt handfester, derber – aber auch ihr Kurioses kann melancholisch-empfindsam sein. Beim »Hasche-Mann« geht es dann rasch und fast turbulent zu. Nach diesen Szenen sich steigernder äußerer Bewegung zielen die Nummern 4 und 5 mehr auf Seelenzustände: in »Bittendes Kind« flehend inständig, bei »Glückes genug« wunderbar überschwänglich. Als ob das junge Gemüt so viel Seligkeit kaum zu fassen vermöge. Auf die stolz donnernde »Wichtige Begebenheit« folgt Herz und Mitte des Zyklus: »Träumerei«. Mit immergleichen Auftakten setzen die fünf Abschnitte dieses Tagtraums an: Eine aufstrebende Melodie erhebt sich, zart vielstimmig, zu immer innigeren Akkorden. »Am Kamin« beschreibt danach munteres Hin und Her einander antwortender Melodieteile. Was tun Kinder am Kamin – wird da gekost, oder herrscht Causerie (zu deutsch: Plauderstündchen)? Der »Ritter vom Steckenpferd« verlangt vom Pianisten viel. Kontrastierende Rhythmen, donnerndes Tempo, absolute Klarheit. Aus dem »Fast zu ernst« entwickelt sich der leise Spuk des »Fürchtenmachens«. Am Ende zwei Mirakel: »Kind im Einschlummern« mit verhalten-offenem Schluss. Und dann, ohne Maske, Schumann selbst. Reine, beethovennahe Ausdrucksmusik: »Der Dichter spricht«.

Wenn Sie Schumanns Kinderszenen *mögen …*

Schumann hat – mehr als irgendein großer Komponist vor ihm – die Welt von Kindheit und Jugend musikalisch beschworen. Zehn Jahre nach den *Kinderszenen* brachte er sein *Album für die Jugend* heraus: eine Sammlung simpler Stücke für den Unterricht. Wer je Klavierstunden gehabt und dabei nur ein bisschen was gelernt hat: der kann und kennt den »Fröhlichen Landmann«, das »Arme Waisenkind« oder den »Wilden Reiter«. Solche genialen Charakterstücke vergisst man nie. Bezaubernd sind auch die *Jeu d'enfants*, die vierhändigen *Kinderspiele* des *Carmen*-Komponisten Georges Bizet. Noch origineller Claude Debussys *Children's Corner (Kinderstube)*, wo am Ende mit »Golliwogg's cake walk«

sogar der Jazz in die heiligen Hallen europäischer Kunstmusik hineindarf.

Die fesselndsten Interpretationen von Schumanns Kinderszenen

Wilhelm Kempff ist ein geistreicher und beschwingter deutscher Pianist gewesen, ein Preuße, wie Gott ihn träumt. Ein Künstler, der beneidenswerterweise nie »nervös« war vor seinen Konzerten. Es machte ihn glücklich, Meisterwerke spielen und vermitteln zu dürfen. Dieses Glück findet ein Echo in Kempffs Anschlag, diesem silbrigen, leuchtenden freien Ton. Kempff trifft die Poesie der *Kinderszenen*, ohne im mindesten zu übertreiben, zu verzärteln, zu mystifizieren. Seine Interpretation etwa der »Träumerei« klingt, als ob man ins Paradies hineinhören dürfte...

Alfred Brendel hat tiefgründig über die *Kinderszenen* nachgedacht. Und er hat sie auch berückend meditativ gespielt, tief-melancholisch am Ende, nie verharmlosend, keck oder keck-naiv. »Fast zu ernst«, »Fürchtenmachen«, »Der Dichter spricht«: gerade im Getragenen und Poetisch-Erhabenen wird Brendel betörend beredt.

Vladimir Horowitz liebte es, Schumanns *Kinderszenen* in russische Seelendramen zu verwandeln. Sein »Bittendes Kind« war kein deutsches Biedermeiermädchen, sondern eher eine tränenüberströmte russische Prinzessin, Boris Godunow anflehend. Und die »Wichtige Begebenheit« scheint sich neben dem »Großen Tor von Kiew« abzuspielen. Aber trotzdem: dem Alten fiel verdammt viel ein. Seine Phantasie erlahmte nie – auch wenn der große Komponist Pierre Boulez mir gegenüber im Gespräch einmal sagte, Horowitz sei zwar ein unübertrefflicher Alexandr-Skrjabin-Interpret, aber die Übernuancierung und Sentimentalisierung der *Kinderszenen* könne man nicht akzeptieren.

LUDWIG VAN BEETHOVEN →KAISERS KLASSIK NR. 1

GEORGES BIZET

Carmen →KAISERS KLASSIK NR. 35

Jeux d'enfants (Kinderspiele), Suite für Klavier zu vier Händen (1871) — 1: Marche. Trompette et tambour; 2: Berceuse. La poupée; 3: Impromptu. La toupie; 4: Duo. Petit mari, petite femme; 5: Galop. Le bal

PIERRE BOULEZ, geboren am 26. März 1925 in Montbrison (bei Saint-Étienne), französischer Komponist und Dirigent

SIR ALFRED BRENDEL, geboren am 5. Januar 1931 in Wiesenberg (Nordmähren), österreichischer Pianist

CLAUDE DEBUSSY, geboren am 22. August 1862 in Saint-Germain-en-Laye (bei Paris), gestorben am 25. März 1918 in Paris, französischer Komponist

Children's Corner (Kinderstube). Kleine Suite für Klavier (1908) — 1: Doctor Gradus ad Parnassum; 2. Jimbo's Lullaby; 3: Sérénade of the doll; 4: The snow is dansing; 5: The little shepherd; 6: Golliwogg's cake-walk

VLADIMIR HOROWITZ (eigentlich Wladimir Samoilowitsch Gorowiz), geboren am 1. Oktober 1903 in Berditschew, gestorben am 5. November 1989 in New York, amerikanischer Pianist ukrainischer Herkunft

WILHELM KEMPFF, geboren am 25. November 1895 in Jüterbog (bei Potsdam), gestorben am 23. Mai 1991 in Positano (bei Neapel), deutscher Pianist und Komponist

MODEST PETROWITSCH MUSSORGSKI, geboren am 21. März 1839 in Karewo (bei Pskow), gestorben am 28. März 1881 in Petersburg, russischer Komponist

Boris Godunow, Oper in vier Akten mit Prolog; Text: Modest Petrowitsch Mussorgski nach Alexandr Sergejewitsch Puschkin; Uraufführung: Petersburg, 8. Februar 1874

Tableaux d'une exposition (Bilder einer Ausstellung) für Klavier (1874) — Promenade; 1: Gnomus; Promenade; 2: Il vecchio castello; Promenade; 3: Tuileries. Dispute d'enfants après jeux; 4: Bydlo; Promenade; 5: Ballet de poussins dans leur coque; 6: Samuel Goldenberg und Schmuyle; Promenade; 7: Limoges. Le marché; 8: Catacombae. Sepulcrum romanum – Cum mortuis in lingua morta; 9: La cabane sur des pattes de poule (Baba-Yaga); 10: La grande porte de Kiev

Clara Schumann (geborene Wieck), geboren am 13. September 1819 in Leipzig, gestorben am 20. Mai 1896 in Frankfurt am Main, deutsche Pianistin und Komponistin

Robert Schumann , geboren am 8. Juni 1810 in Zwickau, gestorben am 29. Juli 1856 in Endenich (heute zu Bonn), deutscher Komponist

Album für die Jugend. Vierzig Klavierstücke op. 68 (1848)

Kinderszenen für Klavier op. 15 (1838) — 1: Von fremden Ländern und Menschen; 2: Kuriose Geschichte; 3: Haschemann; 4: Bittendes Kind; 5: Glückes genug; 6: Wichtige Begebenheit; 7: Träumerei; 8: Am Kamin; 9: Ritter vom Steckenpferd; 10: Fast zu ernst; 11: Fürchtenmachen; 12: Kind im Einschlummern; 13: Der Dichter spricht

Alexandr Nikolajewitsch Skrjabin, geboren am 6. Januar 1872 in Moskau, gestorben am 27. April 1915 in Moskau, russischer Komponist

60

Johann Sebastian Bach

Messe h-Moll

BWV 232

Gewaltigstes Chorwerk der Christenheit. Der Jubelglanz Heiligen Geistes, der Jammer des Sterbenmüssens, die Angst der klagenden Menschheit, die mystisch funkelnde »Sanctus«-Heiligkeit Gottvaters: alles das schildert Bach hier mit erhabener Kraft und Kunst. Seine Musik spricht eindringlich, tiefgründig, innig. Aber auch rhythmisch keck, trompetenschmetternd, stolz. Wie die Messe *entstand und was sie bedeutet …*

Merkwürdigerweise sind Kirchenmusiker auffallend streitsüchtig. Vielleicht muss die lebenslange Beschäftigung mit erhabener, »frommer«, von himmlischem Frieden tönender Kunst doch irgendwie kompensiert, ausgeglichen werden in der Seele cholerischer Bach-Organisten, Bach-Dirigenten, Bach-Forscher! Um richtiges Bach-Spiel, rechten Bach-Stil und wahre Bach-Erkenntnis wird erbittert gekämpft! Was die *Messe h-Moll* angeht, so widmete Bach deren erste beiden Teile 1733 August III., dem (katholischen) Kurfürsten von Sachsen und König von Polen. Später ergänzte er sie, wobei Bach – das war damals so üblich – auf frühere Arbeiten zurückgriff, die er veränderte, umfunktionierte (»parodierte«). 1746 verklammerte Bach dann das alles zur Einheit. Doch schlaue Professoren wollten uns einreden: Eine *Messe h-Moll* gäbe es überhaupt nicht! Es handele sich nur um eine zufällige, unverbindliche Sammlung. Dass freilich die Nr. 6 als großartiges Schlussstück (Nr. 24) einheitstiftend wiederkehrt, dass Tonart und Besetzung durchaus einheitlich sind – sollte es sich da wirklich nur um lauter Zufälle handeln? Mittlerweile weiß man's denn auch wieder besser, gegen den Professor Friedrich Smend: die *Messe* existiert doch in großer, unantastbarer Herrlichkeit. »Das Schaudern ist der Menschheit bestes Teil«, behauptet Johann Wolfgang von Goethe im *Faust*. Nur: wen dieser Ehrfurchtsschauder abschreckt, der wird eben auch nie erfahren, wie … schön Bachs Musik ist.

Wer aus dem dritten Teil, dem »Credo«, das »Et incarnatus est« hört, das darauf folgende »Crucifixus«, danach das »Et resurrexit« (bei Neville Marriner CD II, Take 4, 5 und 6), der erlebt in knapp zwölf Minuten Ungeheuerliches, wird garantiert *h-Moll-Messen*-süchtig. Mystisch umschweben Geigen wunderbar zarten, choralhaften Chorgesang beim »Incarnatus«. Entsetzen, wüster Jammer herrschen im »Crucifixus«, unvergleichliche Todesstille bei dessen Schluss (»sepultus est« – er wurde begraben). Atemholen. Plötzlich leuchtende Helle: »Et resurrexit«. Er ist wiederauferstanden.

Im unendlichen Leidenszug klagt die Menschheit zu Beginn der *Messe* »Herr erbarme dich«; und strahlender hat selbst ein Bach nie komponiert als am Ende des zweiten Teils, des »Gloria«, wo sich in faszinierend rauschenden Akkorden Dur und Moll mischen. Das »Credo« beginnt im uralten Stil – als töne tiefes Mittelalter in Bachs hohen Barock. Und wen am Ende die Macht des »Sanctus«, die schmerzliche Innigkeit des Altsolos »Agnus Dei« und die Gewalt des »Dona nobis pacem« nicht erschüttern, der hat entweder kein Herz oder keine Ohren. Oder einfach keine Geduld für die Wunderwelt des alten Bach.

Wenn Sie Bachs Messe h-Moll *mögen …*

Weder Anton Bruckners große Messenkompositionen noch das *Deutsche Requiem* von Johannes Brahms – so bewunderungswürdig diese Werke sein mögen – reichen an die Tiefe und den Glanz von Bachs *Messe* heran (das hätten Brahms und

Bruckner als allererste zugegeben). Nein – der *Messe h-Moll* vergleichbar sind allenfalls Bachs Passionen: die dramatische *Johannespassion*, die innig-mystische *Matthäuspassion*. Andrew Lloyd Webbers unbefangene Rock opera *Jesus Christ Superstar*, wo Herodes singt: »Prove to me that You're no fool / walk across my Swimmingpool« (Beweise mir, dass du kein Narr bist, geh über meinen Swimmingpool), klingt nur anders als Bach. Aber kaum besser.

Die fesselndsten Interpretationen von Bachs Messe h-Moll

Als der von Sachsen nach Bayern geflüchtete Karl Richter mit dem von ihm gegründeten Münchener Bach-Chor aus München eine Bach-Stadt machte, da wurden in den sechziger und siebziger Jahren Richters Aufführungen der großen bachschen Chorwerke zu prägenden, unvergesslichen Hör-Erfahrungen für alle, die damals dabei sein konnten. Richters Aufnahme der *Messe h-Moll* von 1962 hält die Stärken seiner Bach-Beschwörung fest: die Innigkeit, die (gewiss romantisierende) Ekstatik, die aus Leipzig stammende große Tradition hingebungsvoller Bach-Belebung.

Weniger »romantisch«, »subjektivistisch« – und doch nicht trocken-asketisch – versteht Neville Marriner Bachs unergründliche Kunst. Marriner hält sich von der monumental-symphonischen deutschen Bach-Pflege Wilhelm Furtwänglers oder Otto Klemperers fern. Seine Academy and Chorus auf St. Martin-in-the-Fields sowie seine trefflichen Solisten wollen gleichwohl nicht eine Sekunde langweilen.

Dass Bach in Leipzig keine Riesenchöre zur Verfügung standen und dass er gewaltige Chorbesetzungen gar nicht wollte, wenn er sich auch heftig ärgerte über die ungenügenden Ensembles, mit denen er im sächsisch geizigen Leipzig auskommen musste – man weiß es wohl. Der mutige belgische Chordirigent Philippe Herreweghe, Leiter des Chors und Orchesters des Collegium Vocale Gent, hat dieses Wissen in eine erstaunliche Tat verwandelt. Er bietet Bachs Kantaten und auch die *Messe h-Moll* in ganz kleiner, solistischer, der bachschen Praxis entsprechender Chorbesetzung. Das Ergebnis verblüfft, macht nachdenklich: Es entsteht eine zwingende, niemals kümmerlich karge, durchsichtige Interpretation. In »Wirklichkeit« würde man sich mit einer derart minimalistischen *Messe h-Moll* schwer tun. Aber die Mikrofone moderner Technik ermöglichen die Wiederherstellung des (vielleicht) Authentischen!

Who's who

August III., König von Polen (seit 1733), geboren am 17. Oktober 1696 in Dresden, gestorben am 5. Oktober 1763 in Dresden, als Friedrich August II. Kurfürst von Sachsen (seit 1733)

Johann Sebastian Bach, geboren am 21. März 1685 in Eisenach, gestorben am 28. Juli 1750 in Leipzig, deutscher Komponist

Johannespassion BWV 245 (1724)

Matthäuspassion BWV 244 (1727–36)

Messe h-Moll BWV 232 (1739) — Missa (Kyrie – Gloria) – Symbolum Nicenum (Credo) – Sanctus – Osanna, Benedictus, Agnus Dei et Dona nobis pacem

Johannes Brahms →Kaisers Klassik Nr. 10

Ein deutsches Requiem op. 45 (1868) — 1: Selig sind, die da Leid tragen; 2: Denn alles Fleisch, es ist wie Gras; 3: Herr, lehre mich doch; 4: Wie lieblich sind deine Wohnungen; 5: Ihr habt nun Traurigkeit; 6: Denn wir haben hie keine bleibende Statt; 7: Selig sind die Toten

Anton Bruckner →Kaisers Klassik Nr. 39

Wilhelm Furtwängler, geboren am 25. Januar 1886 in Berlin, gestorben am 30. November 1954 in Ebersteinburg (heute zu Baden-Baden), deutscher Dirigent und Komponist

Johann Wolfgang von Goethe, geboren am 28. August 1749 in Frankfurt am Main, gestorben am 22. März 1832 in Weimar, deutscher Dichter

Faust, Tragödie (1. Teil: 1806, 2. Teil: 1831)

Philippe Herreweghe, geboren am 2. Mai 1947 in Gent, belgischer Chordirigent

Otto Klemperer, geboren am 14. Mai 1885 in Breslau, gestorben am 6. Juli 1973 in Zürich, deutscher Dirigent

Sir Andrew Lloyd Webber, geboren am 22. März 1948 in London, britischer Komponist

Jesus Christ Superstar, Musical; Text: Tim Rice; Uraufführung: New York, 12. Oktober 1971

Karl Richter, geboren am 15. Oktober 1926 in Plauen (Vogtland), gestorben am 15. Februar 1981 in München, deutscher Organist und Dirigent

Friedrich Smend, geboren am 26. August 1893 in Straßburg, gestorben am 10. Februar 1980 in Berlin, deutscher Musikwissenschaftler

61
Johannes Brahms
Symphonie c-Moll Nr. 1
op. 68

Durch finstere c-Moll-Nacht zu hymnischem C-Dur-Licht reicht der seelische Bogen von Brahms' Erster Symphonie. *Nach der Uraufführung wusste die Welt: Der zwingend logisch und phrasenlos tiefgründig erfindende Brahms hatte sich als eigentlicher symphonischer Nachfolger Beethovens etabliert. »Beethovens Zehnte« nannte Hans von Bülow schwärmerisch, aber taktlos dieses typisch brahmssche Meisterwerk. Wie die* Erste *entstand und was sie bedeutet …*

»Ich werde nie eine Symphonie komponieren«, schrieb Brahms einem Freund. »Du hast keinen Begriff davon, wie es unsereinem zumute ist, wenn er immer so einen Riesen hinter sich marschieren hört.« Tatsächlich schüchterte besagter Riese Ludwig van Beethoven den selbstkritischen Brahms derart ein, dass die Vollendung seiner *Ersten* gut 15 Jahre in Anspruch nahm! Dann freilich war der Bann gebrochen: Schon ein Jahr später beendete Brahms die beschwingte *Symphonie Nr. 2*.

Eherne Paukenschläge steigern schicksalhaft jeden Ton der langsamen Einleitung. Sind es die Marschschritte des furchterregenden Riesen? Der brahmssche Beginn hat herbe, hochkomplizierte harmonische Wucht. Leonard Bernstein sagte einmal zu mir, er glaube, in dieser Einleitung habe sich Brahms bewusst auch auf die kühne Harmonik des »Sehnsuchtsmotivs« von Richard Wagners *Tristan* bezogen. Fortissimo folgt dann das Allegro, wo die Motive der Einleitung pathetisch gesteigert erscheinen. Die Musik tönt logisch und fatalistisch zugleich. Zarte Episoden, schwungvolle melodische

Choralfragmente in der Durchführung können nicht aufkommen gegen die unwiderstehlich donnernde Heftigkeit des Geschehens. Verhalten, gleichsam ausgebrannt, schließt der Satz.

Seiner tragischen Stimmung antwortet ein inniges Andante in E-Dur, das immer wieder zarte Finsternisse verdüstern – bis am Ende eine Solovioline gefährlich süß tröstet. Des Andantes E-Dur steht zum c-Moll des Kopfsatzes im Abstand einer großen Terz. Das ist deshalb erwähnenswert, weil der souverän planende Brahms den graziösen und brillanten menuettähnlichen dritten Satz wiederum im Abstand einer großen Terz zum Vorangegangem bietet. Noch eine große Terz höher setzt dann das Finale ein!

Dessen riesige langsame Einleitung führt ein charakteristisches Hornthema vor. Brahms hat es in der Schweiz von einem Alphorn gehört, sich begeistert notiert und als gutgelaunten Geburtstagsgruß auf einer Postkarte an Clara Schumann geschickt (bei Wilhelm Furtwängler CD 1, Take 4, nach 2.50). Auch ein großer Choral ertönt während dieser erregten Einleitung majestätisch. Nach spannungsvoller Entwicklung darf endlich das erlösende Allegrothema auftrumpfen. Als man Brahms bedeutete, es klinge sehr nach Beethovens Freudenthema, knurrte er zurück: »Das hört doch jeder Esel!« Wie Brahms im Verlauf dieses Finales seine Themen vehement auflädt, schneidend heftig verkürzt (etwa auf der CD Furtwänglers Take 4, nach 10.40), beschleunigend dramatisiert und endlich in eine unwiderstehlich stürmische Stretta münden lässt: das alles hat sich in unzähligen Aufführungen nicht abnutzen können, wirkt hinreißend bis auf den heutigen Tag.

Wenn Sie Brahms' Erste *mögen …*

Wen es irgendwann einmal wie ein Schlag getroffen hat, was dieser Brahms uns armen Erdenbürgern zu bieten vermag an herbem Trost, an verschwiegener Trauer, an seelischer Fülle – der wird nicht ruhen, bis er sich, nach der *Ersten*, auch die innig schwärmerische, schwungvolle *Zweite Symphonie* eroberte, die philosophisch meditative *Dritte*, die fatalistisch finstere *Vierte*. Alle diese Werke sind so gut gemacht, dass ihnen Unsterblichkeit sicher sein müsste, solange die vielgeschmähte »bürgerliche Kultur« überhaupt noch existiert.

Die fesselndsten Interpretationen von Brahms' Erster

Für Wilhelm Furtwängler ist Brahms' *Symphonie c-Moll* ein Schicksalsstück gewesen. Die setzte er immer aufs Programm, wenn es für ihn um alles ging: etwa zum Beginn seines ersten Konzerts in New York, wo er 1925 den Amerikanern zeigen wollte, was er konnte. Oder als er – ganze 36 Jahre alt – sich erfolgreich um die Leitung der Berliner Philharmoniker bewarb. Unvergleichlich, wie er immer die Idee des symphonischen »Ganzen« herzustellen verstand. Die Gestalten wuchsen und wurden bei ihm. Nie dirigierte Furtwängler »Stellen«, immer »Dramen«. Darum stand ihm die dramatisch-logische *Erste Symphonie* so nahe.

Leonard Bernstein – und gewiss nicht der ästhetisch so makellose Maestro Sergiu Celibidache – ist der »eigentliche« Nachfolger Furtwänglers gewesen. Bei Bernstein hatte Brahms tragische Ruhe, herzbewegende Pausen und wildes Gewicht. Die Einleitung zum Kopfsatz, dessen Feuer und Heftigkeit erklangen bei Bernstein mindestens so mächtig wie Wagners oder Tschaikowskis Ekstasen. Bernsteins Aufnahme mit der New York Philharmonic hat Größe, Unmittelbarkeit und Glanz.

Arturo Toscanini hob mit hochprofessioneller Dirigiervirtuosität an Brahms' *Erster Symphonie* hervor, was auch in ihr steckt – nämlich die strahlende, gleichsam italienischopernhafte, brillante Kraft! Wenn man zum erstenmal hört, wie Toscanini das Trio im Menuett zum Orchesterausbruch anheizt oder wie er das Finale mit seinem NBC Orchestra zur idealen Stretta steigert, dann begreift man, dass es auch in Brahms' Haus viele Wohnungen gibt.

Who's who

LUDWIG VAN BEETHOVEN
Symphonie für Sopran, Alt, Tenor, Bass, Chor und Orchester d-Moll Nr. 9 op. 125 →KAISERS KLASSIK NR. 1

LEONARD BERNSTEIN, geboren am 25. August 1918 in Lawrence (MA), gestorben am 14. Oktober 1990 in New York, amerikanischer Dirigent und Komponist

JOHANNES BRAHMS
Symphonie c-Moll Nr. 1 op. 68 (1876) — 1. Satz: Un poco sostenuto – Allegro; 2. Satz: Andante sostenuto; 3. Satz: Un poco allegretto e grazioso; 4: Adagio – Allegro non troppo, ma con brio
Symphonie D-Dur Nr. 2 op. 73 (1877) — 1. Satz: Allegro non troppo; 2. Satz: Adagio non troppo; 3. Satz: Allegretto grazioso; 4. Satz: Allegro con spirito
Symphonie F-Dur Nr. 3 op. 90 →KAISERS KLASSIK NR. 78
Symphonie e-Moll Nr. 4 op. 98 (1885) — 1. Satz: Allegro non troppo; 2. Satz: Andante moderato; 3. Satz: Allegro giocoso; 4. Satz: Allegro energico e passionato

HANS VON BÜLOW, geboren am 8. Januar 1830 in Dresden, gestorben am 12. Februar 1894 in Kairo, deutscher Pianist und Dirigent

SERGIU CELIBIDACHE, geboren am 28. Juni 1912 in Roman, gestorben am 14. August 1996 in Paris, rumänischer Dirigent

WILHELM FURTWÄNGLER, geboren am 25. Januar 1886 in Berlin, gestorben am 30. November 1954 in Ebersteinburg (heute zu Baden-Baden), deutscher Dirigent und Komponist

Clara Schumann (geborene Wieck), geboren am 13. September 1819 in Leipzig, gestorben am 20. Mai 1896 in Frankfurt am Main, deutsche Pianistin und Komponistin

Arturo Toscanini, geboren am 25. März 1867 in Parma, gestorben am 16. Januar 1957 in New York, italienischer Dirigent

Pjotr Iljitsch Tschaikowski →Kaisers Klassik Nr. 41

Richard Wagner
Tristan und Isolde →Kaisers Klassik Nr. 5

62

Giacomo Puccini

Tosca

Oper in drei Akten

Krasse Nervenmusik. Raffinierte Mischung aus schmelzendem Wohllaut und Folterszenen, zynischem Sadismus und tränenfeuchter Verzweiflung. Die Hauptfiguren werden entweder spektakulär getötet oder begehen Selbstmord. Wie die Tosca *entstand und was sie bedeutet …*

Als Puccini mit *Manon Lescaut* und vor allem mit *La Bohème* berühmt geworden war, konnte er sich einen langgehegten Wunsch erfüllen. Auch sein Verleger Giulio Ricordi war nun dafür, dass Puccini den *Tosca*-Stoff vertonte. Nur: ein anderer Komponist, namens Alberto Franchetti, war inzwischen damit beauftragt worden. Was tun? Puccinis Freunde legten Franchetti übel herein. Man redete ihm den blutrünstigen *Tosca*-Stoff, der keine Erfolgschance habe, geschickt aus. Franchetti gab daraufhin arglos seine Rechte zurück. Bereits am folgenden Tag schloss Ricordi mit Puccini den Vertrag.

Gerechtfertigt wurde diese Intrige durch das klingende Ergebnis. Zu synkopisch schrillen Schreckensakkorden sehen wir den von brutaler Staatsgewalt verfolgten römischen Politiker Angelotti in eine Kirche flüchten. Dort arbeitet der Maler Mario Cavaradossi an einem Maria-Magdalena-Gemälde. Großherzig hilft der Maler dem Verfolgten. Die Sängerin Tosca, des Malers eifersüchtige Geliebte, soll von der Fluchtaktion nichts merken. Sie glaubt, Mario sei ihr untreu. Denn die Augen des entstehenden Bildes – das sonst ganz der Tosca gleicht – gehören einer anderen. Glücklich träumen die Liebenden dann ihre melodische Vision eines friedlichen, idyllischen Lebens. Pompös dringt der mächtige Scarpia in die Kirche. Brausende geistliche Musik. Scarpia weiß, was er will: die Tosca ins Bett und den Widersacher an den Galgen.

Im zweiten Akt speist Scarpia üppig, aber allein. In Opern, auch in Wolfgang Amadeus Mozarts *Don Giovanni*, müssen Böse immer einsam essen. Drunten, im Hof, singt Tosca eine entzückend altmodische Kantate, Häscher schleppen Cavaradossi zu Scarpia. Er soll das Versteck Angelottis verraten. Bleibt tapfer stumm. Damit er rede, wird er im Nebenraum gefoltert. Immer heftiger. Die Musik dazu: eine schrecklich leise Geste. Oder rasende Ausbrüche. Man verschärft die Folter. Entsetzensspannung. Endlich kann Tosca das Stöhnen ihres Geliebten nicht länger ertragen. Sie gibt Angelottis Versteck preis. Plötzlich wird Scarpia gemeldet, Napoleon habe eine Schlacht gewonnen. Scarpias böse alte Ordnung wankt. Jetzt – es ist der gewaltigste Augenblick der Oper – singt der blutüberströmte Cavaradossi Scarpia einen entfesselten Freiheitshymnus ins Gesicht. Der lächelt ironisch … Verzweifelt geht Tosca darauf ein, Scarpias gierige Wünsche zu erfüllen, wenn er ihr dafür Cavaradossis Freiheit schriftlich garantiere. Während Scarpia die Anweisung schreibt, ersticht Tosca den Lüsternen am Ende des zweiten Aktes. Düster-majestätisch feiert die Musik Scarpias blutigen Tod.

Nach einer Scheinerschießung, so hatte Scarpia versprochen, komme der Maler frei. Die findet im dritten Akt statt. Wenn die Salven verhallt sind und Cavaradossi, wie ausgemacht, zu Boden gefallen ist, flüstert nach einer Wartepause Tosca dem Geliebten zu, nun aufzustehen. Den aber trafen doch tödliche Kugeln. Tosca verzweifelt. Und weil die Häscher kommen, um die Mörderin Scarpias zu verhaften, springt Tosca von den hohen Mauern der Engelsburg in den Tod.

Wenn Sie Puccinis Tosca *mögen ...*

Aufregendere, blutrünstigere, grausamere Opern, die gleichwohl den künstlerischen Rang der Puccini-Partitur aufweisen, lassen sich kaum nennen. Der *Tosca* ebenbürtig, ja vielleicht überlegen ist immerhin die *Elektra* von Richard Strauss. Da wird, zur Musik eines großartig entfalteten Orchesters, ein Muttermord begangen (vorher trägt er sich, vielleicht noch fürchterlicher, in der Phantasie der Ermordeten zu). Puccini gibt mehr Melodien, Strauss ein tiefgründiges mythologisches Panorama und machtvolle Symphonik.

Die fesselndsten Interpretationen von Puccinis Tosca

Maria Callas, das *Tosca*-Wunder. 1953 hatte die Diva wohl ihre beste, vehementeste Zeit. Hinreißend temperamentvoll vermochte sie in der von Victor De Sabata dirigierten Aufführung eine eifersüchtige Künstlerin zu geben. Faszinierend war die Ausdruckskraft, mit der sie manche Worte zu Scarpia verachtungsvoll mehr sprach als sang. Die Glut ihrer Kantilene, die Erhitztheit ihrer Angst: alles das blieb einzigartig, unüberholt. De Sabata, Giuseppe Di Stefano und Tito Gobbis eleganter Schurke schaffen hier eine nahezu vollendete Puccini-Interpretation.

In Herbert von Karajans *Tosca*-Aufnahme singt Leontyne Price souverän die Titelpartie, ist Di Stefano ein (leicht gealterter) Cavaradossi. Hauptfigur scheint das von Karajan schwungvoll belebte Orchester zu sein. Wir hören eine symphonisch grandiose *Tosca*-Aufnahme von brahmsscher oder tschaikowskischer Orchesterfülle. Grell und böse glänzen die Blechbläser der Wiener Philharmoniker.

Wenn Zinka Milanov und Jussi Björling mit von der Opernpartie sind, darf man niederschmetternd kraftvollen, hochdramatischen Gesang erwarten. Gleichviel ob »Belcanto«, »Verismus« oder »Italianità«: bei solchen Künstlern geht es nicht in erster Linie um feinsinnig-geschmackvolle Interpretation, um psychologische Enthüllung. Sondern – gewiss etwas altmodisch – darum, dass mit äußerster Kraft Menschen singend verkünden, was ihnen Herz und Seele bewegt. Leonard Warren und der kompetente Erich Leinsdorf als Dirigent vervollständigen eine aufregende Aufnahme, die genau dort gemacht worden ist, wo die Oper spielt: nämlich in Rom.

Who's who

Jussi Björling (eigentlich Johan Jonatan Björling), geboren am 2. oder 5. Februar 1911 in Stora Tuna (Dalarna), gestorben am 9. September 1960 in Stockholm, schwedischer Sänger (Tenor)

Johannes Brahms →Kaisers Klassik Nr. 10

Maria Callas (eigentlich Maria Kalojeropulos, verheiratete Meneghini), geboren am 2. Dezember 1923 in New York, gestorben am 16. September 1977 Paris, griechisch-amerikanische Sängerin (Sopran)

Victor De Sabata, geboren am 10. April 1892 in Triest, gestorben am 11. Dezember 1967 in Santa Margherita Ligure (bei Genua), italienischer Dirigent und Komponist

Giuseppe Di Stefano, geboren am 24. Juli 1921 in Motta Sant'Anastasia (bei Catania), italienischer Sänger (Tenor)

Alberto Franchetti, geboren am 18. September 1860 in Turin, gestorben am 4. August 1942 in Viareggio (Toskana), italienischer Komponist

Tito Gobbi, geboren am 24. Oktober 1913 in Bassano del Grappa (Venetien), gestorben am 5. März 1984 in Rom, italienischer Sänger (Bariton)

Herbert von Karajan, geboren am 5. April 1908 in Salzburg, gestorben am 16. Juli 1989 in Anif (bei Salzburg), österreichischer Dirigent

Erich Leinsdorf (eigentlich Erich Landauer), geboren am 4. Februar 1912 in Wien, gestorben am 11. September 1993 in Zürich, amerikanischer Dirigent österreichischer Herkunft

Zinka Milanov, geboren am 17. Mai 1906 in Zagreb, gestorben am 30. Mai 1989 in New York, kroatische Sängerin (Sopran)

Wolfgang Amadeus Mozart

Il dissoluto punito ossia Il Don Giovanni →Kaisers Klassik Nr. 88

Leontyne Price, geboren am 10. Februar 1927 in Laurel (MO), amerikanische Sängerin (Sopran)

Giacomo Puccini, geboren am 22. Dezember 1858 in Lucca (Toskana), gestorben am 29. November 1924 in Brüssel, italienischer Komponist

La Bohème, Szenen nach »La Vie de Bohème« von H. Murger in vier Bildern; Text: Giuseppe Giacosa, Luigi Illica, Giulio Ricordi und Giacomo Puccini nach Henri Murger und Théodore Barrière; Uraufführung: Turin, 1. Februar 1896

Manon Lescaut, Dramma lirico in vier Akten; Text: Ruggero Leoncavallo, Marco Praga, Domenico Oliva, Luigi Illica, Giuseppe Giacosa, Giulio Ricordi, Giuseppe Adami und Giacomo Puccini nach Henri Meilhac und Philippe Gille nach Abbé Prévost; Uraufführung: Turin, 1. Februar 1893

Tosca, Melodramma in drei Akten; Text: Giuseppe Giacosa und Luigi Illica nach Victorien Sardou; Uraufführung: Rom, 14. Januar 1900

Giulio Ricordi, geboren am 19. Dezember 1840 in Mailand, gestorben am 6. Juni 1912 in Mailand, italienischer Musikverleger und Komponist

Richard Strauss →Kaisers Klassik Nr. 64

Elektra, Tragödie in einem Aufzug op. 58; Text: Hugo von Hofmannsthal nach Sophokles; Uraufführung: Dresden, 25. Januar 1909

Pjotr Iljitsch Tschaikowski →Kaisers Klassik Nr. 41

Leonard Warren (eigentlich Leonard Warenoff), geboren am 21. April 1911 in New York, gestorben am 4. März 1960 in New York, amerikanischer Sänger (Bariton)

63
Franz Schubert
Klaviertrio B-Dur Nr. 1
D. 898

Hier bietet Schubert reines, großes musikalisches Glück: nämlich festliche Kraft, unvergleichlich inspirierte Melodik und ein wenig wienerische Depression. Schöner, »näher an Gott« (wie Artur Schnabel es formulierte), hat eben doch niemand komponieren können als der kleine, manchmal so scheue Schubert. Wie das Trio *entstand und was es bedeutet…*

Für alle Freunde klassischer Kammermusik ist Schuberts *Trio B-Dur* ein Hauptwerk. Und es liegt auch in einer alten Aufnahme vor (Alfred Cortot, Jacques Thibaud, Pablo Casals), die mit Recht zu den berühmtesten Einspielungen der Interpretationsgeschichte gehört. »Ein Blick auf das Trio von Schubert«, schrieb der neidlose Robert Schumann entflammt, »und das erbärmliche Menschentreiben flieht zurück, und die Welt glänzt wieder frisch.«

Wahrscheinlich, man weiß es nicht ganz genau, ist auch dieses *Trio* in jenen so unfassbar produktiven letzten 18 Monaten des schubertschen Lebens entstanden, da der Komponist – nach Ludwig van Beethovens Tod doch auch befreit vom Schatten der überwältigenden Vaterfigur – wie im Rausch ein Meisterwerk nach dem andern schrieb.

Festlich, ja mit einigem Pomp, setzt das Thema des ersten Satzes ein. Geige und Cello bieten ein schwungvolles Thema, das Klavier begleitet marschhaft punktiert. Kaum hat man sich an die heitere B-Dur-Kraft gewöhnt, erklingt das Hauptthema eine Stufe höher, in Moll, wird spielerisch fortgesponnen, dann pianissimo vorgetragen, wieder gesteigert und endlich, gleichsam ausatmend, auf einen zarten Ruhepunkt geführt. Nun aber das zweite Thema. Einer der schönsten, seligsten Liedeinfälle Schuberts. Das Cello trägt ihn zuerst vor. Wenn Casals (auf der CD von Alfred Cortot, Jacques Thibaud und Pablo Casals Take 5, nach 1.44) mit seinen Partnern die Melodie wie eine Blume sich selig-sehnsüchtig entfalten lässt, denkt jeder Hörende: »Verweile doch, du bist so schön.« Danach einige Sekunden Magie zwischen Dur und Moll. In der Durchführung verbindet Schubert die Vitalität des ersten Themas mit der Lyrizität des zweiten. Grandiose Steigerungen. Und wenn die Reprise vorbei ist, bestätigt im Fortissimo *(fff)* ein machtvoller quasisymphonischer Ausbruch, dass man einen der gewaltigsten schubertschen Sonatensätze gehört hat.

Im langsamen Satz übertönen Violine und Cello einander mit schmerzlichem Wohllaut – gegen solche Streicher kann kein Klavier unserer Welt melodisch mithalten.

Um so brillanter führt es im Scherzo. Pfiffig, tänzerisch, elegant. Im Trio des Scherzos übernehmen dann wieder die Streicher melodisch das Kommando.

Das Finale, munter, inspiriert, voller Überraschungen und tänzerischer Geheimnisse, ist wahrlich nicht »schwach« – sondern für die Ausführenden dankbar. Es macht Effekt. Doch ganz vermag es das Niveau der vorhergehenden Sätze nicht fortzuführen. Es ist eben keine Offenbarung mehr, sondern ein wohllautender trefflicher Schlusssatz. Wie sagen die Musiker: ein »Rausschmeißer«. Also wirklich nichts Schlechtes. Aber auch nichts Tief-Geheimnisvolles.

Wenn Sie Schuberts Klaviertrio B-Dur *mögen …*

Das *Klaviertrio B-Dur* hat einen sehr männlichen Bruder: nämlich Schuberts *Trio Es-Dur Nr. 2.* Dessen Kopfsatz tönt manchmal heroisch-dramatisch. Und dann folgt ein langsamer Satz, der als erhabener Trauermarsch in c-Moll beginnt.

Aus Schuberts Hand existiert auch ein *Notturno für Klaviertrio Es-Dur*. Übrigens, wen das Thema des Kopfsatzes aus unserem *Trio B-Dur* fasziniert, der sollte einmal Frédéric Chopins *Scherzo b-Moll* anhören. Dessen Hauptthema erinnert sehr an Schuberts Anfang. Nur dass es bei Chopin verblüffend anders weitergeht in die Höllen großartig verrückter polnischer Raserei, polnischer Ekstase.

Die fesselndsten Interpretationen von Schuberts Klaviertrio B-Dur

Im Jahre 1926 spielten der Pianist Alfred Cortot, der Geiger Jacques Thibaud und der Cellist Pablo Casals Schuberts *Trio B-Dur* auf Schellackplatten ein. Sie hatten schon viele Jahre miteinander musiziert, sie boten homogene, geistvolle Ensemblekunst, die der Welt Staunen und Bewunderung abnötigte. Dafür, dass die technischen Aufnahmebedingungen 1926 sozusagen vorsintflutlich gewesen sein müssen, klingt die aufbereitete CD erstaunlich gut. Cortots flammender Geist, Thibauds innige Eleganz und die Genialität von Casals (den manche seiner Bewunderer nicht nur für den größten Solisten, sondern für den größten Instrumentalisten des Jahrhunderts halten) fanden zusammen zum Interpretationsereignis.

Eugene Istomin am Klavier, der Geiger Isaac Stern und der Cellist Leonard Rose verstehen den ersten Satz von Schuberts *Trio B-Dur* weit pompöser, mächtiger als Cortot/Thibaud/Casals. Sie beginnen ihn als ekstatischen Marsch, aber nicht als fließendes Allegro. So wächst Schuberts Musik auch ein erhabenes Pathos zu. Hier ist der herausragende Geiger inspirierter und inspierender Interpret. Und die Violinstimme, die im Klaviertrio oft hinter des Flügels Fülle oder des Cellos Sonorität zurücktritt, bietet, weil Stern sie meisterhaft vorträgt, die eigentlichen Höhepunkte.

Das Trio Walter Gieseking, Gerhard Taschner, Ludwig Hoelscher spielt Schuberts *Trio B-Dur* teils klassizistisch luftig, teils nachdenklich im Stil der deutschen Kammermusiktradition. Da Gieseking nicht nur berühmter Interpret der Impressionisten war, sondern ein wahrhaft souveräner Meister seines Instruments, entsteht so eine Interpretation ohne falsche Süßlichkeit, ohne aufgedonnerte Metaphysik.

Who's who

Ludwig van Beethoven →Kaisers Klassik Nr. 1

Pablo Casals, geboren am 29. Dezember 1876 in Vendrell (Katalonien), gestorben am 22. Oktober 1973 in San Juan (Puerto Rico), spanischer Violoncellist, Dirigent und Komponist

Frédéric Chopin

Scherzo für Klavier b-Moll Nr. 2 op. 31 →Kaisers Klassik Nr. 77

Alfred Cortot, geboren am 26. September 1877 in Nyon (Waadt), gestorben am 15. Juni 1962 in Lausanne, französischer Pianist

Walter Gieseking, geboren am 5. November 1895 in Lyon, gestorben am 26. Oktober 1956 in London, deutscher Pianist

Ludwig Hoelscher, geboren am 23. August 1907 in Solingen, gestorben am 8. Mai 1996 in Tutzing (Starnberger See), deutscher Violoncellist

Eugene Istomin, geboren am 26. November 1925 in New York, amerikanischer Pianist

Leonard Rose, geboren am 27. Juli 1918 in Washington (DC), gestorben am 16. November 1984 in Croton-on-Hudson (NY), amerikanischer Violoncellist

Artur Schnabel, geboren am 17. April 1882 in Leipnik (Nordmähren), gestorben am 15. August 1951 in Morschach (Schwyz), österreichischer Pianist und Komponist

Franz Schubert, geboren am 31. Januar 1797 in Lichtental (heute zu Wien), gestorben am 19. November 1828 in Wien, österreichischer Komponist

Adagio für Klavier, Violine und Violoncello Es-Dur »Notturno« D. 897 (1827?)

Trio für Klavier, Violine und Violoncello B-Dur Nr. 1 op. 99 D. 898 (1827) — 1. Satz: Allegro moderato; 2. Satz: Andante un poco mosso; 3. Satz: Scherzo. Allegro; 4. Satz: Rondo. Allegro vivace

Trio für Klavier, Violine und Violoncello Es-Dur Nr. 2 op. 100 D. 929 (1827) — 1. Satz: Allegro; 2. Satz: Andante con moto; 3. Satz: Scherzo. Allegro moderato; 4. Satz: Allegro moderato

Robert Schumann →Kaisers Klassik Nr. 8

Isaac Stern, geboren am 21. Juli 1920 in Kremenez, amerikanischer Geiger ukrainischer Herkunft

Gerhard Taschner, geboren am 25. Mai 1922 in Jägerndorf (Nordmähren), gestorben am 21. Juli 1976 in Berlin, deutscher Geiger

Jacques Thibaud, geboren am 27. September 1880 in Bordeaux, gestorben am 1. September 1953 bei einem Flugzeugabsturz am Mont Cemet (bei Barcellonnette), französischer Geiger

64
Richard Strauss
Salome
Musikdrama in einem Aufzug

Eine Zeitenwendeoper: Der Prophet Jochanaan verheißt am Hofe des Herodes den Messias. Juden streiten keifend über Gottes Wirklichkeit. In schwüler orientalischer Mondnacht kostet es Jochanaan (Johannes der Täufer) den Kopf, die Prinzessin Salome zurückgestoßen zu haben. Ein Zeitenwendewerk ist die kühne Oper aber auch insofern, als mit ihr um 1905 das moderne Musiktheater begann. Wie die Salome *entstand und was sie bedeutet …*

Mit seinen symphonischen Dichtungen – die meist von Männern tönen, vom Zarathustra, vom Don Quixote, vom Macbeth, vom Till Eulenspiegel – hatte sich der junge Strauss einen geachteten Namen erkomponiert. Mit den Opern aber klappte es zunächst weniger. Dann sieht der Enddreißiger Strauss das *Salomé*-Drama von Oscar Wilde. Gewiss, der Salome-Stoff steht im *Neuen Testament*. Aber von einer wilden Begierde nach dem Propheten Jochanaan ist bei Markus nicht die Rede, genausowenig von Salomes Tod auf Herodes' Befehl. Alles das hat, mit der erlesenen und wollüstigen Eleganz des englischen Dichters, Wilde hinzuerfunden.

Strauss vertonte Wildes Text wortgetreu. Ein flirrender Klarinettenlauf, eines jungen Offiziers Schwärmen: »Wie schön ist die Prinzessin Salome heute Nacht!« – und das Scherzo mit tödlichem Ausgang packt uns. Als Strauss seinem Vater Franz die Oper vorspielte, jammerte der alte Herr: »Gott, diese nervöse Musik! Das ist ja gerade, als wenn einem lauter Maikäfer in der Hose herumkrabbelten!« Nach dem *Salome*-Triumph entwickelte sich Strauss zum erfolgreichsten Opernkomponisten des 20. Jahrhunderts. Auffallenderweise stellte Strauss fast nur Damen in den Mittelpunkt seiner Bühnenwerke: Salome, Elektra, die Marschallin des *Rosenkavaliers*, Ariadne, Helena, schweigsame oder schattenlose Frauen. Und keineswegs Tenöre…

Salome begegnet dem Propheten und ist fasziniert von seinem Leib, seinen Haaren, seinem Mund. Erregt singt sie ihr Begehren, kühn, heftig dissonant. Jochanaan reagiert heftig abweisend – und mit getragen-frommen Wendungen. Ein schwungvolles Orchesterzwischenspiel kombiniert grandios die Hauptthemen. Jochanaan muss kein langweiliger Heiliger sein. Er ist auch ein Gottes-*Mann*. Hat durchaus Ausdrucksvolles, Heftiges vorzutragen. Vielleicht verrennt sich Salome gerade darum so besessen in ihre Lüsternheit und Verzweiflung. Finster-schlau bringt die Verschmähte Herodes um den Verstand. Auf sein Flehen tanzt Salome ihrem geilen Stiefvater den Tanz der sieben Schleier, für dessen Vorführung der unvorsichtige Herodes dem Töchterlein jeden Wunsch zu erfüllen versprach. Salome verlangt, und zwar auf einer Silberschüssel, den Kopf des Jochanaan. Zu widerlich leisen, hohen Kontrabasstönen verrichtet der Henker die grausame Abschneidearbeit. Salome küsst die Lippen des Schädels. Ein bitterer Geschmack. In ihrem großen Schlussgesang wandelt sich eine pervers-pathologisch Enthemmte zurück zum traurigen jungen Mädchen, eine wahnsinnig Eifernde in eine Unselige.

Wenn Sie Strauss' Salome *mögen…*

Wen Salome fasziniert, der hegt eine heimliche oder offene Bewunderung für mutige Damen, die ihren Kopf durchsetzen und die Ordnung stören wollen. Solche gefährlichen Weiber kommen auf der Opernbühne gelegentlich vor. Zum Beispiel Georges Bizets *Carmen*. Oder Richard Wagners Sieglinde aus der *Walküre*. Der *Salome* am nächsten aber steht *Elektra*. Also jene Oper, die Strauss wenige Jahre nach dem *Salome*-Erfolg vollendete.

Die fesselndsten Interpretationen von Strauss' Salome

Birgit Nilsson besaß die größte, dramatischste und strahlendste Sopranstimme, die ich je gehört habe. Wenn sie – klar, hell, trompetenhaft – ihre Spitzentöne erklingen ließ, dann erbebten die Opernhäuser, und die Nilsson-Fans jubelten. Das Erstaunliche an Birgit Nilssons Salome: die Sängerin kann nicht nur »powern«, sondern sie verfügt auch über Leichtigkeit, ein Prinzessinnenparlando, Koketterie. Da Georg Solti für seine *Salome*-Interpretation neben Birgit Nilsson Eberhard Wächter als Jochanaan und die Wiener Philharmoniker zur Verfügung standen, geriet die Aufnahme glanzvoll. Einzig Salomes Tanz klingt ein wenig pedantisch und trocken.

Herbert von Karajan hat viele bedeutende Sängerinnen entdeckt und gefördert. Zwei von ihnen sind in der *Salome*-Aufnahme zu bewundern, die Karajan 1977 herausbrachte: nämlich Hildegard Behrens als trotzige, willensstarke Salome und Agnes Baltsa in der (durch sie hier aufgewerteten) Rolle der Salome-Mutter Herodias. Dass Karajan mit den Wiener Philharmonikern zaubert, versteht sich. So hört der von Angst geschüttelte Herodes in seiner Phantasie einen eisigen Wind rauschen. Karajan und die Wiener Streicher schaffen es, dass man besagten Wind einerseits auch vernimmt und andererseits weiß: Es gibt ihn nicht.

Die Sopranistin Montserrat Caballé versteht ihre Salome nicht als Monster, sondern als scheues, fast inniges Geschöpf. Sie singt Salomes Kantilenen wie zarte Belcantomusik, nicht nur wie hysterische Ausbrüche. Dabei besitzt sie wahrlich auch die Kraft fürs Fortissimo. Der Dirigent Erich Leinsdorf, der Bariton Sherrill Milnes und das London Symphony Orchestra bieten eine prächtige Strauss-Vergegenwärtigung.

Agnes Baltsa (eigentlich Agnis Waltsa), geboren am 19. November 1944 in Lefkas (Ionische Inseln), griechische Sängerin

Hildegard Behrens, geboren am 9. Februar 1937 in Varel (Jadebusen), deutsche Sängerin (Sopran)

Georges Bizet

Carmen →Kaisers Klassik Nr. 35

Montserrat Caballé, geboren am 12. April 1933 in Barcelona, spanische Sängerin (Sopran)

Herbert von Karajan, geboren am 5. April 1908 in Salzburg, gestorben am 16. Juli 1989 in Anif (bei Salzburg), österreichischer Dirigent

Erich Leinsdorf (eigentlich Erich Landauer), geboren am 4. Februar 1912 in Wien, gestorben am 11. September 1993 in Zürich, amerikanischer Dirigent österreichischer Herkunft

Sherrill Milnes, geboren am 10. Januar 1935 in Downers Grove (IL), amerikanischer Sänger (Bariton)

Birgit Nilsson, geboren am 17. Mai 1918 in Karup (bei Kristianstad), schwedische Sängerin (Sopran)

Sir Georg Solti (eigentlich György Solti), geboren am 21. Oktober 1912 in Budapest, britischer Dirigent ungarischer Herkunft

Franz Strauss, geboren am 26. Februar 1822 in Parkstein (Oberpfalz), gestorben am 31. Mai 1905 in München, deutscher Waldhornist, Vater Richard Strauss'

Richard Strauss, geboren am 11. Juni 1864 in München, gestorben am 8. September 1949 in Garmisch-Partenkirchen, deutscher Komponist und Dirigent

Die ägyptische Helena, Oper in zwei Aufzügen op. 75; Text: Hugo von Hofmannsthal; Uraufführung: Dresden, 6. Juni 1928

Also sprach Zarathustra. Tondichtung (frei nach Friedrich Nietzsche) für großes Orchester op. 30 (1896)

Ariadne auf Naxos, Oper in einem Aufzug nebst einem Vorspiel op. 60; Text: Hugo von Hofmannsthal; Uraufführung: Stuttgart, 25. Oktober 1912

Don Quixote. Fantastische Variationen über ein Thema ritterlichen Charakters für großes Orchester op. 35 (1897) — Introduktion. Mäßiges Zeitmaß – Var. I–X

Elektra, Tragödie in einem Aufzug op. 58; Text: Hugo von Hofmannsthal nach Sophokles; Uraufführung: Dresden, 25. Januar 1909

Die Frau ohne Schatten, Oper in drei Akten op. 65; Text: Hugo von Hofmannsthal; Uraufführung: Wien, 10. Oktober 1919

Macbeth. Tondichtung nach Shakespeare für großes Orchester op. 23 (1886)

Der Rosenkavalier →KAISERS KLASSIK NR. 86

Salome, Drama in einem Aufzug op. 54; Text: Richard Strauss nach Oscar Wilde; Uraufführung: Dresden, 9. Dezember 1905

Die schweigsame Frau, Komische Oper in drei Aufzügen op. 80; Text: Stefan Zweig nach Ben Jonson; Uraufführung: Dresden, 24. Juni 1935

Till Eulenspiegels lustige Streiche. Nach alter Schelmenweise – in Rondeauform – für großes Orchester op. 28 (1895)

EBERHARD WÄCHTER, geboren am 9. Juli 1929 in Wien, gestorben am 29. März 1992 in Wien, österreichischer Sänger (Bariton) und Theaterleiter

RICHARD WAGNER

Der Ring des Nibelungen →KAISERS KLASSIK NR. 15–18

OSCAR WILDE, geboren am 16. Oktober 1854 in Dublin, gestorben am 30. November 1900 in Paris, britischer Schriftsteller irischer Herkunft

Salomé, Drama (1891)

65

Anton Bruckner
Symphonie E-Dur Nr. 7

Halb ein Gott, halb ein Trottel sei dieser Bruckner – befand Gustav Mahler nicht nur scherzhaft. Weil Bruckner sich schrecklich ungelenk, seltsam und naiv verhielt, ahnten die Wiener kaum, dass unter ihnen ein Genie lebte, ein Komponist ungeheuerlicher Inspiration. Mit seiner Siebten Symphonie *gelang Bruckner der Durchbruch. Wie die* Siebte *entstand und was sie bedeutet …*

Bruckner war schon 60 Jahre alt, als der 29-jährige Kapellmeister Arthur Nikisch in Leipzig die Uraufführung von seiner *Symphonie Nr. 7* durchsetzte. In Wien verspottet, erlebte Bruckner endlich einen Triumph. Als die *Siebte* dann in München gleichfalls einen Riesenerfolg hatte, da wollte man sie auch in Wien aufs Programm setzen. Bruckner aber war so eingeschüchtert, dass er das »Löbliche Comité« schriftlich bat, doch die Aufführung abzusetzen, »aus Gründen, die einzig der traurigen lokalen Situation entspringen in Bezug der maßgebenden Kritik, die meinen noch jungen Erfolgen in Deutschland in den Weg treten könnte«. Ein Bruckner – so formulierte es später erbittert Karl Kraus – versuchte seinen kritischen Peinigern durch ein ungeschicktes Bittgesuch um Nichtaufführung seines Werkes zu entrinnen …

Gleich das Hauptthema ist von einer Herrlichkeit, Fülle und Freiheit, wie selbst der begnadete Themenerfinder Bruckner dergleichen zuvor kaum je empfangen hatte. Ein solches Thema ist ein Geschenk. Als der Dirigent Hans Richter Bruckner fragte, wie er auf dieses Thema gekommen sei, antwortete Bruckner: »Das ist ja gar nicht von mir. Im Traum hat der Dorn [Kapellmeister Ignaz Dorn war ein

Jugendfreund Bruckners] mir das vorpfiffen und g'sagt: ›Bruckner, mit dem Thema wirst Dein Glück machen.‹ Da bin i aufg'standen, hab' a Kerzen an'zünd't und hab's glei' aufg'schriebn.« Freilich hat kein geträumter Freund Bruckner vorgepfiffen, wie sinnfällig und logisch er im Verlauf des Satzes das Thema beseelend zu verklären, es emphatisch zu entwickeln weiß. In der Durchführung wird Bruckner monumental. Ein Mystiker, der sich souverän der Tonsprache seiner Zeit bedient.

Das Adagio von Bruckners *Siebter* gehört zu den Heiligtümern der Musik. Bruckner hatte, als er es zu komponieren begann, Angst um Richard Wagner. Als er dann bei der funkelnden C-Dur-Hochfläche mit dem ekstatischen »Beckenschlag« angekommen war, starb Wagner. Erschüttert lässt er nun eine feierlich reine Umwandlung der Adagiomelodie, eine Trauermusik, folgen (Einspielung Herbert von Karajans: Take 2, nach 17.44).

Auch das Scherzo beginnt mit jener charakteristisch aufsteigenden Terz, die Bruckner beziehungsvoll seinem *Te Deum* entnahm. Sie spielt in allen Sätzen eine wichtige Rolle.

Ein neuer, wunderbar chromatisch-choralhafter Gedanke fasziniert im Finale. Im wesentlichen aber variiert Bruckner hier das Hauptthema des Kopfsatzes. Sein träumender Genius hatte richtig prophezeit: Mit diesem Thema machte er sein Glück.

Wenn Sie Bruckners Siebte *mögen …*

Wem irgendwann einmal aufging, wie ungeheuerlich, zugleich erlesen und monumental Bruckners mystische Welt sich uns armen Erdenbürgern darbietet, der wird nicht ruhen, bevor er alle Symphonien erobert hat. Neben der *Siebten* gibt es ja keineswegs bloß die *»Romantische«*, also die *Vierte*, zu bewundern, sondern auch die *Dritte* und die *Neunte* wollen gewonnen sein. Mit der grimmig widerborstigen *Sechsten*, der riesigen *Achten* und der *Fünften*, deren Finale fast unüberschaubar ist, sollte man sich Zeit lassen. Solche Kunstwerke begreift niemand an einem Tag, nebenher, ohne Bereitwilligkeit und Hör-Erfahrung.

Die fesselndsten Interpretationen von Bruckners Siebter

Der Dirigent Günter Wand hat eine überraschende, selbst seine Bewunderer erstaunende Spätkarriere gemacht. Gewiss galt Wand immer als außerordentlich gediegener Kapellmeister. Doch die Souveränität, die vollkommene Natürlichkeit und Lauterkeit der Bruckner- und Schubert-Interpretationen des »späten« Wand grenzen an ein Wunder. Nie braucht er mit Langsamkeit Bedeutung zu erschleichen oder mit forciertem Tempo Spannung anzuheizen. So wie er, als 80-jähriger, im Livekonzert Bruckners *Siebte* mit dem NDR-Symphonieorchester Hamburg bot, stellt höhere Richtigkeit und Geistigkeit sich wie etwas Selbstverständliches dar.

Herbert von Karajan dirigierte einen schlanken Mystiker, einen durchsichtigen Wagnerianer, wenn er Bruckner aufs Programm setzte. Nun spielten unter Karajan die Bläser, gerade die heiklen (oft so unsauberen) »Wagnertuben«, der Berliner Philharmoniker auch einzigartig kunstvoll und rein.

Wenn Daniel Barenboim Bruckner dirigiert, dann wird wieder erfahrbar, wieviel der junge Barenboim einst in Salzburg von Wilhelm Furtwängler gelernt hat. Was für eine Kraft der Versenkung, der mystischen Vergegenwärtigung bei ihm und den Berliner Philharmonikern. Von Furtwängler selber gibt es eine erhabene Einspielung der *Siebten* Bruckners. Doch sie liegt leider gegenwärtig nicht auf CD vor.

Daniel Barenboim, geboren am 15. November 1942 in Buenos Aires, israelischer Pianist und Dirigent

Anton Bruckner, geboren am 4. September 1824 in Ansfelden (Oberösterreich), gestorben am 11. Oktober 1896 in Wien, österreichischer Komponist

Symphonie d-Moll Nr. 3 (1872) — 1. Satz: Mehr langsam. Misterioso; 2. Satz: Adagio. Bewegt, quasi andante; 3. Satz: Ziemlich schnell; 4. Satz: Allegro

Symphonie Es-Dur Nr. 4 »Romantische« (1880) →Kaisers Klassik Nr. 39

Symphonie B-Dur Nr. 5 (1878) — 1. Satz: Introduktion. Adagio – Allegro; 2. Satz: Adagio. Sehr langsam; 3. Satz: Scherzo. Molto vivace; 4. Satz: Finale. Adagio – Allegro moderato

Symphonie A-Dur Nr. 6 (1881) — 1. Satz: Majestoso; 2. Satz: Adagio. Sehr feierlich und sehr langsam; 3. Satz: Scherzo. Nicht schnell; 4. Satz: Finale. Bewegt, doch nicht zu schnell

Symphonie E-Dur Nr. 7 (1883) — 1. Satz: Allegro moderato; 2. Satz: Adagio. Sehr feierlich und sehr langsam; 3. Satz: Scherzo. Sehr schnell; 4. Satz: Finale. Bewegt, doch nicht schnell

Symphonie c-Moll Nr. 8 (1887) — 1. Satz: Allegro moderato; 2. Satz: Scherzo. Allegro moderato; 3. Satz: Adagio. Feierlich langsam; doch nicht schleppend; 4. Satz: Finale. Feierlich, nicht schnell

Symphonie d-Moll Nr. 9 (unvollendet; 1894) — 1. Satz: Feierlich. Misterioso; 2. Satz: Scherzo. Bewegt, lebhaft; 3. Satz: Adagio. Langsam, feierlich

Te Deum für Sopran, Alt, Tenor, Bass, Chor und Orchester (1884)

Ignaz Dorn, geboren um 1835, gestorben nach 1883, österreichischer Dirigent

Wilhelm Furtwängler, geboren am 25. Januar 1886 in Berlin, gestorben am 30. November 1954 in Ebersteinburg (heute zu Baden-Baden), deutscher Dirigent und Komponist

Herbert von Karajan, geboren am 5. April 1908 in Salzburg, gestorben am 16. Juli 1989 in Anif (bei Salzburg), österreichischer Dirigent

Karl Kraus, geboren am 28. April 1874 in Jitschin (Ostböhmen), gestorben am 12. Juni 1936 in Wien, österreichischer Schriftsteller

Gustav Mahler →Kaisers Klassik Nr. 9

Hans Richter, geboren am 4. April 1843 in Raab, gestorben am 5. Dezember 1916 in Bayreuth, deutscher Dirigent

Franz Schubert →Kaisers Klassik Nr. 7

Richard Wagner →Kaisers Klassik Nr. 5

Günter Wand, geboren am 7. Januar 1912 in Elberfeld (heute zu Wuppertal), deutscher Dirigent

66
Wolfgang Amadeus Mozart
Die Entführung aus dem Serail
Singspiel in drei Akten KV 364

Hier wird die Liebe melodiös gefeiert. Konstanze, die gefangene Geliebte im Serail (Harem), will Martern aller Art aushalten, aber ihrem fernen Belmonte nicht untreu werden. Er wiederum, beim Befreiungsversuch ertappt und einen schrecklichen Tod erwartend, jammert einzig darüber, dass auch die Geliebte sterben muss. Mozart komponierte wie im Rausch. Er heiratete ja drei Wochen nach der Uraufführung seine Konstanze, deren Name die Entführungs-*Musik anhimmelte (und die ihm dann in acht Ehejahren sechs Kinder gebar). Wie die* Entführung *entstand und was sie bedeutet …*

Knapp 100 Jahre vor der *Entführung* hatte Prinz Eugen die Türken besiegt, die Wien bedrohten. Aber wie es so geht: Als alles vorbei war, wurden die Sitten der Geschlagenen bei den Siegern Mode. Die Wiener übernahmen nicht bloß ihre fabelhafte Kaffeehauskultur von den Türken, sondern auch gewisse Eigentümlichkeiten türkischer Militärkapellen.

Mozarts *Entführung* gehört zu den damals beliebten Türkenopern. Bereits die Ouvertüre führt den Kontrast Türkisch/Wienerisch zündend vor. Zuerst erscheinen brillante Prestomotive brav-leise »europäisch«. Dann aber sogleich schmetternd auf »türkisch«, nämlich von Pikkoloflöte, Becken und großer Trommel verstärkt. Das »Singspiel« verbindet seine Musiknummern durch deutschen Dialog. Singspielhaft bedeutet oft genug: harmlos, naiv, um nicht zu sagen: doof. Dass dieser Tadel nur den Textautor trifft, lehrt eine »eigentlich« harmlos lustspielhafte Szene aus dem zweiten Akt. Belmonte hat sich ins Serail gemogelt, wo Konstanze, deren Dienerin Blonde und der Diener Pedrillo gefangen gehalten werden. Vor der Befreiungsaktion fragt er besorgt, ob Konstanze dem mächtigen Haremsbesitzer Bassa Selim zu Willen gewesen sei. Pedrillo argwöhnt, seine Blonde könne dem kräftigen Haremswächter Osmin nachgegeben haben. Mit schallenden Ohrfeigen weisen die Damen derartiges zurück. Aber die Musik nimmt diesen Operettenkrach ernster. Zum läppischen Text donnert sie mächtige Choraltöne! Ihr geht es darum, ob die Welt sinnvoll geordnet sei.

Aufregendste Figur ist hier der Böseste, der Haremswächter Osmin mit seinem enormen Bass. Europäer hasst er. Für Prügel, Folter, Hinrichtung schwärmt er – und zwar derart heftig, dass seine Musik sich in den Tonarten verwirrt und sein Text im Sinn. »Erst geköpft, dann gehangen«, wäre ja auch rein tötungstechnisch schwer zu machen. Nur: woher kommt bei diesem Osmin die wunderbare Melancholie seines Auftrittsliedchens? Und zu den Worten »schleicht nur säuberlich und leise« bietet er in seiner »Oh, wie will ich triumphieren«-Arie magisch reiche Tonfolgen, wie sie auch in einer Messe Mozarts vorstellbar wären. Bassa Selim, der die (auch von ihm geliebte) Konstanze sanft mit Folter bedroht, macht eine Entwicklung durch. Ganz zuletzt entlässt er die – eines Fluchtversuchs schuldigen – Christen großmütig. Bassa Selim spricht nur, singt nie, ist aber edel. Auf der Höhe seiner Kultur, am Ende des 18. Jahrhunderts, war der europäische Geist nämlich keineswegs überheblich oder fremdenfeindlich. Sondern tolerant. Johann Wolfgang von Goethes *Iphigenie* mit dem noblen Barbarenkönig Thoas lehrt es. Gotthold Ephraim Lessings *Nathan der Weise* erst recht. Und Mozarts *Entführung* gleichfalls.

Wenn Sie Mozarts Entführung *mögen …*

Goethe, in seiner Eigenschaft als Weimarer Theaterdirektor, hat gejammert: Er war zwar sehr für die Pflege des deutschen Singspiels, schrieb mit höchsteigener Hand ein paar wunderbare Singspieltexte – doch Mozarts *Entführung* habe alle solchen Entwicklungen niedergeschlagen. Damit konnte niemand konkurrieren. Außer eben Mozart selber. Dessen *Zauberflöte* ist auch ein Singspiel. Naiv, volksliedhaft, heiter. Und unendlich mehr als das: nämlich tiefgründig wie Wagners *Parsifal* mit seinen Gralsrittern, und Weltanschauungsmusik wie Schönbergs *Moses und Aron*.

Die fesselndsten Interpretationen von Mozarts Entführung

Georg Solti hat die Wiener Philharmoniker für seine zügige Einspielung, und er hat die phänomenale Edita Gruberová für die Konstanze. Mozart dachte an die »geläufige Gurgel« seiner damaligen Primadonna Caterina Cavalieri, die zum Unglück für alle Nachgeborenen eine Ausnahmekünstlerin gewesen sein muss. Die Arie »Martern aller Arten« steht im schattenlosen C-Dur. So sicher ist Konstanze, dass Schmerzen ihr nichts anhaben können. Ihre Arie hat sogar die Form eines Konzertsatzes. Nur die kleinen Pausen beim »zuletzt befreit mich doch der Tod« deuten an, dass auch Konstanze ahnt, was Angst sei. Die Gruberová und Martti Talvela als Osmin sind Weltklasse, die übrigen Mitwirkenden ohne Schwäche. Darum herrschen hier Schwung, Witz und Kunst.

Karl Böhm ist ein besessener und doch unaufdringlicher Mozart-Dirigent gewesen. Bewunderungswürdig, wie kraftvoll er Tempi durchsetzen und durchhalten konnte, wie voller Atem und Herz sein ganz unsentimentaler Mozart klang. Zumal Arleen Augér, Reri Grist, Peter Schreier und Kurt Moll mit von der Partie waren. Denn die *Entführung* ist nicht etwa leichter, sondern in ihrer Mischung aus Naivität, Märchen und Virtuosität vielleicht sogar noch schwerer als *Figaro* oder *Don Giovanni*.

Man wird ein wenig melancholisch, wenn man hört, wie selbstverständlich, kompetent und warmherzig Wilma Lipp (Konstanze), Emmy Loose (Blonde), Walther Ludwig (Belmonte), Peter Klein (Pedrillo) und Endre Koréh (Osmin) in der von Josef Krips dirigierten Wiener Aufführung aus dem Jahre 1950 Mozart meisterten. Alles ganz rein, herzlich, in den Ensembles klar und durchsichtig. Freilich: der selbstverständlichen Mozart-»Reinheit« (die heutzutage kaum mehr vorausgesetzt werden kann) entspricht eine merkwürdige Sorglosigkeit. Eine Reihe wichtiger Arien wird schlicht übergangen, gestrichen. Aber das wäre heute kaum mehr möglich bei einem Werk solchen Ranges.

Who's who

Arleen Augér, geboren am 13. September 1939 in Los Angeles, gestorben am 10. Juni 1993 in Amsterdam, amerikanische Sängerin (Sopran)

Karl Böhm, geboren am 28. August 1894 in Graz, gestorben am 14. August 1981 in Salzburg, österreichischer Dirigent

Caterina Cavalieri (eigentlich Franziska Cavalier), geboren am 18. März 1755 in Währing (heute zu Wien), gestorben am 30. Juni 1801 in Wien, österreichische Sängerin (Sopran)

Eugen, Prinz von Savoyen-Carignan, geboren am 18. Oktober 1663 in Paris, gestorben am 21. April 1736 in Wien, österreichischer Feldherr und Staatsmann französischer Herkunft

Johann Wolfgang von Goethe, geboren am 28. August 1749 in Frankfurt am Main, gestorben am 22. März 1832 in Weimar, deutscher Dichter

Iphigenie auf Tauris, Schauspiel (1779)

Reri Grist, geboren am 19. Februar 1932 in New York, amerikanische Sängerin (Sopran)

Edita Gruberová, geboren am 23. Dezember 1946 in Preßburg, österreichische Sängerin (Sopran) slowakischer Herkunft

Peter Klein, geboren am 25. Januar 1907 in Zündorf (bei Köln), gestorben am 3. Oktober 1992 in Wien, deutscher Sänger (Tenor)

Endre Koréh, geboren am 13. April 1906 in Sepsiszentgyörgy (heute Sfîntu Gheorghe, bei Kronstadt), gestorben am 20. September 1960 in Wien, ungarischer Sänger

Josef Krips, geboren am 8. April 1902 in Wien, gestorben am 12./13. Oktober 1974 in Genf, österreichischer Dirigent

Gotthold Ephraim Lessing, geboren am 21. Januar 1729 in Kamenz (bei Dresden), gestorben am 15. Februar 1781 in Braunschweig, deutscher Dichter, Kritiker und Philosoph

Nathan der Weise, Dramatisches Gedicht (1779)

Wilma Lipp, geboren am 26. April 1925 in Wien, österreichische Sängerin (Sopran)

Emmy Loose, geboren am 22. Januar 1914 in Karbitz (Nordböhmen), gestorben am 14. Oktober 1987 in Wien, österreichische Sängerin (Sopran)

Walther Ludwig, geboren am 17. März 1902 in Bad Oeynhausen, gestorben am 15. Mai 1981 in Lahr (Schwarzwald), deutscher Sänger (Tenor)

Kurt Moll, geboren am 11. April 1938 in Buir (bei Köln), deutscher Sänger (Bass)

Konstanze Mozart (geborene Weber), geboren am 5. Januar 1762 in Zell im Wiesental (bei Lörrach), gestorben am 6. März 1842 in Salzburg, deutsche Sängerin, Ehefrau Wolfgang Amadeus Mozarts

Wolfgang Amadeus Mozart (eigentlich Johannes Chrysostomus Wolfgang Gottlieb Mozart), geboren am 27. Januar 1756 in Salzburg, gestorben am 5. Dezember 1791 in Wien, österreichischer Komponist

Il dissoluto punito ossia Il Don Giovanni →Kaisers Klassik Nr. 88

Die Entführung aus dem Serail, Singspiel in drei Aufzügen KV 384; Text: Johann Gottlieb Stephanie der Jüngere nach Christoph Friedrich Bretzner; Uraufführung: Wien, 16. Juli 1782

Le nozze di Figaro →KAISERS KLASSIK NR. 2

Die Zauberflöte →KAISERS KLASSIK NR. 45

ARNOLD SCHÖNBERG, geboren am 13. September 1874 in Wien, gestorben am 13. Juli 1951 in Los Angeles, österreichischer Komponist

Moses und Aron, Oper in drei Akten; Text: Arnold Schönberg; komponiert 1930–37; Uraufführung: Zürich, 6. Juni 1957

PETER SCHREIER, geboren am 29. Juli 1935 in Gauernitz (bei Meißen), deutscher Sänger (Tenor)

SIR GEORG SOLTI (eigentlich György Solti), geboren am 21. Oktober 1912 in Budapest, britischer Dirigent ungarischer Herkunft

MARTTI TALVELA, geboren am 4. Februar 1935 in Hiitola (Karelien), gestorben am 23. Juli 1989 in Helsinki, finnischer Sänger (Bass)

RICHARD WAGNER

Parsifal →KAISERS KLASSIK NR. 99

67
Ludwig van Beethoven
Die »Mondscheinsonate«
Klaviersonate cis-Moll op. 27 Nr. 2

Musik exzentrischer Leidenschaft. Nie zuvor waren Bekenntnisse solcher Gewalt dem Klavier anvertraut worden. Später genierte Beethoven sich anscheinend, seine Seele so offen, so ungeschützt, exhibitionistisch zur Schau gestellt zu haben. Er beklagte sich: »Immer spricht man von der cis-Moll-Sonate; ich habe doch wahrhaftig Besseres geschrieben.« Wie die Sonate *entstand und was sie bedeutet …*

In seinem 31. Lebensjahr drängte Beethoven, längst ein berühmter Komponist, jene Menschenscheu zurück, die ihn als Folge seiner Gehörkrankheit quälte. »Diese Veränderung«, so schrieb er an seinen Freund Franz Wegeler, »hat ein liebes, zauberisches Mädchen hervorgebracht, das mich liebt, und das ich liebe; es sind seit 2 Jahren wieder einige selige Augenblicke, und es ist das erste mal, daß ich fühle, daß Heirathen glücklich machen könnte; leider ist sie nicht von meinem Stande …«

Ja, Beethoven war verliebt in jene Gräfin Giulietta Guicciardi, der er zwei Jahre Klavierunterricht erteilt hatte. Und die er dadurch unsterblich machte, dass er ihr die »Mondscheinsonate« (wie der Berliner Kritiker Ludwig Rellstab diese *Sonate* später taufte) widmete. Die 17-jährige bildhübsche Gräfin Giulietta nahm die Affäre mit ihrem entflammten Musiklehrer wohl nicht allzu ernst. Der Mann kam nicht in Frage. Bereits 1803 heiratete sie standesgemäß den Komponisten Robert Graf Gallenberg. Man zog nach Italien. Giulietta betrog ihren Gatten. Schließlich kam das »liebe, zauberische«

Mädchen als Mätresse eines Grafen Schulenburg, zudem von den Behörden der Spionage verdächtigt, nach Wien zurück. Weinend suchte sie 1822 den alten Beethoven auf. Aber der mochte nun nichts mehr von ihr wissen...

Alte, tief vergangene Geschichten. Aber die *»Mondscheinsonate«* ist geblieben und vibriert von der Passion, zu der eine schöne Kokette den unseligen Beethoven einst inspirierte.

Statt einer klassisch ausgewogenen Sonate bietet Beethoven hier eine Sonaten-Fantasia der Extreme. Durchgebrannt ist alle Mitte. Den langsamen ersten Satz glauben Anfänger vom Blatt spielen zu können. Aber diese wunderbare Schwermutsballade verlangt hohe Interpretationskunst. Untröstlich und süß zugleich muss eine zarte Melodie ihren traurigen Traum singen. Dazu eine Begleitung aus Triolen, die wie fahles Mondlicht den Satz erfüllen. Die erste dieser Triolen sollte immer ein wenig lauter erklingen als die zweite und dritte. Darunter marmorne Bässe. Es sind also nicht weniger als vier verschiedene Stimmen und Tonstärken in diesem strengen Satz darzubieten! Und der höchste Ton des Adagios ist zugleich seine Mitte. Seine Symmetrieachse, die das Stück in zweimal 35 Takte gliedert (auf der CD Friedrich Guldas Take 4, nach 3.09).

Dem Adagio folgt ein tänzerisches Allegretto. Als »Blume zwischen zwei Abgründen« charakterisierte Franz Liszt dieses Intermezzo. Es scheint Frieden zu herrschen.

Doch im Finale wird apokalyptisch deutlich, wie trügerisch dieser Friede war. Heraufsausende Passagen, geduckt, leise. Dann im Bass stampfende Rhythmen. Dann plötzlich gleichsam zischende Sforzati. Ins zweite Thema verbeißt sich Beethoven hemmungslos besessen. Am Schluss scheint das Presto – in tiefen, toten Adagio-Tönen – förmlich ausgebrannt. Die letzten Takte donnern lakonisch starr. Eine Tragödie ist zu Ende.

Wenn Sie Beethovens »Mondscheinsonate« *mögen ...*

Im 19. Jahrhundert, dem Jahrhundert des Klaviers und der großen Solisten, wurde das Pianoforte oft zum Instrument, auf dem ein Einsamer und Einzelner tönende Bekenntnisse der Leidenschaft, des Weltschmerzes äußerte. Ausdruck macht Eindruck. Bei Beethoven ließe sich unserer *Sonate cis-Moll* die *Klaviersonate f-Moll* op. 57, die *»Appassionata«*, gegenüberstellen. Robert Schumanns *Fantasie C-Dur* op. 17, Chopins *Ballade g-Moll* op. 23 oder sein *Scherzo h-Moll* op. 20 ähneln in ihrer Weise gleichfalls jenen tiefpersönlichen Monologen, die Beethoven dem Klavier anzuvertrauen wagte.

Die fesselndsten Interpretationen von Beethovens »Mondscheinsonate«

Als Beethoven-Interpret war und ist Friedrich Gulda ein Genie rhythmischer Konsequenz, motorischer Inständigkeit, herber Beseelung. Er gibt nicht persönlich-subjektivistischen »Ausdruck«, sondern verbündet sich mit der gleichsam objektiven Gewalt des Notentextes. Das kann manchmal, zumal die Beschäftigung mit Jazzmusik Guldas Anschlag nicht gerade differenzierte, die Gefahr des Grellen und Klirrenden heraufbeschwören. Doch wenn Gulda sich an großen Abenden seiner Musikalität ohne Forciertheit überlässt, vermag er Beethoven wahrlich unerhört spannend darzubieten. Den Schluss des »Presto agitato« aus Beethovens *Sonate* gestaltet er rückhaltlos intensiv.

Kennt man den Adagio-Kopfsatz der *»Mondscheinsonate«*, wie ihn die großen Pianisten unseres Jahrhunderts zu interpretieren pflegen, und hört man ihn dann von Solomon, so glaubt man, einem ganz anderen Stück zu begegnen. Beethoven scheint sich im Adagio auf die Sterbeszene des Komturs aus Wolfgang Amadeus Mozarts *Don Giovanni* zu beziehen, die er sich zu Studienzwecken sogar abschrieb. Da gibt es diese magischen Triolen auch. Beethovens Tempovorschrift – einerseits »Adagio«, andererseits »alla breve«, also zwei Viertel auf einen Schlag – ist nicht eindeutig. Solomon entscheidet sich für absolute Langsamkeit. Der Eindruck ist gewaltig, groß, ja ungeheuerlich.

Arthur Rubinstein hat immer bestritten, dass Beethoven ein »Klassiker« sei. In der Tat galt Beethoven bei Lebzeiten als ein romantisches Originalgenie. Erst die Musikprofessoren verklärten ihn später zum »Klassiker«. Das hat Rubinstein nie mitgemacht. Er musiziert Beethoven stets frei, melodisch blühend, möglichst unakademisch. Das aber bedeutet im »Presto agitato« der *»Mondscheinsonate«* ein rückhaltlos wildes, höchst risikobereites Tempo. Rubinstein fühlt, dass hier nicht im goldenen Mittelweg die Wahrheit liegt – sondern in den Extremen.

Who's who

Ludwig van Beethoven, getauft am 17. Dezember 1770 in Bonn, gestorben am 26. März 1827 in Wien, deutscher Komponist

Klaviersonate cis-Moll Nr. 14 »Sonata quasi una fantasia (Mondscheinsonate)« op. 27,2 (1801) — 1. Satz: Adagio sostenuto; 2. Satz: Allegretto; 3. Satz: Presto agitato

Klaviersonate f-Moll Nr. 23 »Appassionata« op. 57 →Kaisers Klassik Nr. 74

Frédéric Chopin

Ballade für Klavier g-Moll Nr. 1 op. 23 →Kaisers Klassik Nr. 25

Scherzo für Klavier h-Moll Nr. 1 op. 20 →Kaisers Klassik Nr. 77

Robert Graf von Gallenberg, geboren am 28. Dezember 1783 in Wien, gestorben am 13. März 1839 in Rom, österreichischer Komponist

Giulietta Gräfin Guicciardi (verheiratete Gräfin Gallenberg), geboren am 23. November 1784, gestorben am 22. März 1856 in Wien, Schülerin Ludwig van Beethovens

Friedrich Gulda, geboren am 16. Mai 1930 in Wien, österreichischer Pianist

Franz von Liszt →Kaisers Klassik Nr. 29

Wolfgang Amadeus Mozart
Il dissoluto punito ossia Il Don Giovanni →Kaisers Klassik Nr. 88

Ludwig Rellstab, geboren am 13. April 1799 in Berlin, gestorben am 28. November 1860 in Berlin, deutscher Musikschriftsteller und Komponist

Arthur Rubinstein, geboren am 28. Januar 1887 in Lodz, gestorben am 20. Dezember 1982 in Genf, amerikanischer Pianist polnischer Herkunft

Robert Schumann →Kaisers Klassik Nr. 8
Fantasie für Klavier C-Dur op. 17 (1836) — 1. Satz: Durchaus phantastisch und leidenschaftlich vorzutragen – Im Legendenton – Tempo primo; 2. Satz: Mäßig. Durchaus energisch; 3. Satz: Langsam getragen. Durchweg leise zu halten

Solomon (eigentlich Solomon Cutner), geboren am 9. August 1902 in London, gestorben am 2. Februar 1988 in London, britischer Pianist

Franz Wegeler, geboren am 22. August 1765 in Bonn, gestorben am 7. Mai 1848 in Koblenz, deutscher Arzt, Jugendfreund Ludwig van Beethovens

68

Wolfgang Amadeus Mozart

Das »große« Klavierkonzert C-Dur

KV 467

Fügt ein festlich-phantastisches Marschallegro, eine betörende Andante-Gesangsszene und ein virtuos-witziges Finale zusammen zum Idealtyp des mozartschen klassischen Klavierkonzerts. Vollendete, schmerzlich überschattete, wunderbar heitere Kunst. Wie das Konzert *entstand und was es bedeutet …*

Weil Mozart seine großen Klavierkonzerte für sich selber, für eigene Auftritte, komponierte, gerieten sie zu menschenfreundlichen, wirkungsvollen und gedankenreichen Höhepunkten seines Schaffens. Immerhin 17 Klavierkonzerte schrieb sich Mozart in seinem letzten, dem Wiener, Lebensjahrzehnt. Da mehrere davon in C-Dur stehen, nennt man unser stolzes, machtvoll symphonisch angelegtes *Konzert* KV 467 das »große« C-Dur-Konzert.

Groß ist es wahrlich in jeder Weise. Das »Allegro maestoso« setzt mit einem jener charakteristisch federnden Marschthemen ein, wie Mozart sie liebte. Für helle, positive Märsche hatte er nämlich etwas übrig. Nur Trauermärsche komponierte er nie. Es widerstrebte ihm offenbar, seine Depressionen an das Kollektiv des Trauermarsches zu verraten …

Freilich: schattenlos heiter-hell ist das punktierte Marschthema nur die ersten zwölf Takte lang. Dann erscheint es festlich phantastisch gesteigert, mit Mollstufen bereichert. Es ist viel passiert, wenn sich endlich auch der Klaviersolist in Szene setzen darf mit seinem witzig-virtuosen »Eingang«. Mozart gibt dem Pianisten immer rauschendere Passagen auf den

Weg. Es herrscht virtuoser, spiritueller Glanz. Nachdenklich beginnt dann das Klavier die Durchführung. Mit einer schmerzlich ausdrucksvollen e-Moll-Geste (bei Rudolf Serkin CD 1, Take 1, nach 6.39).

Dem Maestoso-Kopfsatz folgt eine der schönsten Andante-Eingebungen Mozarts. Eine geträumte Serenade. Gedämpfte Streicher tragen eine Melodie vor, deren zarte Viertel- oder Achtelwendungen von rhythmisch sanft kontrastierenden Triolen begleitet werden. Die dunkle, überschwänglich-dissonante Erweiterung und schmerzliche Vollendung dieser Melodie ist ein ebenso überraschendes wie rätselhaft selbstverständliches Ereignis (auf Daniel Barenboims CD Take 2, nach 3.37). Johann Nepomuk Hummel, ein Schüler Mozarts, hat diesen Einfall, der ihm selbst nie geschenkt worden wäre, schamlos für den zweiten Satz seines munter-populären Trompetenkonzerts geklaut.

Das Finale bietet zunächst Witz. Dann Eleganz. Halsbrecherisch heikles, luftiges Passagenwerk des Klaviers. In der Mitte huscht ein Molldialog zwischen Klavier und Orchester so schnell vorbei (auf der CD Alfred Brendels Take 3, von 3.26 bis 4.05), dass man kaum zu entscheiden wagt, ob da nur ein rasches, anspruchsvolles Gespräch stattfand oder doch eine bedrohlich leise Tragödie.

Wenn sie Mozarts »großes« Konzert C-Dur *mögen …*

Da wird gestritten: ob nicht Mozarts anderthalb Jahre später komponiertes *Konzert C-Dur* KV 503 womöglich noch reicher sei als das »große« Konzert *C-Dur* KV 467. Und auch das so genannte *»Krönungskonzert«* Mozarts (in D-Dur, KV 537) versprüht festliches Feuer, virtuosen Glanz. Ludwig van Beethovens *Klavierkonzert C-Dur* op. 15, das oft als weniger bedeutsames Frühwerk unterschätzt wird, aber eine großartig persönliche Erfüllung des Konzertanspruchs bietet, wäre dem mozartschen Meisterwerk durchaus als mögliche Alternative entgegenzustellen.

Die fesselndsten Interpretationen von Mozarts »großem«
Konzert C-Dur

Alfred Brendel bietet, geistvoll, verhalten-expressiv und makellos, eine ebenso schwungvolle wie klassisch gebändigte Einspielung des *Konzerts*. Er übertreibt weder die dissonanten Ausdruckswunder falsch-ekstatisch, noch lässt er es fehlen an Brillanz, perlendem Passagenspiel und Gedankentiefe. Neville Marriner und die Academy of St.-Martin-in-the-Fields korrespondieren aufmerksam. Im langsamen Satz fügt Brendel, vollendet stilsicher, freie Verzierungen hinzu.

Daniel Barenboim, das English Chamber Orchestra dirigierend und den Solopart spielend, hat sich längst als hingebungsvoll ausdrucksreicher Mozart-Interpret durchgesetzt. Wie er Mozarts Passagen nachzuzeichnen, Mozarts langsame Kantilenen zu gestalten weiß, das ist von reinster Musikalität, faszinierend und schön. Auch im »großen« *C-Dur-Konzert* werden alle diese Vorzüge Barenboims bestechend deutlich. Freilich ließe sich darüber streiten, ob hier das Finale – immerhin ein »Allegro vivace assai« – nicht doch um eine Spur zu verhalten, zu empfindsam betulich erklingt.

Der große Pianist Rudolf Serkin wurde 88 Jahre alt. Er besaß aber bis zum letzten Tag die flammend reine, liebenswerte Seele eines Jünglings. Auch sein Mozart-Spiel, zumal Serkins Aufnahmen aus den frühen fünfziger Jahren, war überschwänglich. Dabei ohne jede Pose, ohne Drücker und Manierismen. Schwung, Begeisterung und Freiheit prägen jeden Takt serkinscher Mozart-Huldigung – die hier gewiss »romantischer« klingt, als man es heute gewohnt ist. Serkins Feuer fesselt. Alexander Schneider und das Columbia Symphony Orchestra begleiten hingebungsvoll.

Who's who

Daniel Barenboim, geboren am 15. November 1942 in Buenos Aires, israelischer Pianist und Dirigent

Ludwig van Beethoven →Kaisers Klassik Nr. 1

Konzert für Klavier und Orchester C-Dur Nr. 1 op. 15 (1798) — 1. Satz: Allegro con brio; 2. Satz: Largo; 3. Satz: Rondo. Allegro

Sir Alfred Brendel, geboren am 5. Januar 1931 in Wiesenberg (Nordmähren), österreichischer Pianist

Johann Nepomuk Hummel, geboren am 14. November 1778 in Preßburg, gestorben am 17. Oktober 1837 in Weimar, österreichischer Komponist und Pianist

Konzert für Trompete und Orchester Es-Dur (1803) — 1. Satz: Allegro con spirito; 2. Satz: Andante; 3. Satz: Allegro

Sir Neville Marriner, geboren am 15. April 1924 in Lincoln, britischer Dirigent und Geiger

Wolfgang Amadeus Mozart (eigentlich Johannes Chrysostomus Wolfgang Gottlieb Mozart), geboren am 27. Januar 1756 in Salzburg, gestorben am 5. Dezember 1791 in Wien, österreichischer Komponist

Konzert für Klavier und Orchester C-Dur Nr. 21 KV 467 (1785) — 1. Satz: Allegro; 2. Satz: Andante; 3. Satz: Allegro vivace assai

Konzert für Klavier und Orchester C-Dur Nr. 25 KV 503 (1786) — 1. Satz: Allegro maestoso; 2. Satz: Andante; 3. Satz: Allegretto

Konzert für Klavier und Orchester D-Dur Nr. 26 »Krönungskonzert« KV 537 (1788) — 1. Satz: Allegro; 2. Satz: Larghetto; 3. Satz: Allegretto

Alexander Schneider (eigentlich Alexandr Issaakowitsch Schneider), geboren am 21. Oktober 1908 in Wilna, gestorben am 2. Februar 1993 in New York, amerikanischer Geiger und Dirigent litauischer Herkunft

Rudolf Serkin, geboren am 28. März 1903 in Eger, gestorben am 8. Mai 1991 in Guildford (VT), amerikanischer Pianist russisch-österreichischer Herkunft

69
Pjotr Tschaikowski
Symphonie f-Moll Nr. 4
op. 36

Spontaner Ausdruck düsteren Leidens, aber auch sprühender Lebenskraft. Nach drei schönen, melodischen Symphonien plötzlich diese Vierte*: ein grandioser Geniestreich. Fürchterliche Qualen hatten vorausgehen müssen, um Musik derart schmerzlicher Intensität entstehen zu lassen. Der 38-jährige Tschaikowski bietet eine wunderbar unabgenutzte Reinheit der Empfindung, unsentimentale Noblesse, melodischen Charme. Wie die* Vierte *entstand und was sie bedeutet …*

Es muss im Leben des behütet aufgewachsenen, von seiner Mutter innig umsorgten Tschaikowski eine ziemliche Katastrophe gewesen sein, als er spürte, dass seine Homosexualität unüberwindlich war. Um die russische Öffentlichkeit des prüden 19. Jahrhunderts und vielleicht auch sich selbst über den Charakter seines erotischen Verlangens zu täuschen, heiratete Tschaikowski 1877 eine seiner Schülerinnen. (»Egal, wer es ist«, soll er geäußert haben.) Trennte sich panisch rasch von ihr. Selbstmordabsichten. Doch schon 1878 vollendete er die *Symphonie Nr. 4*, die seinen Weltruhm begründete. Inzwischen hatten sich des Komponisten äußere Lebensumstände sehr zum Besseren gewandelt. Die steinreiche Eisenbahnunternehmerswitwe Nadeschda von Meck, Mutter von elf Kindern, beehrte ihn mit einer Brieffreundschaft – und einer stattlichen Jahrespension! Die beiden schrieben einander weit über 1 000 Briefe, sahen sich nie. Drei Jahre vor des Komponisten Tod, 1890, zerbrach diese lukrative Beziehung.

Der Frau von Meck verdankt die Musikwelt ein unschätzbares Dokument. Auf ihre Frage nach dem »Programm« der *Symphonie Nr. 4* gab der Komponist ausführliche Antwort. Das drohende Hauptthema sei »jene Schicksalsgewalt, die unser Streben nach Glückseligkeit hindert«. Im Verlauf des Satzes hülle eine Traumvision die Seele tröstend ein. Doch dieses Glück dürfe nicht dauern: Unsanft wecke das Schicksalsmotiv den Träumenden. Freilich: was hülfe das prächtigste Programm, wenn der Komponist es nicht in charakteristische musikalische Einfälle umzusetzen verstünde? Es ist ein großer Augenblick, wie hier nach vehementen Steigerungen des ersten Themas die zarte Klarinettenmelodie erscheint und sich mit der Anmut tänzerisch beschwingter Celli zu einem Glückstraum verbindet (bei Igor Markevitch CD 1, Take 1, nach 5.14). Am Ende des Kopfsatzes verwandelt sich ein russisch-hymnischer Gedanke in eine furiose, mitreißend beschleunigte Stretta. Wüst-triumphal schmettert das Schicksalsmotiv in den erhabenen Tumult (Markevitch, Take 1, nach 16.26).

Der zweite Satz führt eine graziös traurige Liedmelodie vor, unterbricht sie dramatisch, bereichert sie innig.

Im Scherzo macht Tschaikowski einen brillant-weltläufigen Instrumentationswitz: Während des Hauptteils zupfen allein die Streicher emsig huschend ihr Pizzikato, den Mittelteil bestreiten nur die pfiffigen Holzbläser. Daraufhin ruft das Blech zur Ordnung. Am Ende wird alles souverän durcheinandergewirbelt …

Als ein Volksfest naiver Themen, die tosend gesteigert werden, präsentiert sich das Finale. Allmählich verlieren die Melodien dabei ihre Harmlosigkeit – zumal das Schicksalsmotiv sich nicht einmal von einem russischen Jahrmarkt zum Schweigen bringen lässt.

Wenn Sie Tschaikowskis Vierte *mögen …*

Liebhaber der *Vierten* werden sich auch in Tschaikowskis *Symphonie Nr. 5* versenken wollen, die das Programm der *Vierten* rhetorisch fesselnd, aber vielleicht manchmal doch allzu aufgedonnert und rücksichtslos schlagerhaft zu wiederholen scheint. Tschaikowski selber meinte, der Aufbau seiner *Vierten* sei von Ludwig van Beethovens *Fünfter* (»Durch Nacht zum Licht«) beeinflusst. So legt sich auch ein Vergleich mit Beethovens populärster Orchesterkomposition nahe.

Die fesselndsten Interpretationen von Tschaikowskis Vierter

Den Leidensdruck dieser Musik vermochte Leonard Bernstein mit seinem New York Philharmonic Orchestra faszinierend zu treffen. Im riesigen ersten Satz, der unter Bernsteins Händen zweieinhalb Minuten länger dauerte als in der sehr kompetenten Aufnahme Herbert von Karajans mit den Berliner Philharmonikern und gar vier Minuten länger als bei Leopold Stokowski, führt Bernsteins keuchende Inständigkeit zu mächtigem russischen Pathos. Im zweiten Satz bleibt »Lennie« trotz wiederholter »Grazioso«-Forderungen der Partitur gefährlich langsam. Doch nie schlägt seine ausdrucksvolle Langsamkeit in Langeweile um! Während das Finale oft nur russisch lärmt, tritt in Bernsteins Interpretation eine aufgewühlte panische Dimension hinzu.

Igor Markevitch – auch er, wie Bernstein, Kind russischer Eltern – begreift die *Symphonie* fatalistisch und zwingend. Er betont weniger die slawische »Seele« als die Herbheit der Nebenstimmen, die Macht der Harmonien. Intelligenter, schneidender und sinnvoller, als es dem genialischen Markevitch gelang, dürfte Tschaikowskis *Vierte* schwerlich zu meistern sein.

Das London Symphony Orchestra animierte er in dieser Einspielung von 1962 zu Höchstleistungen.

Stokowski wurde 1882 geboren, also gut drei bis vier Jahrzehnte vor Bernstein und Markevitch. Stokowski versteht Tschaikowskis Melos »italienischer«, freier, gesanglicher, als wir es heute gewohnt sind. Er verweilt, wie Enrico Caruso, überschwänglich auf hohen Tönen: nicht etwa »französisch«, sondern durchaus belcantohaft. Erstaunlich, wie gut der Partitur diese altmodischen Freiheiten des einst so berühmten Dirigenten – er produzierte die Musik zu Walt Disneys Film *Fantasia* und orchestrierte Johann Sebastian Bachs Orgelwerke gern üppig für großes Orchester – bekommen. Wenn man die riesige Gefühlsbreite Tschaikowskis kennen lernen will, muss man aufgeschlossen hören, was Stokowski einst alles aus dem American Symphony Orchestra herauszuholen verstand.

Who's who

Johann Sebastian Bach →Kaisers Klassik Nr. 14

Ludwig van Beethoven

Symphonie c-Moll Nr. 5 op. 67 →Kaisers Klassik Nr. 26

Leonard Bernstein, geboren am 25. August 1918 in Lawrence (MA), gestorben am 14. Oktober 1990 in New York, amerikanischer Dirigent und Komponist

Enrico Caruso, geboren am 27. Februar 1873 in Neapel, gestorben am 2. August 1921 in Neapel, italienischer Sänger (Tenor)

Walt Disney (eigentlich Walter Disney), geboren am 5. Dezember 1901 in Chicago, gestorben am 15. Dezember 1966 in Burbank (CA), amerikanischer Trickfilmzeichner und Filmproduzent

Fantasia, Zeichentrickfilm (1940)

Herbert von Karajan, geboren am 5. April 1908 in Salzburg, gestorben am 16. Juli 1989 in Anif (bei Salzburg), österreichischer Dirigent

IGOR MARKEVITCH (eigentlich Igor Borissowitsch Markewitsch), geboren am 27. Juli 1912 in Kiew, gestorben am 7. März 1983 in Antibes (bei Nizza), italienischer Dirigent ukrainischer Herkunft

NADESCHDA FILARETOWNA VON MECK, geboren am 10. Februar 1831 in Snamenskoje (bei Smolensk), gestorben am 13. Januar 1894 in Wiesbaden, russische Mäzenin, Brieffreundin Pjotr Iljitsch Tschaikowskis

LEOPOLD STOKOWSKI, geboren am 18. April 1882 in London, gestorben am 13. September 1977 in Nether Wallop (Hampshire), amerikanischer Dirigent

ALEXANDRA ANDREJEWNA TSCHAIKOWSKAJA (geborene Assier), geboren 1813, gestorben im Juni 1854 in Petersburg, Muter Pjotr Iljitsch Tschaikowskis

PJOTR ILJITSCH TSCHAIKOWSKI, geboren am 7. Mai 1840 in Wotkinsk (Ural), gestorben am 6. November 1893 in Petersburg, russischer Komponist

Symphonie f-Moll Nr. 4 op. 36 (1878) — 1. Satz: Andante sostenuto – Moderato con anima; 2. Satz: Andantino in modo di canzone; 3. Satz: Scherzo. Pizzicato ostinato; 4. Satz: Finale. Allegro con fuoco

Symphonie e-Moll Nr. 5 op. 64 (1888) — 1. Satz: Andante – Allegro con anima; 2. Satz: Andante cantabile, con alcuna licenza; 3. Satz: Valse. Allegro moderato; 4. Satz: Finale. Andante maestoso – Allegro vivace

70
Franz Liszt
Die Ungarischen Rhapsodien

U-Musik mit Abgründen. Liszts populärste Virtuosenstücke. Im Zigeuneridiom. Süffig, melodisch, schwungvoll. Über manche dieser Rhapsodien rümpfen feine Pinkel die Nase: Glitzerzeug, süßlich, aufgedonnert, unseriös. Wer aber liebt eigentlich Liszts funkelnd-vitale Kinder? Antwort: das Publikum. Legt ein Pianist mit Pranke und Paprika eine große Liszt-Rhapsodie schwungvoll hin – dann donnert der Beifall. Dann wird auch der säuerlichste Musikprofessor weich! Wie die Rhapsodien entstanden und was sie bedeuten …

In der Mitte des 19. Jahrhunderts wollte Liszt – ein im Ungarischen geborener Weltbürger, der allerdings kein Wort Ungarisch sprach – die Kunst seiner Heimat verewigen. Die Musik der ungarischen Zigeuner hatte es ihm angetan. Er meinte nämlich (irrtümlich), die Zigeuner hätten alte, edle ungarische Weisen benutzt. Nur: so alt waren die von den Zigeunern verwendeten Melodien nicht. Sondern jüngst entstandene, eher harmlose Unterhaltungsmusik. Doch Liszt begeisterte sich für die reizvollen Einfälle im Zigeuneridiom und bearbeitete sie genial wirkungssicher.

Seine Rhapsodien gleichen formal oft dem Csárdás. Der beginnt mit einem todtraurigen, pathetisch langsamen Mollanfang und endet mit einem schnellen Durteil. Die unzähmbaren, undomestizierbaren Zigeuner boten ihre Kunst improvisatorisch frei. So wollen Liszts Rhapsodien auch gespielt sein. Sonst bleiben sie billig, banal.

Doch wie faszinierend kann die grandios auftrumpfende *Rhapsodie Nr. 2* wirken, wenn Alfred Brendel – der ein großer

Liszt-Bewunderer war und ist – ihr seine geschmackssichere Passion zuwendet! Oder wenn ein Meister wie Sergei Rachmaninow diesem witzigen Werk in seiner uralten Einspielung sogar eine versnobte russisch-mürrische Kadenz hinzufügt. Oder gar wenn Vladimir Horowitz sie abenteuerlich, ja übermütig frei in ein Teufelsstück verwandelt.

Martha Argerich demonstriert, wie unwiderstehlich die *Rhapsodie Nr. 6* zu wirken vermag, die entschlossen beginnt, einen ausdrucksvollen langsamen Teil folgen lässt und mit rasenden Oktaven endet. Freilich ist auch hier Horowitz unschlagbar. Bei Liszt war er der King. Liszt hat auch meditativere Rhapsodien komponiert, wie die *Nr. 8* oder die *Nr. 13*. Sogar eine trauermarschartige wie die heroische *Nr. 5*. Als der 42-jährige Meister die *Nr. 15* fertig hatte, die den Rákóczi-Marsch donnernd verklärt, hörte er mit dem Rhapsodien-Komponieren auf. Die späten, viel abstrakteren Rhapsodien (Nr. 16–19) folgen erst zwischen 1882 und 1886 … Außer dummem Hochmut kann es für musikliebende und nicht völlig humorlose Erdenbürger eigentlich keinen Grund geben, sich das Vergnügen zu versagen, welches Liszts Rhapsodien dann bereiten, wenn sie nicht von Stümpern gestammelt werden, sondern von Meistern gespielt!

Wenn Sie Liszts Ungarische Rhapsodien *mögen …*

Der aus dem Griechischen stammende Begriff »Rhapsodie« meint etwas Zusammengeflicktes. Einen Fleckerlteppich trefflicher Themen. Und das müssen nicht unbedingt »ungarische« sein! So komponierte Liszt auch eine meisterhafte *Spanische Rhapsodie*. Die tiefernsten, balladesken Klavierrhapsodien von Johannes Brahms verzichten überhaupt auf alle nationalen, folkloristischen Gewürze. Und wer – begreiflicherweise – der »Klassik« mal ein wenig müde wird, dem sei dringlich zu George Gershwins *Rhapsodie in Blue* geraten.

Zumal wenn Leonard Bernstein sie als Dirigent und Pianist interpretiert.

Die fesselndsten Interpretationen von Liszts Ungarischen Rhapsodien

Vladimir Horowitz ist gewiss der aufregendste Pianist des Jahrhunderts gewesen. Wenn er Liszt spielte, setzte er nicht nur seine phänomenale Technik ein, sondern vor allem seinen Klangsinn, sein Raffinement, seinen Witz! So kamen faszinierende Einspielungen der *2., 6., 15.* und auch *19. Rhapsodie* zustande. Diese letzte, späteste aller lisztschen Rhapsodien hat Horowitz frei bearbeitet, sie gewissermaßen pianistisch und kompositorisch aus einem skizzenhaften in einen konzertanten Zustand gebracht. Leider liegen die trefflichen Konkurrenzeinspielungen von Emil Gilels und Claudio Arrau gegenwärtig nicht auf CD vor.

Georges Cziffra hat es mit Erfolg gewagt, die *Rhapsodien Nr. 1–15* sowie die *16.* und *19.* in eigenen Bearbeitungen einzuspielen, also Liszts Rhapsodien-Gesamtwerk dem Publikum vorzulegen. Die manuelle Sicherheit dieses Virtuosen ist bewunderungswürdig. Er musiziert schwungvoll, elegant und zupackend. Cziffras Einspielung etwa der *12. Rhapsodie* klingt anmutig, feurig und nie forciert.

Erfolg und Beliebtheit der Klavierrhapsodien veranlassten Liszt, auch instrumentierte Orchesterfassungen vorzulegen. Wem also das Klavier zuwenig ist, zu farblos vielleicht, zu kammermusikalisch, der kann die Rhapsodien auch – obwohl sie sich im Orchestergewand simpler und banaler ausnehmen – beispielsweise von dem Budapester Symphonieorchester unter András Kórody anhören. Für ungarische Authentizität ist auf alle Fälle gesorgt.

MARTHA ARGERICH, geboren am 5. Juni 1941 in Buenos Aires, argentinische Pianistin

CLAUDIO ARRAU, geboren am 6. Februar 1903 in Chillán, gestorben am 9. Juni 1991 in Mürzzuschlag (Steiermark), chilenischer Pianist

LEONARD BERNSTEIN, geboren am 25. August 1918 in Lawrence (MA), gestorben am 14. Oktober 1990 in New York, amerikanischer Dirigent und Komponist

JOHANNES BRAHMS →KAISERS KLASSIK NR. 10

SIR ALFRED BRENDEL, geboren am 5. Januar 1931 in Wiesenberg (Nordmähren), österreichischer Pianist

GEORGES CZIFFRA (eigentlich György Cziffra), geboren am 5. November 1921 in Budapest, gestorben am 15. Januar 1994 in Paris, französischer Pianist ungarischer Herkunft

GEORGE GERSHWIN, geboren am 26. September 1898 in Brooklyn (heute zu New York), gestorben am 11. Juli 1937 in Beverly Hills (CA), amerikanischer Komponist

Rhapsodie in Blue (1924), instrumentiert von Ferde Grofé

EMIL GRIGORJEWITSCH GILELS, geboren am 19. Oktober 1916 in Odessa, gestorben am 14. Oktober 1985 in Moskau, russischer Pianist

VLADIMIR HOROWITZ (eigentlich Wladimir Samoilowitsch Gorowiz), geboren am 1. Oktober 1903 in Berditschew, gestorben am 5. November 1989 in New York, amerikanischer Pianist ukrainischer Herkunft

ANDRÁS KÓRODY, geboren am 24. Mai 1922 in Budapest, gestorben am 17. September 1986 in Venedig, ungarischer Dirigent

FRANZ VON LISZT, geboren am 22. Oktober 1811 in Raiding (Burgenland), gestorben am 31. Juli 1886 in Bayreuth, ungarisch-deutscher Pianist und Komponist

Rhapsodie espagnole (Spanische Rhapsodie) (um 1863)

Ungarische Rhapsodie cis Moll Nr. 2 (1847) — Lento a capriccio

Ungarische Rhapsodie e-Moll Nr. 5 (um 1850) — Héroïde-élégiaque
Ungarische Rhapsodie Des-Dur Nr. 6 (um 1850) — Tempo giusto
Ungarische Rhapsodie fis-Moll Nr. 8 (um 1850) — Lento a capriccio
Ungarische Rhapsodie a-Moll Nr. 13 (um 1850) — Andante sostenuto
Ungarische Rhapsodie a-Moll Nr. 15 »Rákóczy-Marsch« (1851) — Allegro animato – Tempo di marcia animato

SERGEI WASSILJEWITSCH RACHMANINOW →KAISERS KLASSIK NR. 96

71

Richard Wagner

Lohengrin

Romantische Oper in drei Akten

Die Oper der Opern: romantisch überschwänglich, melodienselig und wahrlich der Wunder voll. Da kommt der rettende Ritter in höchster Not, von einem Schwan transportiert. Da soll die Gerettete ihren Helden zwar lieben, aber nie nach Namen und Herkunft fragen. Unter Dankestränen verspricht sie alles. Will dann natürlich doch wissen, wer ihr Strahlemann sei. Stirbt am Ende. Und Lohengrin muss enttäuscht zum heiligen Gral zurück. Seine Hoffnungen auf die Wonnen der irdischen Liebe und das absolute Vertrauen eines Weibes waren zu groß gewesen. Wie der Lohengrin *entstand und was er bedeutet …*

Auf der Höhe seiner Kunst und seines Instrumentationskönnens, befeuert von den triumphalen Erfahrungen, die er mit den vorangegangenen Werken (*Rienzi* 1842, *Fliegender Holländer* 1843, *Tannhäuser* 1845) gemacht hatte, so dichtete und komponierte Wagner, mittlerweile gefeierter sächsischer Hofkapellmeister, 1846/47 den *Lohengrin*. Er war damals noch keine 35 Jahre alt! Danach überstürzten sich die Ereignisse. Naiv, aber enthusiastisch beteiligte sich Wagner aktiv an der Revolution von 1848. Musste emigrieren. Im Zürcher Exil, zwischen 1848 und 1853, komponierte er dann kaum. Entwickelte vielmehr theoretisch seine neuen Ideen des »Musikdramas«, wie er sie dann vor allem im *Ring des Nibelungen* und im *Tristan* verwirklichte.

Der *Lohengrin* war also ein schwungvoll-pathetischer, melodiöser Abschied vom Hergebrachten. Romantisch-Verklärtes, Feierlich-Wunderliches reizt stets auch zum Spott. »Wann geht der nächste Schwan?« Johann Nestroy verfasste sogar eine von Herzen gehässige Parodie, in der Lohengrin von einem Schaf apportiert wird: »Nun sei bedankt, mein gutes Schaf / Kehr wieder heim zum Zauberschlaf.«

Alles das hat dem *Lohengrin* nichts anhaben können. Noch zu Lebzeiten des Komponisten wurde er in 80 Städten der ganzen Welt aufgeführt! In Berlin, London, Moskau, Melbourne – aber auch in Kleinstädten wie Görlitz, Gotha, Nizza. Bereits das Vorspiel zum ersten Akt ist ein (von Thomas Mann heiß geliebtes) Instrumentationswunder: Die flimmernden Geigen symbolisieren, dass etwas Heiliges sich aus reiner Höhe in die irdische Wirklichkeit senkt. Dem korrespondiert das düstere Vorspiel zum zweiten Akt. Ein leises, depressives Nachtstück. Und dann die feurig brillante, reißerisch auftrumpfende Ouvertüre zum Schlussakt: eine allzu vorbehaltlos jubilierende Hochzeitsmusik.

Zu Beginn wartet Elsa von Brabant, des Brudermords angeklagt, passiv entrückt auf einen erträumten helfenden Wunderritter. Das Wunder geschieht: Lohengrins Schwanenauftritt. Herrisch äußert der Held sein Frageverbot. Dann besiegt der Schwanenritter den verleumderischen Telramund. Alles gut?

Im zweiten Akt agieren die besiegten Bösen. Telramunds schlimme Gattin, die politisierende Heidin Ortrud (eine Bombenrolle), provoziert Elsa zu tiefen Zweifeln. Kann alles mit rechten Dingen zugegangen sein, wenn ein wilder Schwan einen vorsichtshalber namenlosen Ritter anschleppte? Ein nachdenkliches Ensemble, Richard Strauss bewunderte es, beschließt grandios die Szene.

Im Schlussakt vermag Lohengrins glühende Liebe Elsas Zweifel keineswegs zu beruhigen. »Es kann von schlimmsten Folgen sein, wenn man nicht zur rechten Zeit zu Bett geht!« spöttelte Friedrich Nietzsche schadenfroh. In einem Riesenduett fragt Elsa. Wäre Lohengrin ein unnahbarer Gott, hätte sie sich gewiss zurückgehalten. Aber da sie einen zärtlichen

Mann liebt, möchte frau schon wissen, wer er ist. Auch wenn es das Leben kostet.

Wenn Sie Wagners Lohengrin *mögen …*

Wie der *Lohengrin*, so haben auch Wagners *Tannhäuser* und *Fliegender Holländer* etwas vom Künstlerdrama. Der große, einsame Einzelne in einer Welt, in die er eben doch nicht ganz passt. Das war ein fesselndes Hauptthema des jungen Wagner. Was das Frageverbot betrifft: Elsa scheitert, weil sie fragt. Natürlich hat ein solches Verbot auch mit tragischer Ironie zu tun. Elsa muss fragen, so wie Orpheus sich, trotz Verbot, im Totenreich nach seiner Eurydike umdrehen muss (er liebt sie nämlich). In Wagners spätem Bühnenweihfestspiel *Parsifal* liegt die Sache umgekehrt. Parsifal beging den Fehler, seine Mitleidsfrage nicht zu stellen. Er war zu verwirrt. Ein Ozean von Bezügen. Verdammt schwer, sich da immer richtig zu verhalten …

Die fesselndsten Interpretationen von Wagners Lohengrin

In der Schallplatteneinspielung, die Rudolf Kempe 1964 mit den Wiener Philharmonikern herausgebracht hat, singt Elisabeth Grümmer eine seelenvolle, im guten Sinn deutsche Elsa, Christa Ludwig eine zwingende Ortrud und Jess Thomas einen heldisch strahlenden Lohengrin. Treffliche Voraussetzungen einer fast mustergültigen Wagner-Darbietung, zumal Dietrich Fischer-Dieskau als Telramund und Gottlob Frick als König Heinrich kompetent zum Gelingen beitragen.

Die Berliner Philharmoniker sind ein reines und weltberühmtes Konzertorchester. Sie müssen also nicht, wie die meisten anderen großen Orchester, regelmäßig Opern-»Dienst« machen. Das könnte ein Nachteil sein: fehlende Opernerfahrung. Doch bei einem Orchester höchster Qualität (zumal wenn es von einem so glänzenden Opernprofi wie Herbert von Karajan inspiriert wird) erweist sich der Nachteil als Vorzug! Nichts klingt routiniert. Alles leuchtet, atmet, wirkt differenziert und symphonisch zugleich. Und René Kollo dürfte in den siebziger Jahren durchaus der Lohengrin seiner Zeit gewesen sein.

Es ist gewiss bemerkenswert, wie Plácido Domingo und Jessye Norman in Georg Soltis *Lohengrin*-Einspielung von 1985/86 die Probleme der wagnerschen Sprache und Dramatik meisterten – trotzdem möchte ich als dritte Interpretation doch nennen (und der Vergessenheit entreißen) des Dirigenten Artur Bodanzky turbulente New Yorker Liveaufführung vom Dezember 1935, wo Lauritz Melchior (Lohengrin), Lotte Lehmann (Elsa), Emanuel List und Friedrich Schorr die heroische Epoche des Wagner-Gesangs beschwören.

Who's who

Artur Bodanzky, geboren am 16. Dezember 1877 in Wien, gestorben am 23. November 1939 in New York, österreichischer Dirigent

Plácido Domingo, geboren am 21. Januar 1941 in Madrid, mexikanischer Sänger (Tenor) spanischer Herkunft

Dietrich Fischer-Dieskau, geboren am 28. Mai 1925 in Berlin, deutscher Sänger (Bariton)

Gottlob Frick, geboren am 28. Juli 1906 in Ölbronn (bei Maulbronn), gestorben am 18. August 1994in Mühlacker (bei Pforzheim), deutscher Sänger (Bass)

Elisabeth Grümmer, geboren am 31. März 1911 in Niederjeutz (Moselle), gestorben am 6. November 1986 in Warendorf (bei Münster), deutsche Sängerin (Sopran)

Herbert von Karajan, geboren am 5. April 1908 in Salzburg, gestorben am 16. Juli 1989 in Anif (bei Salzburg), österreichischer Dirigent

Rudolf Kempe, geboren am 14. Juni 1910 in Niederpoyritz (heute zu Dresden), gestorben am 11. Mai 1976 in Zürich, deutscher Dirigent

René Kollo, geboren am 20. November 1937 in Berlin, deutscher Sänger (Tenor) und Theaterleiter

Lotte Lehmann, geboren am 27. Februar 1888 in Perleberg (bei Schwerin), gestorben am 26. August 1976 in Santa Barbara (CA), amerikanische Sängerin deutscher Herkunft (Sopran)

Emanuel List (eigentlich Emanuel Fleißig), geboren am 22. März 1888 in Wien, gestorben am 21. Juni 1967 in Wien, österreichischer Sänger (Bass)

Christa Ludwig, geboren am 16. März 1928 in Berlin, österreichische Sängerin (Mezzosopran)

Thomas Mann, geboren am 6. Juni 1875 in Lübeck, gestorben am 12. August 1955 in Zürich, deutscher Schriftsteller

Lauritz Melchior, geboren am 20. März 1890 in Kopenhagen, gestorben am 19. März 1973 in Santa Monica (CA), amerikanischer Sänger (Tenor) dänischer Herkunft

Johann Nestroy, geboren am 7. Dezember 1801 in Wien, gestorben am 25. Mai 1862 in Graz, österreichischer Schriftsteller und Schauspieler

Friedrich Nietzsche, geboren am 15. Oktober 1844 in Röcken (bei Lützen), gestorben am 25. August 1900 in Weimar, deutscher Philosoph und Philologe

Jessye Norman, geboren am 15. September 1945 in Augusta (GA), amerikanische Sängerin (Sopran)

Friedrich Schorr, geboren am 2. September 1888 in Nagyvarád (heute Oradea, Siebenbürgen), gestorben am 14. August 1953 in Farmington (CT), amerikanischer Sänger österreichischer Herkunft

Sir Georg Solti (eigentlich György Solti), geboren am 21. Oktober 1912 in Budapest, britischer Dirigent ungarischer Herkunft

Richard Strauss →Kaisers Klassik Nr. 64

Jess Thomas, geboren am 4. August 1927 in Hot Springs (SD), gestorben am 11. Oktober 1993 in San Francisco, amerikanischer Sänger (Tenor)

Richard Wagner, geboren am 22. Mai 1813 in Leipzig, gestorben am 13. Februar 1883 in Venedig, deutscher Komponist

Der fliegende Holländer, Romantische Oper in drei Aufzügen; Text: Richard Wagner nach Heinrich Heine; Uraufführung: Dresden, 2. Januar 1843

Lohengrin, Romantische Oper in drei Akten; Text: Richard Wagner; Uraufführung: Weimar, 28. August 1850

Parsifal →Kaisers Klassik Nr. 99

Rienzi, der letzte der Tribunen, Große tragische Oper in fünf Akten; Text: Richard Wagner nach Edward George Earle Bulwer-Lytton; Uraufführung: Dresden, 20. Oktober 1842

Der Ring des Nibelungen →Kaisers Klassik Nr. 15–18

Tannhäuser und der Sängerkrieg auf Wartburg →Kaisers Klassik Nr. 53

Tristan und Isolde →Kaisers Klassik Nr. 5

72

Joseph Haydn

Streichquartett C-Dur, das »Kaiserquartett« op. 76 Nr. 3

Weshalb der Name »Kaiserquartett«*? Weil das Adagio eine Hymne variiert, zu der die Österreicher einst die Worte »Gott erhalte Franz den Kaiser« sangen. Daraus wurde später das für manche fatale »Deutschland, Deutschland über alles«. Wer nur unsere Nationalhymne im Ohr hat, von Blaskapellen in Sportstadien getutet oder von textunsicheren Versammelten bei Staatsakten gekrächzt, der kann schwerlich ahnen, wie nobel und nachdenklich diese Melodie ist, die Haydn 1797 erfand. Und sogleich in einem Streichquartett verklärte. Wie das* »Kaiserquartett« *entstand und was es bedeutet …*

Bei Streichquartettkunst muss man konzentriert hinhören. Da blitzen keine Trompeten, wirbeln keine Pauken, schlägt keine Schülerin der Meisterklasse ihr armes Klavier zu Kleistermasse. Die gediegene, reine und substantielle Form des »klassischen Streichquartetts« schuf Haydn. Als vereinsamter (und ungestörter) Kapellmeister des Fürsten Esterházy im abgelegenen Eisenstadt war er gezwungen, »original« zu werden – erläuterte der geniale Erfinder so vieler klassischer Formen verrückt-bescheiden. Mit dem Streichquartettkomponieren fing Haydn 23-jährig an. Er begriff, welche Möglichkeiten des Ausdrucks und der Finesse in diesem spirituellen Gespräch von vier Streichinstrumenten (zwei Geigen, eine Bratsche, ein Cello) stecken können.

Erste Geniestreiche: die *»Sonnenquartette«* op. 20. Da experimentierte Haydn mit Schwung und Witz. Das Streichquartett op. 20,2 enthält ein erhabenes pathetisches Adagio; op. 20,5 eine munter verbissene f-Moll-Fuge; op. 20,6 wiederum schließt mit einer eleganten dreistimmigen Fuge, die nicht protestantisch tiefgründig tönt, sondern österreichisch charmant (*»Sonnenquartette«:* Hagen-Quartett).

Zehn Jahre später, beim Opus 33, war Haydn seiner originellen Quartettkunst vollkommen sicher. Er schuf nun ein Meisterwerk nach dem anderen. Wer nicht das entzückende *Quartett G-Dur* op. 54,1 einmal bewundernd für sich entdeckt hat oder das melodisch betörend beschwingte *»Lerchenquartett«* op. 64,5 – der ahnt schwerlich, wie konzentriert, rein und heiter große Kammermusikkunst sein kann.

Das *»Kaiserquartett«* komponierte Haydn als 65-jähriger Mann, welterfahren und weltberühmt. Der Kopfsatz entwickelt ein kontrastreiches Thema, schwungvoll, aber nicht ohne rätselhafte Momente ernster Magie. Im Adagio wandert dann die Melodie des *Deutschlandliedes* (erst 1922 wurde Heinrich Hoffmann von Fallerslebens 1841 gedichteter Text zu Haydns Kaiserhymne unsere offizielle Nationalhymne) unverändert von Instrument zu Instrument. Wird dabei jedesmal wunderbar neu harmonisiert und umspielt. Erscheint im Schimmer erlesener Melancholie, am Ende verklärt zur himmlischen Vision. Nie aufgedonnert, schmetternd derb, chauvinistisch trivial. Im kunstvollen Menuett nimmt der Mittelteil Franz Schuberts herzliches Melos vorweg. Das Prestofinale spricht mit beethovenscher Energie – besinnt sich dabei auf manches Vorausgegangene. Jeder Kenner unserer Nationalhymne (und wer kennt sie nicht!) könnte im *»Kaiserquartett«* nachvollziehen, für sich nachprüfen, welche anrührend subtilen Welten Haydns Genius im obigen Zusammenhang mit einer so populären Melodie darzubieten vermag.

Wenn Sie Haydns »Kaiserquartett« *mögen ...*

Wer das Glück hat, trotz der Geräuschverrohung unserer Zivilisation doch irgendwann einmal auf den Streichquartettgeschmack und gar Haydns *»Kaiserquartett«* gekommen zu sein, dem darf man gratulieren. Ihm steht ein unvergleichliches Reich offen. Nicht nur Haydns Quartette, sondern auch Wolfgang Amadeus Mozarts sechs Haydn (dem verehrten Freunde) gewidmete Quartette, deren Vollendung über alle Begriffe geht, zudem Beethovens sechs Quartette op. 18, denen das kaum enträtselbare, namenlos tiefsinnige Quartett-Spätwerk folgt.

Die fesselndsten Interpretationen von Haydns »Kaiserquartett«

So unpopulär, wenig marktgängig scheint gegenwärtig die Streichquartettmusik, dass zwar von Haydns Symphonien mannigfache Gesamteinspielungen existieren, aber von seinen gewiss reicheren, betörend schönen Quartetten nur wenig akzeptable Interpretationen auf dem CD-Markt vorrätig sind! Immerhin: vom Amadeus-Quartett, das in den ersten Jahrzehnten nach dem zweiten Weltkrieg führend war, liegt eine temperamentvoll beschwingte Einspielung von Haydns Opus 76 vor. Was das Adagio des *»Kaiserquartetts«* betrifft: Die Amadeus-Leute heben weniger die Identität des immer gleichbleibenden Themas hervor als die ausdrucksvolle Fülle der Abwandlungen!

Aus guten historischen Gründen betrachten die Ungarn Haydn »eigentlich« als den Ihren. Jedenfalls gibt es viele vorzügliche ungarische Interpreten haydnscher Musik. Das junge Takács-Quartett hat eine schwärmerische und durchdachte Einspielung des *»Kaiserquartetts«* geboten. Während des Variationssatzes achten die Musiker (anders als das Amadeus-Quartett) darauf, immer die große Hymnenmelodie wie ein Allerheiligstes hervorzuheben, dafür die Varianten als zweite, weniger wichtige Dimension zu bieten.

Zu den berühmtesten Quartettvereinigungen in der ersten Hälfte des 20. Jahrhunderts zählte das 1913 gegründete belgisch-französische Pro-Arte-Quartett. In den dreißiger Jahren spielte es zahlreiche Haydn-Quartette auf Schellackplatten ein: Das *»Kaiserquartett«* wird zurückhaltend, aber geistvoll herb begonnen, die »Gott erhalte Franz den Kaiser«-Variationen bot man inständig, dabei nicht weihevoll dick, sondern kammermusikalisch beschwingt. Die Pro-Arte-CDs enthalten einen beträchtlichen Teil des haydnschen Quartettgesamtwerks, sind beeindruckendes Zeugnis großer europäischer Interpretationskultur.

Who's who

Amadeus-Quartett: Norbert Brainin (*1923) und Siegmund Nissel (*1922), Violine; Peter Schidlof (1922–1987), Viola; Martin Lovett (*1927), Violoncello

Ludwig van Beethoven →Kaisers Klassik Nr. 1

Nikolaus Joseph Fürst Esterházy, geboren am 18. Dezember 1714, gestorben am 28. September 1790 in Wien, österreichischer Feldmarschall

Hagen-Quartett: Lukas Hagen (*1962), Angelika Hagen (*1960), Annette Bik und Rainer Schmidt (*1964), Violine; Veronika Hagen (*1963), Viola; Clemens Hagen (*1966), Violoncello

Joseph Haydn, geboren am 1. April 1732 in Rohrau (Niederösterreich), gestorben am 31. Mai 1809 in Wien, österreichischer Komponist

Quartett für zwei Violinen, Viola und Violoncello C-Dur Nr. 32 »Sonnenquartett Nr. 2« op. 20,2 Hob. III,32 (1772) — 1. Satz: Moderato; 2. Satz: Capriccio. Adagio – Cantabile; 3. Satz: Menuet. Allegretto; 4. Satz: Fuga a quattro soggetti. Allegro

Quartett für zwei Violinen, Viola und Violoncello f-Moll Nr. 35 »Sonnenquartett Nr. 5« op. 20,5 Hob. III,35 (1772) — 1. Satz: Moderato; 2. Satz: Menuet; 3. Satz: Adagio; 4. Satz: Finale. Fuga a due soggetti

Quartett für zwei Violinen, Viola und Violoncello A-Dur Nr. 36 »Sonnenquartett Nr. 6« op. 20,6 Hob. III,36 (1772) — 1. Satz: Allegro di molto e scherzando; 2. Satz: Adagio; 3. Satz: Menuet; 4. Satz: Fuga con tre soggetti

Quartett für zwei Violinen, Viola und Violoncello G-Dur Nr. 57 op. 54,1 Hob. III,57 (1789) — 1. Satz: Allegro con brio; 2. Satz: Allegretto; 3. Satz: Menuett. Allegretto; 4. Satz: Finale. Presto

Quartett für zwei Violinen, Viola und Violoncello D-Dur Nr. 67 »Lerchenquartett« op. 64,5 Hob. III,67 (1790) — 1. Satz: Allegro moderato; 2. Satz: Adagio cantabile; 3. Satz: Menuett. Allegretto; 4. Satz: Finale. Vivace

Quartett für zwei Violinen, Viola und Violoncello C-Dur Nr. 77 »Kaiserquartett« op. 76,3 Hob. III,77 (1798) — 1. Satz: Allegro; 2. Satz: Poco adagio. Cantabile; 3. Satz: Menuetto; 4. Satz: Finale. Presto

HEINRICH HOFFMANN VON FALLERSLEBEN, geboren am 2. April 1798 in Fallersleben (bei Lüneburg), gestorben am 19. Januar 1874 in Corvey (bei Höxter), deutscher Schriftsteller und Germanist

Lied der Deutschen (1841)

WOLFGANG AMADEUS MOZART →KAISERS KLASSIK NR. 2

PRO-ARTE-QUARTETT: Alphonse Onnou (1893–1940), Antonio Brosa (1894–1979), Laurent Halleux (*1897) und Rudolf Kolisch (1896–1978), Violine; Germain Prévost (*1891), Viola; Robert Maas (1901–1948), Violoncello

FRANZ SCHUBERT →KAISERS KLASSIK NR. 7

TAKÁCS-QUARTETT: Gábor Takász-Nagy und Károly Schranz, Violine; Gábor Ormai, Viola; András Fejér, Violoncello

73

Antonín Dvořák

Symphonie G-Dur Nr. 8

op. 88

Fülle des Wohllauts und der süßen Wehmut. Schönere, schwungvollere Themen fielen Dvořák kaum je ein als in dieser Symphonie Nr. 8. *Hier zieht der 48-jährige Komponist ein berauschend schwärmerisches symphonisches Fazit seiner böhmischen Existenz. Wie die* Symphonie *entstand und was sie bedeutet …*

Als er 1889 seine *Symphonie Nr. 8* komponierte, war Dvořák ein berühmter Künstler. Die Melodien und Gefühle flossen ihm zu. In die Neue Welt, wo der Komponist sich als New Yorker Konservatoriumschef bewähren musste, reiste er erst später. Seiner *Achten* hört man es an: Dvořák ruht innigglücklich in seiner böhmischen Heimat.

Als Dvořáks Freund und Mentor Johannes Brahms die Partitur von Dvořáks *Symphonie Nr. 6* gesehen hatte, murrte der Unbestechliche: »Ich denke mir Ihre Symphonie noch ganz anders …« Gewiss lag Dvořák nun viel daran, Brahms nicht zu enttäuschen. Bereits die *Symphonie Nr. 7* fiel bemerkenswert herb-aggressiv aus, ließ kaum etwas spüren vom Idiom tschechischer Lieder oder Tänze. Der Kraft und Herrlichkeit des slawischen Melos aber verweigert sich die *Achte* keineswegs. Nur unterwirft Dvořák alles das einem souveränen und originellen symphonischen Konzept.

So beginnt der erste Satz gleich mit einer getragenen, schmerzlich schönen Melodie der Celli und Hörner. Diese Melodie ist das »Motto« des Satzes. Während der entscheidenden Momente des Verlaufs kehrt es wieder. Einmal zu Beginn der Durchführung, dann, hochdramatisch aufgeladen, an deren Ende (auf Herbert von Karajans CD Take 5, nach 3.51 und nach 6.37). Das eigentliche Hauptmotiv des Kopfsatzes entsteht originell. Aus dem herben Motto des Beginns löst sich eine Flöte leise und leicht, hüpfend wie ein Vogel (Karajan, Take 5, nach 0.36). Es klingt entzückend und harmlos. Doch aus diesem tänzerischen Rhythmus entsteht nach feuriger Steigerung das Fortissimo-Hauptthema (Karajan, Take 5, nach 1.44).

Das Adagio gleicht einem slawischen Mysterium. Schwermütig, schwerfällig, fast starr setzt es ein. Man spürt eine rätselhafte Beziehung zwischen den leisen, naturstimmenhaft reinen Dreiklängen der Flöten und dem dunklen Gesang depressiver Klarinetten.

Für solche Herbheit entschädigt das folgende »Allegretto grazioso«. Ein Walzer, elegant und doch schmerzlich empfindsam, in g-Moll und betörend graziös (ein Ohrwurm also). Der schwärmerische Trioteil steht dann in G-Dur.

Im Finale sorgt eine schmetternde Trompetenfanfare gleich für Spannung und Aufmerksamkeit. Inniges, Virtuos-Spielerisches, Emphatisches folgt. Variationen, die sich zum Sonatensatz zusammenschließen. Der Schluss braust rauschhaft triumphal. Dvořáks Komponistenkollege Leoš Janáček hatte schon recht, als er bewundernd feststellte, Dvořák führe seine Themen nicht bis zum Überdruss durch. Es herrsche stets Abwechslung. »Du bist in einer ständigen, angenehmen Erregung.«

Wenn Sie Dvořáks Symphonie Nr. 8 *mögen …*

Es gibt ein großes Gegenstück zu dieser *Achten*, das vielleicht sogar Dvořáks geheimes Vorbild war: die *Symphonie Nr. 3* von Brahms. Deren erster Satz setzt auch ein »Motto« philosophisch-meditativ ein; deren dritter ist auch ein überwältigend schwermütiger Tanzsatz in Moll. Was Dvořáks übrige Werke betrifft: In seiner Kammermusik, etwa in seinem *Klavierquintett A-Dur* mit der wunderbar schwermütigen Dumka, ließe sich manches finden, was der *Symphonie Nr. 8* ähnelt. Das *Klavierquintett* stammt auch ungefähr aus der Entstehungszeit dieser *Symphonie*.

Die fesselndsten Interpretationen von Dvořáks Symphonie Nr. 8

Herbert von Karajan nutzte die Kunst und die unvergleichliche Energie seiner Berliner Philharmoniker dazu aus, Dvořáks *Symphonie Nr. 8* in großer symphonischer Perspektive vorzuführen, dynamische Kontraste rückhaltlos darzubieten und die Pracht der Instrumentation zu unterstreichen. Damit imponierte Karajan dem Publikum in aller Welt. (In Paris explodierte Anfang der sechziger Jahre nach Karajans Wiedergabe der *Achten* ein blondes Gespenst vor Beifall. Ich sah näher hin und erkannte: Marlene Dietrich. Und als Karajan dann Richard Wagners *Meistersinger*-Vorspiel zugab, geriet die Göttliche vollends außer sich.)

Rafael Kubelik hat Dvořák im Blut. Er dirigiert nicht nur »schöne Stellen«. Er weiß und lässt fühlen: auf den Impuls kommt es an, darauf, dass die Themen verschieden beleuchtet, dramatisch befeuert und um Himmels willen nicht sentimentalisiert werden. Den Walzer lässt Kubelik in ungewohntem Forte spielen, also nicht volksliedhaft oder seidig melancholisch. Das ist aber keine »Auffassung« – die Partitur schreibt es so vor. Die übliche Verhaltenheit wäre hier vielmehr Auffassung. Die Berliner Philharmoniker passen sich Kubeliks böhmischem Stil trefflich an.

Carlo Maria Giulinis Dvořák-Interpretation mit dem Amsterdamer Concertgebouw Orkest wirkt auffallend nobel. Giulini will kein entfesseltes Musikantentum vorführen – er zelebriert stattdessen Diskretion, vornehmes Empfinden, eine fast französisch anmutende, pointierte Klangkultur. Wer es mit Dvořáks böhmischem Temperamentsüberschwang ein wenig schwer haben sollte – für den bietet Giulini eine klassische Alternative.

Who's who

Johannes Brahms
Symphonie F-Dur Nr. 3 op. 90 →Kaisers Klassik Nr. 78

Marlene Dietrich (eigentlich Maria Magdalena von Losch), geboren am 27. Dezember 1902 in Berlin, gestorben am 6. April 1992 in Paris, deutsche Schauspielerin

Antonín Dvořák, geboren am 8. September 1841 in Nelahozeves (bei Prag), gestorben am 1. Mai 1904 in Prag, tschechischer Komponist
Quintett für Klavier, zwei Violinen, Viola und Violoncello A-Dur op. 81 (1887) — 1. Satz: Allegro, ma non tanto; 2. Satz: Dumka. Andante con moto; 3. Satz: Scherzo (Furiant). Molto vivace; 4. Satz: Finale. Allegro
Symphonie d-Moll Nr. 7 op. 70 (1884) — 1. Satz: Allegro maestoso; 2. Satz: Poco adagio; 3. Satz: Scherzo. Vivace; 4. Satz: Finale. Allegro
Symphonie G-Dur Nr. 8 op. 88 (1889) — 1. Satz: Allegro con brio; 2. Satz: Adagio; 3. Satz: Allegretto grazioso; 4. Satz: Allegro, ma non troppo

Carlo Maria Giulini, geboren am 9. Mai 1914 in Barletta (Apulien), italienischer Dirigent

Leoš Janáček, geboren am 3. Juli 1854 in Hochwald (bei Freiberg, Nordmähren), gestorben am 12. August 1928 in Mährisch-Ostrau (Nordmähren), tschechischer Komponist

Herbert von Karajan, geboren am 5. April 1908 in Salzburg, gestorben am 16. Juli 1989 in Anif (bei Salzburg), österreichischer Dirigent

Rafael Kubelik (eigentlich Rafael Kubelík), geboren am 29. Juni 1914 in Beichor (bei Kolin, Mittelböhmen), gestorben am 11. August 1996 in Kastanienbaum (bei Luzern), schweizerischer Dirigent tschechischer Herkunft

RICHARD WAGNER

Die Meistersinger von Nürnberg →KAISERS KLASSIK NR. 83

74
Ludwig van Beethoven
Klaviersonate f-Moll, die »Appassionata« op. 57

Sie steht an allen Klavierabenden am Schluss. Danach kann man nichts mehr spielen, fühlen die Pianisten. Beethovens Sonate f-Moll, *der ein geschäftstüchtiger Verleger den anheimelnden Namen* »Appassionata«, *also: »Leidenschaftliche«, gab, ist mehr als eine Bühne fabelhafter Leidenschaften. Sie ist die Widerlegung aller selbstbewusst auftrumpfenden »Leidenschaft«, ist eine Schreckensvision der Zerstörung, ein Virtuosenstück des Entsetzens. Wie Beethovens* »Appassionata« *entstand und was sie bedeutet…*

In dieser aufwühlenden Musik wird ein Prozess vorgeführt. Im ersten Satz endet er ausgebrannt, leer, trostlos. Im zweiten Satz, dem Variationsandante, mit einem Aufschrei. Und im Finale beinahe zynisch. Nämlich mit einem entfesselten Csárdás. Der Graf Franz Brunsvik, dem Beethoven die Sonate widmete, stammte aus Ungarn – der Csárdás auch.

Hochgespannt beginnt der Kopfsatz, gleichwohl leise, hohl, brütend. Ein rhythmisches Dreiklangsmotiv, das mit einem Triller endet – sogleich eine halbe Stufe höher (ein wenig beklommener oder ein wenig dringlicher) wiederholt wird. Kein lauter Ton. Dann meldet sich in der Tiefe das Klopfmotiv aus der *Symphonie Nr. 5* (die freilich zur Entstehungszeit der *»Appassionata«* nur in Beethovens Kopf existierte). Besagter Schicksalsrhythmus – ta-ta-ta-daa – löst in der *Sonate* die erste Katastrophe aus. Das Hauptmotiv explodiert in wütend synkopischem Fortissimo! Während die Lautstärke reduziert wird, bleibt die motorische Erregung bestehen. Sie gebiert das feierlich große zweite Thema: eine erhabene Durvariation des Hauptmotivs. Ihr stellen sich herbe Mollakkorde in den Weg, verzweifelt-endlose Triller. Dann sinkt eine Passage, wie über Klippen hinab, leise und beklemmend in die Tiefe. In der Schlussgruppe donnert das Klopfmotiv, von Oktaven der linken Hand vorgetragen, fortissimo. Schließlich endet alle Bewegung fast unhörbar leise. So verläuft die Exposition der *»Appassionata«*. Sie dauert nicht einmal drei Minuten. Doch das Prinzip des prozessualen Zerstörens bleibt. Am Ende der Durchführung rast das Schicksalsmotiv achtmal nacheinander in wilder Stärke. Wenn dann die Reprise beginnt, zittert die Erregung übers Geschehene in die Tiefe, im plötzlich unruhig erregten Bass, spürbar und gespenstisch nach! (Bei Artur Schnabel: CD VI, Take 5, nach 4.23.)

Alledem folgt eine erhaben ruhige Andantehymne. Sie wird zunächst seltsam verfremdend dissoziiert, dann betörend melodisch umspielt, endlich durch Zweiunddreißigstel dramatisch heftig gesteigert. Am Ende kehrt das Hauptthema sonor bereichert wieder. Aber es schließt mit einer leisen, dann einer grell abreißenden heftigen Dissonanz.

Ein wüster, 13-mal (!) wiederholter Fortissimo-Mollakkord eröffnet grausig das Finale. Rastlose Passagen folgen panisch, manchmal fast gestaltlos, manchmal fetzenhaft melodisch. Alle »Lagen« des Klaviers – Tiefe, Mitte, Höhe – werden dramatisch eingesetzt, rückhaltlos virtuos ausgenutzt. In entfesseltem Presto wirbelt ein f-Moll-Csárdás die *Sonate* zu Ende. Ihrer konzentrierten, finsteren Gewalt kommt so leicht kein anderes Kunstwerk aus Menschenhand gleich.

Wenn Sie Beethovens »Appassionata« *mögen …*

Eine *»Appassionata«* komponierte Beethoven kein zweites Mal, genausowenig wie eine zweite *»Mondscheinsonate«* oder *»Eroica«*. Geistiges Gegenstück zur *»Appassionata«* ist, nicht nur wegen des Klopfmotivs, die *Symphonie Nr. 5*. Und wenn es ein Zerstörungsdrama sein soll: die *»Coriolan«-Ouvertüre*. In der Klaviermusik oder Kammermusik wurden Werke solchen Ranges, solcher Kompaktheit später kaum geschrieben. Am vergleichbarsten wäre die *Klaviersonate f-Moll* op. 5 von Johannes Brahms. Und mehr noch Brahms' große *Sonate für Klavier und Violine d-Moll* op. 108.

Die fesselndsten Interpretationen von Beethovens »Appassionata«

Im Mai 1933 – es war die erste Gesamtaufnahme aller beethovenschen Klaviersonaten in der Geschichte der Schallplatte – hat Artur Schnabel die *»Appassionata«* eingespielt. Schnabel galt damals als bedeutender, wenn nicht bedeutendster Interpret des beethovenschen Klavierwerks. Seine Darstellung der *»Apassionata«* wirkt auch heute noch ungeheuer aufregend, intelligent, vehement. Ein Horrorroman konsequenter Zerstörung. Gerade im Kopfsatz erlebt man mit, wie die Themen vorgeführt, gesteigert – und am Ende förmlich bis zur fahlen Vernichtung gebracht werden.

Swjatoslaw Richter hat die *»Appassionata«* immer wieder – und recht verschieden – gedeutet. Gemeinsam ist allen seinen Interpretationen ein ausgesprochen rhapsodischer, balladesker Charakter. So beginnt in Richters Prager Livekonzert von 1959 der Kopfsatz ganz langsam, als seien die ersten 16 Takte nur ein brütendes Pianissimo-Vorspiel. Dann erst bricht der *»Appassionata«*-Sturm doppelt wütend los. Das Finale steigert Richter ekstatisch. Schade, dass Richter nicht auch jenen wahnsinnsnahen Mitschnitt seines für ihn so wichtigen New Yorker Debüts vom 19. Oktober 1960 für CDs freigibt. Er geniert sich, hat er mir gestanden, dieser Tour de force. (Nach drei vor Aufregung schlaflosen Nächten, furchtbar nervös auch, weil er endlich seine Mutter wiedersehen durfte, von der er seit Kriegsende getrennt gewesen war, spielte Richter wie im Rausch, mit hysterischer Wut, und brachte das Finale aberwitzig rasch zu Ende. Dabei vergriff er sich ein paarmal.) Etwas Spannenderes als dieses »Alles oder Nichts«-Ende einer Ekstase gibt es schwerlich. Dagegen verblasst alle Korrektheit.

Alfred Brendel, der die *»Appassionata«* auch ein Pianistenleben immer wieder neu probiert, entdeckt, durchdrungen hat, spielt sie als 63-jähriger Meister vollkommen schnörkellos, uneitel und groß. Er gibt Beethovens Gewalt beseelt das Wort – und macht den langsamen Satz zum stillen Mittelpunkt des Werkes.

Who's who

Ludwig van Beethoven, getauft am 17. Dezember 1770 in Bonn, gestorben am 26. März 1827 in Wien, deutscher Komponist

Klaviersonate cis-Moll Nr. 14 »Sonata quasi una fantasia (Mondscheinsonate)« op. 27,2 →Kaisers Klassik Nr. 67

Klaviersonate f-Moll Nr. 23 »Appassionata« op. 57 (1805) — 1. Satz: Allegro assai – Più allegro; 2. Satz: Andante con moto; 3. Satz: Allegro ma non troppo – Presto

Ouvertüre c-Moll zu Heinrich Joseph von Collins Trauerspiel »Coriolan« op. 62 (1807) — Allegro con brio

Symphonie Es-Dur Nr. 3 »Eroica« op. 55 (1804) — 1. Satz: Allegro con brio; 2. Satz: Marcia funebre. Adagio assai; 3. Satz: Scherzo. Allegro vivace; 4. Satz: Finale. Allegro molto

Symphonie c-Moll Nr. 5 op. 67 →Kaisers Klassik Nr. 26

Johannes Brahms →Kaisers Klassik Nr. 10

Klaviersonate f-Moll Nr. 3 op. 5 (1853) — 1. Satz: Allegro maestoso; 2. Satz: Andante; 3. Satz: Scherzo. Allegro energico; 4. Satz: Intermezzo (Rückblick). Andante molto; 5. Satz: Finale. Allegro moderato ma rubato

Sonate für Violine und Klavier d-Moll Nr. 3 op. 108 (1888) — 1. Satz: Allegro; 2. Satz: Adagio; 3. Satz: Andante con moto

Sir Alfred Brendel, geboren am 5. Januar 1931 in Wiesenberg (Nordmähren), österreichischer Pianist

Franz Graf Brunsvik, geboren am 25. September 1777, gestorben am 24. Oktober 1849, österreichischer Adliger, Violoncellist, Freund Ludwig van Beethovens

Swjatoslaw Teofilowitsch Richter, geboren am 20. März 1915 in Schitomir, ukrainischer Pianist

Artur Schnabel, geboren am 17. April 1882 in Leipnik (Nordmähren), gestorben am 15. August 1951 in Morschach (Schwyz), österreichischer Pianist und Komponist

75
Franz Schubert
Das »Forellenquintett«
Klavierquintett A-Dur D. 667

Schuberts populärstes Kammermusikwerk. Schwungvolle, beseelte, heiter unterhaltende Kunst. Dabei muss die »Forelle« – der vierte Satz enthält Variationen über Schuberts 1817 entstandenes Lied Die Forelle *– doch schmählich betrogen sterben. Verbirgt sich da ein Geheimnis? Wie das* »Forellenquintett« *entstand und was es bedeutet …*

Der Sänger Johann Michael Vogl führte während des Sommers 1819 seinen jungen Freund Schubert in Steyr beim Musikmäzen Sylvester Paumgartner ein. Besagter Paumgartner schätzte Schubert und besonders dessen Lied *Die Forelle*. Er soll den 22-jährigen Komponisten gebeten haben, für einige Musikliebhaber ein Quintett ganz besonderer Bauart herzustellen. Also für Klavier, Violine, Bratsche, Cello und Kontrabass (!).

Im Kopfsatz sind wir dabei, wie Schuberts Musik immer mehr zu sich selber kommt. Das fängt an mit einer luftigen A-Dur-Dreiklangspassage des Klaviers, der die Streicher verhalten antworten. Dieser zarte Dialog weitet sich aus, nach 25 Takten ist die stolze Gestalt da. Belebt strömt das Melos weiter, gewinnt noch herzlichere Wärme, wenn Cello und Violine ein zartes Duett anstimmen. Ganz bei sich – schönster, unsterblicher Schubert – scheint die Musik aber dann, wenn das empfindsame Duettthema aus seinem blühenden E-Dur in melancholisches e-Moll umschlägt (Moment des Umschlags auf der CD des Hagen-Quartetts Take 1, nach 2.11).

Im Andante drängt sich Wehmut vor. Die dunklen Instrumente (Bratsche und Cello) bieten eine von melodischen Seufzern erfüllte sonore fis-Moll-Melodie.

Das Scherzo kombiniert rhythmische Kontrastpointen mit zärtlichen Harmoniewechseln.

Nun folgen die berühmten »Forellen«-Variationen. Christian Friedrich Daniel Schubart, ein tapferer Schwabe, hat das grausame Lied von jener Forelle gedichtet, die im klaren Wasser dem Angler entkommt, also siegt. Dann trübt der Mann die Fluten – und die betrogene Forelle muss dran glauben. Schuberts still-heiteres Thema wird nacheinander von den einzelnen Instrumenten vorgetragen. Die übrigen umspielen es in immer schwungvolleren Variationen beschwingt, ja brillant. Doch woher kommt die donnernde Fortissimowut der klirrend heftigen d-MollVariation? Führt da Schubert, wie sein Textdichter Schubart, indirekt Klage gegen böse irdische Gewalt? Herzog Karl Eugen von Württemberg hatte sich nämlich einst über den aufsässigen Schubart geärgert, ihn aus Ulm ins Schwäbische locken, dort ohne Begründung verhaften und zehn Jahre auf der Festung Asperg einsperren lassen – wo dann Schubart sein Gedicht über die (ja auch tückisch zugrunde gerichtete) *Forelle* verfasste. Wusste, wie Musikschriftsteller Frieder Reininghaus annimmt, der keineswegs unpolitische Schubert das? Spielte er darauf in seiner Trotzvariation an?

Freilich: wie das *Forellen*-Lied in Dur endet, so schließt auch das *»Forellenquintett«* mit einem ungarisch gewürzten, schwungvoll heiteren Finale.

Wenn Sie Schuberts »Forellenquintett« *mögen …*

Wem das Glück zuteil wurde, die differenzierten und intimen Genüsse großer Kammermusik schätzen und in sein Leben hineinnehmen zu können, der kann unter Meisterwerken höchsten Ranges wählen. Was Klavierquintette betrifft, so haben Wolfgang Amadeus Mozart (KV 452), Robert Schumann (op. 44), Antonín Dvořák (op. 81), Johannes Brahms (op. 34) und auch der *Notre-Dame*-Komponist Franz Schmidt Erlesenes gerade für diese Besetzung komponiert. Ja, ja – die Kunst ist groß. Und klein ist unser Leben…

Die fesselndsten Interpretationen von Schuberts »Forellenquintett«

Elisabeth Leonskaja und Musiker des großartigen Alban-Berg-Quartetts mit dem Kontrabassisten (sowie trefflichem Münchner Konzertveranstalter) Georg Hörtnagel bieten eine beschwingte, unforciert spannungsvolle Einspielung des Werkes. Besonders eindringlich kommen hier die – oft unterbelichteten – tiefen Streicher zu Wort. Sie singen im Andante betörend, und auch in der brillanten Klaviervariation lässt sich der Kontrabass keineswegs unterdrücken.

Der Pianist András Schiff, Mitglieder des jungen und originellen Hagen-Quartetts sowie der Kontrabassist Alois Posch bemühen sich um eine nachdenkliche und intime Darstellung der schubertschen Musik. Es ist bemerkenswert, wie konzentriert und liedhaft man im ersten Satz einem allzu schmissigen Allegro-vivace-Drive auszuweichen versucht. Gewiss haben sich die Musiker dabei an des Komponisten ernste Frage erinnert: »Kennen Sie lustige Musik? Ich nicht.« Schuberts Liedhaftigkeit betonen heißt wahrlich nicht, ihn sentimentalisieren. Hier tritt nur eben beseelte Intimität oft an die Stelle effektvoller Brillanz.

James Levine, der berühmte Bayreuth-Dirigent und ausgezeichnete Pianist, sieht, wenn er mit (dem leider tragisch früh verstorbenen) Gerhart Hetzel, Wolfram Christ, Georg Faust und Alois Posch das *»Forellenquintett«* einspielt, Schuberts Partitur als Ganzes. Also gerade nicht als Spielwiese für einen dominanten Klaviervirtuosen. So entsteht eine ausgeglichene Aufführung. Besonders schön und verhalten: der Schluss des zweiten Satzes. Das Finale hat trockenen ungarischen »Schmäh«.

Who's who

Alban-Berg-Quartett: Günter Pichler (*1940), Klaus Mätzl (*1940) und Gerhard Schulz, Violine; Hatto Beyerle (*1941) und Thomas Kakuska, Viola; Valentin Erben (*1945), Violoncello

Johannes Brahms
Quintett für Klavier, zwei Violinen, Viola und Violoncello f-Moll op. 34 →Kaisers Klassik Nr. 43

Wolfram Christ, geboren am 17. Oktober 1955 in Hachenburg (Westerwald), deutscher Bratschist

Antonín Dvořák →Kaisers Klassik Nr. 21
Quintett für Klavier, zwei Violinen, Viola und Violoncello A-Dur op. 81 (1887) — 1. Satz: Allegro, ma non tanto; 2. Satz: Dumka. Andante con moto; 3. Satz: Scherzo (Furiant). Molto vivace; 4. Satz: Finale. Allegro

Hagen-Quartett: Lukas Hagen (*1962), Angelika Hagen (*1960), Annette Bik und Rainer Schmidt (*1964), Violine; Veronika Hagen (*1963), Viola; Clemens Hagen (*1966), Violoncello

Gerhart Hetzel, geboren am 24. April 1940 in Neuwerbaß (heute Vrbas; Wojwodina), gestorben am 29. Juli 1992 in Salzburg, österreichischer Geiger

Georg Hörtnagel, geboren am 12. März 1927 in München, deutscher Kontrabassist und Konzertveranstalter

Karl Eugen, Herzog von Württemberg (seit 1737), geboren am 11. Februar 1728 in Brüssel, gestorben am 24. Oktober 1793 in Hohenheim (heute zu Stuttgart)

Elisabeth Leonskaja (eigentlich Jelisaweta Leonskaja), geboren am 23. November 1945 in Tiflis, georgische Pianistin

James Levine, geboren am 23. Juni 1943 in Cincinnati (OH), amerikanischer Dirigent und Pianist

Wolfgang Amadeus Mozart →Kaisers Klassik Nr. 2

Quintett für Klavier, Oboe, Klarinette, Horn und Fagott Es-Dur KV 452 (1784) — 1. Satz: Largo – Allegro moderato; 2. Satz: Larghetto; 3. Satz: Rondo. Allegretto

Sylvester Paumgartner, geboren um 1763, gestorben am 23. November 1841 in Steyr, österreichischer Beamter, Freund Franz Schuberts

Frieder Reininghaus, geboren am 13. März 1949 in Korntal (bei Stuttgart), deutscher Musikschriftsteller

András Schiff, geboren am 21. Dezember 1953 in Budapest, ungarischer Pianist

Franz Schmidt, geboren am 22. Dezember 1874 in Preßburg, gestorben am 11. Februar 1939 in Perchtoldsdorf (bei Wien), österreichischer Komponist

Notre-Dame, Romantische Oper in drei Aufzügen; Text: Leopold Wilk und Franz Schmidt nach Victor Hugo; Uraufführung: Wien, 1. April 1914

Quintett für Klavier linke Hand, Violine, Viola und Violoncello G-Dur Nr. 1 (1926) — 1. Satz: Lebhaft, doch nicht schnell; 2. Satz: Adagio; 3. Satz: Sehr ruhig – Lebhaft; 4. Satz: Sehr lebhaft

Christian Friedrich Daniel Schubart, geboren am 24. März 1739 in Obersontheim (bei Schwäbisch Hall), gestorben am 10. Oktober 1791 in Stuttgart, deutscher Schriftsteller und Publizist

Franz Schubert, geboren am 31. Januar 1797 in Lichtental (heute zu Wien), gestorben am 19. November 1828 in Wien, österreichischer Komponist

Die Forelle, Lied für Singstimme und Klavier, Text: Christian Friedrich Daniel Schubart, op. 32 D. 550 (1817)

Quintett für Klavier, Violine, Viola, Violoncello und Kontrabass A-Dur »Forellenquintett« op. 114 D. 667 (1819) — 1. Satz: Allegro vivace; 2. Satz: Andante; 3. Satz: Scherzo. Presto; 4. Satz: Tema. Andantino – Var. I–V; 5. Satz: Finale. Allegro giusto

Robert Schumann →Kaisers Klassik Nr. 8

Quintett für Klavier, zwei Violinen, Viola und Violoncello Es-Dur op. 44 (1842) — 1. Satz: Allegro brillante; 2. Satz: In modo d'una marcia. Un poco largamente – Agitato; 3. Satz: Scherzo molto vivace; 4. Satz: Allegro, ma non troppo

Johann Michael Vogl, geboren am 10. August 1768 in Ennsdorf (bei Steyr), gestorben am 20. November 1840 in Wien, österreichischer Sänger (Bariton)

76

Wolfgang Amadeus Mozart

Idomeneo

Dramma per musica in drei Akten

Alle »Mozartianer« beschwören: nie habe Mozart glühender, unternehmungslustiger komponiert als hier – wo er für das beste Orchester der damaligen Welt eine Oper über göttlichen Zorn, königliches Fehlverhalten und leidenschaftlich oder innig Liebende wie im Rausch niederschrieb. Die harmloseren, nicht so mozartkundigen Musikfreunde freilich beklagen: alles so verworren. Kilometerlange italienische Rezitative. Barocker Schwulst. Beide Parteien haben leider recht. Zum Glück kam jedoch der Dirigent Nikolaus Harnoncourt und rettete des 24-jährigen Mozart Wunderpartitur zumindest für alle Gutwilligen. Wie der Idomeneo *entstand und was er bedeutet …*

Nach fast fünfjähriger Opernpause erhielt der 24-jährige Mozart, längst ein erfahrener, 16-jährig in Mailand schon sehr erfolgreicher Opernkomponist, endlich vom Münchner Hof den ersehnten Auftrag, für die Karnevalssaison 1780/81 eine Oper zu schreiben. Begeistert legte der junge Genius los.

Die Opera seria, also die »ernste«, von Göttern und Mythen festlich-theatralisch handelnde *Idomeneo*-Oper, beginnt mit einer pathetischen Dur-Ouvertüre voller funkelnder Dunkelheiten. Dann berührt die flehend innige Arie der Ilia. Das ist eine Tochter des in Troja geschlagenen Königs Priamos, als Gefangene nach Kreta verschleppt. Sie befindet sich in Seelennot. Denn sie kann den kretischen Prinzen Idamante nicht hassen, was sie eigentlich müsste … Ihre Musik verrät: Sie liebt ihn sogar. (Ähnlich geht es später bei Giuseppe Verdi der gefangenen Äthiopiertochter Aida mit dem ägyptischen Feldherrn Radames.)

Das Schlimme: auf Kreta weilt auch Fräulein Elektra, vornehme Tochter des siegreichen Griechenfürsten Agamemnon. Diese beängstigend temperamentvolle Person spürt, dass ihrem geliebten Prinzen Idamante die gefangenen Trojer samt der schönen Sklavin Ilia viel zu sympathisch sind. Sie wütet in dramatischen Rezitativen und Arien dagegen (bei Harnoncourt CD I, Take 5, nach 2.33ff.).

Hat man sich, mit Hilfe der Textübersetzung aus dem CD-Begleitheft, erst einmal in Elektras schwungvoll farbige Leidenschaftsmusik selig hineingehört, dann wird man auch für die anderen *Idomeneo*-Höhepunkte, schließlich für das ganze schwierige Werk empfänglich sein. Also etwa für Ilias schmerzlich erhabene Es-Dur-Arie (»Verlor ich den Vater«, bei Harnoncourt CD II, Take 4). Oder für den zarten Abschiedschor und der wilden Elektra verstohlen-inniges Glück – hofft sie doch fälschlich, sie könne mit dem Geliebten rasch fortsegeln (Harnoncourt: CD II, Take 9).

Der König Idomeneo, in Not, hätte dem Gott Poseidon keineswegs leichtfertig versprechen dürfen, ihm sogleich nach der Rettung jenes Lebewesen zu opfern, dem er an Land als erstem begegnet. Das ist natürlich (Götter sind so) der eigene Sohn Idamante. Bestürzt verschleppt Idomeneo (Könige sind so) die Opfersache.

Zur Strafe erhebt sich ein fabelhaft komponierter Sturm, wütet blutig göttlicher Zorn. Lauter herrliche Musik – gegen Ende sogar ein psychologisch staunenswert durchgearbeitetes Quartett der vier Hauptbeteiligten. Ein strenges Orakel. Halbes Happyend. Der König muss abdanken. Idamante und Ilia kriegen sich. Elektra nimmt sich wildentschlossen das Leben.

Wenn Sie Mozarts Idomeneo *mögen …*

In Mozarts *Don Giovanni*, sogar in die *Zauberflöte* ist manches von der Kraft der *Idomeneo*-Partitur eingegangen. Mozart war nämlich kein schematischer Komponist. Er mischte gern die Formen. Ins deutsche Singspiel *Die Entführung aus dem Serail* wie in die Opera buffa *Così fan tutte* übernahm er ohne weiteres den Seria-Ton, wo es ihm angemessen schien. Und natürlich erst recht in seine Oper *Die Milde des Titus*, die eine späte Seria war. Von der Handlung her scheint Verdis *Aida* dem *Idomeneo*-Stoff verwandt, so verschieden Mozart und Verdi auch komponierten.

Die fesselndsten Interpretationen von Mozarts Idomeneo

Es ist noch gar nicht so lange her: Um 1980, während des Zürcher Mozart-Zyklus, den der Dirigent Nikolaus Harnoncourt und der Regisseur Jean-Pierre Ponnelle gemeinsam boten, wurde die *Idomeneo*-Partitur förmlich entdeckt, die emotionale Kraft ihrer Rezitative so glühend beschworen wie nie vorher. All das kann man auf der von Harnoncourt daraufhin eingespielten CD nachprüfen: Den Prinzen Idamante gibt Trudeliese Schmidt herzbewegend schön. Wer sich ein wenig Zeit nimmt, der gewinnt ein Wunderwerk für sein Leben. Man muss nur so weit kommen, die Stimmen und Figuren auseinanderhalten, kapieren, in ihren Nöten verstehen zu können.

Der *Idomeneo* hat eine komplizierte Entstehungsgeschichte. Das Werk wurde von Mozart für eine spätere Wiener Darbietung umgearbeitet. Und bereits für die Münchner Uraufführung musste Mozart manches herausstreichen, weil die Sache zu lang geworden wäre. Er ersetzte beispielsweise die Schlussarie der um Glück und Leben betrogenen Elektra durch ein Rezitativ. Aber die Arie der Elektra hat es in sich. In

John Pritchards *Idomeneo*-Einspielung, wo Luciano Pavarotti den König Idomeneo singt, bietet Edita Gruberová die Elektra samt ihrer letzten Arie! Elektra, begreifend, dass sie als einzige radikal verloren hat, nimmt das nicht gesittet bedauernd hin. Wenn das Ende mit Schrecken da ist, jubelt sie, mit der wahnsinnigen Arroganz der tragischen Heldin, im Untergang! Aus ihren Schlusspassagen kann man ein grelles Lachen heraushören.

Karl Böhm, die Staatskapelle Dresden, Julia Varady, Edith Mathis und Peter Schreier musizieren in kraftvoll traditionellem Mozart-Stil den *Idomeneo*. Manche großen Bögen des Lyrischen und Instrumentalen konnte der alte Böhm selbstverständlicher als die meisten jüngeren Mozart-Interpreten.

Who's who

Karl Böhm, geboren am 28. August 1894 in Graz, gestorben am 14. August 1981 in Salzburg, österreichischer Dirigent

Edita Gruberová, geboren am 23. Dezember 1946 in Preßburg, österreichische Sängerin (Sopran) slowakischer Herkunft

Nikolaus Harnoncourt, geboren am 6. Dezember 1929 in Berlin, österreichischer Dirigent, Cellist und Musikwissenschaftler

Edith Mathis, geboren am 11. Februar 1938 in Luzern, schweizerische Sängerin (Sopran)

Wolfgang Amadeus Mozart (eigentlich Johannes Chrysostomus Wolfgang Gottlieb Mozart), geboren am 27. Januar 1756 in Salzburg, gestorben am 5. Dezember 1791 in Wien, österreichischer Komponist

La clemenza di Tito (Die Milde des Titus), Dramma serio per musica in zwei Akten KV 621; Text: Caterino Mazzolà nach Pietro Metastasio; Uraufführung: Prag, 6. September 1791

Così fan tutte ossia La scuola degli amanti →Kaisers Klassik Nr. 56

Il dissoluto punito ossia Il Don Giovanni →KAISERS KLASSIK NR. 88

Die Entführung aus dem Serail →KAISERS KLASSIK NR. 66

Idomeneo (Idomeneus), Dramma per musica in drei Akten KV 366; Text: Giambattista Varesco nach Antoine Danchet; Uraufführung: München, 29. Januar 1781

Die Zauberflöte →KAISERS KLASSIK NR. 45

LUCIANO PAVAROTTI, geboren am 12. Oktober 1935 in Modena, italienischer Sänger (Tenor)

JEAN-PIERRE PONNELLE, geboren am 19. Februar 1932 in Paris, gestorben am 11. August 1988 in München, französischer Bühnen- und Kostümbildner und Regisseur

SIR JOHN PRITCHARD, geboren am 5. Februar 1921 in London, gestorben am 5. Dezember 1989 in San Francisco, britischer Dirigent

TRUDELIESE SCHMIDT, geboren am 7. November 1941 in Saarbrücken, deutsche Sängerin (Sopran)

PETER SCHREIER, geboren am 29. Juli 1935 in Gauernitz (bei Meißen), deutscher Sänger (Tenor)

JULIA VARADY (verheiratete Fischer-Dieskau), geboren am 1. September 1941 in Oradea (Siebenbürgen), rumänische Sängerin (Sopran)

GIUSEPPE VERDI

Aida →KAISERS KLASSIK NR. 33

77
Frédéric Chopin
Die vier Scherzi für Klavier

Scherzhaft sind die großen Scherzi Chopins wahrlich nicht, sondern blutig ernst, panisch rasch, wütend virtuos. Lyrische Liedthemen, die den Verzweiflungszorn begütigen wollen, werden gnadenlos in den Entsetzenswirbel gerissen. Polnischer Stolz, polnischer Wahn, polnische Noblesse tönen aus dieser faszinierenden Musik. Wie die Scherzi entstanden und was sie bedeuten …

Bei Joseph Haydn waren die Scherzi noch witzig, pointiert, tänzerisch elegant. Bei Ludwig van Beethoven kraftvoll bärbeißig oder auch vehement und leichtfüßig. Mit alledem haben Chopins finstere Scherzo-Ausbrüche überhaupt nichts zu tun. Im Gegenteil. Chopin, den seine Verächter als weichlich-seichten Salonmusiker abtun möchten, schuf und vollendete den »dämonischen« Scherzotyp. Groß angelegte, dramatische Bekenntnismusik.

In verzweifelter Lebenssituation entstand Chopins vielleicht rückhaltlos wildestes erstes *Scherzo* (*h-Moll* op. 20). Chopin, 20-jährig, dank zahlreicher genialischer Werke in Polen bereits ein recht berühmter Komponist und Pianist, befand sich 1830 auf einer Studien- oder auch Konzertreise in Wien. Am 29. November brach in Warschau der antirussische, wohl ziemlich dilettantisch geleitete Aufstand los, der bald blutig niedergeschlagen wurde. Man riet Chopin ab, in die von Kämpfen geschüttelte Heimat zurückzukehren. Er blieb in Wien, ging dann über Stuttgart nach Paris, litt Höllenqualen. »So wehmütig, dumpf, düster ist es mir ums Herz«, schrieb er aus Wien einem Freund, »im Salon spiele ich den Ruhigen, doch wenn ich heimgekehrt bin, tobe, donnere ich auf dem Klavier.« Genau davon zeugt das *Scherzo h-Moll*. Es soll Chopin während einer angsterfüllten Wiener Nacht eingefallen sein. In Stuttgart, wo Chopin erfuhr, dass der Aufstand zusammengebrochen sei und die Russen blutig Rache nähmen, arbeitete er weiter daran. In Paris vollendete er es. Das *Scherzo h-Moll* beginnt mit zwei schneidenden Fortissimodissonanzen. Zu einer erregten synkopischen Begleitung (im Zweierrhythmus) wirbeln wild emporschießende Passagen (im Dreierrhythmus). Entsetzen, Leidenschaft, jähe Stimmungswechsel. Im Mittelteil wird ein inniges polnisches Weihnachtslied, Wiegenlied, beschworen, ja verklärt... Und dass Chopin die wirbelnden Ekstasen des Hauptteils mehrfach unverändert wiederholt, hat guten Sinn: Sie sind nämlich auf Anhieb kaum verstehbar. Vladimir Horowitz spielte Chopins Wut einst mit größter Gewalt. Das Weihnachtslied, dem am Ende wüste Akkorde den Frieden rauben, gestaltete Arthur Rubinstein bezwingend, indem er die allmähliche Erstarrung des Themas beklemmend vorführte (CD Rubinstein: Take 5, von 3.21 bis 6.33). Die fieberhafte achtfache (!) Wiederholung einer grellen Dissonanz im Fortefortissimo *(fff)* in der entfesselten Stretta tobt beispiellos.

Chopins *Scherzo b-Moll Nr. 2* op. 31 verbindet Huschendes, Gestisches mit klirrenden Fortissimoausbrüchen und einer betörend singenden »Con-anima«-Melodie. Im Mittelteil steigert Chopin seine Themen großartig, rauschhaft dramatisch. Darum wohl wurde das *Scherzo b-Moll* besonders populär.

Panische Unruhe scheint die prasselnden Oktaven des *Scherzos cis-Moll Nr. 3* op. 39 zu erfüllen. Unvergesslich schön der (ruhigere) Mittelteil. Da wird ein sonores Choralthema von herabrieselnden, impressionistischen Passagen unterbrochen und allmählich durch die Sphären eines hymnisch affirmativen Dur wie eines melancholisch mutlosen Moll geleitet. Die junge Martha Argerich spielte das wunderbar, beschwingt, zart und klar.

Einzig Chopins *Scherzo Nr. 4* op. 54 hat etwas mit heiterer Scherzoeleganz zu tun. Es steht ja auch in Dur (E-Dur). Von fern klingt Felix Mendelssohn Bartholdys elfenzarter Scherzotyp herüber. Doch die Prestoenergie und die Steigerungskraft des späten Chopin gehen poetisch und pianistisch weit hinaus über Mendelssohns entzückende Verspieltheiten.

Wenn Sie Chopins Scherzi mögen …

Weder Chopins Balladen noch seine Impromptus enthalten eine so extreme Prestomusik wie die furiosen Scherzi. Auch die Scherzosätze in Chopins Klaviersonaten sind längst nicht so frei ausgearbeitet, bleiben der Konvention näher. Bemerkenswert ist: der junge Johannes Brahms hat ein sehr energisches *Scherzo für Klavier es-Moll* komponiert (op. 4). Und Robert Schumann schuf in seinen beiden Klaviersonaten (op. 11, op. 22) sowie in den Symphonien, vor allem in der *»Frühlingssymphonie«*, selbstständige, freie Scherzo-Entwicklungen.

Die fesselndsten Interpretationen von Chopins Scherzi

Arthur Rubinstein versteht es mit polnischer Passion und grandseigneuraler Souveränität, Chopins Scherzi als Bekenntnisse, als Seelenromane vorzuführen. So wie er aus dem Weihnachtslied des *Scherzos h-Moll* einen herzbewegenden, verstörenden Verlauf macht, so gibt er dem *Scherzo E-Dur Nr. 4* unwiderstehlichen Zauber der Leichtigkeit, leuchtende Virtuosität, poetische Eleganz. Gelegentliche falsche oder undeutliche Töne haben den Meister damals nicht aufgeregt – uns stören sie heute auch nicht.

Vladimir Horowitz spielte das große *Scherzo Nr. 1* auch in seinen letzten Konzerten, als über 80-jähriger Pianist. So beeindruckend manche Nuancen oder Delikatessen auch erklangen: wenn bei den schweren Sprungpassagen im Hauptteil nahezu ausnahmslos alle Spitzentöne schief gingen, dann fragte man sich eben doch, ob da ein »alter« oder ein leider sehr »gealterter« Löwe an der Akkordarbeit sei. 1953 ließ Horowitz solche Schwächen wahrlich nicht erkennen: Die Vehemenz, mit der er damals Chopins *Scherzo h-Moll* hinzudonnern vermochte, die phänomenale Gewalt, mit der er den Strettaschluss des *Scherzos cis-Moll* gestaltete – alles das blieb einzigartig.

Wunderbar intelligent, nuanciert, maßvoll und meisterhaft: so bot Arturo Benedetti Michelangeli seinen »klassischen« Chopin. Aber er verweigerte, etwa am Schluss des *Scherzos b-Moll*, den äußersten Einsatz keineswegs. Wo es um alles oder nichts geht, da wären – das spürte der große Künstler Benedetti Michelangeli natürlich auch – Verhaltenheit oder feinsinniges Disponieren ungenügendste Ausflüchte. Und er bot feurig-fesselnde Virtuosität.

Who's who

Martha Argerich, geboren am 5. Juni 1941 in Buenos Aires, argentinische Pianistin

Ludwig van Beethoven →Kaisers Klassik Nr. 1

Arturo Benedetti Michelangeli, geboren am 5. Januar 1920 in Brescia, gestorben am 12. Juni 1995 in Lugano, italienischer Pianist

Johannes Brahms →Kaisers Klassik Nr. 10

Scherzo für Klavier es-Moll op. 4 (1851) — Rasch und feurig

Frédéric Chopin (auch Fryderyk Chopin), geboren am 1. März (oder 22. Februar?) 1810 in Zelazowa-Wola (bei Warschau), gestorben am 17. Oktober 1849 in Paris, polnischer Komponist und Pianist

Scherzo für Klavier h-Moll Nr. 1 op. 20 (1831) — Presto con fuoco – Molto più lento – Tempo 1

Scherzo für Klavier b-Moll Nr. 2 op. 31 (1837) — Presto
Scherzo für Klavier cis-Moll Nr. 3 op. 39 (1839) — Presto con fuoco
Scherzo für Klavier E-Dur Nr. 4 op. 54 (1842) — Presto

JOSEPH HAYDN →KAISERS KLASSIK NR. 20

VLADIMIR HOROWITZ (eigentlich Wladimir Samoilowitsch Gorowiz), geboren am 1. Oktober 1903 in Berditschew, gestorben am 5. November 1989 in New York, amerikanischer Pianist ukrainischer Herkunft

FELIX MENDELSSOHN BARTHOLDY →KAISERS KLASSIK NR. 28

ARTHUR RUBINSTEIN, geboren am 28. Januar 1887 in Lodz, gestorben am 20. Dezember 1982 in Genf, amerikanischer Pianist polnischer Herkunft

ROBERT SCHUMANN →KAISERS KLASSIK NR. 8
Klaviersonate fis-Moll Nr. 1 op. 11 (1835) — 1. Satz: Introduzione, un poco adagio – Allegro vivace; 2. Satz: Aria; 3. Satz: Scherzo e intermezzo; 4. Satz: Finale. Allegro vivo
Klaviersonate g-Moll Nr. 2 op. 22 (1838) — 1. Satz: So rasch wie möglich; 2. Satz: Andantino; 3. Satz: Scherzo. Sehr rasch und markiert; 4. Satz: Rondo. Presto
Symphonie B-Dur Nr. 1 »Frühlingssymphonie« op. 38 (1841) — 1. Satz: Andante un poco maestoso – Allegro molto vivace; 2. Satz: Larghetto; 3. Satz: Scherzo. Molto vivace; 4. Satz: Allegro animato e grazioso

78

Johannes Brahms
Symphonie F-Dur Nr. 3
op. 90

Brahms' Dritte *ist von seinen vier Symphonien die kürzeste und zugleich die philosophischste, die logischste und die geheimnisvollste. Das erhaben-inspirierte Werk geht einen ungewöhnlichen Weg. Nicht »Durch Nacht zum Licht«, sondern umgekehrt: vom leidenschaftlichen, gerade noch bewahrten Dur der ersten beiden Sätze über die melancholisch süße Wehmut des Quasimenuetts zum verzweifelt trotzigen Mollfinale. Wie die* Dritte *entstand und was sie bedeutet …*

14 Jahre lang hatte Brahms, der sich als Ludwig van Beethovens Nachfolger empfand, voller grimmiger Selbstkritik an seiner *Symphonie Nr. 1* gearbeitet, deren erfolgreiche Uraufführung 1876 stattfand. Dieser *Symphonie c-Moll* folgte sogleich ein Gegenstück, die lyrische und triumphale *Symphonie D-Dur Nr. 2*. Danach immerhin sechs Jahre symphonischer Pause. Dann, 1883, die *Symphonie F-Dur Nr. 3*, der wiederum unmittelbar eine (tragische) Entsprechung nachgeliefert wurde: die *Symphonie e-Moll Nr. 4*.

Heiter und gelöst soll der 50-jährige Brahms gewirkt haben, als er die *Dritte* komponierte. Trotzdem bot er hier nicht nur wunderbar gehaltvolles orchestrales Melos, sondern einen logischen Verlauf, der geheimnisvoll bleibt, ein häufig ertönendes Devisenmotiv, das sich als unentschlüsselbares Symbol erweist. Der Kopfsatz beginnt mit drei stolzen Akkorden. Dann, im dritten Takt, folgt das leidenschaftliche Hauptmotiv. Ein feuriger Gedanke, dem Klavierstück »Aufschwung« von Robert Schumann entnommen oder nachempfunden. Doch in den drei Anfangsakkorden verbarg sich etwas: die »Devise« dieses Kopfsatzes, ja der ganzen Symphonie. Es ist die Tonfolge »F-As-F«. Zuerst verbindet sie sich mit dem Hauptthema. Danach erscheint dieser durch die Mollterz verdunkelte Oktavsprung immer dann, bevor sich etwas ändert. Zum Beispiel: ganz leise in der Oboe, bevor die hochdramatische Schlussgruppe anfängt (bei Wilhelm Furtwängler CD III, Take 1, nach 2.15). Wäre das Devisenthema also ein Energiespender? Nun, in der Durchführung erscheint es anders. Nämlich nach dramatischen »Agitato«-Heftigkeiten lyrisch als erhabene Meditation des Horns. Danach verbreitet sich Endzeitstimmung, wie in Brahms' *Vier ernsten Gesängen* (Furtwängler, Take 1, nach 7.17). Es ist ein großer, schmerzlich bewegender Augenblick spätromantischer Symphonik, wie hier das Devisenmotiv weitgespannt erklingt – und tiefste Nachdenklichkeit auslöst. Nur: definieren, was genau es bedeutet, kann niemand solche begriffslosen Wahrheiten der Musik.

In ruhigem Dur, wo der Kopfsatz nach stürmisch-erregter Steigerung endet, beginnt das Andante. Ein irgendwie kirchlich-konservativ harmonisiertes, choralhaftes Andantethema, dem sich ein rezitativisch »sprechender«, herber Mittelteil anschließt. Brahms variiert und kombiniert das alles. Dann aber leuchtet eine ekstatisch-schöne Geigenmelodie (Furtwängler, Take 2, nach 7.13).

Nach diesen beiden schmerzlich angefochtenen Dursätzen gibt der alte Brahms seinem Kummer nach: als dritter Satz ein beinahe unerlaubt schönes Allegretto in reinem, unwiderstehlichem Moll.

Diesem Ohrwurm folgt das Mollfinale. Es setzt geduckt ein, abwartend. Dann die Ausbrüche: finster gezackt, symphonisch-dramatisch. Ein Ende in heftigem Moll? Keineswegs. Das Hauptthema wandelt sich in magisch tönendes F-Dur – und das Devisenthema des Kopfsatzes erscheint ein letztes Mal. Jetzt bringt es Frieden.

Wenn sie Brahms' Dritte *mögen …*

Hat man begriffen, wieviel Zärtlichkeit, wieviel seelischer Reichtum und wieviel menschliche Trauer sich hinter Brahms' Verschlossenheit, seiner Herbheit verbergen, dann wird man »Brahmine«. Seine Werke sind überdies so gediegen gut »gemacht«, dass man ihrer kaum je überdrüssig werden kann. Der meditativen *Symphonie Nr. 3* entspricht die Gewalt der *Vierten*, also der *Symphonie e-Moll* op. 98. Und beim Vergleich mit Antonín Dvořáks *Symphonie G-Dur* zeigt sich, dass diese ein wunderschönes böhmisches Gegenstück darstellt – auch mit »Devisenthema« im Kopfsatz und traurigem Walzer als drittem Satz – zur herben norddeutschen Gewalt von Brahms' *Dritter*.

Die fesselndsten Interpretationen von Brahms' Dritter

Wilhelm Furtwängler, Dezember 1949. Ein Livekonzert der Berliner Philharmoniker. Viel Gehuste. Keine perfekte Tonqualität. Der Anfang des Finales ein bisschen beiläufig. Und trotzdem: Furtwängler hat das brahmssche Geheimnis erspürt – wie noch kein anderer. Weil er keineswegs immer Höchstspannung, Überausdruck gibt, darum wirken die Momente, wo er aus sich herausgeht, dann schlechthin ungeheuerlich. So befolgt er in der Durchführung des Kopfsatzes die »Agitato«-Vorschrift vehement, und das Devisenthema danach erscheint wie eine Erleuchtung. In solcher Weise bewältigte der philosophischste Dirigent des Jahrhunderts Brahms' philosophischste Symphonie.

In einem Orchester wie den Berliner Philharmonikern bleibt unerklärlich aufgehoben, was es unter großen Chefdirigenten erfuhr: Bei den Berlinern waren es die Ratio des genialen Hans von Bülow, Arthur Nikischs Spontaneität, Furtwänglers Magie, Herbert von Karajans Klangsinn. Bietet

Karajan mit diesem Orchester Brahms' *Dritte*, dann begegnen wir in meisterlicher Klarheit auch noch dem großen Brahms-Ton der Vorgänger. Alles das sehr subtil. Ohne Furtwänglers Keuchen, gewiss. Aber nachdenklich. Im dritten Satz betörend kantabel. Und im rasch begonnenen Finale symphonisch festlich, aber doch nicht opernhaft schmissig.

Leonard Bernstein bietet mit dem New York Philharmonic Orchestra jeden Brahms-Takt gewichtig, balladesk. Es herrscht ein feuriger Spannungsdruck in seiner symphonisch gewaltigen, vielleicht manchmal russisch forcierten Brahms-Interpretation. Bernsteins Dringlichkeit steigert den Finalschluss förmlich zur Apotheose.

Who's who

Ludwig van Beethoven →Kaisers Klassik Nr. 1

Leonard Bernstein, geboren am 25. August 1918 in Lawrence (MA), gestorben am 14. Oktober 1990 in New York, amerikanischer Dirigent und Komponist

Johannes Brahms, geboren am 7. Mai 1833 in Hamburg, gestorben am 3. April 1897 in Wien, deutscher Komponist

Symphonie c-Moll Nr. 1 op. 68 →Kaisers Klassik Nr. 61

Symphonie D-Dur Nr. 2 op. 73 (1877) — 1. Satz: Allegro non troppo; 2. Satz: Adagio non troppo; 3. Satz: Allegretto grazioso; 4. Satz: Allegro con spirito

Symphonie F-Dur Nr. 3 op. 90 (1883) — 1. Satz: Allegro con brio; 2. Satz: Andante; 3. Satz: Poco allegretto; 4. Satz: Allegro

Symphonie e-Moll Nr. 4 op. 98 (1885) — 1. Satz: Allegro non troppo; 2. Satz: Andante moderato; 3. Satz: Allegro giocoso; 4. Satz: Allegro energico e passionato

Vier ernste Gesänge für Singstimme und Klavier op. 121 (1896) — 1: Denn es gehet dem Menschen wie dem Vieh; 2: Ich wandte mich und sahe an; 3: O Tod, wie bitter bist du; 4: Wenn ich mit Menschen- und Engelszungen redete

Hans von Bülow, geboren am 8. Januar 1830 in Dresden, gestorben am 12. Februar 1894 in Kairo, deutscher Pianist und Dirigent

Antonín Dvořák
Symphonie G-Dur Nr. 8 op. 88 →Kaisers Klassik Nr. 73

Wilhelm Furtwängler, geboren am 25. Januar 1886 in Berlin, gestorben am 30. November 1954 in Ebersteinburg (heute zu Baden-Baden), deutscher Dirigent und Komponist

Herbert von Karajan, geboren am 5. April 1908 in Salzburg, gestorben am 16. Juli 1989 in Anif (bei Salzburg), österreichischer Dirigent

Arthur Nikisch, geboren am 12. Oktober 1855 in Lébénye (Ungarn), gestorben am 23. Januar 1922 in Leipzig, deutscher Dirigent

Robert Schumann →Kaisers Klassik Nr. 8
Fantasiestücke für Klavier op. 12 (1837) — 1: Des Abends; 2: Aufschwung; 3: Warum?; 4: Grillen; 5: In der Nacht; 6: Fabel; 7: Traumeswirren; 8: Ende vom Lied

79
Bedřich Smetana
»Aus meinem Leben«
Streichquartett e-Moll Nr. 1

Wüssten wir nicht, dass dieses Streichquartett »Aus meinem Leben« *heißt, wir würden nichts vermissen. Denn die vier schwungvoll und tänzerisch inspirierten Sätze folgen dem klassischen Formschema. Hat man aber begriffen, wie Smetana hier die Geschichte seines Lebens vorführt – Kampf, Liebe, im Finale das entsetzliche Klangsymbol des Ertaubens –, dann versteht man das Werk erschüttert als einzigartige Bekenntnismusik. Wie Smetanas* »Aus meinem Leben« *entstand und was es bedeutet …*

Smetana war längst ein erfolgreicher Komponist und Begründer der tschechischen Nationalmusik *(Die Moldau)*, als er sich endlich, bereits 52-jährig, an die anspruchsvolle Form des Streichquartetts wagte. Wegen der vielstimmig-orchestralen Anforderungen, die der Komponist in seinem *Streichquartett e-Moll* den Streichern abverlangt, wurde das Werk zunächst für unspielbar gehalten …

Der Kopfsatz beginnt mit einem abgerissen scharfen Fortissimoakkord. Dann bietet die Bratsche über unruhig wogender Klangfläche ihr charakteristisch heftiges, sich frei und sprechend entfaltendes Hauptthema. Das sei, so Smetana, »der Ruf des Schicksals«. Auch »eine Warnung vor kommendem Unglück«. Dieses Hauptthema steigert sich kühn. Ihm folgt eine bezwingende Liedmelodie, süß und ausdrucksvoll. Böhmische Sexten, dazu tiefe Begleitstimmen von schubertscher Gestaltenfülle (auf der CD des Stamitz-Quartetts Take 1, nach 1.58). Das Pathos des Hauptthemas und die schmerzlich schöne Genialität des lyrischen Gedankens erfüllen den ersten Satz.

Der zweite, eine donnernde Polka, ist enorm handfest, grifftechnisch haarsträubend heikel – aber ebenso herrlich wie der Kopfsatz. Wirbelnd setzt sich polkahafter Rhythmus in Szene. Sogar trompetenartig soll ein Dreiklangsthema vorgetragen werden. Aber dann ... dann wird Smetana zum Zauberer. Das Cello gibt seinen nun nachdenklicheren Polkarhythmus. Die Bratsche schunkelt dazu gemütlich. Darüber jedoch fasziniert, in Form schwärmerisch melancholischer Synkopenakkorde, ein Klangwunder der Violinen. Immer reicher und seliger wandelt der Komponist diesen Einfall ab (Stamitz-Quartett, Take 2, nach 1.49). Smetana, der in seiner Jugend gern getanzt und Aristokraten kennen gelernt hat, wollte damit sogar »Aristokratisches« ausdrücken. Versteht unsereins nicht ganz, aber mag ja sein.

Das hochdramatisch entfaltete Adagio meint die Liebe – zur später geheirateten Ehefrau Kateřina Kolářová.

Jubelnd, wegen eines so reichen Künstlerdaseins, setzt das Finale ein. Auf dem Höhepunkt bricht die Musik ab. Pause. Dann ein widerwärtiger Pfeifton. Ein scheußlich hohes E der Violine. Beginn von Smetanas Ertaubung (auf der CD des Emerson String Quartet Take 8, nach 3.19). Zum Beschluss nur mehr ferne, wehmütige Erinnerung an frühere Themen. Erlöschen. Smetana starb in geistiger Umnachtung.

Wenn Sie Smetanas »Aus meinem Leben« *mögen ...*

Große Musik hat natürlich immer irgendwie mit dem Leben und der Subjektivität eines Komponisten zu tun – trotzdem ist autobiographische Musik etwas Seltenes. Dem *Quartett e-Moll* Smetanas ließe sich am ehesten die symphonische Dichtung *Ein Heldenleben* von Richard Strauss entgegenstellen. Denn Strauss gibt in seinem brillant instrumentierten

Orchesterwerk nicht nur programmatisch Szenen aus dem Leben irgendeines Heroen – sondern der Zufall will, dass die zitierten »Friedenswerke« des Helden samt und sonders Kompositionen von Strauss sind (aus *Don Juan*, *Tod und Verklärung*, *Don Quixote* und so weiter). So stellt das *Heldenleben* durchaus auch eine Autobiographie dar.

Die fesselndsten Interpretationen von Smetanas Quartett »Aus meinem Leben«

So groß Smetanas Ansprüche an die Virtuosität der Musiker vor allem in Polka und Finale auch sind: wird diese Musik nur brillant und mit sicherer Tongebung gemeistert, dann fehlt Entscheidendes. Nämlich das böhmische Schlendern, die slawische Wehmut. Die aber steht den Mitgliedern des Stamitz-Quartetts ganz selbstverständlich zu Gebote. Kein Wunder, wenn man die Namen der Musiker hört: Bohuslav Matoušek, Josef Kekula, Jan Přeruška, Vladimír Leixner. Das Pathos des ersten Satzes und die Zärtlichkeit des Polkamittelteils sind in den Händen dieser Künstler wunderschön aufgehoben.

Das Alban-Berg-Quartett aus Wien hat – man denke ans alte Habsburg – sowohl historisch wie geographisch mit Prag zu tun. Man hört es der Hingabe an, mit welcher die Berg-Leute Smetana huldigen. Weil sie aber doch von Ludwig van Beethoven herkommen, liegen ihnen der Ernst und die Strenge des hymnischen As-Dur-Adagios besonders gut. Die Weihe, die grandiose Steigerung des zuerst lyrischen Rhythmus werden bezwingend geboten.

Das amerikanische Emerson String Quartet – in welchem die beiden Geiger abwechselnd den Part der ersten Violine übernehmen – besitzt Rasse, Glanz, klangvolle Perfektion und neigt zu scharfem, schnellem Tempo. Das hindert diese trefflichen Musiker keineswegs, sich in Smetanas Idiom hineinzufühlen. Am besten gelingen ihnen aber wohl doch der ekstatische Schwung und das tragische Abbrechen des Finales.

Alban-Berg-Quartett: Günter Pichler (*1940), Klaus Mätzl (*1940) und Gerhard Schulz, Violine; Hatto Beyerle (*1941) und Thomas Kakuska, Viola; Valentin Erben (*1945), Violoncello

Ludwig van Beethoven →Kaisers Klassik Nr. 1

Emerson String Quartet: Eugene Drucker (*1952) und Philip Setzer (*1951), Violine; Lawrence Dutton (*1954), Viola; David Finckel (*1951), Violoncello

Franz Schubert →Kaisers Klassik Nr. 7

Bedřich Smetana, geboren am 2. März 1824 in Leitomischl (Ostböhmen), gestorben am 12. Mai 1884 in Prag, tschechischer Komponist

Má vlast (Mein Vaterland), Zyklus symphonischer Dichtungen →Kaisers Klassik Nr. 6

Quartett für zwei Violinen, Viola und Violoncello e-Moll Nr. 1 »Z mého život (Aus meinem Leben)« (1876) — 1. Satz: Allegro vivo appassionato; 2. Satz: Allegro moderato. A la polka; 3. Satz: Largo sostenuto; 4. Satz: Vivace

Kateřina Smetana (geborene Kolářová), geboren am 5. März 1827 in Neuhaus (Südböhmen), gestorben am 19. April 1859 in Dresden, tschechische Pianistin, Ehefrau Bedřich Smetanas

Stamitz-Quartett: Bohuslav Matoušek und Josef Kekula, Violine; Jan Přeruška, Viola; Vladimír Leixner, Violoncello

Richard Strauss →Kaisers Klassik Nr. 64

Don Juan. Tondichtung nach Nikolaus Lenau für großes Orchester op. 20 (1889)

Don Quixote. Fantastische Variationen über ein Thema ritterlichen Charakters für großes Orchester op. 35 (1897) — Introduktion. Mäßiges Zeitmaß – Var. I–X

Ein Heldenleben. Tondichtung für großes Orchester op. 40 (1898)

Tod und Verklärung. Tondichtung für großes Orchester op. 24 (1889)

80

Kurt Weill / Bertolt Brecht

Die Dreigroschenoper

Stück mit Musik. Für singende Schauspieler

Sensationserfolg der zwanziger Jahre. Enthält unsterbliche Songs. »Und der Haifisch« – Louis Armstrong und Sammy Davis machten es auch nach dem zweiten Weltkrieg bekannt – »der hat Zähne / Und die trägt er im Gesicht« (erstaunlich feiner Ausdruck fürs mörderische Haifischgebiss). Ein »Schiff mit 50 Kanonen« rächt ausgebeutetes Abwaschmädchen (gewiss der genialste Song, den Brecht und Weill je erfanden). Schnoddrig-schön wird Wohlbekanntes verkündet: »Erst kommt das Fressen, dann kommt die Moral.« Darüberhinaus steckt Aufrührerisches, Poetisches, Sentimental-Melancholisches und sogar Christliches in dem Werk! Wie die Dreigroschenoper *entstand und was sie bedeutet…*

Bei der Uraufführung, am 31. August 1928, müssen mindestens zwei Millionen Zuschauer im doch ziemlich kleinen Berliner Theater am Schiffbauerdamm dabeigewesen sein. Denn jeder »alte« Berliner berichtete später begeistert davon…

Brecht hatte John Christopher Pepuschs und John Gays *Bettleroper*, die 1728 in London Georg Friedrich Händels hohes Pathos erfolgreich auf die Schippe nahm, ein bisschen umgearbeitet. »Jahrmarkt in Soho. Die Bettler betteln, die Diebe stehlen, die Huren huren.« Führt nun die Handlung vor, dass Räuber sich eigentlich benehmen wie Bürger und Huren wie eifersüchtige Ehefrauen – dann legt sich eine tückische Umkehrung nahe. Also verhalten sich die Bürger wie Räuber. Und die Ehefrauen wie… Läppisch die Geschehnisse: Der

Obergauner Mackie Messer heiratet mit viel Tamtam des Bettlerkönigs handfeste Tochter. Verlässt sie bald, um zu seinen Huren zurückzukehren. Wird, obwohl mit dem Polizeichef befreundet, verhaftet. Kommt frei. Aber die (eifersüchtigen) Huren verraten ihn abermals. Nun muss er an den Galgen. Ein Glück, dass zum Schluss »des Königs reitender Bote« ein märchenhaftes Happyend verkündet.

Aus solchen Vorwänden machen Weills glänzendes Talent fürs melodisch Eingängige, Schlagende und Schlagerhafte sowie Brechts geniale Mischung aus Kessheit und großartigem biblischem Luther-Deutsch etwas Einzigartiges. Folgt nicht bereits die Story der Passionsgeschichte? (Asozialer Chef, dessen Jünger versagen.) »Jetzt kommt und seht, wie es ihm dreckig geht! Wollt ihr, dass seine Marter ewig währt« – in solchen Brecht-Wendungen steckt eine überdeutliche Anspielung aufs »Ecce-Homo«-Motiv aus dem *Neuen Testament*.

Der grandiose Rachetraum des Abwaschmädchens lässt ungeheuerlich fühlen, was die Unselige durchgemacht haben muss. Daneben Lustigeres. »Zuhälterballade«, »Kanonensong«, das einleuchtende »Lied von der Unzulänglichkeit menschlichen Strebens«. Am Ende tatsächlich ein regelrechter »Schlusschoral«. Wie da die Vokale tönen: »Denn es ist kalt. / Bedenkt das Dunkel und die große Kälte / In diesem Tale, das von Jammer schallt.«

Wenn Sie die Dreigroschenoper *mögen …*

Die *Dreigroschenoper* ist einzigartig, aber kein Unikat. *Aufstieg und Fall der Stadt Mahagonny*, wo die Chöre noch mehr Gewicht haben, sowie *Die sieben Todsünden*, die später entstanden, sind weitere faszinierende, nur eben nicht gleichermaßen populär gewordene Früchte der künstlerischen Zusammenarbeit Brecht/Weill. Was für ein Schicksal, dass die beiden sich später heillos zerstritten, da Weill, am Broadway erfolgreich, sich von den Untaten der Stalinisten distanzierte und die UdSSR verdammte. Was der in Amerika erfolglose Brecht ihm nicht verzeihen mochte.

Die fesselndsten Interpretationen der Dreigroschenoper

Keine Frage: die alten, 1930 aufgenommenen Schellackplatten, die nun auch in CD-Form erhältlich sind, stellen eine unüberholbare, authentische Interpretation zumindest der *Dreigroschenoper*-Songs dar. Die singende Wut jener Zeit, die Mischung aus großstädtischer Nonchalance und ironischer Heftigkeit, war später kaum so zu treffen. Kurt Gerron, der in Auschwitz ermordet wurde, Lotte Lenya, Marlene Dietrich, Erich Ponto und Willi Trenk-Trebitsch haben ein gewiss nicht perfektes, vollständiges – aber doch faszinierendes Dokument hinterlassen.

1966 ist an der Frankfurter Oper eine Aufführung des Werkes erarbeitet worden, die nicht nur den Vorteil größerer Vollständigkeit (verglichen mit der Produktion von 1930) besitzt, sondern auch künstlerisch höchst akzeptabel gelang. Wolfgang Rennert dirigierte zügig. Und Edith Teichmann bot das Lied des Abwaschmädchens sehr aufregend. Anders als Lotte Lenya, aber gleichwohl mit originellem, beträchtlichem Furor.

Der Dirigent John Mauceri und das RIAS-Berlin Orchester »Sinfonietta« bieten eine *Dreigroschenoper*-Produktion, die peinlich genau wiederherzustellen versucht, was Weill »eigentlich« gewollt habe – und was von vornherein nicht zureichend realisiert worden sei im hektischen Uraufführungsjahr. Dabei treten interessante Einzelheiten zutage. Doch dass man einen der großen Richard-Wagner-Tenöre unserer Zeit, René Kollo, zudem die hochdramatische Helga Dernesch, überdies Ute Lemper und die Milva engagiert hat, führt bisweilen zu einem seltsamen opernhaften Effekt.

Louis Armstrong, geboren am 4. Juli 1900 in New Orleans, gestorben am 6. Juli 1971 in New York, amerikanischer Jazztrompeter und -sänger

Bertolt Brecht (eigentlich Berthold Brecht), geboren am 10. Februar 1898 in Augsburg, gestorben am 14. August 1956 in Berlin, deutscher Schriftsteller und Regisseur

Sammy Davis, geboren am 8. Dezember 1925 in New York, gestorben am 16. Mai 1990 in Los Angeles, amerikanischer Tänzer, Sänger und Schauspieler

Helga Dernesch, geboren am 3. Februar 1939 in Wien, österreichische Sängerin (Sopran)

Marlene Dietrich (eigentlich Maria Magdalena von Losch), geboren am 27. Dezember 1902 in Berlin, gestorben am 6. April 1992 in Paris, deutsche Schauspielerin

John Gay, getauft am 16. September 1685 in Barnstaple (Devonshire), gestorben am 4. Dezember 1732 in London, britischer Schriftsteller

Kurt Gerron, geboren am 11. Mai 1897 in Berlin, ermordet Ende Oktober 1944 im Konzentrationslager Auschwitz, deutscher Schauspieler und Regisseur

Georg Friedrich Händel →Kaisers Klassik Nr. 12

René Kollo, geboren am 20. November 1937 in Berlin, deutscher Sänger (Tenor) und Theaterleiter

Ute Lemper, geboren am 4. Juli 1963 in Münster (Westf.), deutsche Schauspielerin, Tänzerin und Sängerin

Lotte Lenya (eigentlich Charlotte Blumauer; verheiratete Weill), geboren am 18. Oktober 1898 in Wien, gestorben am 27. November 1981 in New York, amerikanische Schauspielerin und Sängerin österreichischer Herkunft

John Mauceri, geboren am 12. September 1945 in New York, amerikanischer Dirigent

Milva (eigentlich Maria Ilva Biolcati), geboren am 17. Juli 1939 in Goro (bei Ferrara), italienische Sängerin und Schauspielerin

John Christopher Pepusch (eigentlich Johann Christoph Pepusch), geboren 1667 in Berlin, gestorben am 20. Juli 1752 in London, britischer Komponist deutscher Herkunft

The Beggar's Opera (Die Bettleroper), Ballad Opera in drei Akten; Text: John Gay; Uraufführung: London, 29. Januar 1728

Erich Ponto, geboren am 14. Dezember 1884 in Lübeck, gestorben am 4. Februar 1957 in Stuttgart, deutscher Schauspieler und Theaterleiter

Wolfgang Rennert, geboren am 1. April 1922 in Köln, deutscher Dirigent

Edith Teichmann, geboren am 22. März 1927 in Leipzig, deutsche Schauspielerin

Willi Trenk-Trebitsch, geboren am 11. März 1902 in Wien, gestorben am 21. September 1983 in Berlin, österreichischer Schauspieler

Richard Wagner →Kaisers Klassik Nr. 5

Kurt Weill, geboren am 2. März 1900 in Dessau, gestorben am 3. April 1950 in New York, amerikanischer Komponist deutscher Herkunft

Aufstieg und Fall der Stadt Mahagonny, Oper in drei Akten; Text: Bertolt Brecht; Uraufführung: Leipzig, 9. März 1930

Die Dreigroschenoper, Ein Stück mit Musik in einem Vorspiel und acht Bildern; Text: Bertolt Brecht nach John Gay; Uraufführung: Berlin, 31. August 1928

Die sieben Todsünden der Kleinbürger, Ballett mit Gesang; Choreographie: Georges Balanchine, Text: Bertolt Brecht (1933)

81

Robert Schumann

Kreisleriana

Acht Stücke für Klavier op. 16

Überschwänglich stürmisch, überschwänglich lyrisch: so liebt die Klavierwelt Schumanns Kreisleriana. *Mit einer wohlkomponierten klassischen Sonate haben diese von Temperament und Sehnsucht vibrierenden, oft bizarren, wahnsinnsnah virtuosen Stücke wirklich nichts mehr zu tun. Wie die* Kreisleriana *entstand und was sie bedeutet …*

Warum der Titel *Kreisleriana*? Nun, der überspannte Kapellmeister Kreisler ist eine Phantasiegestalt des von Schumann bewunderten Dichters E. T. A. Hoffmann gewesen – und als *Kreisleriana* hatte bereits Hoffmann Texte veröffentlicht, die mit diesem Kreisler zusammenhingen.

Eruptiv schleuderte der 28-jährige Schumann seine Werke aus sich heraus. »Denke, seit meinem letzten Brief habe ich wieder ein ganzes Heft neuer Dinge fertig«, schrieb er 1838 an seine geliebte Braut Clara. »›Kreisleriana‹ will ich es nennen … und will es Dir widmen, ja Dir und niemand anders, da wirst Du lächeln so hold, wenn Du Dich wiederfindest …«

Ganz so hold, wie Schumann es hier prophezeite, scheint Clara über die Wildheiten und Visionen der *Kreisleriana* doch nicht gelächelt zu haben, denn Schumann widmete die Komposition keineswegs, wie er es doch versprochen hatte, ihr, sondern dem bewunderten polnischen Komponistenkollegen Frédéric Chopin. Aber auch der war dem glanzvollen Modernismus des Werkes nicht gewachsen, ließ die Komposition monatelang ungeöffnet auf dem Klavier herumliegen. Als er sie endlich ausgepackt und durchgesehen hatte, bemerkte er missmutig, das sei eigentlich gar keineMusik mehr – Kollegen sind so. Aber bald hielt man gerade die *Kreisleriana* für Schumanns bedeutendste, subtilste Klavierkomposition.

Beides ist verständlich: sowohl das Erschrecken beim ersten Kennenlernen als auch die Begeisterung nach intensiv gemachter Bekanntschaft! Zielstrebige Wildheit erfüllt den ersten Satz, »äußerst bewegt«, in dessen Mitte sich ein schmerzlich leises Lied verbirgt. Der anspruchsvoll ausführliche zweite Satz führt wechselnde Gefühle vor. Immer extremer werden allmählich die Charaktere, immer unheimlicher scheinen die Stimmen und Rhythmen dissoziiert. Das vierte und sechste Stück enthalten zarte, romantisch-verklärte Träume. Grandios die seelische Kurve des siebten Stücks. Es beginnt flammend zerrissen. Dann zitiert Schumann Johann Sebastian Bach, als ob seine romantisch zerrissene Seele an Bachs barocker Urkraft genesen könne. Doch Schumanns Beschwörung des Vergangenen besitzt nicht Bachs Majestät, sondern herrliche, flammende Nervosität. Am Ende verdämmert alles in schwerem Traum. Spukhaft der letzte Satz. Ein Reiterstück, aber kein heiteres. Als ob ein gespenstischer Bote durch kahle, ausgebrannte Landschaft galoppiere. Plötzlich donnernder Kriegslärm. Danach verschwindet die bizarre Gestalt tonlos im Nichts.

Also: Todessprünge von einem Extrem ins andere. Schumann bietet in der *Kreisleriana* manchmal leise, huschende Zeugnisse einer wahnsinnsnahen – eben nicht wahnsinnigen, sondern musikalisch gestalteten – rhythmischen Dissoziation. Er war, als Künstler, den Abgründen seiner Psyche wunderbar gewachsen.

Wenn Sie Schumanns Kreisleriana *mögen …*

Der *Kreisleriana* am ähnlichsten ist ein anderer großartiger Klavierzyklus Schumanns, der zwar *Humoreske* heißt, aber keineswegs harmlos heiter tönt, sondern flammend melancholisch und schwungvoll dramatisch. Wer freilich die *Kreisleriana* und die *Humoreske* kennt, der dürfte dann auch süchtig sein nach Schumanns ohnehin populären Zyklen: nach den *Papillons*, dem *Carnaval*, den *Symphonischen Etüden* und dem *Faschingsschwank aus Wien*, wo Schumann sogar die damals in Wien verbotene *Marseillaise*, das Kampflied der Französischen Revolution, aufrührerisch versteckt hat.

Die fesselndsten Interpretationen von Schumanns Kreisleriana

Vladimir Horowitz hat die *Kreisleriana* atemberaubend eingespielt in seiner ersten Aufnahme von 1969. Wunderbar das Legato, also die »Bindung« der Töne, fast manieristisch überzüchtet manchmal die Anschlagskultur. Horowitz hebt aufregend hervor, was alle seine Kollegen denn doch nicht so genial deutlich zeigen können: nämlich, dass Schumann in keiner anderen Komposition jemals so phantastische, selbstständige, frei nachschlagende Bässe geschrieben hat wie in mindestens fünf der acht *Kreisleriana*-Nummern. Am verstörendsten in der letzten. Da heißt es harmlos: »Die Bässe durchaus leicht und frei«, aber was sich dahinter verbirgt an wahnsinnsnaher Dissoziation, das erkennt man, wenn man die aberwitzigen ersten 16 Takte genau und tiefbeeindruckt von Horowitz hört.

Wilhelm Kempff, als Pianist ein charmanter Preuße, ein Preuße, wie Gott ihn träumt, hat gerade die langsamen, lyrischen Sätze der *Kreisleriana* zarter, schöner und poetischer geboten als alle anderen. Er konnte die Magie der Stille herstellen, konnte mit pochender Sensibilität vorführen, wie Verträumtes in schwebende Bewegung gerät oder wie Schumanns Rückwendung zu Bach in sehnsuchtsvoller Gebrochenheit versinkt.

Valéry Afanassiev, russischer Pianist und Romanschriftsteller dazu, ist ein trefflicher, aber wirklich nicht nur braver oder akademischer Klavierspieler. In den Konzerten dieses hochoriginellen Künstlers gibt es immer etwas ganz Besonderes. So auch in der *Kreisleriana*, die Afanassiev hochexzentrisch, blendend intelligent »gegen den Strich«, manchmal extrem langsam, dann wieder extrem bizarr auffasst. Merkwürdig, dass Afanassiev das letzte Stück, »Schnell und spielend«, keineswegs rasch, sondern auffällig langsam, und auch nicht spielend, sondern beklemmend starr versteht. Aber fesselnd ist's allemal.

Who's who

Valéry Afanassiev (eigentlich Waleri P. Afanasjew), geboren 1947 in Moskau, französischer Pianist und Schriftsteller russischer Herkunft

Johann Sebastian Bach →Kaisers Klassik Nr. 14

E(rnst) T(heodor) A(madeus) Hoffmann, geboren am 24. Januar 1776 in Königsberg, gestorben am 25. Juni 1822 in Berlin, deutscher Schriftsteller, Komponist und Maler

Kreisleriana, in Band 2 und 4 der *Fantasiestücke in Callot's Manier. Blätter aus dem Tagebuch eines reisenden Enthusiasten* (1814/15)

Vladimir Horowitz (eigentlich Wladimir Samoilowitsch Gorowiz), geboren am 1. Oktober 1903 in Berditschew, gestorben am 5. November 1989 in New York, amerikanischer Pianist ukrainischer Herkunft

Wilhelm Kempff, geboren am 25. November 1895 in Jüterbog (bei Potsdam), gestorben am 23. Mai 1991 in Positano (bei Neapel), deutscher Pianist und Komponist

Clara Schumann (geborene Wieck), geboren am 13. September 1819 in Leipzig, gestorben am 20. Mai 1896 in Frankfurt am Main, deutsche Pianistin und Komponistin

Robert Schumann

Carnaval. Scènes mignonnes sur quatre notes (Karneval. Nette Szenen über vier Noten) für Klavier op. 9 →Kaisers Klassik Nr. 8

Faschingsschwank aus Wien. Phantasiebilder für Klavier op. 26 (1839) — 1: Allegro; 2: Romanze; 3: Scherzino; 4: Intermezzo; 5: Finale

Humoreske für Klavier op. 20 (1839)

Kreisleriana. Fantasien für Klavier nach E. T. A. Hoffmann op. 16 (1838)

Papillons für Klavier op. 2 (1831)

Symphonische Etüden. Etüden in Form von Variationen für Klavier op. 13 (1834) — Thema. Andante – Etüde I–XII

82

Ludwig van Beethoven

Violinkonzert D-Dur

op. 61

Edelstes, »klassischstes« aller großen Violinkonzerte. Bitte, bitte nie sagen: »Ich habe ein schönes Violinkonzert von Beethoven gehört.« Es ist nämlich »das« Violinkonzert Beethovens – er komponierte leider nur eines. Für viele Bewunder gilt es sogar als »Konzert aller Konzerte«. Rein und wie eine Königin schwebt die Geige über Beethovens großem, majestätischem Orchester. Wie das Violinkonzert *entstand und was es bedeutet …*

Als 36-jähriger, 1806, komponierte Beethoven sein *Violinkonzert* – in dem sich klassische Klarheit mit zarten Mysterien nobel verbindet. Zunächst suggeriert die erhabene Einfachheit der Themen, die mächtige Gelassenheit der vollkommenen, ruhig-großen Sprache im Hörer das Gefühl, hier sei der längst anerkannte, berühmte Meister über alle Taubheitsverzweiflungen und Zerrissenheiten hinaus, von denen Beethovens Musik in der exzentrischen *»Mondscheinsonate«*, in den lodernden Steigerungen der *»Eroica«-Symphonie* ja noch tönte.

Der Kopfsatz des *Violinkonzerts* beginnt seltsam: mit einer gleichmäßigen Folge von fünf leisen Paukenschlägen. Ihnen folgt das ruhig-große erste Thema. Die pochenden Schläge des Anfangs kommen immer wieder vor, auf allen möglichen Tonstufen – als seien sie ein Kommentar, ein Überleitungselement oder gar eine Art Herzschlag. Nach weitgespannter Entfaltung erscheint liedhaft das schöne zweite Thema im Orchester. Es dauert erhaben lange, bis die Orchestereinleitung vorbei ist und endlich die Solovioline das Kommando übernehmen darf. Ihr Einsatz wirkt improvisatorisch, als wolle jemand seine Mittel und Möglichkeiten überprüfen. Dann aber schwebt die Geige in höchster Höhe – wie ein Engel über Gerechten und Ungerechten. Die Solovioline darf mit gebrochenen Dreiklängen und edlen Umspielungen verzieren, beseelen, vollenden, was das Orchester sagt. Tut sie es nicht vollkommen »rein«, absolut tonsicher, dann erlebt man statt eines Konzerts eine Katastrophe.

Reinheit und Mysterium vertragen sich bei Beethoven gut. Das *Violinkonzert* enthält nämlich ein Geheimnis. In der Mitte eines jeden der drei so logisch-souverän aufgebauten Sätze stimmt die Geige etwas vollkommen Neues, Schmerzlich-Schönes an. Im Kopfsatz eine g-Moll-Melodie, die nicht mehr von dieser Welt (und auch nicht aus den Motiven des Satzes abgeleitet) ist (auf der CD von Anne-Sophie Mutter und Herbert von Karajan Take 1, nach 13.19). Analoges geschieht im zweiten Satz, einem aus Variationen bestehenden, fast überirdisch schönen Larghetto, das einer Gesangsszene gleicht. Auch da hört mittendrin der gegebene Formzusammenhang auf, und ein »cantabile«-Mirakel erscheint (CD Mutter/Karajan Take 2, nach 5.33). Selbst im Finale, das sein delikates Hauptthema übermütig oft vorführt und am Ende mit brillanten Effekten nicht geizt, steht in der Mitte etwas Besonderes: eine schmelzend schöne Mollmelodie der Violine (CD Mutter/Karajan Take 3, nach 3.15), die nicht »tragisch«, sondern beredt und musikantisch elegant weitergesponnen wird.

Wenn Sie Beethovens Violinkonzert *mögen …*

Beethoven hat sein *Violinkonzert* auf Bitte des Klaviermeisters und Verlegers Muzio Clementi auch für Klavier übertragen – und dem Klavier eine großartige Originalkadenz geschenkt (den Geigern leider nicht). Aber wer das *Violinkonzert* liebt, dem kann keineswegs, oder nur aus Kuriositätsgründen, diese Klavierfassung gefallen. Denn für die linke Hand des Pianisten hat sich die Bearbeitung nichts einfallen lassen – und die rechte bleibt dem Violinsound grotesk unterlegen. Nein: wer den gelassenen erhabenen und melodiösen Beethoven des *Violinkonzerts* schätzt, der könnte mehr Befriedigung bei Beethovens beiden *Violinromanzen* (op. 40 und 50) finden – und mehr musikalische Erfüllung beim herrlichen *Klavierkonzert G-Dur* op. 58.

Die fesselndsten Interpretationen von Beethovens Violinkonzert

Anne-Sophie Mutter und Herbert von Karajan mit seinen Berliner Philharmonikern brachten eine majestätische und zugleich reine, dem Ideal absoluter Schönheit verpflichtete Einspielung des *Violinkonzerts* heraus. Ein Extrem, gewiss. Sehr »deutsch« und langsam der erste Satz, hymnisch der zweite, verhalten brillant der dritte. Die junge Geigerin spielt phänomenal sauber. Reiner könnten Engel nicht singen. Was sie freilich »virtuos« vermag, das demonstriert sie in den Solokadenzen. Da führt sie, fabelhaft entfesselt, ihre »Kunstfertigkeit« vor, während sie im *Konzert* selber erlesen der »Kunst« diente.

Im Jahr 1940 haben Jascha Heifetz, der berühmteste Virtuose des Jahrhunderts, und Arturo Toscanini mit dem NBC Orchestra eine Aufführung des *Violinkonzerts* gewagt, deren Virtuosität, Geschmeidigkeit und geigerische Vollkommenheit schlechthin umwerfend sind. Wunderbar die Leichtigkeit und stürmische Brillanz der Passagen, süffig der berauschende Wohlklang. Alles das hat freilich mit einer getragenen und pompösen »deutschen« Beethoven-Vorstellung herzlich wenig zu tun. Doch man kennt die seelische Weite von Beethovens *Konzert* nicht, wenn man es nicht in dieser Heifetz/Toscanini-Version gehört hat.

Weder so »apollinisch« rein wie Anne-Sophie Mutter noch geigerisch so perfekt wie Heifetz, bietet Gidon Kremer eine nachdenkliche, expressive, oft kühne Einspielung. Am kühnsten die Solokadenz. Da der Geiger die Freiheit hat, in der Kadenz zu improvisieren, hat sich Kremer von einem modernen Komponisten, seinem Freund Alfred Schnittke, die Kadenzen schreiben lassen. Sie brechen die beethovensche Sprache auf. Sie zerstören eingefahrene Hörerwartungen, gleichen musikhistorischen Exkursen, die bis ins 20. Jahrhundert reichen. Das ist kühn, aufregend, interessant und provokant. Aber ob diese Kadenzen auch »schön« genug sind – nämlich dem Anspruch der beethovenschen Musiksprache gewachsen –, das bleibt sehr die Frage.

Who's who

Ludwig van Beethoven, getauft am 17. Dezember 1770 in Bonn, gestorben am 26. März 1827 in Wien, deutscher Komponist

Klaviersonate cis-Moll Nr. 14 »Sonata quasi una fantasia (Mondscheinsonate)« op. 27,2 →Kaisers Klassik Nr. 67

Konzert für Klavier und Orchester G-Dur Nr. 4 op. 58 →Kaisers Klassik Nr. 52

Konzert für Violine und Orchester D-Dur op. 61 (1806) — 1. Satz: Allegro ma non troppo; 2. Satz: Larghetto; 3. Satz: Rondo. Allegro

Romanze für Violine und Orchester G-Dur Nr. 1 op. 40 (1802)

Romanze für Violine und Orchester F-Dur Nr. 2 op. 50 (1802) — Adagio cantabile

Symphonie Es-Dur Nr. 3 »Eroica« op. 55 (1804) — 1. Satz: Allegro con brio; 2. Satz: Marcia funebre. Adagio assai; 3. Satz: Scherzo. Allegro vivace; 4. Satz: Finale. Allegro molto

Muzio Clementi, geboren 23./24. Januar 1752 in Rom, gestorben am 10. März 1832 in Evesham (Worcestershire), italienischer Komponist, Pianist und Musikverleger

Jascha Heifetz (eigentlich Iossif Robertowitsch Cheifez), geboren am 2. Februar 1901 in Wilna, gestorben am 10. Dezember 1987 in Los Angeles, amerikanischer Geiger russischer Herkunft

Herbert von Karajan, geboren am 5. April 1908 in Salzburg, gestorben am 16. Juli 1989 in Anif (bei Salzburg), österreichischer Dirigent

Gidon Markowitsch Kremer, geboren 27. Februar 1947 in Riga, russischer Geiger deutsch-russischer Herkunft

Anne-Sophie Mutter, geboren am 29. Juni 1963 in Rheinfelden (Baden), deutsche Geigerin

Alfred Schnittke, geboren am 24. November 1934 in Engels (bei Saratow), deutsch-russischer Komponist deutscher Herkunft

Arturo Toscanini, geboren am 25. März 1867 in Parma, gestorben am 16. Januar 1957 in New York, italienischer Dirigent

83

Richard Wagner

Die Meistersinger von Nürnberg

Oper in drei Akten

Gescheit und witzig wird hier über Regeln und Rolle der »Kunst« gestritten. Darum fand sogar der Wagner-Verächter Igor Strawinsky respektvolle Worte für die Meistersinger. *Ermittelt werden soll: Was ist ein Genie und was ein biederer Zünftler. Wagners* Meistersinger *gelten als pathetisch deutschnational. Sie waren Hitlers auserwählte Festoper für seine Nürnberger Reichsparteitage. Doch es handelte sich um ein deutschtümelndes Missverständnis. Der Text sagt eben nicht eindeutig: »Deutschland, Deutschland über alles«, sondern er spricht Bescheideneres, Skeptischeres aus. Nämlich: wenn Deutschland zugrunde ginge, uns bliebe doch die heil'ge deutsche Kunst. Wie die* Meistersinger *entstanden und was sie bedeuten …*

Als 32-jähriger schrieb Wagner seinen ersten *Meistersinger*-Entwurf nieder. Zwei Jahrzehnte dauerte es, bis Text und Komposition fertig waren. So konnte all die Riesenerfahrung im Umgang mit Kunst in das Werk einfließen, die Wagner als über 50-jähriger genialer Komponist und Schriftsteller gewonnen hatte.

Wagners Grundeinfall ist bezaubernd und poetisch zugleich. Einst gab es in Deutschland eine Kultur der Meistersinger-Schulen. Brave bürgerliche Handwerker empfanden sich als Nachfahren der ritterlichen Kunst des hohen Mittelalters. Sie führten bieder und pedantisch regelfromm weiter, was einst höfische Ritter getan hatten. Wagners Pointe: Hier eilt ein junger Ritter aus seinem fränkischen Schloss hinab ins bürgerliche Nürnberg, um sich von den dortigen Handwerkern zu verschaffen, was seine Vorfahren verfallen ließen. Darin verbirgt sich eine durchaus demokratische Tendenz.

Walther von Stolzing verliebt sich dabei in Eva, die Tochter des steinreichen Nürnberger Goldschmieds Pogner. Um sie zu kriegen, muss er als »Meistersinger« beim öffentlichen Wettkampf gewinnen. Doch schon die Aufnahmeprüfung geht schief. Die biederen Meister verstehen des genialischen jungen Mannes Freiheit überhaupt nicht. Und der ältliche giftige Kritiker Beckmesser, der sich auch um Eva bewirbt, macht den Kandidaten Stolzing beim Probesingen erst nervös – und dann herunter. Nachdem Stolzings Fluchtplan, Eva zu entführen, vereitelt worden ist, lernt Stolzing brav von Sachs, wie man geniale Einfälle in Form bringt. Auf der Festwiese beim Wettsingen blamiert sich der Hagestolz Beckmesser mit seinem absurd entstellten Preislied. Nun darf Stolzing es vortragen. Erlaubt sich dabei kühne Freiheiten. Das Volk – so romantisch-idealisch empfand Wagner – begreift instinktiv des jungen Ritters moderne Kunst! Walther kriegt Eva. Dazu, sich auch bei den Meistersingern aufnehmen zu lassen, überredet Sachs den arroganten jungen Heißsporn geschickt: Eine Meistersinger-Kunst, die solche Preise wie Eva zu bieten hat, könne nicht wertlos sein. Selbst wenn das Heil'ge Römische Reich Deutscher Nation zerginge, sie bliebe uns als Heiligtum.

Wenn Sie Wagners Meistersinger *mögen …*

Die Melancholie des Hans Sachs, das bittere und aufregende Schicksal des Beckmesser (eine Negativfigur, deren eigentümliche Tragik, falls der Darsteller dieses hagestolzen Stadtschreiber und »Merkers« nur einigermaßen gut ist, zum begeistert applaudierten Mittelpunkt werden kann!): solche geniale Fülle beeindruckt unfehlbar. Es gibt wenig Vergleichbares – gewiss nicht Albert Lortzings hübsche Oper *Hans*

Sachs. Immerhin nahm Wagners Jugendoper *Das Liebesverbot* bereits einiges von der Volksverklärung der *Meistersinger* vorweg. Und der *Rosenkavalier* von Richard Strauss versuchte, dem Nürnberg Wagners ein heiteres Wien entgegenzustellen.

Die fesselndsten Interpretationen von Wagners Meistersingern

Herbert von Karajan hatte eine lyrische Beziehung zum schmerzlich schönen, spezifischen Ton der *Meistersinger*-Musik. Sowohl das Vorspiel wie auch der brausende protestantische Choral, auch der emphatische »Wacht-auf«-Chor, das berühmte Quintett und das »Preislied«: alle diese Nummern enthalten eine ganz charakteristische Wendung, die den *Meistersinger*-Sound ausmacht. Theo Adam, René Kollo, Helen Donath und Peter Schreier, in den siebziger Jahren eine klassische, berühmte *Meistersinger*-Besetzung.

In München wurden die *Meistersinger* einst uraufgeführt. Kein Wunder, dass die liebevolle Interpretation der Bayerischen Staatsoper unter Wolfgang Sawallisch, die jahrzehntelang Höhepunkt der Münchner Opernfestspiele war, auch auf Platten beeindruckt. Brausend die Chöre, überschwänglich die Szenen zwischen dem Sachs des robust-klugen Bernd Weikl und Cheryl Studers strahlender Eva.

Eugen Jochums *Meistersinger*-Darbietung mit Chor und Orchester der Deutschen Oper Berlin hält den klügsten Sachs fest, der je diese Rolle sang: Dietrich Fischer-Dieskau. Professor Sachs als Hobbyschuster, hat man gespottet – doch die Phrasierungsintelligenz dieses Sängers lässt mannigfache neue Aspekte der riesigen Partie erkennen und bewundern. Catarina Ligendza und Christa Ludwig stellen eine hohe Besetzung dar für Eva und Magdalena.

Theo Adam, geboren am 1. August 1926 in Dresden, deutscher Sänger (Bass)

Helen Donath, geboren am 10. Juli 1940 in Corpus Christi (TX), amerikanische Sängerin (Sopran)

Dietrich Fischer-Dieskau, geboren am 28. Mai 1925 in Berlin, deutscher Sänger (Bariton)

Eugen Jochum, geboren am 1. November 1902 in Babenhausen (bei Memmingen), gestorben am 26. März 1987 in München, deutscher Dirigent

Herbert von Karajan, geboren am 5. April 1908 in Salzburg, gestorben am 16. Juli 1989 in Anif (bei Salzburg), österreichischer Dirigent

René Kollo, geboren am 20. November 1937 in Berlin, deutscher Sänger (Tenor) und Theaterleiter

Catarina Ligendza, geboren am 18. Oktober 1937 in Stockholm, schwedische Sängerin (Sopran)

Albert Lortzing, geboren am 23. Oktober 1801 in Berlin, gestorben am 21. Januar 1851 in Berlin, deutscher Komponist

Hans Sachs, Komische Oper in drei Akten; Text: Philipp Reger und Albert Lortzing nach Johann Ludwig Deinhardstein; Uraufführung: Leipzig, 23. Juni 1840

Christa Ludwig, geboren am 16. März 1928 in Berlin, österreichische Sängerin (Mezzosopran)

Wolfgang Sawallisch, geboren am 26. August 1923 in München, deutscher Dirigent

Peter Schreier, geboren am 29. Juli 1935 in Gauernitz (bei Meißen), deutscher Sänger (Tenor)

Richard Strauss

Der Rosenkavalier →Kaisers Klassik Nr. 86

Igor Strawinsky →Kaisers Klassik Nr. 30

Cheryl Studer, geboren am 24. Oktober 1955 in Midland (MI), amerikanische Sängerin (Sopran)

Richard Wagner, geboren am 22. Mai 1813 in Leipzig, gestorben am 13. Februar 1883 in Venedig, deutscher Komponist

Das Liebesverbot oder Die Novize von Palermo, Große komische Oper in zwei Akten; Text: Richard Wagner nach William Shakespeare; Uraufführung: Magdeburg, 29. März 1836

Die Meistersinger von Nürnberg, 3 Akte; Text: Richard Wagner; Uraufführung: München, 21. Juni 1868

Bernd Weikl, geboren am 29. Juli 1942 in Wien, deutscher Sänger (Bariton)

84
Johannes Brahms
Klavierkonzert d-Moll Nr. 1
op. 15

Es beeindruckt so trotzig großartig, so originell und tiefgründig, dass selbst Brahms' Gegner diesem bedeutungsvollsten Klavierkonzert nach Beethoven widerwillig Respekt bezeugten. Wie das Klavierkonzert *entstand und was es bedeutet …*

Mit seinem *Klavierkonzert Nr. 1* hat sich der junge Brahms schrecklich selbstkritisch gequält – aber die Qual lohnte. Dem gerade von Robert Schumann der Musikwelt enthusiastisch empfohlenen 21-jährigen Künstler schwebte wohl noch eine Sonate für zwei Klaviere vor. Dann baute Brahms die Sache zum Klavierkonzert um. 1857 zweifelte er heftig: »Ich dachte dieser Tage über meinen ersten Concertsatz nach. Du glaubst nicht, was mir der für Kummer… Er ist eben durch und durch verpfuscht, da ist der Stempel des Dilettantismus…«

Aber schließlich brachte der junge Genius das Werk doch zu Ende. Die Uraufführung 1859 in Hannover wurde zum Achtungserfolg, die wichtige Erstaufführung in Leipzig zum vollkommenen Durchfall.

Unheimlich, über donnernder Pauke, erscheint zu Beginn des Kopfsatzes das Maestoso-Hauptmotiv im Orchester, geprägt von wüsten Fortissimotrillern. Nach diesem Vorspiel setzt das Klavier mit etwas herzbewegend Neuem ein: mit einer ausdrucksvoll klagenden Kantilene, als sei der Solist angstvoll eingeschüchtert von der Gewalt des Orchesters. Bald aber wird das Soloklavier in die Hölle der schweren Oktavtriller, die es mit klirrender Kraft darbieten muss, hineingerissen. Danach freilich darf es ein eigenes, lyrisch-choralhaft strömendes zweites Thema vortragen. Die Durchführung beginnt heftig, setzt sich melancholisch versonnen fort, endet im Orchester zigeunerhaft entfesselt, während das Klavier mit huschenden Zehnteln und Oktaven brilliert. Darauf dröhnt das Klavier mit aller Kraft des Orchesters das Anfangsthema in schneidendem E-Dur – und das Orchester bietet des Klaviers allerersten klagenden Einsatz im Fortissimo! Dieser hochdramatische Verlauf ist vielleicht der spannendste konzertante »Kampf« der ganzen Konzertliteratur (auf Arthur Rubinsteins CD Take 1, von 12.31 bis 14.49).

Dem erhabenen Orchesterthema des Adagios (»Benedictus« hatte der junge Brahms emphatisch drübergeschrieben und später karg getilgt) setzt das Klavier zart schweifende Monologe, wie über Abgründe geflüstert, entgegen.

Im trotzigen Finale übernimmt es von vornherein das Kommando. Zitiert während der ersten Kadenz (freilich eine Terz höher) wörtlich neun Töne lang den »sanften Flügel« aus Ludwig van Beethovens ja auch in d-Moll stehender *Symphonie Nr. 9* (CD Rubinstein Take 3, nach 8.33). Brahms wusste wohl, mit welchen Riesen er erfolgreich den Kampf aufgenommen hatte.

Wenn Sie Brahms' Klavierkonzert d-Moll *mögen* …

Brahms' *Klavierkonzert Nr. 2* (B-Dur op. 83) ist zwar weder schöner noch auch sehr viel schwerer, wohl aber melodisch verbindlicher, empfindsam lyrischer wohl als das grandiose herbe Opus 15. Da im Frühwerk der dramatische Gegensatz zwischen Solo und Orchester zum eigentlichen »Konzert«-Ereignis wird, kann man, um Analogien zu bieten, doch einige Klavierkonzerte nennen, wo das Soloinstrument in gleicher Weise »gegen« die Totalität des Orchesters anzu»kämpfen« versucht. Da gibt es die beiden *Konzerte d-Moll* und *c-Moll* von Wolfgang Amadeus Mozart. Und Beethovens *Klavierkonzert Es-Dur* und Pjotr Tschaikowskis *Konzert b-Moll*.

Die fesselndsten Interpretationen von Brahms' Klavierkonzert d-moll

Freier, schöner und geistvoller, als Arthur Rubinstein es 1954 mit dem Chicago Symphony Orchestra unter Fritz Reiner spielte, kann man sich Brahms' *Konzert d-Moll* schwerlich vorstellen. Sprühend erklingt die Durchführung des ersten Satzes, unvergleichlich sonor und expressiv die Kantilene des Adagios. Rubinstein war ein geborener Brahms-Interpret: mit wunderbar reinem Gefühl fürs Verhangene und stolzem Impuls fürs Maestoso. Wer das Glück hatte, ihn leibhaftig zu hören, wird das nie vergessen. Als Rubinstein einst die beiden erbarmungslos schweren Konzerte von Brahms nacheinander gespielt hatte, sagte er – knochentrocken und beschwingt – im Künstlerzimmer: »Schade, es gibt kein drittes.«

Claudio Arrau, begleitet vom Concertgebouw Orkest Amsterdam unter Bernard Haitink, bietet einen grandios vergrübelten, schwergewichtig norddeutschen Brahms. Bei Arrau belädt sich die Langsamkeit mit Mystik und herber Größe.

Gerhard Oppitz, fünf Jahrzehnte nach Arrau, sechs nach Rubinstein geboren, spielt Brahms (dessen Gesamtwerk er beherrscht) ruhig meditativ, klar, aber auch drängend, souverän. Und mit jener Mischung aus Unbefangenheit und Frische, welche manche Angehörige der jungen Pianistengeneration dem Pathos der Älteren entgegensetzen. Colin Davis und das Symphonieorchester des Bayerischen Rundfunks begleiten schwungvoll.

Claudio Arrau, geboren am 6. Februar 1903 in Chillán, gestorben am 9. Juni 1991 in Mürzzuschlag (Steiermark), chilenischer Pianist

Ludwig van Beethoven

Konzert für Klavier und Orchester Es-Dur Nr. 5 op. 73 →Kaisers Klassik Nr. 98

Symphonie für Sopran, Alt, Tenor, Bass, Chor und Orchester d-Moll Nr. 9 op. 125 →Kaisers Klassik Nr. 1

Johannes Brahms, geboren am 7. Mai 1833 in Hamburg, gestorben am 3. April 1897 in Wien, deutscher Komponist

Konzert für Klavier und Orchester d-Moll Nr. 1 op. 15 (1858) — 1. Satz: Maestoso; 2. Adagio; 3. Satz: Rondo. Allegro non troppo

Konzert für Klavier und Orchester B-Dur Nr. 2 op. 83 →Kaisers Klassik Nr. 23

Sir Colin Davis, geboren am 25. September 1927 in Weybridge (Surrey), britischer Dirigent

Bernard Haitink, geboren am 4. März 1929 in Amsterdam, niederländischer Dirigent

Wolfgang Amadeus Mozart →Kaisers Klassik Nr. 2

Konzert für Klavier und Orchester d-Moll Nr. 20 KV 466 (1785) — 1. Satz: Allegro; 2. Satz: Romance; 3. Satz: Rondo. Allegro assai

Konzert für Klavier und Orchester c-Moll Nr. 24 KV 491 (1786) — 1. Satz: Allegro; 2. Satz: Larghetto; 3. Satz: Allegretto

Gerhard Oppitz, geboren am 5. Februar 1953 in Frauenau (Bayerischer Wald), deutscher Pianist

Fritz Reiner, geboren am 19. Dezember 1888 in Budapest, gestorben am 15. November 1963 in New York, amerikanischer Dirigent ungarischer Herkunft

Arthur Rubinstein, geboren am 28. Januar 1887 in Lodz, gestorben am 20. Dezember 1982 in Genf, amerikanischer Pianist polnischer Herkunft

Robert Schumann →Kaisers Klassik Nr. 8

Pjotr Iljitsch Tschaikowski
Konzert für Klavier und Orchester b-Moll Nr. 1 op. 23 →Kaisers Klassik Nr. 44

85

Gustav Mahler

Das Lied von der Erde

Symphonie für Alt, Tenor und großes Orchester

Herzbewegendes Spätwerk. Musik der Erinnerung, des schmerzlichen Abschieds vom Leben. Todesmusik. Nicht bloß »Lieder« mit Orchesterbegleitung. Sondern eher: hochentwickelte Symphonik mit bedeutungsschwer hinzugefügten Singstimmen. Mahler, ein genialer, von Vollendungsfuror und Daseinsqual erfüllter jüdisch-deutscher Komponist, wählt ferne chinesische Lyrik – um in ihr all seinen Jammer, aber auch einigen Trost wiederzufinden. Wie Das Lied von der Erde *entstand und was es bedeutet …*

Auch die klügsten Künstler sind oft schrecklich abergläubisch. Als Mahler seine *Symphonie Nr. 8* hinter sich hatte, als dem erst 47-jährigen Komponisten und Dirigenten eine Herzerkrankung plötzlich zu schaffen machte, da ergriff den Künstler offenbar bodenlose Furcht. Ihm stand die Zahl »Neun« schrecklich bevor. War das nicht jene Grenze gewesen, an der so viele große Symphoniker – wie Beethoven, Schubert, Bruckner, Dvořák – hatten sterben müssen? Mahler wollte das Schicksal schlau überlisten. Nach seiner *Achten* machte er sich ohne Zahlenangabe an *Das Lied von der Erde*, ein symphonisches Werk für Alt, Tenor und Orchester. Das Schicksal tat, als merke es nichts. Nach dem *Lied von der Erde* kam unvermeidlich die *Neunte* dran. Als sie fertig war, musste Mahler dann doch sterben.

Sein *Lied von der Erde* hat sechs Sätze. Auf den Schlussgesang deutet bereits des erste Lied hin. In ihm hören wir Motive, die am Ende verklärt wiederkehren. Von der zarten

Unrast altersmüden Alleinseins vibriert das zweite Lied: »Der Einsame im Herbst«. Drittes und viertes Lied beschwören – fast scherzhaft – empfindsam-beschwingte Erinnerungen. Das fünfte Lied poltert gegen sentimentale Nachdenklichkeit. Lasst mich saufen, sagt es. Formuliert diesen Wunsch freilich vornehmer: »Wenn nur ein Traum das Leben ist, / warum denn Müh' und Plag'!? / Ich trinke, bis ich nicht mehr kann, / den ganzen lieben Tag!« Doch dann der riesige Abschied. Eigentlich zwei Lieder. »In Erwartung des Freundes« und »Der Abschied des Freundes«. Schmerzlich verhalten hören wir: »Er sprach, seine Stimme war umflort: ›Du, mein Freund, mir war auf dieser Welt das Glück nicht hold! ... Ich suche Ruhe, Ruhe für mein einsam Herz!‹« Davor hatte ein Trauermarsch beklemmend finstere Akzente gesetzt. Doch am äußersten Ende, wenn mit sanfter siebenfacher Wiederholung des »ewig« die Beständigkeit von Natur und Erde beschworen wird, weicht die Düsternis.

Wenn Sie Mahlers Lied von der Erde *mögen ...*

Thomas Mann nannte *Das Lied von der Erde* ein »Werk der Liebe ... Welches altchinesische Lyrik mit der entwickeltsten Tonkunst des Abendlandes zu organischer menschlicher Einheit verschmilzt«. Derartiges kann es schwerlich ein zweites Mal geben. Wen freilich Mahlers Kunst der Mischung aus Symphonischem und Gesanglichem fasziniert, der wird auch Mahlers *Symphonie Nr. 2* schätzen mit ihrem riesigen kantatenhaften Finale. Und mehr noch Mahlers *Dritte* – auch sie hat sechs Sätze (für Altsolo, Knabenchor, Frauenchor und Orchester) –, deren Aufbau etwas vom *Lied von der Erde* vorwegzunehmen scheint.

Die fesselndsten Interpretationen von Mahlers Lied von der Erde

In seiner berühmten Aufnahme von 1972 fand Leonard Bernstein mit dem Israel Philharmonic Orchestra zwingend jene Mischung aus Verzweiflungston und empfindsamer chinesischer Ferne, auf die es hier so ankommt. Freilich hatte er als Solisten Christa Ludwig – die mit zart umflortem Timbre aus dem »Abschied« ein inniges Wunder machte – und den strahlenden René Kollo.

1981 hat Colin Davis – mit Jessye Norman, Sopran, Jon Vickers, Tenor, und dem London Symphony Orchestra – eine Einspielung zustande gebracht, die als vollgültiges Gegenstück, ja als Alternative gelten kann zu Bernsteins Mahler-Interpretation. Davis wählt, zumal im Schlussstück, oft getragenere, langsamere Tempi als Bernstein. Jessye Norman singt bezwingend artifiziell, manieristisch.

Längst nicht so expressiv gestisch zerrissen wie Bernstein oder so getragen ruhig wie Davis versteht Georg Solti in seiner Liveaufnahme von 1992 Mahlers rätselreiche Komposition. Marjana Lipovšek beherrscht ihre Partie mit makellos geführter Stimme. Der Tenor Thomas Moser muss anfangs gegen das von Solti rücksichtslos entfesselte Concertgebouw Orkest Amsterdam verzweifelt ankämpfen.

Who's who

Ludwig van Beethoven →Kaisers Klassik Nr. 1

Leonard Bernstein, geboren am 25. August 1918 in Lawrence (MA), gestorben am 14. Oktober 1990 in New York, amerikanischer Dirigent und Komponist

Anton Bruckner →Kaisers Klassik Nr. 39

Sir Colin Davis, geboren am 25. September 1927 in Weybridge (Surrey), britischer Dirigent

Antonín Dvořák →Kaisers Klassik Nr. 21

René Kollo, geboren am 20. November 1937 in Berlin, deutscher Sänger (Tenor) und Theaterleiter

Marjana Lipovšek, geboren am 3. Dezember 1946 in Ljubljana, österreichische Sängerin (Mezzosopran) slowenischer Herkunft

Christa Ludwig, geboren am 16. März 1928 in Berlin, österreichische Sängerin (Mezzosopran)

Gustav Mahler, geboren am 7. Juli 1860 in Kalischt (Südmähren), gestorben am 18. Mai 1911 in Wien, österreichischer Komponist

Das Lied von der Erde. Eine Symphonie für eine Tenor- und eine Altstimme und Orchester (nach Hans Bethges »Die chinesische Flöte«) (1908) — 1. Satz: Das Trinklied vom Jammer der Erde; 2. Satz: Der Einsame im Herbst; 3. Satz: Von der Jugend; 4. Satz: Von der Schönheit; 5. Satz: Der Trunkene im Frühling; 6. Satz: Der Abschied

Symphonie für Sopran, Alt, Chor und Orchester c-Moll Nr. 2 »Auferstehungssymphonie« (1894) — 1. Satz: Allegro maestoso; 2. Satz: Andante moderato; 3. Satz: In ruhig fließender Bewegung; 4. Satz: »Urlicht«. Sehr feierlich; 5. Satz: Im Tempo des Scherzos – Kräftig – Langsam. Misterioso

Symphonie für Alt, Chor und Orchester d-Moll Nr. 3 (1894) — 1. Teil, 1. Satz: Kräftig, entschieden; II. Teil, 2. Satz: Tempo di minuetto. Sehr mäßig; 3. Satz: Comodo. Scherzando. Ohne Hast; 4. Satz: Sehr langsam. Misterioso; 5. Satz: Lustig im Tempo und keck im Ausdruck; 6. Satz: Langsam. Ruhevoll. Empfunden

Symphonie für Gesangssolisten, Chor und Orchester Es-Dur Nr. 8 »Symphonie der Tausend« (1907) — 1. Satz: Hymne »Veni creator spiritus«; 2. Satz: Schlußszene aus Goethes »Faust II«

Symphonie D-Dur Nr. 9 (1910) — 1. Satz: Andante comodo; 2. Satz: Im Tempo eines gemächlichen Ländlers. Etwas täppisch und sehr derb; 3. Satz: Rondo-Burleske. Allegro assai. Sehr trotzig; 4. Satz: Adagio

Thomas Mann, geboren am 6. Juni 1875 in Lübeck, gestorben am 12. August 1955 in Zürich, deutscher Schriftsteller

THOMAS MOSER, geboren am 27. Mai 1945 in Richmond (VA), amerikanischer Sänger (Tenor)

JESSYE NORMAN, geboren am 15. September 1945 in Augusta (GA), amerikanische Sängerin (Sopran)

FRANZ SCHUBERT →KAISERS KLASSIK NR. 7

SIR GEORG SOLTI (eigentlich György Solti), geboren am 21. Oktober 1912 in Budapest, britischer Dirigent ungarischer Herkunft

JON VICKERS (eigentlich Jonathan Vickers), geboren am 29. Oktober 1926 in Prince Albert (Saskatchewan), kanadischer Sänger (Tenor)

86

Richard Strauss

Der Rosenkavalier

Oper in drei Akten

Turbulente, melodisch beschwingte Komödie für Musik mit zarten Höhepunkten in jedem Akt. Da konnte der boshafte Komponistenkollege Hans Pfitzner noch so eifersüchtig spotten: »Sklerosenkavalier« – aus dem poetischen Text Hugo von Hofmannsthals komponierte Strauss einen Welterfolg, ein delikat durchkomponiertes, dabei unwiderstehlich walzerhaftes Maria-Theresia-Wien. Wie der Rosenkavalier *entstand und was er bedeutet …*

Um 1910 mochte der mittlerweile 46-jährige Strauss nicht mehr schockieren wie vorher mit *Salome* und *Elektra*. Nun wollte er der Welt »mozartisch« kommen.

Allzu mozarthaft beginnt das mit keckem Hornruf angebende, sinnlich-stürmisch übereilte Vorspiel freilich nicht. Es ist Liebesnacht-Musik: Der 17-jährige Graf Oktavian und die etwa doppelt so alte Marschallin haben sich in deren riesigem Bett offenbar heftig vergnügt. Plötzlich Tumult. Der Ehemann? Aber nein: nur ein derber Verwandter. Baron Ochs von Lerchenau. Dieser schwerenöterhafte, keineswegs ungebildete Landedelmann will eine bürgerliche Schönheit namens Sophie Faninal heiraten. Dazu benötigt er, laut Hochzeitsritual, einen Kavalier, der im Hause Faninal seiner Auserwählten die »silberne Rose« überreicht. Vergnügt empfiehlt die Marschallin den Grafen Oktavian als »Rosenkavalier«. Der hatte sich zum Kammermädchen »Mariandl« verkleidet – und sogleich die lüsternde Zudringlichkeit des Ochs geweckt. Alles das verursacht in der Feldmarschallin eine plötzliche, tiefe Melancholie. Erschüttert und erschütternd fühlt sie, wie beklemmend die Zeit verrinnt und wie wenig Dauer ihrem Glück mit Oktavian beschieden sein dürfte. Etwas Reineres, Anrührenderes hat Strauss nie komponiert.

Zu glitzernder, die Tonarten brillant mischender Musik findet im zweiten Akt die Überreichung der silbernen Rose statt. Sophie und Oktavian fühlen sich dabei selig entrückt. Gut gelaunt, aber beleidigend viehhändlerhaft erscheint der Ochs. Die entsetzte Sophie wehrt sich verzagt. Der Vater tobt. Im Zweikampf verwundet Oktavian den Baron Ochs harmlos. Ungeheurer Skandal. Ochs brüllt tierisch, ist mit Wein aber rasch zu besänftigen.

Oktavian lässt den Ochs in eine Absteige locken. Dort wird der nun fast Bemitleidenswerte im dritten Akt empfindlich blamiert. Im ekstatischen Schlussterzett erkennt die Marschallin: Oktavian und Sophie gehören zusammen. Sie aber muss Abschied nehmen.

Wenn Sie Strauss' Rosenkavalier *lieben …*

Als 1945, bei Kriegsende, amerikanische Soldaten in Garmisch auftauchten, trat ein alter Herr aus seinem Haus, begrüßte sie und sagte auf englisch: »Ich bin Richard Strauss, der Komponist des *Rosenkavalier.*« Das genügte, da konnte ihm nichts mehr passieren. So populär waren Strauss' spätere Opern, die etwas harmlosere *Arabella* oder die überkomplizierte (großartige) *Frau ohne Schatten*, eben doch nicht. Dem Wien verklärenden *Rosenkavalier* ist wohl doch nur ein vergleichbares Werk der Operngeschichte gewachsen, ja überlegen: Richard Wagners *Meistersinger von Nürnberg*.

Die fesselndsten Interpretationen von Strauss' Rosenkavalier

Erich Kleiber hat 1954 – mit den Wiener Philharmonikern und einem märchenhaft aufeinander eingestimmten Solistenensemble der Wiener Staatsoper – eine wienerisch beschwingte, klare, herzliche, aber völlig unsentimentale Musterinterpretation des *Rosenkavaliers* geboten. Maria Reining gibt eine heitere, vital wienerische Marschallin. Die brüstet sich nicht als über die vergehende Zeit meditierende Philosophin, sondern ist eine souveräne Dame von Welt.

Den Charme, die Bläserbrillanz und süße Empfindsamkeit des *Rosenkavaliers* hatte Herbert von Karajan sozusagen im Handgelenk. Und es ist ein Stimmfest, wie Elisabeth Schwarzkopf die Resignation der Marschallin zum Kunstereignis macht. Die zur Zeit dieser Aufnahme (1957) blutjunge Christa Ludwig sang einen betörenden Oktavian.

Ganz so schön wie in Leonard Bernsteins Wiener Premiere von 1968 – für mich die mit Abstand faszinierendste *Rosenkavalier*-Erfahrung meines Lebens – gelang die drei Jahre später eingespielte *Rosenkavalier*-Aufnahme leider nicht. Dabei bot Christa Ludwig auch auf Platten eine wunderbar subtile Marschallin. Und man spürt immer noch, dass im *Rosenkavalier* nicht etwa der burschikos walzerselige Strauss alle Feinheiten Hofmannsthals überdröhnt, sondern dass bei Bernstein die Dunkelheiten der Partitur womöglich noch gewichtiger sind als Hofmannsthals Finessen.

Who's who

Leonard Bernstein, geboren am 25. August 1918 in Lawrence (MA), gestorben am 14. Oktober 1990 in New York, amerikanischer Dirigent und Komponist

Hugo von Hofmannsthal, geboren am 1. Februar 1874 in Wien, gestorben am 15. Juli 1929 in Rodaun (heute Wien-Rodaun), österreichischer Schriftsteller

Herbert von Karajan, geboren am 5. April 1908 in Salzburg, gestorben am 16. Juli 1989 in Anif (bei Salzburg), österreichischer Dirigent

Erich Kleiber, geboren am 5. August 1890 in Wien, gestorben am 27. Januar 1956 in Zürich, österreichischer Dirigent

Christa Ludwig, geboren am 16. März 1928 in Berlin, österreichische Sängerin (Mezzosopran)

Maria Theresia, Kaiserin des Heiligen Römischen Reichs (1745–65), geboren am 13. Mai 1717 in Wien, gestorben am 29. November 1780 in Wien

Wolfgang Amadeus Mozart →Kaisers Klassik Nr. 2

Hans Pfitzner, geboren am 5. Mai 1869 in Moskau, gestorben am 22. Mai 1949 in Salzburg, deutscher Komponist und Dirigent

Maria Reining, geboren am 7. August 1903 in Wien, gestorben am 11. März 1991 in Deggendorf, österreichische Sängerin (Sopran)

Elisabeth Schwarzkopf, geboren am 9. Dezember 1915 in Jarocin (bei Posen), deutsche Sängerin (Sopran)

Richard Strauss, geboren am 11. Juni 1864 in München, gestorben am 8. September 1949 in Garmisch-Partenkirchen, deutscher Komponist und Dirigent

Arabella, Lyrische Komödie in drei Aufzügen op. 79; Text: Hugo von Hofmannsthal; Uraufführung: Dresden, 1. Juli 1933

Elektra, Tragödie in einem Aufzug op. 58; Text: Hugo von Hofmannsthal nach Sophokles; Uraufführung: Dresden, 25. Januar 1909

Die Frau ohne Schatten, Oper in drei Akten op. 65; Text: Hugo von Hofmannsthal; Uraufführung: Wien, 10. Oktober 1919

Der Rosenkavalier, Komödie für Musik in drei Aufzügen op. 59; Text: Hugo von Hofmannsthal; Uraufführung: Dresden, 26. Januar 1911

Salome →Kaisers Klassik Nr. 64

Richard Wagner

Die Meistersinger von Nürnberg →Kaisers Klassik Nr. 83

87

Ludwig van Beethoven

Diabelli-Variationen

33 Veränderungen über einen Walzer von Anton Diabelli op. 120

Die Diabelli-Variationen *sind ein Universum – erbaut aus nahezu nichts. Beethoven spielt in diesem kontrastreichsten und aufregendsten Klavier-Variationszyklus der Musikgeschichte mit einem Walzer Diabellis wie ein genialer Löwe mit einer doofen kleinen Maus. Die armseligen Bestandteile besagten Mäuschens verwandelt er in lauter Mysterien. Wie die* Diabelli-Variationen *entstanden und was sie bedeuten …*

Gegenüber seinen Komponistenkollegen benahm sich der alte Beethoven hier fabelhaft unverschämt. (Doch, *er* durfte das.) Man stelle sich vor: 1819 kommt der nicht allzu seriöse Verleger Diabelli auf zwei Einfälle. Zuerst ließ er sich einen munter-hübschen Walzer einfallen. Die zweite Idee war womöglich noch besser, aber auch eitler: Diabelli bat alle »vaterländischen« um und in Wien lebenden österreichischen Komponisten, ihm doch bitte eine Variation zu komponieren. Und da die Menschen bekanntlich nichts übler nehmen, als nicht eingeladen zu werden, machten sie alle mit: Wiener Virtuosen, Komponisten, Musikanten. Honoratioren. Der 23-jährige Franz Schubert lieferte brav und rasch eine wunderschön depressive Variation. Ein zwölfjähriges, gerade am Pianistenhimmel auftauchendes Wunderkind – der Kleine hieß Franz Liszt – ersann eine aufregende Donnervariation. Wolfgang Amadeus Mozart junior ließ sich auch nicht lumpen.

Aber da war doch noch Beethoven. Der Alte schimpfte erst mal auf das Thema; außerdem hatte er was anderes zu tun:

Neunte Symphonie und dergleichen, wollte wohl auch bei so einer Massenunternehmung nicht unbedingt dabei sein. Aber dann fing er doch Feuer. (Diabelli bot ihm wohl auch viel Geld.) 1823 hatte er 33 Variationen fertig. Das sprengte die ganze Unternehmung. Beethovens Riesenwerk kam (gegen alle Abmachung) in den ersten Band. Dem wurden die 50 anderen, ganz hübsch gedemütigten Komponisten in einem zweiten Band gegenübergestellt.

Beethovens Variationsintelligenz arbeitet hier genial. In der ersten Variaton schlägt er den Walzer kaputt. Diabellis muntere Harmonien verwandelt es in Mystisches (3., 8., 14. und vor allem 20. Variation). Einmal baut er Leporellos Auftrittsarie aus Mozarts *Don Giovanni* ein. Je länger, je mehr beschwört der alte Meister herzbewegend Johann Sebastian Bachs polyphone Kunst (24., 30., 32. Variation). Die 13. Variation gilt unglaubwürdigerweise sogar den Pausen des Themas. Ganz zum Schluss gibt sich Beethoven liebenswürdig verbindlich: Im Geist eines zierlichen Menuetts klingen die überreichen *Diabelli-Variationen* aus.

Wenn Sie Beethovens Diabelli-Variationen *mögen …*

Da dürfte Einigkeit herrschen unter den Klavierfreaks: Nur Bachs *Goldberg-Variationen* können sich mit diesem beethovenschen Spätwerk vergleichen. Daneben wären voller Respekt zu nennen: die großartig jugendfrischen *Händel-Variationen* von Johannes Brahms, Beethovens *Zweiunddreißig Variationen über ein eigenes Thema c-Moll* und noch die harmonisch tiefgründigen, aber überladenen Variationszyklen von Max Reger über Themen von Georg Philipp Telemann und Bach.

Die fesselndsten Interpretationen von Beethovens
Diabelli-Variationen

Alfred Brendels zugleich tief philosophische und klassisch-klare Kunst triumphiert hier überwältigend dramatisch fesselnd. Wie kein anderer versteht es Brendel, den riesig weit gespannten Zusammenhang dieser geheimnisvoll miteinander verbundenen 33 Variationen dieses, wie Hans von Bülow schwärmte, »Mikrokosmos der beethovenschen Tonsprache, der ganzen Musik überhaupt« herzustellen.

Es gibt in Daniel Barenboims abgründig musikalischer Einspielung von Beethovens *Diabelli-Variationen* einen visionären Augenblick, da gleichsam die Welt versinkt und die Magie vollkommener, stiller Größe beschworen wird: Das ist die 20. Variation. Langsam, herrlich akkordisch, in rätselvoll magisch bereicherten C-Dur-Harmonien. So – so extem, so erhaben-subjektiv – ist seit Wilhelm Furtwängler (der Barenboims Mentor war) nicht mehr Beethoven zelebriert worden.

Alfredo Perl hat als 28-jähriger Pianist mit großer unabgenutzter Frische, mit äußerster Zärtlichkeit und unaffektierter Brillanz die *Diabelli-Variationen* gemeistert. Das war 1993 und demonstrierte tröstlich, wie wenig die Tradition erfüllten und erfühlten Beethoven-Spiels auch in unseren prosaischen Zeiten aufhört.

Who's who

Johann Sebastian Bach
Aria mit verschiedenen Veränderungen »Goldberg-Variationen« (aus: *Klavierübung* 2. Teil) BWV 988 →Kaisers Klassik Nr. 14

Daniel Barenboim, geboren am 15. November 1942 in Buenos Aires, israelischer Pianist und Dirigent

Ludwig van Beethoven

Symphonie für Sopran, Alt, Tenor, Bass, Chor und Orchester d-Moll Nr. 9 op. 125 →Kaisers Klassik Nr. 1

Zweiunddreißig Variationen für Klavier über ein eigenes Thema c-Moll WoO 80 (1806)

Dreiunddreißig Veränderungen für Klavier über einen Walzer von Anton Diabelli op. 120 (1823) — Thema. Vivace – Var. I–XXXIII

Johannes Brahms →Kaisers Klassik Nr. 10

Fünfundzwanzig Variationen und Fuge für Klavier über ein Thema von Georg Friedrich Händel op. 24 (1861) — Aria – Var. I–XXV – Fuga

Sir Alfred Brendel, geboren am 5. Januar 1931 in Wiesenberg (Nordmähren), österreichischer Pianist

Hans von Bülow, geboren am 8. Januar 1830 in Dresden, gestorben am 12. Februar 1894 in Kairo, deutscher Pianist und Dirigent

Anton Diabelli, geboren am 5. September 1781 in Mattsee (bei Salzburg), gestorben am 8. April 1858 in Wien, österreichischer Musikverleger und Komponist

Wilhelm Furtwängler, geboren am 25. Januar 1886 in Berlin, gestorben am 30. November 1954 in Ebersteinburg (heute zu Baden-Baden), deutscher Dirigent und Komponist

Franz von Liszt →Kaisers Klassik Nr. 29

Wolfgang Amadeus Mozart

Il dissoluto punito ossia Il Don Giovanni →Kaisers Klassik Nr. 88

Wolfgang Amadeus Mozart junior (eigentlich Franz Xaver Wolfgang Mozart), geboren am 26. Juli 1791 in Wien, gestorben am 29. Juli 1844 in Karlsbad, österreichischer Pianist und Komponist

Alfredo Perl, geboren 1965 in Santiago, chilenischer Pianist

Max Reger, geboren am 19. März 1873 in Brand (bei Marktredwitz), gestorben am 11. Mai 1916 in Leipzig, deutscher Komponist

Variationen und Fuge für Klavier über ein Thema von Johann Sebastian Bach op. 81 (1904)

Variationen und Fuge für Klavier über ein Thema von Georg Philipp Telemann op. 134 (1914)

Franz Schubert →Kaisers Klassik Nr. 7

Georg Philipp Telemann, geboren am 14. März 1681 in Magdeburg, gestorben am 25. Juni 1767 in Hamburg, deutscher Komponist

88

Wolfgang Amadeus Mozart

Don Giovanni

Dramma giocoso in zwei Akten

Berühmtester Wüstling der Weltgeschichte. Verkörpert den Glanz südländischer Sinnlichkeit. Gegentyp zum germanischen Faust. Don Juan kann so unwiderstehlich siegen, weil Mozarts Musik für ihn mitwirbt. Dieser Edelmann auf Weiberjagd hat kein »Du«. 1003 Frauen, die er eroberte, sind bestimmt weniger anstrengend als eine reale Gattin. Wie der Don Giovanni *entstand und was er bedeutet …*

Um 1624 bot ein spanischer Prediger, Tirso de Molina, die erste Dramatisierung des Don-Giovanni-Stoffs. Zahlreiche Schauspiele und Opern folgten. Mozart brachte die Figur dann in ewige Sicherheit.

Bereits in der Ouvertüre wird erhaben deutlich, wer Don Giovannis wahrer Gegenspieler ist: der Tod! Es beginnt mit donnerndem d-Moll: »Ein Ton grässlicher Freude für alle Musiker«, schwärmte darüber George Bernard Shaw. Am Ende, beim höllischen Strafgericht, gellen diese Anfangsakkorde wieder. Gehen dem Don Giovanni nicht alle Verführungsabsichten schmählich schief? Die Donna Anna überfiel er maskiert. Sie wehrte sich, entwand sich, versuchte mit verzweifelter Kraft, ihm die Maske abzureißen. Als sie sang: »Ich sterbe«, fiel sie wirklich fast in Ohnmacht. Wie er sie zu »berühren« vermochte (also: ob er zum Ziel kam oder nur mit ihr rang), darüber streitet die angenehm erregte Fachwelt heute noch. Donna Anna erlitt nämlich ein Trauma: Sie verhält sich, zum Kummer ihres gutartigen Verlobten, merkwürdig rastlos und verstört. Was das lustige Landmädchen Zerlina betrifft, so hat Don Giovanni, der ihr an ihrem Hochzeitstag begegnet, offenkundig keine Schwierigkeiten. Das Werbeduett »Reich mir die Hand, mein Leben«, wo Zerlina genau nachsingt, was der faszinierende Edelmann ihr so süß vortrug, wird zum Ausdruck holdseligster weiblicher Abhängigkeit. Ihr Bräutigam will die »falsche Schlange« nicht mehr anfassen. Raffiniert macht Zerlina ihren Leib zum Werkzeug der Versöhnung: »Hau mich durch«, singt sie zärtlich – womit der Körperkontakt, wenn auch schmerzhaft, ja wieder hergestellt wäre. Und später bietet sie ihren Busen tröstend zur alsbaldigen Gesundung. Am meisten Widerstand setzt Donna Elvira dem Don Giovanni entgegen. Diese ernste junge Frau wird von Mozarts Musik als gleichsam altmodische Barockfigur charakterisiert. Am Ende lehnt Don Giovanni sämtliche Bitten, er möge sich bessern und bereuen, ab. Als Bote des Himmels erscheint das Standbild des Komturs. Gewaltig tönt die Musik von Sterbenmüssen und Höllenqual. Don Giovanni trotzt, bis die Erde ihn verschlingt. In einem brillanten Prestosextett feiern dann die Don-Giovanni-Geschädigten, dass sie, und die Moral, überlebten.

Wieland Wagner wollte Mozarts *Don Giovanni* als Ballade über das komisch-vermeidliche Scheitern eines alternden Wüstlings verstanden wissen. Andere sahen die eigenen Traumvorstellungen: ein Edelmann in der Welt als Luxustheater, in dessen Logen das vielfache Spiegelbild Don Juans sich über hingabebereite Frauen beugt.

Wenn Sie Mozarts Don Giovanni *mögen …*

Nein – in der Opernwelt gibt es für *Don Giovannis* sinnliche Genialität kein Gegenstück. Man kann den jungen Cherubino aus der *Hochzeit des Figaro* von Mozart als eine Art Vorläufer, als einen Möchtegern-Don-Giovanni bezeichnen, doch dem fehlt – bei allem Spaß am schrankenlosen Herumliebeln – doch die dämonische Gewissenlosigkeit. Don Giovannis Schwung, und einige sehr charakteristische Porträts der faszinierten Weiber, bot der Mozart-Bewunderer Richard Strauss in seiner frühen und genialen symphonischen Dichtung *Don Juan* op. 20.

Die fesselndsten Interpretationen von Mozarts Don Giovanni

Wilhelm Furtwänglers Salzburger Festspiel-*Don-Giovanni* von 1954 ist – im Sinne unseres modernen Mozart-Verständnisses – eigentlich falsch. Nämlich zu tragisch-beethovennah, zu »metaphysisch«, zu »romantisch« wohl auch. Nur: auf seine altmodische Weise, übrigens keineswegs unrhythmisch oder immer zu langsam, holte Furtwängler größte Seelengewalt, melodische Glut und aberwitzige Spannung aus Mozarts Meisterwerk. Und wer weiß, welchen Mozart-Stil die Wissenschaft in 30 Jahren wieder für richtig hält. Furtwängler hatte eine glänzende Sängerbesetzung (Cesare Siepi, Elisabeth Schwarzkopf, Elisabeth Grümmer, Erna Berger). Schade, dass der Komtur ein wenig verwaschen blieb.

Josef Krips bot – auch mit Siepi, dessen Stimme faszinierend männlich-machohaft klang, dabei italienisch biegsam und nie hässlich oder verhetzt – eine klassisch wienerische *Don-Giovanni*-Interpretation. Tempo, Stil, Wohllaut. Kein Wunder, wenn neben Siepi Berühmtheiten wie Anton Dermota, Lisa della Casa, Fernando Corena, Walter Berry und Kurt Böhme mit von der Partie waren.

In Carlo Maria Giulinis straffer und brillanter *Don-Giovanni*-Einspielung gibt Eberhard Wächter einen eher »deutschen«, mal heftig erregten, dann wieder schmeichelnd zurückhaltenden Titelhelden. Das Philharmonia Orchestra London, dazu Joan Sutherland, Elisabeth Schwarzkopf, Graziella Sciutti, Giuseppe Taddei und Luigi Alva vervollständigen ein Ensemble, wie es überzeugender kaum vorstellbar ist.

Luigi Alva (eigentlich Luis Alva Telledo), geboren am 10. April 1927 in Lima, peruanischer Sänger (Tenor)

Ludwig van Beethoven →Kaisers Klassik Nr. 1

Erna Berger, geboren am 19. Oktober 1900 in Cossebaude (bei Dresden), gestorben am 14. Juni 1990 in Essen, deutsche Sängerin (Sopran)

Walter Berry, geboren am 8. April 1929 in Wien, österreichischer Sänger (Bassbariton)

Kurt Böhme, geboren am 5. Mai 1908 in Dresden, gestorben am 20. Dezember 1989 in München, deutscher Sänger (Bass)

Lisa della Casa, geboren am 2. Februar 1919 in Burgdorf (bei Bern), schweizerische Sängerin (Sopran)

Fernando Corena (eigentlich Ferdinand Corena), geboren am 22. Dezember 1916 in Carouge (bei Genf), gestorben am 26. November 1984 in Lugano, schweizerisch-italienischer Sänger (Bass)

Anton Dermota, geboren am 4. Juni 1910 in Kropa (Slowenien), gestorben am 22. Juni 1989 in Wien, österreichischer Sänger (Tenor)

Wilhelm Furtwängler, geboren am 25. Januar 1886 in Berlin, gestorben am 30. November 1954 in Ebersteinburg (heute zu Baden-Baden), deutscher Dirigent und Komponist

Carlo Maria Giulini, geboren am 9. Mai 1914 in Barletta (Apulien), italienischer Dirigent

Elisabeth Grümmer, geboren am 31. März 1911 in Niederjeutz (Moselle), gestorben am 6. November 1986 in Warendorf (bei Münster), deutsche Sängerin (Sopran)

Josef Krips, geboren am 8. April 1902 in Wien, gestorben am 12./13. Oktober 1974 in Genf, österreichischer Dirigent

Wolfgang Amadeus Mozart (eigentlich Johannes Chrysostomus Wolfgang Gottlieb Mozart), geboren am 27. Januar 1756 in Salzburg, gestorben am 5. Dezember 1791 in Wien, österreichischer Komponist

Il dissoluto punito ossia Il Don Giovanni (Der bestrafte Wüstling oder Don Giovanni), Dramma giocoso in zwei Akten KV 527; Text: Lorenzo Da Ponte (eigentlich Emanuele Conegliano); Uraufführung: Prag, 29. Oktober 1787

Le nozze di Figaro →KAISERS KLASSIK NR. 2

ELISABETH SCHWARZKOPF, geboren am 9. Dezember 1915 in Jarocin (bei Posen), deutsche Sängerin (Sopran)

GRAZIELLA SCIUTTI, geboren am 17. April 1927 in Turin, italienische Sängerin (Sopran) und Regisseurin

GEORGE BERNARD SHAW, geboren am 26. Juli 1856 in Dublin, gestorben am 2. November 1950 in Ayot Saint Lawrence (Hertfordshire), irischer Schriftsteller

CESARE SIEPI, geboren am 10. Februar 1923 in Mailand, italienischer Sänger (Bass)

RICHARD STRAUSS →KAISERS KLASSIK NR. 64

Don Juan. Tondichtung nach Nikolaus Lenau für großes Orchester op. 20 (1889)

JOAN SUTHERLAND, geboren am 7. November 1926 in Sydney, australische Sängerin (Sopran)

GIUSEPPE TADDEI, geboren am 26. Juni 1916 in Genua, italienischer Sänger (Bariton)

TIRSO DE MOLINA (eigentlich Gabriel Téllez), geboren am 9. März 1584 (?, oder 1571?) in Madrid, gestorben am 12. März 1648 in Soria, spanischer Schriftsteller

El burlador de Sevilla y convidado de piedra (Der Schelm von Sevilla und der steinerne Gast), Komödie (um 1624)

EBERHARD WÄCHTER, geboren am 9. Juli 1929 in Wien, gestorben am 29. März 1992 in Wien, österreichischer Sänger (Bariton) und Theaterleiter

WIELAND WAGNER, geboren am 5. Januar 1917 in Bayreuth, gestorben am 17. Oktober 1966 in München, deutscher Bühnenbildner und Regisseur, Enkel Richard Wagners, Sohn Siegfried Wagners

89

Johannes Brahms
Klarinettenquintett h-Moll
op. 115

Tiefgründiges Spätwerk von betörend melodischem Zauber. Die üppige Klarinette und ein durchsichtig zartes Streichquartett bieten Musik von todesnaher Schwermut: süß, herb, reich und unwiderstehlich traurig. Solche brahmssche Trauer vermag rätselhaft zu trösten. Man spürt berührt: Was wir armen Erdenbürger schrecklich ernst nehmen, ist nicht so wichtig, versinkt vor solchen Tönen aus Wichtigkeit in Nichtigkeit. Wie das Klarinettenquintett *entstand und was es bedeutet …*

Es scheint, dass der »alte« Brahms um 1890/91 – als 58-jähriger konnte man damals schon für alt gelten – eigentlich mit dem Komponieren aufhören wollte. »Ich hatte in der letzten Zeit Verschiedenes angefangen«, schrieb er einem Freund, »aber nichts wollte so recht werden; da dachte ich, ich wäre schon zu alt, und beschloss energisch, nichts mehr zu schreiben. Ich überlegte bei mir, ich sei doch mein Lebtag fleißig genug gewesen, hätte genug erreicht, hätte ein sorgenloses Alter und könne es nun ruhig genießen.« Aber dann lernte er, glücklicherweise, den Klarinettisten Richard Mühlfeld kennen. »Er ist der beste Bläser überhaupt, den ich kenne.« Von dessen Kunst hingerissen, komponierte Brahms gleich vier der Klarinette gewidmete Werke. Er war also weder »zu alt« noch ein heiterer, sorglos genießender Kulturpensionär.

Von diesen vier Werken (die drei anderen sind ein *Klarinettentrio* und zwei *Klarinettensonaten*) wurde das *Klarinettenquintett* am berühmtesten. Mit Recht. Denn trotz höchster, alle Themen und Sätze meisterhaft miteinander verbindender

Kunst fasziniert gerade bei diesem *Quintett* die melodische Inspiration, die der Komponist seiner Konstruktionsmeisterschaft entlockt.

Es beginnt mit wunderbar süß-traurig strömenden Terzen der Violinen, die gleich im dritten Takt von abgründig herben Harmonien und Synkopen fortgesponnen werden. Darüber steigt dann, wie eine Vogelstimme, die Klarinette. Ein reiches motivisches Spiel entfaltet sich. Gegen Ende des Satzes erschrecken Zweiunddreißigstel-Tremolofiguren von äußerstem Ingrimm. Dann aber versinkt der Kopfsatz in trüber, tiefschwarzer Nacht.

Versucht das folgende Adagio nun, in H-Dur zu trösten? Es beginnt innig und symphonisch. Wird aber in der Mitte zur langsamen ungarischen Rhapsodie, zur heftigen Zigeunerimprovisation der Soloklarinette. Pathetische Passagen, entfesselnd frei und herb zugleich.

Dem folgt als dritter Satz ein schlicht-beredtes Andantino, von einem empfindsam brillanten Presto witzig und empfindsam unterbrochen.

Das Finale ist ein herrlicher, überwältigend melancholischer Variationssatz über ein volksliedähnliches Originalthema.

Wenn Sie Brahms' Klarinettenquintett *mögen …*

Die drei berühmtesten Klarinettenquintette der Musikgeschichte sind Spätwerke – merkwürdigerweise. Mozarts mirakulöses *Klarinettenquintett*, dessen Lauterkeit und zarter Magie so leicht nichts gleichkommt, war ein Spätwerk, das brahmssche auch. Und das inspirierte, nur manchmal schwierig-herbe *Klarinettenquintett* von Max Reger entstand gleichfalls in den letzten Jahren dieses Komponisten. Soll es aber unbedingt Brahms sein, dann wäre das zarte *Klarinettentrio* op. 114 zu nennen. Oder die beiden *Klarinettensonaten* op. 120, die auch in einer (weniger reizvollen) Bratschenversion existieren.

Die fesselndsten Interpretationen von Brahms' Klarinettenquintett

Der Klarinettist Karl Leister besitzt einen blühenden, modulationsfähigen Ton. Zusammen mit dem Vermeer String Quartet bietet er eine gewichtige Einspielung des brahmsschen Spätwerks. Vor allem der erste Satz wird zur innigen Tragödie. Musiker brauchen nicht pathetisch aufzutrumpfen, wenn sie – wie Leister und die Vermeers – so klug und tiefgründig die Fülle und männliche Melancholie dieses Meisterwerks zu gestalten wissen.

Richard Stoltzman ist einer der berühmten Instrumentalsolisten Amerikas. Die Freiheit, die »Rasse« (das hat mit »Rassismus« wirklich nichts zu tun) und der Elan, mit denen Stoltzman die phantasiebeschwingte Quasirhapsodie im Adagio vorträgt, faszinieren nicht weniger als die witzige Virtuosität der huschenden Prestopassagen des dritten Satzes. Das Tokyo String Quartet musiziert subtil und begleitet aufmerksam.

Nicht nur Herbert von Karajan liebte die Klarinettistin Sabine Meyer. Auch unser Konzertpublikum weiß mittlerweile sehr wohl, wie tief empfunden, natürlich und beschwingt diese Künstlerin spielt. So gelingt, weil die Angehörigen des Wiener Streichsextetts eine völlig selbstverständliche und innige Beziehung zum späten Brahms erkennen lassen, eine musterhafte Darbietung. Besonders der letzte Satz beglückt. Die Durvariation gelingt so schmerzlich und innig schön (Take 4, von 4.50 bis 6.24), dass man sich berauscht fragt, ob sie nicht womöglich noch trauriger tönt als ihre Variationsschwestern in Moll.

Johannes Brahms, geboren am 7. Mai 1833 in Hamburg, gestorben am 3. April 1897 in Wien, deutscher Komponist

Quintett für Klarinette, zwei Violinen, Viola und Violoncello h-Moll op. 115 (1891) — 1. Satz: Allegro; 2. Satz: Adagio; 3. Satz: Andantino – Presto non assai, ma con sentimento; 4. Satz: Con moto

Sonate für Klarinette (Viola) und Klavier f-Moll Nr. 1 op. 120,1 (1895) — 1. Satz: Allegro appassionato; 2. Satz: Andante un poco adagio; 3. Satz: Allegretto grazioso; 4. Satz: Vivace

Sonate für Klarinette (Viola) und Klavier Es-Dur Nr. 2 op. 120,2 (1895) — 1. Satz: Allegro amabile; 2. Satz: allegro appassionato; 3. Satz: Allegretto grazioso; 4. Satz: Vivace

Trio für Klavier, Klarinette und Violoncello a-Moll op. 114 (1891) — 1. Satz: Allegro; 2. Satz: Adagio; 3. Satz: Andantino grazioso; 4. Satz: Allegro

Herbert von Karajan, geboren am 5. April 1908 in Salzburg, gestorben am 16. Juli 1989 in Anif (bei Salzburg), österreichischer Dirigent

Karl Leister, geboren am 15. Juni 1937 in Wilhelmshaven, deutscher Klarinettist

Sabine Meyer, geboren am 30. März 1959 in Crailsheim, deutsche Klarinettistin

Wolfgang Amadeus Mozart →Kaisers Klassik Nr. 2

Quintett für Klarinette, zwei Violinen, Viola und Violoncello A-Dur KV 581 (1789) — 1. Satz: Allegro; 2. Satz: Larghetto; 3. Satz: Menuetto; 4. Satz: Allegretto con variazioni

Richard Mühlfeld, geboren am 28. Februar 1856 in Bad Salzungen (bei Eisenach), gestorben am 1. Juni 1907 in Meiningen, deutscher Klarinettist

Max Reger, geboren am 19. März 1873 in Brand (bei Marktredwitz), gestorben am 11. Mai 1916 in Leipzig, deutscher Komponist

Quintett für Klarinette, zwei Violinen, Viola und Violoncello A-Dur op. 146 (1915) — 1. Satz: Moderato ed amabile; 2. Satz: Vivace; 3. Satz: Largo; 4. Satz: Poco allegretto

Richard Stoltzmann, geboren am 12. Juli 1942 in Omaha (NE), amerikanischer Klarinettist

Tokyo String Quartet: Koichiro Harada (*1945), Kikuei Ikeda (*1947), Yoshiko Nakura und Peter Oundjian (*1955), Violine; Kazuhide Isomura (*1945), Viola; Sadao Harada (*1944), Violoncello

Vermeer String Quartet: Shmuel Ashkenazi (*1941) und Pierre Ménard (*1945), Violine; Nobuko Imai (*1943), Jerry Horner, Bernard Zaslav und Richard Young (*1945), Viola; Marc Johnson (*1945), Violoncello

90

Giuseppe Verdi

Otello

Oper in vier Akten

Ein Mohr namens Othello lässt sich von einem zynischen Intriganten blenden und ermordet wild eifersüchtig Desdemona, seine junge Ehefrau. Die hat ihrem Charme wie ihrer Unschuld allzu sehr vertraut, dabei freilich auch an den misstrauischen Ehemann stets im falschen Moment die falschen Bitten gerichtet. So wird sie zum Opfer seines Wahns, weil ein Teufel namens Jago schlau die Handlung lenkt. Das alles ist in Shakespeares gewaltiger Othello-*Tragödie kaum zu ertragen. In der* Otello-*Oper wird es nobel-melodiös verschönt. Wie der* Otello *enstand und was er bedeutet …*

Immerhin 16 Jahre, nach dem Erfolg seiner *Aida*, hatte Verdi, mittlerweile ein über 70-jähriger Altmeister, keine Opern mehr komponiert. Es fehlte ihm die Lust. »Ich ziehe das Nichts dem Nutzlosen vor«, meinte er. Dann aber lockte doch William Shakespeares *Othello*, den der produktive Arrigo Boito eigens für Verdi glänzend zum *Otello*-Operntext umgewandelt hatte.

Die Oper beginnt mit einer rasend aufregenden Seesturmmusik – die man als Symbol dafür nehmen darf, was später in Othellos Seele losbrechen wird. Aus dem Sturm, der die Feinde vernichtet, tritt Otello siegreich hervor. Er setzt den netten Leutnant Cassio ab, den Jago gerissen besoffen gemacht hatte. Am Aktende schließt er die Gattin in die Arme. Wunderbare Liebesmusik. Der reife Verdi komponiert frei, überwältigend melodisch, leitmotivisch und relativ wagnernah. Die Formeln und Formen der »großen Oper«, alle Wiederholungen, hat er hinter sich. Desdemona findet, sie müsse bei Otello etwas für den lieben, so streng bestraften Cassio tun. Das nutzt Jago – bei Verdi/Boito ein »Nihilist«, wie er in seinem donnernden »Credo« bekennt – brillant aus. Er erzählt dem immer eifersüchtigeren Otello, dass Cassio im Traum nach Desdemona geschmachtet habe. Außerdem habe er ein Taschentuch (das Otello jüngst als Liebespfand Desdemona verehrte) in Cassios Händen gesehen. Otello rast. Er stimmt mit Jago ein Racheduett an, das wild, ja fast homoerotisch tönt. Auch gelingt es Jago tatsächlich, sich Desdemonas Taschentuch zu beschaffen. Für die gibt es nun keine Rettung mehr. Otello demütigt seine Frau in aller Öffentlichkeit: eine hochdramatische Chorszene von erschütternder Kraft. Desdemona ahnt noch immer nichts Konkretes. Aber sie fühlt den Tod nahen. Singt beim Schlafengehen das »Lied von der Weide«, mit dem sich für sie eine schmerzliche Erinnerung verknüpft. Singt ein herrliches »Ave Maria«. (Einst steigerten Renata Tebaldi und Herbert von Karajan es zu Sternminuten italienischer Opernkunst.) Dann naht der schwarze Würger. »Hast du zur Nacht gebetet?«, fragt er. Sie weint, schreit, klagt, entgeht aber ihrem brutalen, liebenden Mörder nicht.

Wenn Sie Verdis Otello *mögen …*

Weniges in der musikalischen Welt kommt an dramatischer Logik und musikalischer Inspiration der Verdi/Shakespeare-Mischung *Otello* gleich. Vielleicht könnte man den *Falstaff* nennen – Verdis allerletzte, manchmal etwas vergeistigte, allzu abstrakte Oper. Mehr noch Verdis *Requiem*: Da sind ja die Texte wahrlich auch von großer Gewalt.

Mit Mario Del Monaco, Renata Tebaldi und den Wiener Philharmonikern hat Herbert von Karajan einst eine großartige *Otello*-Aufnahme herausgebracht. Seine rhythmische Intensität war so unwiderstehlich, dass es mir (als ich in Salzburg in der ersten Reihe saß) völlig unmöglich schien, ruhig zu sitzen, mich nicht von Karajans Feuer anstecken zu lassen. Diesem großen Verdi-Interpreten gelangen auch die lyrischen Augenblicke sensibel. Wenn er einen guten Abend hatte, konnte er überwältigend phantasievoll und anpassungsfähig begleiten.

Lorin Maazel, ein Dirigiervirtuose, kann so viel – dass er Ausnahmesituationen, krisenhafte Zumutungen benötigt, um nicht allzu souverän zu bleiben. Einmal »sprang« er in München, ohne jede Vorbereitung, in einer *Otello*-Aufführung ein (Carlos Kleiber war krank oder verstimmt). Und das wurde der aufregendste *Otello* meines Lebens. Unerhört die Tempi, das Feuer, die rhythmische Vitalität. Genial die verlogene »Übersüße«, wenn Jago dem Otello von den Liebesschwüren Cassios berichtet. Plácido Domingo auf der Höhe seiner Tenorkunst ist der faszinierende Otello von Maazel.

Wilhelm Furtwängler als »deutschester« Dirigent wagt die »italienischte« Oper? Das kann nicht gut gehen, unkte man 1951 in Salzburg. Und »gut«, konventionell, italienisch-brillant ging es auch nicht. Sondern? Aufregend anders. Furtwängler dirigierte mit symphonischer Kraft, großartiger Entwicklungsdisposition, erhabener Charakteristik. Er hatte glänzende Gesangssolisten, die bei seinen langsamen Tempi nicht »verhungerten«. So geriet der Mitschnitt zum Dokument, wie gut Verdi es verträgt, von einem feurigen, philosophischen Deutschen gedeutet zu werden.

ARRIGO BOITO (eigentlich Enrico Boito), geboren am 24. Februar 1842 in Padua, gestorben am 10. Juni 1918 in Mailand, italienischer Komponist und Schriftsteller

MARIO DEL MONACO, geboren am 27. Juli 1915 in Florenz, gestorben am 16. Oktober 1982 in Mestre (bei Venedig), italienischer Sänger (Tenor)

PLÁCIDO DOMINGO, geboren am 21. Januar 1941 in Madrid, mexikanischer Sänger (Tenor) spanischer Herkunft

WILHELM FURTWÄNGLER, geboren am 25. Januar 1886 in Berlin, gestorben am 30. November 1954 in Ebersteinburg (heute zu Baden-Baden), deutscher Dirigent und Komponist

HERBERT VON KARAJAN, geboren am 5. April 1908 in Salzburg, gestorben am 16. Juli 1989 in Anif (bei Salzburg), österreichischer Dirigent

CARLOS KLEIBER, geboren am 3. Juli 1930 in Berlin, argentinischer Dirigent österreichischer Herkunft

LORIN MAAZEL, geboren am 6. März 1930 in Neuilly-sur-Seine (bei Paris), amerikanischer Dirigent und Geiger

WILLIAM SHAKESPEARE, getauft am 26. April 1564 in Stratford-upon-Avon, gestorben am 23. April 1616 in Stratford-up-Avon, britischer Dichter

Othello, Tragödie (1604)

RENATA TEBALDI, geboren am 1. Februar 1922 in Pesaro, italienische Sängerin (Sopran)

GIUSEPPE VERDI, geboren am 9./10. Oktober 1813 in Le Roncole (bei Busseto, Parma), gestorben am 27. Januar 1901 in Mailand, italienischer Komponist

Aida →KAISERS KLASSIK NR. 33

Falstaff, Commedia lirica in drei Akten; Text: Arrigo Boito nach William Shakespeare; Uraufführung: Mailand, 9. Februar 1893

Messa da Requiem (1874) →KAISERS KLASSIK NR. 22

Otello (Othello), Dramma lirico in vier Akten; Text: Arrigo Boito nach William Shakespeare; Uraufführung: Mailand, 5. Februar 1887

RICHARD WAGNER →KAISERS KLASSIK NR. 5

91

Ludwig van Beethoven

Symphonie F-Dur Nr. 6, die »Pastorale« op. 68

Heiter beginnender, großartig endender Hymnus auf die gottdurchwirkte, gefährliche, aber auch heilige Natur. Beethoven schildert in der »Pastorale« *das Landleben, er karikiert lächelnd eine primitive Bauernkapelle, imitiert souverän Nachtigall, Wachtel und Kuckuck in der »Szene am Bach«. Trotzdem will Beethoven keine musikalische Anekdotenerzählerei bieten, sondern natürlich »mehr Ausdruck der Empfindung als Malerei«. Wie die* »Pastorale« *entstand und was sie bedeutet …*

In Schulzimmern, auf kalten Orgelbänken bei quälenden Chorproben mühte sich Johann Sebastian Bach herum. Wolfgang Amadeus Mozart ging nicht im Grünen spazieren, sondern lieber zum Glücksspiel oder zum Billard, wo er verdammt viel Geld verloren haben muss. Beethoven aber war (wie übrigens auch Richard Wagner) leidenschaftlicher Naturfreund. »Ist es doch«, so notierte er, »als ob jeder Baum zu mir spräche auf dem Lande; heilig, heilig! Im Walde Entzücken! Wer kann alles ausdrücken?«

Er konnte es … Im Kopfsatz, dem »Erwachen heiterer Gefühle bei der Ankunft auf dem Lande«, erleben wir Beethovens vielleicht entspannteste, farbenfroheste Musik. Keine dramatische oder gar tragische »Idee« wird da entwickelt, sondern zarte, harmonisch immer neu beleuchtete Abschnitte erscheinen – fast wie in Felix Mendelssohn Bartholdys *Hebriden-Ouvertüre*, wie im romantischen Charakterstück. Zart beginnt das schlendernde Glück, wird mächtiger, majestätischer.

Danach die »Szene am Bach«. An ihrem Ende drängen Vogelstimmen sich sinnig und eitel vor: Nachtigallengurren, Wachtelschlag, Kuckucksterz. Wie aber eine zärtliche Gebärde dieses Vogelstimmenterzett wieder zurückholt in die Idealität der Musik: das ist ein inniges, holdes Beethoven-Wunder. Da darf man sich an Beethovens Zeitgenossen Friedrich Hölderlin erinnern: »An einem schönen Tage läßt sich ja fast jede Sangart hören, und die Natur, wovon es her ist, nimmt's auch wieder.«

Im dritten Satz: »Lustiges Zusammensein der Landleute«, spielt eine Bauernkapelle auf. Der Komponist Hans Pfitzner (er war ein großer Dirigent) hat die etwas unpassenden Einsätze der offenbar schon beschwipsten tiefen Instrumente zärtlich-ironisch pointiert.

Im vierten Satz »Gewitter, Sturm« vergrößert Beethoven das Orchester beträchtlich: um zwei Posaunen, die schrill pfeifende Pikkoloflöte und Schlagzeug. Unheimlich leise kündigt der »Sturm« sich an. Die Luft scheint von Schwefligem erfüllt. Dann rast der Donner ungeheuerlich, Blitze zucken, Regen rauscht: Es ist der unwiderstehlich spannende Höhepunkt der *Symphonie*.

Wenn aber, im Finale, Hirtengesang »Frohe und dankbare Gefühle nach dem Sturm« selig-ekstatisch zum Ausdruck bringt, dann dürfen – wir fühlen es ergriffen – nicht nur die geretteten Hirten aufatmen. Sondern die ganze Menschheit.

Wenn Sie Beethovens »Pastorale« *mögen …*

Es gibt auch eine – selten gespielte – Klaviersonate Beethovens, die man *»Pastorale«* nennt: die *Sonate D-Dur* op. 28, von lyrisch-lebendigen Charakteren, pochend bewegten Orgelpunkten und einem hymnischen Naturgefühl erfüllt. Sie bietet durchaus eine Entsprechung zu unserer *Symphonie*. Das aber gilt noch mehr von einer wahrhaft großen, bei aller

Virtuosität geheimnisvollen Klaviersonate Beethovens, also von der *»Waldstein«-Sonate C-Dur* op. 53.

Die fesselndsten Interpretationen von Beethovens »Pastorale«

Herbert von Karajan lag die *»Pastorale«* näher als alle anderen Beethoven-Symphonien. Er wusste das Pulsieren im Kopfsatz so reich und beschwingt darzubieten, dass die Themen nicht als Voraussetzung dieses musikalischen Geschehens erschienen, sondern als dessen Folge. Betörend klangsinnlich auch die »Szene am Bach«. Und der phänomenale »Wumm« der Berliner Philharmoniker – also ihre grandios zusammengefasst donnernde Tuttikraft – triumphiert bei Karajan im irdisch-überirdischen »Gewitter«.

John Eliot Gardiners »Orchestre Révolutionnaire et Romantique« bietet Beethovens *Sechste* mit »Originalinstrumenten«. Das Schlagzeug klingt aggressiver, heftiger, die Geigen kommen mit weniger Vibrato aus und wollen auf hier unpassenden Richard-Strauss-Wohlklang verzichten. So entsteht unter Gardiners lebhafter Leitung eine beschwingte, durchsichtige, sachlich-objektive Wiedergabe der *»Pastorale«*. Für viele junge Beethoven-Fans weit akzeptabler als alle Interpretationen furtwänglerscher Prägung.

Hans Pfitzner, ein spätromantischer Komponist, den der junge Thomas Mann bewunderte, während der alte den ehemaligen Freund »treudeutsch und bitterböse« genannt hat. Pfitzner hat 1929, mit dem Orchester der Staatsoper Berlin, eine akustisch unbefriedigende, aber genialisch erfüllte, aufregend originell artikulierte *»Pastorale«* dirigiert. Herrlich das Ende der »Szene am Bach«. Wunderbar frei und vielfältig die Artikulationsbestimmtheit, der Mut zum unauffälligen Beschleunigen und Innehalten.

JOHANN SEBASTIAN BACH →KAISERS KLASSIK NR. 14

LUDWIG VAN BEETHOVEN, getauft am 17. Dezember 1770 in Bonn, gestorben am 26. März 1827 in Wien, deutscher Komponist

Klaviersonate D-Dur Nr. 15 »Pastorale« op. 28 (1801) — 1. Satz: Allegro; 2. Satz: Andante; 3. Satz: Scherzo. Allegro vivace; 4. Satz: Rondo. Allegro, ma non troppo

Klaviersonate C-Dur Nr. 21 »Waldstein-Sonate« op. 53 (1804) — 1. Satz: Allegro con brio; 2. Satz: Introduzione. Adagio molto; 3. Satz: Rondo. Allegretto moderato – Prestissimo

Symphonie F-Dur Nr. 6 »Pastorale« op. 68 (1808) — 1. Satz: Erwachen heiterer Empfindungen bei der Ankunft auf dem Lande. Allegro ma non troppo; 2. Satz: Szene am Bach. Andante molto mosso; 3. Satz: Lustiges Zusammensein der Landleute. Allegro; 4. Satz: Gewitter, Sturm. Allegro; 5. Satz: Hirtengesang. Frohe und dankbare Gefühle nach dem Sturm. Allegretto

WILHELM FURTWÄNGLER, geboren am 25. Januar 1886 in Berlin, gestorben am 30. November 1954 in Ebersteinburg (heute zu Baden-Baden), deutscher Dirigent und Komponist

JOHN ELIOT GARDINER, geboren am 20. April 1943 in Fontmell Magna (Dorset), britischer Dirigent

FRIEDRICH HÖLDERLIN, geboren am 20. März 1770 in Lauffen am Neckar, gestorben am 7. Juni 1843 in Tübingen, deutscher Dichter

HERBERT VON KARAJAN, geboren am 5. April 1908 in Salzburg, gestorben am 16. Juli 1989 in Anif (bei Salzburg), österreichischer Dirigent

THOMAS MANN, geboren am 6. Juni 1875 in Lübeck, gestorben am 12. August 1955 in Zürich, deutscher Schriftsteller

FELIX MENDELSSOHN BARTHOLDY →KAISERS KLASSIK NR. 28

Ouvertüre h-Moll »Die Hebriden (Fingals Höhle)« op. 26 (1832) — Allegro moderato

Wolfgang Amadeus Mozart →Kaisers Klassik Nr. 2

Hans Pfitzner, geboren am 5. Mai 1869 in Moskau, gestorben am 22. Mai 1949 in Salzburg, deutscher Komponist und Dirigent

Richard Strauss →Kaisers Klassik Nr. 64

Richard Wagner →Kaisers Klassik Nr. 5

92

Alban Berg

Violinkonzert

»Dem Andenken eines Engels«

Tief erfüllte Auseinandersetzung mit den Schmerzen des Lebens und den Geheimnissen des Todes. Berg verwandelt hier Arnold Schönbergs strenge Zwölftonmethode in melodischen, wienerisch-melancholischen Zauber. Wie das Violinkonzert *entstand und was es bedeutet …*

Im Jahre 1935 – es war sein Todesjahr – kam Berg mit der *Lulu*-Oper nicht recht weiter. Stattdessen fing er ein *Violinkonzert* an für den amerikanischen Geiger Louis Krasner, der ihm 1500 Dollar dafür bot. Wenige Wochen nach Kompositionsbeginn starb die 18-jährige Manon Gropius. Berg, der für junge (und ganz junge, mädchenhafte) Frauen schwärmte, hatte Manon sehr geschätzt. In seinem Kondolenzbrief schrieb er, er wolle gar nicht erst versuchen, »dort Worte zu finden, wo die Sprache versagt«. Aber aus der Partitur werde »erklingen, was ich fühle«.

Das *Violinkonzert* beginnt mit einer tiefsinnigen Introduktion. Ganz leise – mit den Tönen G-D-A-E – stellt sich die Violine vor. Das sind ihre leeren Saiten. Sie werden präsentiert, als ob der Geiger seine Mittel, die Urelemente seines Spiels, zeigen wolle. Diese Quinten erweitern, steigern sich logisch, aber ekstatisch, zu glühendem Ausdruck. Der Hauptteil beginnt dann wie tragischer Mozart. Berg hat seine Zwölftonreihe nämlich in tonale Dreiklänge gegliedert, was eigentlich gegen die Regeln der modernen, »zweiten« Wiener Schule verstößt. Zwar fügt die Geige Dissonantes hinzu, doch man spürt immer vertraute Tonalität, wenn auch schmerzlich versehrt. Der dann folgende Abschnitt soll »scherzando« vorgetragen werden, tönt aber wienerisch süß und hoffnungslos. In den sich anschließenden beiden »Trio«-Teilen dominiert das Orchester zuerst energisch, darauf verträumt-traurig, während die Geige über ihm kraftvoll brilliert, aber auch sehnsüchtig schwebt. Am Ende des ersten Satzes zitiert Berg ein Kärntner Lied, das die Geige mit zartem Ausdruck umspielt. Von solchen Weihen hat sich die Ländlerweise bestimmt nichts träumen lassen. Ihr dritter Vers lautet nämlich: »s' Dirndl is katholisch, und i bin verschrieb'n« (meint: evangelisch), »sie wird ja die Betschnur wohl wegtun beim Lieb'n.« Ein durchaus verständlicher Wunsch des jungen Mannes, seine Freundin möge sich des Rosenkranzes entledigen, wenn es zur Sache selbst kommt. Weniger verständlich: was hat dieser Jodler (auf der CD von Frank Peter Zimmermann Take 1, ab 9.43) in Bergs Todesmusik zu suchen? Nun: Berg verlangsamt und steigert die Melodie zum Abschied von Welt und Glück…

Der zweite Satz des *Konzerts* beginnt tobend wüst. Dann donnert ein Schicksalsrhythmus. Es kommt zum »Höhepunkt« des Todeskampfes. Die Geige schreit *fff* in höchsten Tönen (bei Zimmermann Take 2, nach 6.11). Am Ende ein Bach-Choral, der sich längst geheimnisvoll angekündigt hatte: *Es ist genug*. Leise Variationen. Und dann verschwindet die Musik wieder in jenem Nichts, aus dem sie auch gekommen war.

Wenn Sie Bergs Violinkonzert *mögen…*

Musik, die so direkt und betroffen auf den Tod eines geliebten Menschen antwortet, ist etwas Seltenes, aber Wunderbares. Johannes Brahms hat in der Trauer über den Tod der Mutter an seinem *Deutschen Requiem* gearbeitet. Und im Adagio aus Anton Bruckners *Symphonie Nr. 7* steht tiefgründige Trauermusik, Bruckners genial demütige Antwort auf Richard Wagners Tod.

Die fesselndsten Interpretationen von Bergs
Violinkonzert

Frank Peter Zimmermann, ein 1965 geborener, also immer noch recht junger deutscher Weltklassegeiger, bietet Bergs *Konzert*, zusammen mit dem Radio-Symphonieorchester Stuttgart unter Gianluigi Gelmetti, in einer exemplarischen Einspielung. Zimmermann versteht gleich den Beginn bezwingend ausdrucksvoll, und er gibt alle »wienerischen« Intermezzi, alle »scherzando«-Partien aus dem Geist einer großen, dunklen Melancholie. Die heikle Vielstimmigkeit, die schweren Septimenpassagen und Geigenhürden: alles das bietet Zimmermann vollkommen souverän.

Anne-Sophie Mutter gibt eine ruhige, auffallend langsame und verhaltene Deutung von Bergs *Violinkonzert*. Leise, tonlos fast, wie aus tiefer Schmerzbefangenheit stellt sich die Sologeige hier ohne jedes Auftrumpfen ein. Es ist eine glühend langsame, alle Schwierigkeiten unvergleichlich sauber und sonor auf höchstem Geigenniveau meisternde Darbietung. Das Chicago Symphony Orchestra unter James Levine holt aufregende Einzelheiten aus der Partitur, die in vielen anderen Aufführungen belanglos bleiben und untergehen.

Itzhak Perlman spielt Bergs *Konzert* bezwingend geigerisch. Manchmal klingt es so schön und faszinierend wie das *Violinkonzert g-Moll* von Max Bruch, nur eben ein wenig moderner, tiefsinniger. Für die gefürchtete zwei-, ja dreistimmige Entfaltung des Soloparts während des Schlusssatzes hat Perlman die Rasse und süffige Überzeugungskraft des großen Geigers. Es begleitet: das Boston Symphony Orchestra unter Seiji Ozawa. Ein absolutes Muss für Berg-Liebhaber.

Johann Sebastian Bach →Kaisers Klassik Nr. 14

Alban Berg, geboren am 9. Februar 1885 in Wien, gestorben am 23. Dezember 1935 in Wien, österreichischer Komponist

Konzert für Violine und Orchester »Dem Andenken eines Engels« (1935) — 1. Satz: Andante – Allegretto; 2. Satz: Allegro – Adagio

Lulu, Oper in drei Akten (unvollendet); Text: Alban Berg nach Frank Wedekind; Uraufführung: Zürich, 2. Juni 1937

Christiane Brahms (geborene Nissen), geboren am 4. Juni 1789 in Hamburg, gestorben am 2. Februar 1865 in Hamburg, Mutter Johannes Brahms'

Johannes Brahms →Kaisers Klassik Nr. 10

Ein deutsches Requiem op. 45 (1868) — 1: Selig sind, die da Leid tragen; 2: Denn alles Fleisch, es ist wie Gras; 3: Herr, lehre mich doch; 4: Wie lieblich sind deine Wohnungen; 5: Ihr habt nun Traurigkeit; 6: Denn wir haben hie keine bleibende Statt; 7: Selig sind die Toten

Max Bruch, geboren am 6. Januar 1838 in Köln, gestorben am 2. Oktober 1920 in Berlin-Friedenau, deutscher Komponist

Konzert für Violine und Orchester g-Moll Nr. 1 op. 26 (1866) — 1. Satz: Vorspiel. Allegro moderato; 2. Satz: Adagio; 3. Satz: Finale. Allegro energico

Anton Bruckner

Symphonie E-Dur Nr. 7 (1883) →Kaisers Klassik Nr. 65

Gianluigi Gelmetti, geboren am 11. September 1945 in Rom, italienischer Dirigent

Manon Gropius, geboren am 5. Oktober 1916 in Wien, gestorben am 22. April 1935 in Wien, Tochter Alma Mahler-Werfels und Walter Gropius'

Louis Krasner, geboren am 21. Juni 1903 in Tscherkassy, amerikanischer Geiger ukrainischer Herkunft

James Levine, geboren am 23. Juni 1943 in Cincinnati (OH), amerikanischer Dirigent und Pianist

Wolfgang Amadeus Mozart →Kaisers Klassik Nr. 2

Anne-Sophie Mutter, geboren am 29. Juni 1963 in Rheinfelden (Baden), deutsche Geigerin

Seiji Ozawa, geboren am 1. September 1935 in Hoten (Mandschurei), japanischer Dirigent

Itzhak Perlman, geboren am 31. August 1945 in Tel Aviv, israelisch-amerikanischer Geiger

Arnold Schönberg, geboren am 13. September 1874 in Wien, gestorben am 13. Juli 1951 in Los Angeles, österreichischer Komponist

Richard Wagner →Kaisers Klassik Nr. 5

Frank Peter Zimmermann, geboren am 27. Februar 1965 in Duisburg, deutscher Geiger

93

Wolfgang Amadeus Mozart

Die sechs »Haydn«-Streichquartette

KV 387, 421, 428, 458, 464, 465

Für alle Freunde der edlen Kunst des Streichquartetts halten diese sechs rätselhaft vollkommenen Werke fest, was Schönheit sei, Vollendung, Anmut, geistvolle Leichtigkeit und tieftrauriges Erbeben. Wie die »Haydn«-Quartette entstanden und was sie bedeuten …

Der junge Mozart hat viel vom 24 Jahre älteren Joseph Haydn gelernt (der dann seinerseits wiederum von Mozart manches abguckte). Und als Haydn 1782 im Wiener Artaria-Verlag seine epochemachenden sechs Streichquartette op. 33 veröffentlicht hatte, da beschloss Mozart nun sogleich, beim selben Verleger auch sechs Streichquartette herauszugeben. Er widmete sie Haydn herzlich, ließ allerdings in besagter Widmung freimütig wissen, wieviel mühsame Arbeit ihm diese Quartette gemacht hätten. Offenbar wollte Mozart hier sein Allerbestes geben. Kurz vor der Veröffentlichung probierte man bei Mozarts die Quartette: Haydn spielte mit, der Vater Leopold Mozart, Mozart selbst. Und Haydn erklärte dem stolzen Papa: »Ich sage Ihnen vor Gott als ein ehrlicher Mann, Ihr Sohn ist der größte Componist, den ich von Person und dem Nahmen nach kenne: Er hat Geschmack und über das die größte Compositionswissenschaft.«

Vielleicht ist das erste der sechs »Haydn«-Quartette (G-Dur KV 387) das strahlendste, geistsprühendste von allen. Mit einer herzlichen Geste beginnt der Kopfsatz. Im Finale setzt Mozart den Schwung einer vehement-witzigen Doppelfuge, die Leichtfertigkeit eines Gassenhauers und die Magie schwebender Chromatik so selbstverständlich nebeneinander, als könnt's nicht anders sein. Der ruhige akkordische Schluss wird zum Mirakel.

Mit der *Don-Giovanni*-Tonart d-Moll fasziniert das finstere, sehnsuchtsvolle zweite Quartett der Gruppe (KV 421). Am Schluss steht kein munterer Rausschmeißer, sondern ein depressiver Moll-Variationssatz, der rasend rasch endet, wie mit verzweifeltem Hahnenschrei.

Das dritte Quartett (KV 428) steht in der *Zauberflöten*-Tonart Es-Dur. Da hat die erschütterte Nachwelt im ersten Satz Ludwig van Beethoven vorweggenommen gehört und im As-Dur-Andante gar Richard Wagners *Tristan und Isolde*.

Nach längerer Pause entsteht das vierte Quartett der Gruppe (B-Dur KV 458). Es wird *»Jagd«-Quartett* genannt und ist vielleicht das heiterste von allen. Freilich: im Adagio herrscht wieder eine tiefgründige Zartheit.

Nr. 5 in A-Dur (KV 464), herb und sehr dicht komponiert, Beethoven schrieb sich zu Studienzwecken das Finale ab, mag am schwersten zugänglich sein.

Das Nr. 6 (C-Dur KV 465) heißt *»Dissonanzen«-Quartett* wegen der kühnen dissonierenden Einleitung. Das Andante entfaltet seine Themen immer reicher, finsterer. Wer aber in seinem Leben nie erfuhr, was sprühender Charme sei – der kann es aus dem Finale dieses Werkes lernen.

Wenn Sie Mozarts »Haydn«-Quartette mögen …

In Mozarts Streichquartettschaffen waren die »Haydn«-Quartette ein Höhepunkt, über den er in seinen drei späteren Quartetten (KV 499, 589 und 590) gewiss nicht mehr hinauskam. Wer die »Haydn«-Quartette liebt, für den hat der (späte) Mozart in den Streichquintetten eine neue Welt erfunden, die zum Heiligsten gehörte, was je ein Mensch komponierte.

Die fesselndsten Interpretationen von Mozarts »Haydn«-Quartetten

Die Inständigkeit, leidenschaftliche Ernsthaftigkeit und Dringlichkeit, mit welcher das Alban-Berg-Quartett Mozart huldigt, schlägt sich in der EMI-Kassette nieder, die den »Zehn großen Streichquartetten« des Komponisten gewidmet ist. Mozart wird hier nie verharmlost, musikantisch verschmiert, zum bloßen »Vorgänger« Beethovens erniedrigt. Weihevolle Sätze erfahren eine bezwingend expressive Wiedergabe. Es spielen: Günter Pichler, erste Violine, Gerhard Schulz, zweite Violine, Thomas Kakuska, Bratsche, Valentin Erben, Cello.

Die Kunst des Amadeus-Quartetts war zwischen 1950 und 1980 in den Konzertsälen aller Welt hochgeschätzt, weil die Amadeus-Leute mit unmittelbarer Herzlichkeit, spannungsvoller innerer Harmonie und beträchtlichem Temperament musizierten. Die Spontaneität, mit der Mozarts Wunder zum Klingen gebracht werden, beeindruckt herzlich, manchmal freilich fehlen Perfektion und Interpretationsgenauigkeit. Es spielen: Norbert Brainin, erste Violine, Siegmund Nissel, zweite Violine, Peter Schidlof, Bratsche, und Martin Lovett, Cello.

Beim Emerson String Quartet kann man nicht fixieren, wer die erste und wer die zweite Violine spielt – weil nämlich Eugene Drucker und Philip Setzer sich abwechseln (Bratsche: Lawrence Dutton, Cello: David Finckel). Dieses amerikanische Quartett imponiert mit vehementer Virtuosität. Die können sich Tempi erlauben, denen andere Quartettvereinigungen keineswegs gewachsen waren. Um so bemerkenswerter, dass die Emersons bei Mozart keineswegs auf kahle technische Perfektion setzen, sondern auf Klangfülle und leidenschaftlichen Ausdruck.

Who's who

Alban-Berg-Quartett: Günter Pichler (*1940), Klaus Mätzl (*1940) und Gerhard Schulz, Violine; Hatto Beyerle (*1941) und Thomas Kakuska, Viola; Valentin Erben (*1945), Violoncello

Amadeus-Quartett: Norbert Brainin (*1923) und Siegmund Nissel (*1922), Violine; Peter Schidlof (1922–1987), Viola; Martin Lovett (*1927), Violoncello

Ludwig van Beethoven →Kaisers Klassik Nr. 1

Emerson String Quartet: Eugene Drucker (*1952) und Philip Setzer (*1951), Violine; Lawrence Dutton (*1954), Viola; David Finckel (*1951), Violoncello

Joseph Haydn →Kaisers Klassik Nr. 20

Leopold Mozart, geboren am 14. November 1719 in Augsburg, gestorben am 28. Mai 1787 in Salzburg, österreichischer Komponist und Violinist, Vater Wolfgang Amadeus Mozarts

Wolfgang Amadeus Mozart

Il dissoluto punito ossia Il Don Giovanni →Kaisers Klassik Nr. 88

Quartett für zwei Violinen, Viola und Violoncello G-Dur Nr. 14 »Frühlingsquartett« KV 387 (1782) — 1. Satz: Allegro vivace assai; 2. Satz: Menuetto. Allegretto; 3. Satz: Andante cantabile; 4. Satz: Molto allegro

Quartett für zwei Violinen, Viola und Violoncello d-Moll Nr. 15 KV 421 (1782) — 1. Satz: Allegro moderato; 2. Satz: Andante; 3. Satz: Menuetto. Allegretto; 4. Satz: Allegretto ma non troppo

Quartett für zwei Violinen, Viola und Violoncello Es-Dur Nr. 16 KV 428 (1783) — 1. Satz: Allegro ma non troppo; 2. Satz: Andante con moto; 3. Satz: Menuetto. Allegretto; 4. Satz: Allegretto vivace

Quartett für zwei Violinen, Viola und Violoncello B-Dur Nr. 17 »Jagdquartett« KV 458 (1784) — 1. Satz: Allegro vivace assai; 2. Satz: Menuetto. Moderato; 3. Satz: Adagio; 4. Satz: Allegretto assai

Quartett für zwei Violinen, Viola und Violoncello A-Dur Nr. 18 KV 464 (1785) — 1. Satz: Allegro; 2. Satz: Menuetto; 3. Satz: Andante; 4. Satz: Allegro

Quartett für zwei Violinen, Viola und Violoncello C-Dur Nr. 19 »Dissonanzenquartett« KV 465 (1785) — 1. Satz: Adagio – Allegro; 2. Satz: Andante cantabile; 3. Satz: Menuetto. Allegro; 4. Satz: Allegro

Quartett für zwei Violinen, Viola und Violoncello D-Dur Nr. 20 KV 499 (1786) — 1. Satz: Allegretto; 2. Satz: Menuetto. Allegretto; 3. Satz: Adagio; 4. Satz: Molto allegro

Quartett für zwei Violinen, Viola und Violoncello B-Dur Nr. 22 KV 589 (1790) — 1. Satz: Allegro; 2. Satz: Larghetto; 3. Satz: Menuetto. Moderato; 4. Satz: Allegro assai

Quartett für zwei Violinen, Viola und Violoncello F-Dur Nr. 23 KV 590 (1790) — 1. Satz: Allegro moderato; 2. Satz: Andante; 3. Satz: Menuetto. Allegretto; 4. Satz: Allegro

Die Zauberflöte →KAISERS KLASSIK NR. 45

RICHARD WAGNER

Tristan und Isolde →KAISERS KLASSIK NR. 5

94
Frédéric Chopin
Klavierkonzert f-Moll Nr. 2
op. 21

19-jährig, schwärmerisch verliebt und polnisch kühn, hat Chopin sein Konzert f-Moll *komponiert. Der Reichtum an stürmischen, innigen, eleganten und melodiösen Erfindungen ist bestrickend, die Sprache des Klaviers genial-originell. Ein Wunderjüngling, der mehr von der Seele des Klaviers als von der symphonischen Behandlung des Orchesters verstand, schuf ein süß-betörendes Meisterwerk. Wie das* Konzert *entstand und was es bedeutet …*

Wahrscheinlich kannte der blutjunge Chopin Wolfgang Amadeus Mozarts und Ludwig van Beethovens Klavierkonzerte gar nicht, in denen Klavier und Orchester als gleichberechtigt »konzertierende« Partner miteinander spielen, aber auch gegeneinander ankämpfen. Chopins Vorbilder mögen jene »Virtuosenkonzerte« gewesen sein, wo das Orchester nur den »Klangteppich« gibt, gelegentlich auch thematisches Material, das es dem Klavier spannungsvoll entgegenhält.

Und doch wird der Orchesterpart fast belanglos, nachdem das Soloklavier mit seinen Monologen begonnen hat. Der Solist setzt mit einer gezackten, herabstürzenden Passage ein. Dann trägt er sein Hauptthema vor: eine innige Melodie mit schmerzlich chromatischer Begleitung. Chopin ersinnt nun Umspielungen, Arabesken, die nicht nach »klassischem« Schema vier oder acht oder sechzehn Töne enthalten. Nein: manchmal sind es 29, 19 oder gar 40, die zur empfindsamen oder schmerzlichen »Koloratur«-Linie verbunden werden. Melodien, schrieb Marcel Proust, »die mit sich windenden Hälsen so freischwebend umhertasten … dass man dennoch hofft, sie mit weichem Schlag wieder landen zu hören... Und wirklich kehren sie... wie auf einem kristallenen Spiegel wieder zurück und treffen den Hörer mitten ins Herz.« Nach dem Soloeinsatz gerät die Darstellung des zweiten Themas zum lyrischen Höhepunkt (auf Arthur Rubinsteins CD Take 4, nach 4.39). Wenn die Melodie sich entfaltet hat, nehmen die Passagen an Heftigkeit und Hitze zu bis zum stolzen Fortissimo.

Der langsame Satz, ein Liebesgedicht an die Sängerin Konstancja Gładkowska, eine Romanze voller Gefühl und Delikatesse, hat sein Geheimnis. Nämlich einen »sprechenden«, hochgetürmten Rezitativmittelteil (bei Rubinstein Take 5, nach 4.08). Das Klavier beginnt leidenschaftlich mit den Tönen Es, B. Mit genau diesen Noten fängt aber das berühmteste Rezitativ der Operngeschichte an: wenn in Mozarts *Don Giovanni* die Donna Anna erzählt, wie der Wüstling sie nachts überfiel! Und die *Don-Giovanni*-Oper kannte Chopin.

Das Finale ist von tänzerischer polnischer Eleganz und nobler Virtuosität. Freilich, wenn Pedanten es vortragen, versteckt sich seine Poesie hinter Etüdenläufen...

Wenn Sie Chopins Klavierkonzert f-Moll *mögen*...

Das *Konzert f-Moll* wird zwar als Nr. 2 op. 21 bezeichnet – aber in Wahrheit ist es des jungen Chopin erstes Klavierkonzert gewesen, früher entstanden als das *Konzert e-Moll Nr. 1* op. 11. Dieses *Konzert*, das der 20-jährige Chopin auch noch in Warschau komponierte, trumpft aggressiver auf. Schwärmerische Trauer weicht oft einem funkelnden, hinreißenden Schwung. Und das Finale ist im *Konzert e-Moll* ein keckes, witziges und sprühend virtuoses E-Dur-Rondo.

Die fesselndsten Interpretationen von Chopins Klavierkonzert f-Moll

Arthur Rubinstein besaß den singenden Ton, die Spontaneität und den stolzen Schwung für die Kunst seines polnischen Landsmannes Chopin. Unnachahmlich zart und reich vermag er die Passagen zu gestalten. Er bot »männliches« Chopin-Spiel, kein kränkliches Salongesäusel. Als ich ihn einmal fragte, wie er seinen herrlich singenden Ton erzeuge, sagte er lachend: »Ich weiß es nicht.« Und fügte dann verschmitzt hinzu, er nehme das »linke Pedal«, das eine reduzierende Verschiebung bewirkt, »und spiele dann einfach etwas lauter«. Als ob das nicht jeder könnte …

Clara Haskil – körperlich ungünstig aussehend, wie verschlossen in Hässlichkeit – ist eine Dichterin am Klavier gewesen, eine poetische Interpretin, deren Kunst die Schönheit der Töne wie auch die Gestalt der alten Dame verklärte. Der große Dirigent Igor Markevitch bietet mit dem Orchestre des Concerts Lamoureux einen ungewohnt strahlenden, mitreißenden Orchesterklang. Kein Wunder: Alfred Cortot hatte Chopins unvollkommene Instrumentation respektvoll verbessert.

Alexis Weissenberg ist in jungen Jahren ein stürmischer Tausendsassa gewesen, ein Virtuose von Witz, Weitläufigkeit und Rang. Seine Einspielung sämtlicher chopinscher Werke für Klavier und Orchester präsentiert einen sprühend französischen Chopin: unpedantisch, überraschend und voller pianistischer Finessen. Wer eine CD mit glühender Seele und bravourösem Ton sucht, der sollte diese Einspielung wählen.

Who's who

Ludwig van Beethoven →Kaisers Klassik Nr. 1

Frédéric Chopin (auch Fryderyk Chopin), geboren am 1. März (oder 22. Februar?) 1810 in Zelazowa-Wola (bei Warschau), gestorben am 17. Oktober 1849 in Paris, polnischer Komponist und Pianist

Konzert für Klavier und Orchester e-Moll Nr. 1 op. 11 (1830) — 1. Satz: Allegro maestoso risoluto; 2. Satz: Romance. Larghetto; 3. Satz: Rondo. Vivace

Konzert für Klavier und Orchester f-Moll Nr. 2 op. 21 (1829) — 1. Satz: Maestoso; 2. Satz: Larghetto; 3. Satz: Allegro vivace

ALFRED CORTOT, geboren am 26. September 1877 in Nyon (Waadt), gestorben am 15. Juni 1962 in Lausanne, französischer Pianist

KONSTANCJA GŁADKOWSKA, geboren am 10. Juni 1810 in Warschau, gestorben am 20. Dezember 1889 in Skiernewice (bei Lodz), polnische Sängerin (Sopran), Freundin Frédéric Chopins

CLARA HASKIL, geboren am 7. Januar 1895 in Bukarest, gestorben am 7. Dezember 1960 in Brüssel, schweizerische Pianistin rumänischer Herkunft

IGOR MARKEVITCH (eigentlich Igor Borissowitsch Markewitsch), geboren am 27. Juli 1912 in Kiew, gestorben am 7. März 1983 in Antibes (bei Nizza), italienischer Dirigent ukrainischer Herkunft

WOLFGANG AMADEUS MOZART

Il dissoluto punito ossia Il Don Giovanni →KAISERS KLASSIK NR. 88

MARCEL PROUST, geboren am 10. Juli 1871 in Paris, gestorben am 18. November 1922 in Paris, französischer Schriftsteller

ARTHUR RUBINSTEIN, geboren am 28. Januar 1887 in Lodz, gestorben am 20. Dezember 1982 in Genf, amerikanischer Pianist polnischer Herkunft

ALEXIS WEISSENBERG (eigentlich Alexis Waisenberg), geboren am 26. Juli 1929 in Sofia, französischer Pianist bulgarischer Herkunft

95
Ludwig van Beethoven
Symphonie A-Dur Nr. 7
op. 92

Die Siebte *– das ist die Lieblingssymphonie vieler Beethoven-Bewunderer. Ein Fest hitzigster Steigerungen und herber Extreme. Unwiderstehlich die Lebenslust der Ecksätze, unentrinnbar der Todesrhythmus im magischen Allegretto. Dieses Werk bietet mehr als nur eine – so Richard Wagners berühmte Formel – »Apotheose des Tanzes«. Wie die* Siebte *entstand und was sie bedeutet …*

Beethoven liebte es, zugleich an durchaus verschiedenen Werken zu arbeiten. So entstanden die *Symphonie Nr. 5 (»Schicksalssymphonie«)* und die *Symphonie Nr. 6 (»Pastorale«)* nebeneinander, so komponierte der 41-jährige Meister in den Jahren 1811/12 an seiner *Siebten* und *Achten Symphonie*. Die Uraufführung der *Siebten* am 8. Dezember 1813 im Universitätssaal zu Wien, vom Komponisten dirigiert (das Orchester war erstaunlich groß: 18 erste Violinen, 12 Celli, 7 Kontrabässe!), geriet zu einem der spektakulärsten Erfolge, die Beethoven je hatte.

In der Entstehungszeit der *Symphonie* muss den Komponisten ein Gefühl stolzer und großer Kraft beseelt haben. Das bekam sogar der von Beethoven bewunderte Johann Wolfgang von Goethe 1812 in Karlsbad zu spüren. Die beiden Giganten wollten ungestört miteinander spazieren und reden, wurden aber dauernd respektvoll gegrüßt und belästigt. Goethe, über die Störung verstimmt, sagte: »Es ist verdrießlich, ich kann mich der Komplimente hier gar nicht erwehren.« Beethoven erwiderte ruhig lächelnd: »Machen sich Ew. Excellenz nichts draus, die Komplimente gelten vielleicht mir.«

Die *Symphonie A-Dur* beginnt mit einer monumentalen langsamen Einleitung. Ein großes Thema, wie aus archaischen Blöcken. Dazwischen nachdenklich, schwebend zart, eine Melodie der Holzbläser. Alles das bereitet einen tänzerisch punktierten Rhythmus vor. Der Kopfsatz bezieht sich gewiss aufs »klassische« Schema. Doch gleichsam unterhalb dieses Schemas bietet er eine aufregende Folge von immer glühenderen, ekstatischeren Steigerungen! (Auf der CD von Carlos Kleiber Take 5, nach 4.21, nach 8.38, nach 9.25, von 12.22 bis Ende.)

Auch das Allegretto wird von einem einzigen Rhythmus heherrscht: dem eines dunklen Nachtmarsches oder einer klagenden Prozession. Selbst während des Mittelteils bleibt der fatale »Lang-kurz-kurz-lang-lang«-Rhythmus erhalten.

Im Scherzo verbindet eine tiefgründige Modulation das turbulente Spiel des Hauptteils mit dem majestätischen Trio, wo Beethoven einen Wallfahrergesang verklärt.

Am Schluss ein Witz: Es scheint, denkt man seufzend, als werde der Gesang ein drittes Mal wiederholt. Doch rasche Prestoschläge wischen alles weg. Das Finale endet als trunkene Orgie.

Wenn Sie Beethovens Siebte *mögen …*

Es gibt viel festlich aufgepulverte, optimistisch lärmende Musik. Aber das sind selten Werke von Rang und Gewicht, sondern eher Ouvertüren zwischen Kurhaus und Zirkus. Der stolzen Ekstatik von Beethovens *Symphonie A-Dur* vergleichen lässt sich am ehesten sein *Klavierkonzert Es-Dur* op. 73, das man in der englischsprechenden Welt nicht umsonst als »Emperor«-Konzert bezeichnet. Da mischen sich Virtuosität, symphonische Kraft und konzertante Dramatik wahrhaft »königlich«. (»Kaiserlich«, was eigentlich richtig wäre, getraue ich mich nicht zu schreiben.)

Die fesselndsten Interpretationen von Beethovens Siebter

Carlos Kleiber – diesem heiklen, unsteten, sich dem »Betrieb« verweigernden Genie – glückt manchmal die Lösung des Beethoven-Rätsels. Wenn er, mit den Wiener Philharmonikern, die *Symphonie A-Dur* einspielt, dann herrschen Straffheit, festlicher Ton, großer Zug, ekstatischer Schwung – und das Einzelne, Blühende, Individuelle wird gleichwohl von alledem nicht überfahren. Fürs Scherzo wählt Kleiber ein extremes Tempo – sein Vater Erich (wahrlich auch ein großer Dirigent) blieb da maßvoller.

Wilhelm Furtwänglers Deutung ist geheimnisvoll, ja oft hochromantisch, wagnernah. In der Einleitung wächst den Melodieblöcken etwas Keuchendes, Heftiges zu. Das Allegretto tönt langsam, düster und tieftragisch. Die Steigerungen, wie die Berliner Philharmoniker sie 1953 vortrugen, haben etwas Heroisches und Ungeheuerliches. Ob diese Auffassung »zu romantisch« sei oder ob Beethoven nicht gar ein waschechter »Romantiker« gewesen sei: auf derartige Fragen gibt es keine Antworten.

Klar, temperamentvoll und vital verstehen John Eliot Gardiner und sein »Orchestre Révolutionnaire et Romantique« ihren modernen Beethoven. Das ist ein Gegenpol zu Furtwänglers Subjektivismus und objektiver, heller auch als Carlos Kleibers Beethoven, wo ja bereits der Wiener-Philharmoniker-Ton Süße und Todessehnsucht mitklingen lässt. Imponierend, wie heftig und erregt bei Gardiner das Rhythmische lebt (wenn auch manchmal zuwenig modifiziert, zu unbefangen, zu beiläufig).

Who's who

Ludwig van Beethoven, getauft am 17. Dezember 1770 in Bonn, gestorben am 26. März 1827 in Wien, deutscher Komponist

Konzert für Klavier und Orchester Es-Dur Nr. 5 op. 73 →KAISERS KLASSIK NR. 98

Symphonie c-Moll Nr. 5 op. 67 →KAISERS KLASSIK NR. 26

Symphonie F-Dur Nr. 6 »Pastorale« op. 68 →KAISERS KLASSIK NR. 91

Symphonie A-Dur Nr. 7 op. 92 (1812) — 1. Satz: Poco sostenuto – Vivace; 2. Satz: Allegretto; 3. Satz: Presto; 4. Satz: Allegro con brio

Symphonie F-Dur Nr. 8 op. 93 (1812) — 1. Satz: Allegro vivace e con brio; 2. Satz: Allegretto scherzando; 3. Satz: Tempo di menuetto; 4. Satz: Allegro vivace

WILHELM FURTWÄNGLER, geboren am 25. Januar 1886 in Berlin, gestorben am 30. November 1954 in Ebersteinburg (heute zu Baden-Baden), deutscher Dirigent und Komponist

JOHN ELIOT GARDINER, geboren am 20. April 1943 in Fontmell Magna (Dorset), britischer Dirigent

JOHANN WOLFGANG VON GOETHE, geboren am 28. August 1749 in Frankfurt am Main, gestorben am 22. März 1832 in Weimar, deutscher Dichter

CARLOS KLEIBER, geboren am 3. Juli 1930 in Berlin, argentinischer Dirigent österreichischer Herkunft

ERICH KLEIBER, geboren am 5. August 1890 in Wien, gestorben am 27. Januar 1956 in Zürich, österreichischer Dirigent

RICHARD WAGNER →KAISERS KLASSIK NR. 5

96
Sergei Rachmaninow
Klavierkonzerte und Paganini-Rhapsodie

Dunkle, todtraurig rauschende Melodien, brillante, aber verzwickte Passagen, donnernd massiv getürmte Akkorde: so kennt und liebt die Welt Rachmaninows Klavierkonzerte. Nur einige feine Fachleute rümpfe die Nase: In dieser spätromantischen Musik komme nicht nur die russische Seele zu Wort, sondern manchmal auch die allzu emphatische russische Redseele. Wie die Klavierkonzerte entstanden und was sie bedeuten …

Sein *Klavierkonzert Nr. 1* komponierte Rachmaninow bereits als 18-jähriger. Ein temperamentvolles, heftiges Stück, mit dem der junge Russe sich erfolgreich vorstellte. Sogar Pjotr Tschaikowski förderte den begabten Kollegen. Dann aber geschah eine Katastrophe. Die Uraufführung von Rachmaninows *Symphonie Nr. 1* geriet zum Fiasko, sodass der Starkritiker César Cui schäumte: »Wenn es in der Hölle einen Konzertsaal gäbe und man einen Komponisten beauftragte, eine Symphonie über die Plagen Ägyptens zu schreiben, dann würde dieses neue Werk dem Auftrag in idealer Weise entsprechen …«

Rachmaninow, ebenso antriebsschwach wie begabt, selbstquälerisch wie genial, brach seelisch zusammen. Geriet in eine tiefe Krise, aus der er keineswegs herauskam, als er dem großen Lew Tolstoi vorspielen durfte und der grimmige Dichter ihn rundheraus fragte: »Sagen Sie mir, braucht irgend jemand solche Musik?« Doch der Arzt und Psychotherapeut Nikolai Dal vermochte seinen Patienten Rachmaninow aufzurichten – und ihn zum Komponieren zu ermutigen! Darum hat Rachmaninow sein sogleich entstandenes *Klavierkonzert Nr. 2* dem »Monsieur N. Dahl« gewidmet. Das Werk beginnt originell: mit gewaltig anschwellenden Glockenakkorden des Klaviers. In dieses erzene Rauschen hinein strömt eine riesige, traurig-gesangvolle Melodie. Im Finale steigert sich reine Lyrik zu donnernd pointierter, mondäner Brillanz. Begegnet man diesem *Konzert* als junger Mensch, verliebt, oder in David Leans wunderschönem Film *Brief Encounter (Kurzes Zwischenspiel)*, dann ist man ihm lebenslänglich verfallen.

Rachmaninows *Konzert Nr. 3* fängt so faszinierend an, dass später eine emotionale Steigerung kaum mehr möglich ist. Das Finale glänzt mit brutaler synkopischer Kraft.

Wie so viele Angehörige der russischen Intelligenz musste auch Rachmaninow um 1917/18 emigrieren. In Amerika komponierte der Meisterpianist erstaunlich wenig. Außer 1934 die glänzende *Paganini-Rhapsodie*. Wo Rachmaninow weit durchsichtiger, trockener, behender und schlagfertiger erfindet als je vorher.

Wenn Sie Rachmaninows Klavierkonzerte *mögen …*

Wer irgendwann einmal süchtig wurde nach Rachmaninows Ton und Gebärde, der braucht nicht lange zu suchen, wo er noch mehr davon finden kann. Nämlich bei jenen Komponisten, die offenbar des jungen Rachmaninow Vorbild waren. Das wäre natürlich Tschaikowski mit seinen beiden *Klavierkonzerten b-Moll* (op. 23) und *G-Dur* (op. 44). Aber mehr noch Edvard Grieg, dessen *Konzert a-Moll* Rachmaninow überaus schätzte.

Die fesselndsten Interpretationen von Rachmaninows Klavierkonzerten

Swjatoslaw Richter, Russe wie Rachmaninow, hat das *Klavierkonzert c-Moll* Nr. 2 op. 18 so expressiv gestaltet, dass man bei den Akkorden der Einleitung spürt, wie sehr Rachmaninow den Ton jener Glocken liebte, von dem das »alte« Russland stets erfüllt gewesen sein muss. Richters Souveränität und sein stürmischer Schwung waren 1959 für alte Klavierfreaks ein Ereignis. Damals begleitete ihn das Warschauer Philharmonische Orchester unter Stanisław Wisłocki.

Der junge Vladimir Horowitz lernte den gut 30 Jahre älteren Rachmaninow in Amerika kennen. Sein Leben lang hat Horowitz dem Meister emphatisch gedient, mit ihm zusammen privat musiziert, ja – so sagte mir Horowitz gesprächsweise – den alten Herrn bei der Komposition der *Paganini-Rhapsodie* für Klavier und Orchester klaviertechnisch beraten. Ob das nötig war, ob das stimmt? Wie dem auch sei: Horowitz' Einspielungen des *Konzerts Nr. 3* sind unvergleichliche Dokumente differenzierter, glühender, ja hektischer Klavierkunst.

Der natürlich auch russische Pianist Andrei Gawrilow hat die *Paganini-Rhapsodie* mit federnder, scharfer Brillanz und eleganter Klarheit eingespielt. Auch die so leicht ins Süßliche abgleitende 18. Variation (wo Rachmaninow Niccolò Paganinis Thema umdreht und fast zur Schnulze steigert) bietet Gawrilow diskret, geschmackssicher, hochmusikalisch. Riccardo Muti begleitet mit dem Philadelphia Orchestra gespannt. Sein italienisches Temperament ist durchaus am Platze – weil Paganini auch Italiener war.

César Cui (eigentlich Zesar Antonowitsch Kjui), geboren am 18. Januar 1835 in Wilna, gestorben am 26. März 1918 in Petrograd (heute Petersburg), russischer Komponist

Nikolai Wladimirowitsch Dal (auch Nikolai Dahl), geboren 1860, russischer Arzt, Psychotherapeut und Schriftsteller

Andrei Gawrilow, geboren am 1. September 1955 in Moskau, russischer Pianist

Edvard Grieg, geboren am 15. Juni 1843 in Bergen, gestorben am 4. September 1907 in Bergen, norwegischer Komponist

Konzert für Klavier und Orchester a-Moll op. 16 (1868) — 1. Satz: Allegro molto moderato; 2. Satz: Adagio; 3. Satz: Allegro moderato molto e marcato – Quasi presto – Andante maestoso

Vladimir Horowitz (eigentlich Wladimir Samoilowitsch Gorowiz), geboren am 1. Oktober 1903 in Berditschew, gestorben am 5. November 1989 in New York, amerikanischer Pianist ukrainischer Herkunft

David Lean, geboren am 25. März 1908 in Croydon (heute zu London), britischer Filmregisseur

Brief Encounter (Kurzes Zwischenspiel), Film (1945), Drehbuch: Noël Coward

Riccardo Muti, geboren am 28. Juli 1941 in Neapel, italienischer Dirigent

Niccolò Paganini, geboren am 27. Oktober 1782 in Genua, gestorben am 27. Mai 1840 in Nizza, italienischer Violinist und Komponist

Sergei Wassiljewitsch Rachmaninow, geboren am 1. April 1873 auf dem Gut Semjonowo (bei Oneg, Nowgorod), gestorben am 28. März 1943 in Beverly Hills (CA), russisch-amerikanischer Komponist, Pianist und Dirigent

Konzert für Klavier und Orchester fis-Moll Nr. 1 op. 1 (1891) — 1. Satz: Vivace – Moderato – Vivace; 2. Satz: Andante; 3. Satz: Allegro vivace

Konzert für Klavier und Orchester c-Moll Nr. 2 op. 18 (1901) — 1. Satz: Moderato; 2. Satz: Adagio sostenuto; 3. Satz: Allegro scherzando

Konzert für Klavier und Orchester d-Moll Nr. 3 op. 30 (1909) — 1. Satz: Allegro ma non tanto; 2. Satz: Intermezzo. Adagio; 3. Satz: Finale. Alla breve

Rhapsodie für Klavier und Orchester über ein Thema von Paganini op. 43 (1934)

Symphonie d-Moll Nr. 1 op. 13 (1895) — 1. Satz: Grave – Allegro ma non troppo; 2. Satz: Allegro animato; 3. Satz: Larghetto; 4. Satz: Allegro con fuoco

Swjatoslaw Teofilowitsch Richter, geboren am 20. März 1915 in Schitomir, ukrainischer Pianist

Lew Nikolajewitsch Graf Tolstoi, geboren am 9. September 1828 in Jasnaja Polnaja (bei Tula), gestorben am 20. November 1910 in Astapowo (Lipezk), russischer Schriftsteller

Pjotr Iljitsch Tschaikowski

Konzert für Klavier und Orchester b-Moll Nr. 1 op. 23 →Kaisers Klassik Nr. 44

Konzert für Klavier und Orchester G-Dur Nr. 2 op. 44 (1880) — 1. Satz: Allegro brillante e molto vivace; 2. Satz: Andante non troppo; 3. Satz: Allegro con fuoco

Stanisław Wisłocki, geboren am 7. Juli 1921 in Rzeszów, polnischer Dirigent

97

Robert Schumann

Liederkreis

nach Gedichten von Joseph von Eichendorff

Schumanns zwölf Lieder nach Gedichten von Eichendorff: das sind Mirakel. Momentaufnahmen der Seele, der Sehnsucht, der Trauer und traumhaft phantastische Erfüllung. Nie hat Schumann reiner, herzbewegender empfunden als hier: zwischen der »Mondnacht«, dem berühmtesten Lied aller Romantik, und jubelnder »Frühlingsnacht«. Kleine, kaum mehr als zwei, drei Minuten dauernde Formen umschließen unendliches lyrisches Glück! Wie der Liederkreis *entstand und was er bedeutet …*

Gewiss wurde schon der blutjunge Schumann, als er ein geniales Klavierstück nach dem anderen komponierte, von den Dämonen der Zerrissenheit und tiefer Depression bedrängt. Auch der Kampf um Clara muss fürchterlich an den Nerven des Komponisten gezerrt haben. Aber dann, 1840, erzwang Schumann gegen alle Widerstände des Schwiegervaters Friedrich Wieck die Ehe mit der neun Jahre jüngeren (als Klaviervirtuosin damals weltberühmten) Geliebten. Seine Seligkeit schlug sich nieder in einem berauschten Liederfrühling. Im Hochzeitsjahr, 1840, komponierte Schumann fast 140 Lieder für Gesang und Klavier!

Die damals entstandenen Eichendorff-Lieder sind kein novellistischer Zyklus, in dem eine »Geschichte« vorgetragen wird. Der *Liederkreis* hängt subtiler zusammen: durch wohldisponierte Beziehung der Tonarten – in fis-Moll steht das erste Lied, in Fis-Dur das letzte – und mehr noch durch die Gewalt des Heimwehs, das Herzwehs und der düsteren Daseins-Trauer.

Bereits der Beginn: »Aus der Heimat hinter den Blitzen rot«, rauscht betörend. Das »Waldgespräch« führt den lustvollen Untergang eines verwirrten Ritters im Banne der Hexe Lorelei vor: »kommst nimmermehr aus diesem Wald«. Die subtilen, klaren Dissonanzen der »Mondnacht« bedeuten namenlos schön, dass unsere Seele trotz aller Verstrickung doch weiß, wo ihre wahre Heimat ist. Eichendorffs Geheimnis: Ohne pedantisch zu begründen, trifft er immer das »Zauberwort«. Da ist die alte Burg mit dem seit Jahrhunderten versteinerten Ritter. Drunten eine Hochzeitsgesellschaft. »Eine Hochzeit fährt da unten auf dem Rhein im Sonnenschein; Musikanten spielen munter, und die schöne Braut, die weinet.« Schumann komponierte das herb und starr. Wir aber fühlen bewegt: Nicht aus irgendeiner nervösen Anwandlung weint die schöne Braut – sondern weil Daseinstrauer, weil Vergänglichkeitsschmerz sie überwältigt. Von solchen Wundern künden Dichtung und Musik des *Liederkreises*, gleichviel, ob da ein jubelnd verliebtes »Sie ist dein« am Ende steht oder ein tief beklommenes »und mich schaudert's im Herzensgrunde«.

Als Eichendorff 1847 in Wien diesen Liedern begegnete, äußerte er, erst Schumanns Vertonungen hätten seinen Gedichten Leben gegeben. Brav antwortete Schumann, erst die Gedichte hätten dieses Leben ermöglicht. Recht hatten natürlich beide.

Wenn Sie Schumanns Liederkreis *mögen …*

Wem einmal aufgegangen ist, wie ideal-menschlich, geistig und sinnlich Schumann-Lieder klingen können, der wird nicht Ruhe geben, bevor er auch die übrigen Schumann-Kompositionen dieser Art kennt: die *Myrten*, die *Dichterliebe* (nach Heinrich Heine), *Frauenliebe und -leben* und die erlesenen *»Kerner«-Lieder* op. 35. Was da alles im 19. Jahrhundert erfunden und in ewige Sicherheit gebracht worden ist von Schumann, aber auch von Franz Schubert, Johannes Brahms, Hugo Wolf: es lässt den Rückschluss zu, dass dem lieben Gott die Menschen doch nicht derart misslangen, wie man sonst manchmal glauben möchte ...

Die fesselndsten Interpretationen von Schumanns Liederkreis

30 Sekunden genügen. Man muss wirklich nur die ersten Takte des Eröffnungsliedes »Aus der Fremde« hören, wie Dietrich Fischer-Dieskau sie 1977, empfindsam begleitet von Christoph Eschenbach, sang; und es kann keinen Zweifel geben, dass er für solche Kunst der erste, ja fast der »einzige« war. Wie er beim »Aus der Heimat hinter den Blitzen rot, da kommen die Wolken her« die Worte »Heimat« und »Blitze« zart erfüllt abtönt, dann eine neue schmerzlich leise Farbe findet: es ist eine fast gespenstische Meisterschaft.

Mit souverän geführter Mezzostimme bietet Marjana Lipovšek (am Flügel: Graham Johnson) glühende Vergegenwärtigungen. Sie trifft die Erregung der schumann-/eichendorffschen Visionen und Ängste. Sie betont in der »Mondnacht« das »geküßt« (»die Erde still geküßt«) wie ein Ereignis! So wirkt manches neu und betört mit großer Herrlichkeit.

Peter Schreier singt den Zyklus hochintelligent. Bewunderungswürdig, wie er immer wieder Schwung- und Ritardandowehmut zusammenzwingt, beim »Im Walde« ein silbernes Pianissimo zu bieten vermag. Dass der Sänger Tenor ist und kein mürrischer Bariton, bekommt dem Schwung, dem Überschwang mancher Lieder, etwa der »Frühlingsnacht«, aufs Beste. Das war ja wohl ein regelrechtes Tenorlied.

Johannes Brahms →Kaisers Klassik Nr. 10

Joseph Freiherr von Eichendorff, geboren am 10. März 1788 auf Schloß Lubowitz (bei Ratibor), gestorben am 26. November 1857 in Neisse (Oberschlesien), deutscher Dichter

Christoph Eschenbach, geboren am 20. Februar 1940 in Breslau, deutscher Pianist und Dirigent

Dietrich Fischer-Dieskau, geboren am 28. Mai 1925 in Berlin, deutscher Sänger (Bariton)

Heinrich Heine, geboren am 13. Dezember 1797 in Düsseldorf, gestorben am 17. Februar 1856 in Paris, deutscher Dichter

Graham Johnson, geboren am 10. Juli 1950 in Rhodesien, britischer Pianist

Justinus Kerner (eigentlich Christian Kerner), geboren am 18. September 1786 in Ludwigsburg, gestorben am 21. Februar 1862 in Weinsberg (bei Heilbronn), deutscher Schriftsteller

Marjana Lipovšek, geboren am 3. Dezember 1946 in Ljubljana, österreichische Sängerin (Mezzosopran) slowenischer Herkunft

Peter Schreier, geboren am 29. Juli 1935 in Gauernitz (bei Meißen), deutscher Sänger (Tenor)

Franz Schubert →Kaisers Klassik Nr. 7

Clara Schumann (geborene Wieck), geboren am 13. September 1819 in Leipzig, gestorben am 20. Mai 1896 in Frankfurt am Main, deutsche Pianistin und Komponistin

Robert Schumann, geboren am 8. Juni 1810 in Zwickau, gestorben am 29. Juli 1856 in Endenich (heute zu Bonn), deutscher Komponist

Dichterliebe. Nach Gedichten von Heinrich Heine für Singstimme und Klavier op. 48 →Kaisers Klassik Nr. 49

Frauenliebe und -leben. Lieder für Singstimme und Klavier nach Gedichten von Adelbert von Chamisso op. 42 (1840) — 1: Seit ich ihn gesehen; 2: Er, der Herrlichste von allen; 3: Ich kann's nicht fassen; 4: Du Ring an meinem Finger; 5: Helft mir, ihr Schwestern; 6: Süßer Freund, du blickest; 7: An meinem Herzen; 8: Nun hast du mir den ersten Schmerz getan

Zwölf Gedichte von Justinus Kerner für Singstimme und Klavier op. 35 (1840) — 1: Lust der Sturmnacht; 2: Stirb, Lieb und Freud!; 3: Wanderlied; 4: Erstes Grün; 5: Sehnsucht nach der Waldgegend; 6: Auf das Trinkglas eines verstorbenen Freundes; 7: Wanderung; 8: Stille Liebe; 9: Frage; 10: Stille Tränen; 11: Wer machte dich so krank?; 12: Alte Laute

Liederkreis. Zwölf Gesänge von Joseph von Eichendorff für Singstimme und Klavier op. 39 (1840) — 1: In der Fremde; 2: Intermezzo; 3: Waldesgespräch; 4: Die Stille; 5: Mondnacht; 6: Schöne Fremde; 7: Auf einer Burg; 8: In der Fremde; 9: Wehmut; 10: Zwielicht; 11: Im Walde; 12: Frühlingsnacht

Myrten. Lieder für Singstimme und Klavier op. 25 (1840) — 1: Widmung; 2: Freisinn; 3: Der Nußbaum; 4: Jemand; 5: Sitz ich allein; 6: Setze mir nicht, du Grobian; 7: Die Lotosblume ängstigt sich; 8: Talismane; 9: Lied der Suleika; 10: Die Hochländer-Witwe; 11: Lieder der Braut I; 12: Lieder der Braut II; 13: Hochländers Abschied; 14: Hochländisches Wiegenlied; 15: Aus den Hebräischen Gesängen; 16: Rätsel; 17: Venezianisches Lied; 18: Venezianisches Lied; 19: Hauptmanns Weib; 20: Weit, weit; 21: Was will die einsame Träne; 22: Niemand; 23: Im Westen; 24: Du bist wie eine Blume; 25: Aus den östlichen Rosen; 26: Zum Schluß

FRIEDRICH WIECK, geboren am 18. August 1785 in Pretsch (bei Wittenberg), gestorben am 6. Oktober 1873 in Loschwitz (bei Dresden), deutscher Musikpädagoge

HUGO WOLF, geboren am 13. März 1860 in Windischgraz (Slowenien), gestorben am 22. Februar 1903 in Wien, österreichischer Komponist

98

Ludwig van Beethoven

Klavierkonzert Es-Dur Nr. 5
op. 73

Monumentale Symphonie und majestätisch-virtuoses Klavierkonzert zugleich. Der riesige Kopfsatz wird zur Darstellung eines dramatischen Kampfes: Mitreißender als hier haben Klavier und Orchester noch nie in der Geschichte der Musik gegeneinander angedonnert, miteinander konzertiert. In der englischsprechenden Welt wurde das Werk als »Emperor«-Concerto (»Kaiser«-Konzert) populär. Wie das Konzert *entstand und was es bedeutet …*

Drei Jahre nach dem zart-überschwänglichen *Konzert G-Dur*, wo das Klavier so poetisch den Ton angab, ließ Beethoven 1809 sein *Klavierkonzert Nr. 5* folgen. Doch in dessen riesigem Kopfsatz (der ist tatsächlich 582 Takte lang, also weit umfangreicher als der erste Satz der *Neunten Symphonie* Beethovens!) scheint das Orchester zu herrschen. Aufangs bietet es mit lapidaren Akkorden dem Soloklavier ein Portal für kühne, farbige Improvisation. Danach trägt das Orchester einen grandios emphatischen Marsch vor. Was soll das Klavier nach solchem Ausbruch symphonischer Energien machen?

Nun, es kann die gegebenen Themen ins Lyrisch-Empfindsame verklären, gleichsam humanisieren, was der Solist bei seinem ersten regelrechten Einsatz und noch mehr bei den zarten »espressivo«-Stellen vor der Reprise auch tut. Aber es kann den Kampf mit der geballten rhythmischen Kraft des Orchesters auch entschlossen aufnehmen, kann Fortissimoakkorde und sonore Oktavläufe in die Schlacht schicken. Auf diese Weise entsteht eine hochdramatische Durchführung. Es ist abenteuerlich, wie die Bläser einerseits und das Soloklavier andererseits sich während des Höhepunktes mit punktierten Akkorden zu überbieten versuchen (auf der CD von Edwin Fischer und Wilhelm Furtwängler Take 1, 10.37ff.).

Den Ton »Es«, mit dessen Beschwörung der Kopfsatz triumphal schließt, wandelt Beethoven enharmonisch um zum »Dis« (auf dem Klavier ist beides dasselbe). Es wird im H-Dur-Adagio der Beginn einer getragenen Orchestermelodie, der das Klavier mit verträumter Klangrede antwortet. Am Ende des langsamen Satzes deutet das Klavier einen leisen, rätselhaften Es-Dur-Akkord an – wie eine Vision. Daraus entsteht mit plötzlicher Heftigkeit ein ungestümes Rondothema. Entfesselte Energie, harmonisch-chromatische Würze und tänzerische Beschwingtheit brillieren nun im Finale, das nach einem empfindsamen Dialog zwischen Pauke und Soloklavier erhitzt und beschleunigt schließt.

Wenn Sie Beethovens Klavierkonzert Es-Dur *mögen …*

Wer Glanz und Dramatik von Beethovens *Konzert Es-Dur* bewundert, findet im *Klavierkonzert d-Moll* von Johannes Brahms ein grüblerisch gewaltiges, im *Konzert b-Moll* von Pjotr Tschaikowski ein russisch enthemmtes Gegenstück. In Beethovens Schaffen bedeutet das »Emperor«-Concerto die monumentale Antithese zur schlanken Lyrik des poetischen *Konzerts G-Dur* op. 58.

Die fesselndsten Interpretationen von Beethovens Klavierkonzert Es-Dur

Jahrzehntelang galt Edwin Fischer als der größte, tiefsinnigste, »deutscheste« Beethoven-Interpret. Ja, er glich dem Ludwig van B. sogar physiognomisch! Da nun Wilhelm

Furtwängler, dessen bevorzugter Solist Fischer gewesen war, im ersten Satz mit dem Philharmonia Orchestra die rhythmischen Energien ungeheuerlich symphonisch zu steigern wusste, entstand eine Darbietung von interpretationsgeschichtlichem Rang – mochte Fischer rein »technisch« auch nicht zu den Brillantesten gehören.

Artur Rubinstein hat noch als 87-jähriger in Zürich das *Konzert Es-Dur*, vor allem dessen Finale, mit einem Schwung und einer tänzerischen Beseelung vortragen können, dass die Zuhörer sich im Klavierhimmel glaubten und der »Alte« gleich noch Frédéric Chopins *Polonaise As-Dur* zugeben musste. Ich, damals 47-jährig, war dabei, redete danach begeistert bis zwei Uhr morgens mit Rubinstein. Wurde dann, zu meiner Schande, doch etwas müde. Der Alte nörgelte: »Diese jungen Leute. Überhaupt nicht mehr belastbar.«

Alfred Brendel versteht es, Beethovens *Konzert Es-Dur* zum philosophischen Ereignis zu steigern. Im Kopfsatz begreift er die Rolle des Solisten, so wie einst der Philosoph Georg Wilhelm Friedrich Hegel die Rolle des »Geistes« gegenüber der (Orchester-)»Materie« definierte. Das heißt: manchmal individuell und schöner – manchmal aber auch bewusst härter, entsagungsreicher. 1807 hat Hegel über »Herr und Knecht« nachgedacht. Ziemlich zur gleichen Zeit entstand das Konzert. Hegel und Beethoven waren 1770 geboren. Lauter Zufälle?

Who's who

Ludwig van Beethoven, getauft am 17. Dezember 1770 in Bonn, gestorben am 26. März 1827 in Wien, deutscher Komponist

Konzert für Klavier und Orchester G-Dur Nr. 4 op. 58 →Kaisers Klassik Nr. 52

Konzert für Klavier und Orchester Es-Dur Nr. 5 op. 73 (1809) — 1. Satz: Allegro; 2. Satz: Adagio un poco mosso; 3. Satz: Rondo. Allegro

Symphonie für Sopran, Alt, Tenor, Bass, Chor und Orchester d-Moll Nr. 9 op. 125 →Kaisers Klassik Nr. 1

Johannes Brahms

Konzert für Klavier und Orchester d-Moll Nr. 1 op. 15 →Kaisers Klassik Nr. 84

Sir Alfred Brendel, geboren am 5. Januar 1931 in Wiesenberg (Nordmähren), österreichischer Pianist

Frédéric Chopin →Kaisers Klassik Nr. 4

Polonaise für Klavier As-Dur Nr. 6 op. 53 (1842)

Edwin Fischer, geboren am 6. Oktober 1886 in Basel, gestorben am 24. Januar 1960 in Zürich, schweizerischer Pianist

Wilhelm Furtwängler, geboren am 25. Januar 1886 in Berlin, gestorben am 30. November 1954 in Ebersteinburg (heute zu Baden-Baden), deutscher Dirigent und Komponist

Georg Wilhelm Friedrich Hegel, geboren am 27. August 1770 in Stuttgart, gestorben am 14. November 1831 in Berlin, deutscher Philosoph

Arthur Rubinstein, geboren am 28. Januar 1887 in Lodz, gestorben am 20. Dezember 1982 in Genf, amerikanischer Pianist polnischer Herkunft

Pjotr Iljitsch Tschaikowski

Konzert für Klavier und Orchester b-Moll Nr. 1 op. 23 →Kaisers Klassik Nr. 44

99
Richard Wagner
Parsifal
Ein Bühnenweihfestspiel in drei Aufzügen

Langsamstes Bühnenwerk der Operngeschichte. Ein großer Komponist wollte hier keineswegs den christlichen Glauben ruchlos veropern, sondern den nach Wagners Überzeugung erstarrten Kern der Religion durch künstlerische Beschwörung beleben. Dabei geht es um nachprüfbare Kunst – und nicht um musikbegleiteten Gottesdienst! In diesem Alterswerk sind auch manche Frommen sündhaft, dafür die »Sünder« nicht ohne guten Kern und tiefe Qual. Wie der Parsifal *entstand und was er bedeutet …*

Der geheimnisvolle Stoff beschäftigte, ja belästigte Wagner jahrzehntelang. 1859, in einem Brief an Mathilde Wesendonck, fluchte er: »Das kann machen, wer Lust hat; *ich* werde mir's bestens vom Halse halten! … Heute nehme ich Abschied von diesem unsinnigen Vorhaben; das mag Geibel machen, und Liszt mag's komponieren!« Wer sich so heftig wehrt, ist längst im Bann der Sache. Aber erst 1882 war Wagner fertig.

In tiefster Vorzeit passierte ein peinliches Malheur. Der fromme, dem heiligen Gral vorstehende Amfortas zog gegen den gefährlichen Zauberer Klingsor zu Felde, wurde bei der Aktion von einem schönen Weib verführt und ließ sich, erotisch abgelenkt, den heiligen Speer entwenden. Dabei trug er eine Wunde in der Leistengegend davon, die sich nicht schließen will. Seitdem leidet Amfortas an schrecklichen Schmerzen und noch schrecklicherer Scham. Einzig ein vages Orakel verheißt Trost: »Durch Mitleid wissend, der reine Tor, harre sein, den ich erkor.« Da dringt ein keck-naiver

Junge in die Gralswelt ein. So, wie die Elsa im *Lohengrin* auf keinen Fall fragen durfte (»Nie sollst du mich befragen«), so müsste dieser schlichte Bursche unbedingt eine Mitleidsfrage an den armen Amfortas stellen. Aber er traut sich nicht. Er kapiert nämlich überhaupt nicht – und da fühlen wir mit ihm –, was er erlebt. Vorher hatte er übermütig einen Schwan erschossen und sich beim folgenden Verhör als derart ahnungslos erwiesen, dass der alte Gurnemanz in ihm den »reinen Toren« gefunden zu haben hoffte. Aber dann wird dem Verwirrten nicht klar, dass die Gralsritter unbedingt die »Enthüllung« das Grals fordern, weil dessen Leuchten ihnen Lebenskraft spendet – während der Gralsherrscher Amfortas in seiner Qual nichts als den Tod ersehnt und darum den Gral um keinen Preis enthüllen will. So bleibt Parsifal dumm und stumm. Das Mitleid hat er noch nicht gelernt. Er wird aus der Gralswelt ausgeschlossen. Doch im zweiten Akt widersteht er der schönen Kundry, was dem Gralsritter Amfortas nicht gelungen war. Wie die Kundry Parsifal an sich ziehen will, denkt Parsifal im erotischen Schmerzgefühl nicht nur an sich, sondern mit einem Aufschrei auch an die Wunde des Amfortas! Da hat er heilsgeschichtlich etwas gutzumachen. Er hat die Prüfung bestanden, er ist gereift und gewinnt den heiligen Speer zurück. Mit der Speerspitze schließt er nach längeren Irrfahrten Amfortas' Wunde und wird zum neuen Gralskönig.

Wenn Sie Wagners Parsifal *mögen …*

… dann haben Sie die Wahl: Entweder können Sie sich um Parsifals Sohn *Lohengrin* kümmern, den der jüngere Wagner als Melodienoper komponierte, oder sich mit anderen mysteriösen »Weltanschauungs«-Opern beschäftigen. Also mit Wolfgang Amadeus Mozarts *Zauberflöte* oder mit Arnold Schönbergs *Moses und Aron*. Leichte Kost ist das nicht. Jener reiche Amerikaner, der auf die Frage, wie ihm in Bayreuth der *Parsifal* gefallen habe, antwortete: »Gott, man lacht« – hatte vielleicht doch nicht alles verstanden.

Die fesselndsten Interpretationen von Wagners Parsifal

Hans Knappertsbusch ist der faszinierendste, langsamste und herb-gewaltigste *Parsifal*-Dirigent der spätromantischen Tradition gewesen. Man musste ihm die Gralstaube, die in Wieland Wagners entrümpelnder Neuinszenierung nicht mehr vorkam, während der Aufführung im Bayreuther Orchestergraben zeigen: Er brauchte sie, sie beglückte ihn … Das klingt »verstiegen«. Doch die reine Passion Knappertsbuschs hat im Mitschnitt der Bayreuther Eröffnungsaufführung von 1951 ein tief beeindruckendes Echo.

Georg Solti bietet Christa Ludwig, René Kollo, Dietrich Fischer-Dieskau, die Wiener Philharmoniker und den Wiener Staatsopernchor für eine fesselnde Einspielung auf. Soltis enorme Wagner-Erfahrung ging ebenso in diese meisterhafte Interpretation ein wie seine feurige Spontaneität. Dabei trumpft das Orchester des *Parsifal* keineswegs so dickblechgepanzert auf wie Wagners Orchester im *Ring des Nibelungen*. Es klingt vielmehr leicht, zart, durchsichtig; fast so wie Claude Debussy (der den *Parsifal* darum tief bewunderte).

Der jüngste *Parsifal*-Dirigent des neuen Bayreuth ist James Levine. Dessen zarte *Parsifal*-Beschwörung findet ihren künstlerischen Höhepunkt in Waltraud Meiers Kundry. Die Klugheit, Nuanciertheit und Farbenfülle von Waltraud Meiers Gestaltung dieser ungeheuerlichen Figur wurde weltberühmt. Gilt mit Recht als außerordentliches Kunstereignis gegenwärtiger Wagner-Interpretation.

Claude Debussy, geboren am 22. August 1862 in Saint-Germain-en-Laye (bei Paris), gestorben am 25. März 1918 in Paris, französischer Komponist

Dietrich Fischer-Dieskau, geboren am 28. Mai 1925 in Berlin, deutscher Sänger (Bariton)

Emanuel Geibel, geboren am 17. Oktober 1815 in Lübeck, gestorben am 6. April 1884 in Lübeck, deutscher Schriftsteller

Hans Knappertsbusch, geboren am 12. März 1888 in Elberfeld (heute zu Wuppertal), gestorben am 25. Oktober 1965 in München, deutscher Dirigent

René Kollo, geboren am 20. November 1937 in Berlin, deutscher Sänger (Tenor) und Theaterleiter

James Levine, geboren am 23. Juni 1943 in Cincinnati (OH), amerikanischer Dirigent und Pianist

Franz von Liszt →Kaisers Klassik Nr. 29

Christa Ludwig, geboren am 16. März 1928 in Berlin, österreichische Sängerin (Mezzosopran)

Waltraud Meier, geboren am 9. Januar 1956 in Würzburg, deutsche Sängerin (Mezzosopran)

Wolfgang Amadeus Mozart

Die Zauberflöte →Kaisers Klassik Nr. 45

Arnold Schönberg, geboren am 13. September 1874 in Wien, gestorben am 13. Juli 1951 in Los Angeles, österreichischer Komponist

Moses und Aron, Oper in drei Akten; Text: Arnold Schönberg; komponiert 1930–37; Uraufführung: Zürich, 6. Juni 1957

Sir Georg Solti (eigentlich György Solti), geboren am 21. Oktober 1912 in Budapest, britischer Dirigent ungarischer Herkunft

Richard Wagner, geboren am 22. Mai 1813 in Leipzig, gestorben am 13. Februar 1883 in Venedig, deutscher Komponist

Lohengrin →Kaisers Klassik Nr. 71

Parsifal, Bühnenweihfestspiel in drei Aufzügen; Text: Richard Wagner; Uraufführung: Bayreuth: 26. Juli 1882

Der Ring des Nibelungen →KAISERS KLASSIK NR. 15–18

WIELAND WAGNER, geboren am 5. Januar 1917 in Bayreuth, gestorben am 17. Oktober 1966 in München, deutscher Bühnenbildner und Regisseur, Enkel Richard Wagners, Sohn Siegfried Wagners

MATHILDE WESENDONCK (geborene Agnes Luckemeyer), geboren am 23. Dezember 1828 in Elberfeld (heute zu Wuppertal), gestorben am 31. August 1902 in Traunblick (Salzkammergut), deutsche Schriftstellerin, Freundin Richard Wagners

100

Franz Schubert
Streichquintett C-Dur
D. 956

Wenn es sie gäbe, die einsame Insel, auf die man nur ein einziges Werk mitnehmen dürfte, dann würden die meisten Klassikfreunde wohl doch Schuberts Quintett C-Dur *wählen. Wie das* Quintett *(für zwei Violinen, Viola und zwei Celli) entstand und was es bedeutet …*

Wir wissen nicht mehr, als dass Schubert, im einzigartigen Produktionsrausch seiner letzten Monate, dieses *Quintett* 1828 komponiert, es in einem Brief erwähnt, aber nie selber gehört hat. Kein Wort des Dankes wurde Schubert für eine Komposition zuteil, die uns armen Erdenbürgern so viel Trost vermittelt wie kaum ein anderes Kunstwerk aus Menschenhand.

Der Kopfsatz beginnt rätselvoll. Stille, ein ruhiger C-Dur-Akkord, der langsam, fast bewegungslos wächst zur dunklen Dissonanz, die in einen empfindsam umspielenden Doppelschlag mündet. Das Geschehen wird eine Stufe höher in Moll wiederholt. Bei alledem bleibt in der Schwebe, ob man noch einem vorbereitenden »Vorspiel« lauscht oder bereits dem Hauptthema. Vermeintliche Traumgesten fungieren zugleich als Bausteine logisch-motivischer Arbeit. Nach all diesen Herrlichkeiten folgt das zweite Thema, das »Gesangsthema«. Um in einem solchen Kosmos aufzufallen, müsste es ein kantables Wunder sein. Das ist es auch – und noch viel mehr. Die herrliche Melodie nimmt Zeit in sich hinein, sie bietet sich dar wie eine Landschaft mit mannigfachen Perspektiven, ja wie eine Reise durch diese Landschaft (auf der CD des Alban-Berg-Quartetts Take 1, nach 1.56). Ein marschhafter Rhythmus, die Gestalt des zweiten Themas und eine Riesenkantilene der ersten Geige, die von Giuseppe Verdi stammen könnte, prägen die grandiose Durchführung. Etwas Schöneres als deren melancholisches Ende samt dem Beginn der Reprise, wo Schubert Wolfgang Amadeus Mozarts *Streichquintett C-Dur* zitiert, ist schwerlich vorstellbar (Alban-Berg-Quartett, Take 1, von 8.25 bis 8.43).

Was im mystischen Adagio Melodie sei, was Choral, was Begleitung, was Idee und was Erscheinung: solche Fragen wirken unwichtig. Dem E-Dur des Hauptteils korrespondiert ein dramatischer, schwungvoller f-Moll-Mittelteil. Wenn er zusammenbricht, gespenstisch starr – vier Takte dauern eine Minute (Alban-Berg-Quartett, Take 2, von 8.06 bis 9.07) –, dann hört alles Atmen auf.

Den wilden, mit brahmsscher Wucht kontrastrhythmisch auftrumpfenden Affekten des C-Dur-Presto-Scherzos antwortet ein abgründiges Trio in Des-Dur, vielleicht der expressive Höhepunkt des ganzen Werkes.

Das unstet tänzelnde, von lyrischen Zwischenspielen erfüllte Finale endet mit wirbelnder Stretta, wüstem *fff* und einem Unisono-»C« aller fünf Instrumente, die vor diesem Donner-Ende ein tollkühnes »des« spielen...

Als ein Aristokrat hochnäsig sagte, Schuberts Musik sei doch zu lang, da antwortete ihm der Maler Moritz von Schwind: »Wenn nur net Sie zu kurz san.«

Wenn Sie Schuberts Quintett C-Dur *mögen...*

Wen der »Spätstil« Schuberts fasziniert, der muss sich an das erhabene und heikle riesige *Streichquartett G-Dur* Schuberts halten, das völlig selbstverständlich sogar Anton Bruckner vorwegnimmt. Wem aber die herrlich reiche Quintettbesetzung am Herzen liegt, der so bedeutsame Werke zu verdanken sind, der sei verwiesen auf Mozarts späte Streichquintette (vor allem C-Dur, g-Moll, D-Dur) und auf die Klavierquintette von Robert Schumann und Johannes Brahms.

Die fesselndsten Interpretationen von Schuberts Quintett C-Dur

Der alte Pablo Casals – er war 1952, zur Zeit dieser Ereignisse, immerhin 76 Jahre – knurrt oder grunzt gelegentlich ergriffen dazwischen: Das Zusammenspiel funktioniert nur gut, aber nicht perfekt – und doch ist die Aufnahme, bei der Isaac Stern, Alexander Schneider, Milton Katims und Paul Tortelier mitwirkten, ein »Klassiker« geworden. Denn Casals' Geistigkeit, die Tiefe und Frische der Interpretation tragen über alle Schulmeister-Einwände hinweg in die Höhen des schubertschen Genius. Wir begreifen, was ein Mysterium ist.

Großartig ernst, gespannt und mit jener ruhigen Andacht, die Schuberts Langsamkeit fordert, bietet das Alban-Berg-Quartett (Heinrich Schiff spielt das zweite Cello) eine musterhafte Interpretation von Schuberts *Quintett*. Streng, ja asketisch weichen die Musiker jeder Sentimentalität, jedem billigen Auftrumpfen aus. Nichts geht verloren, wird verschmiert, verschenkt oder vergeudet. Musik von Wahrheit und Tiefe, die es auch mit dem Tod aufnehmen kann.

Es existieren zweifellos homogenere, kammermusikalisch richtigere und gewichtigere Interpretationen als diese von Jascha Heifetz, Israel Baker, William Primrose, Gregor Piatigorsky und Gabor Retjo im Jahre 1961 eingespielte. Wird sie gleichwohl hier ein wenig ungerechtfertigt genannt, dann wegen des Finales. Wie so oft bei Schubert ist der letzte Satz der relativ schwächste, was zumal in vorsichtigen, allzu edlen Aufführungen unüberhörbar bleibt. Dieses Finale meistert nun der geniale Geiger Heifetz mit umwerfendem, ja unwiderstehlichem Schwung.

ALBAN-BERG-QUARTETT: Günter Pichler (*1940), Klaus Mätzl (*1940) und Gerhard Schulz, Violine; Hatto Beyerle (*1941) und Thomas Kakuska, Viola; Valentin Erben (*1945), Violoncello

ISRAEL BAKER, geboren am 11. Februar 1921 in Chicago, amerikanischer Geiger

JOHANNES BRAHMS →KAISERS KLASSIK NR. 10

Quintett für Klavier, zwei Violinen, Viola und Violoncello f-Moll op. 34 →KAISERS KLASSIK NR. 43

ANTON BRUCKNER →KAISERS KLASSIK NR. 39

PABLO CASALS, geboren am 29. Dezember 1876 in Vendrell (Katalonien), gestorben am 22. Oktober 1973 in San Juan (Puerto Rico), spanischer Violoncellist, Dirigent und Komponist

JASCHA HEIFETZ (eigentlich Iossif Robertowitsch Cheifez), geboren am 2. Februar 1901 in Wilna, gestorben am 10. Dezember 1987 in Los Angeles, amerikanischer Geiger russischer Herkunft

MILTON KATIMS, geboren am 24. Juni 1909 in New York, amerikanischer Bratschist und Dirigent

WOLFGANG AMADEUS MOZART →KAISERS KLASSIK NR. 2

Quintett für zwei Violinen, zwei Violen und Violoncello C-Dur Nr. 3 KV 515 (1787) — 1. Satz: Allegro; 2. Satz: Menuetto. Allegretto; 3. Satz: Andante; 4. Satz: Allegro

Quintett für zwei Violinen, zwei Violen und Violoncello g-Moll Nr. 4 KV 516 (1787) — 1. Satz: Allegro; 2. Satz: Menuetto. Allegretto; 3. Satz: Adagio ma non troppo; 4. Satz: Adagio – Allegro

Quintett für zwei Violinen, zwei Violen und Violoncello D-Dur Nr. 5 KV 593 (1790) — 1. Satz: Larghetto – Allegro; 2. Satz: Adagio; 3. Satz: Menuetto. Allegretto; 4. Satz: Allegro

GREGOR PIATIGORSKY (eigentlich Grigori Pawlowitsch Pjatigorski), geboren am 17. April 1903 in Jekaterinoslaw, gestorben am 6. August 1976 in Los Angeles, amerikanischer Violoncellist russischer Herkunft

Sir William Primrose, geboren am 23. August 1903 in Glasgow, gestorben am 1. Mai 1982 in Provo (UT), britischer Bratschist

Heinrich Schiff, geboren am 18. November 1952 in Gmunden (Traunsee), österreichischer Violoncellist und Dirigent

Alexander Schneider (eigentlich Alexandr Issaakowitsch Schneider), geboren am 21. Oktober 1908 in Wilna, gestorben am 2. Februar 1993 in New York, amerikanischer Geiger und Dirigent litauischer Herkunft

Franz Schubert, geboren am 31. Januar 1797 in Lichtental (heute zu Wien), gestorben am 19. November 1828 in Wien, österreichischer Komponist

Quartett für zwei Violinen, Viola und Violoncello G-Dur Nr. 15 D. 887 (1826) — 1. Satz: Allegro molto moderato; 2. Satz: Andante un poco mosso: 3. Satz: Scherzo. Allegro vivace; 4. Satz: Allegro assai

Quintett für zwei Violinen, Viola und zwei Violoncelli C-Dur op. 163 D. 956 (1828) — 1. Satz: Allegro ma non troppo; 2. Satz: Adagio; 3. Satz: Scherzo. Presto; 4. Satz: Allegretto

Robert Schumann →Kaisers Klassik Nr. 8

Quintett für Klavier, zwei Violinen, Viola und Violoncello Es-Dur op. 44 (1842) — 1. Satz: Allegro brillante; 2. Satz: In modo d'una marcia. Un poco largamente – Agitato; 3. Satz: Scherzo molto vivace; 4. Satz: Allegro, ma non troppo

Moritz von Schwind, geboren am 21. Januar 1804 in Wien, gestorben am 8. Februar 1871 in Niederpöcking (heute zu Pöcking, bei Starnberg), österreichisch-deutscher Maler

Isaac Stern, geboren am 21. Juli 1920 in Kremenez, amerikanischer Geiger ukrainischer Herkunft

Paul Tortelier, geboren am 21. März 1914 in Paris, gestorben am 18. Dezember 1990 in Pontoise (bei Paris), französischer Violoncellist

Giuseppe Verdi →Kaisers Klassik Nr. 22

Inhalt
alphabetisch nach Komponisten